我們可以透過閱讀學習情感嗎？

百年來，經典兒童文學如何引導孩子認識感覺、學習情緒

Ute Frevert
烏特・佛瑞維特 等 著

黃懷慶 譯

Learning How to Feel

CHILDREN'S LITERATURE AND EMOTIONAL SOCIALIZATION, 1870-1970

柏 林 馬 克 斯 普 朗 克 人 類 發 展 研 究 所 情 緒 史 中 心

我們可以透過閱讀學習情感嗎？
百年來，經典兒童文學如何引導孩子認識感覺、學習情緒
（初版書名：情感學習：百年來，經典文學如何引導孩子認識感覺、學習情緒）

作　　者　烏特・佛瑞維特（Ute Frevert）等
譯　　者　黃懷慶
審　　定　葛容均
選 書 人　張瑞芳
責任編輯　梁嘉真
協力編輯　劉慧麗
校　　對　魏秋綢、張瑞芳
版面構成　張靜怡
封面設計　之一設計／鄭婷之
版權專員　陳柏全
行銷專員　簡若晴
數位發展副總編輯　李季鴻
行銷總監兼副總編輯　張瑞芳
總 編 輯　謝宜英
出 版 者　貓頭鷹出版 OWL PUBLISHING HOUSE

事業群總經理　謝至平
發 行 人　何飛鵬
發　　行　英屬蓋曼群島商家庭傳媒股份有限公司城邦分公司
115 台北市南港區昆陽街 16 號 8 樓
劃撥帳號：19863813；戶名：書虫股份有限公司
城邦讀書花園：www.cite.com.tw ／購書服務信箱：service@readingclub.com.tw
購書服務專線：02-2500-7718~9 ／ 24 小時傳真專線：02-2500-1990~1
香港發行所　城邦（香港）出版集團有限公司／電話：852-2508-6231 ／ hkcite@biznetvigator.com
馬新發行所　城邦（馬新）出版集團／電話：603-9056-3833 ／傳真：603-9057-6622
印 製 廠　中原造像股份有限公司
初　　版　2018 年 3 月／二版 2025 年 5 月
定　　價　新台幣 680 元／港幣 227 元（紙本書）
新台幣 476 元（電子書）
總 字 數　27 萬字
I S B N　978-986-262-750-1（紙本平裝）／ 978-986-262-745-7（電子書 EPUB）

讀者意見信箱　owl@cph.com.tw
投稿信箱　owl.book@gmail.com
貓頭鷹臉書　facebook.com/owlpublishing

【大量採購，請洽專線】(02) 2500-1919

城邦讀書花園
www.cite.com.tw

國家圖書館出版品預行編目資料

我們可以透過閱讀學習情感嗎？百年來，經典兒童文學如何引導孩子認識感覺、學習情緒／烏特・佛瑞維特（Ute Frevert）等著；黃懷慶譯. -- 二版. -- 臺北市：貓頭鷹出版：英屬蓋曼群島商家庭傳媒股份有限公司城邦分公司發行, 2025.05
面；　公分.
譯自：Learning how to feel: children's literature and emotional socialization, 1870-1970.
ISBN 978-986-262-750-1（平裝）

1. CST：兒童心理學　2. CST：兒童文學
3. CST：情緒管理

173.1　　114002943

本書採用品質穩定的紙張與無毒環保油墨印刷，以利讀者閱讀與典藏。

我們可以透過閱讀學習情感嗎？

目次

圖表目次

頁二五六圖7.2　阿思緹・林格倫，《皮皮在南海》（New York: Viking, 1959），第四十七頁。

頁二七三圖8.1　威廉・布施，《馬克斯和莫里茨》（一八七一），頁五十四。

頁二七七圖8.2　路易・佩爾戈，《鈕扣戰爭》（Hamburg: Dressler, 1997），七十一頁，譯者 Gerda von Uslar（法譯版，一九一二）。

頁二八八圖8.3　勒內・戈西尼，《小淘氣尼古拉》（Zürich: Diogenes, 2001），六十八頁，譯者 Hans Georg Lenzen（法譯版，一九六〇）。

頁三四二圖10.1　康斯坦丁・勃茲恩柯，《小號手的冒險》（一九二七，第十三頁）。

頁三四四圖10.2　康斯坦丁・勃茲恩柯，《小號手的冒險》（第十七頁）。

頁三四五圖10.3　康斯坦丁・勃茲恩柯，《小號手的冒險》（第十九頁）。

頁三四九圖10.4　謝爾蓋・奧斯倫德，《戰鬥的日子》，第一六七頁。

國際好評

本書的難能可貴之處在於它將小說融進各種脈絡當中，以豐富的歷史研究來討論這些情緒……美國、英國、荷蘭、法國、義大利、挪威、俄國、瑞典與瑞士的文本均有所討論……本書在跨時間與空間的比較分析上堪稱典範。

——伊莉莎白．布倫，迪肯大學高級講師、澳大利亞兒童文學研究協會副會長

作者群謹慎地強調「學習」是複雜的過程，兒童與青少年在學習與調適情緒技能上扮演著積極主動的角色。這也意味著所有的虛構性作品都有許多潛在的情感詮釋方式……這部作品結構嚴謹、論證充分，對兒童文學或情緒學習感興趣的讀者來說毫無疑問是部珍寶，對研究情緒歷史與童年的學生與學者來說更是如此。

——卡倫．瓦爾加達，哥本哈根大學歷史系助理教授

本書結構十分嚴謹：由十二篇章節支撐其論點，每章標題以小說人物為起頭，探討單一具體的情緒，例如〈狄肯的信任〉與〈海蒂的思鄉病〉……其研究方法囊括了童年史、人類學、閱讀

與學習理論、教養書籍、行為主義與接收理論。

——瓦萊麗．山德斯，赫爾大學藝文教育學系主任

這是一本嚴謹的協同研究著作之典範……要在這有限的篇幅裡對每篇文章進行它們各自應得的評論簡直是不可能的事……這本書為情緒史新興的子領域奠定迷人的研究方向。

——托馬斯．多德曼，波士頓學院歷史系助理教授

相當令人欽佩的共同書寫歷史方式……這本書為今後的研究提出一些很重要的問題，透過童年時期的情感體驗，作者、出版商與讀者影響的不只是情緒的變化，也影響著各世代特定的社會與政治變遷。

——希安．普利，任教於牛津大學莫德林學院歷史系

■導讀

從《我們可以透過閱讀學習情感嗎？》到讀者反映的需求

葛容均　國立臺東大學兒童文學研究所專任副教授

《我們可以透過閱讀學習情感嗎？》是本難得一見、探究兒童情緒與兒童文學閱讀二者間密不可分之關係的論文集。綜觀相關兒童文學的論文集與專書，若非兒童文學發展史，便是依據文類劃分或是聚焦於特定作家作品的研討。即使是論及兒童文學中重要主題的篇章，也鮮少像《我們可以透過閱讀學習情感嗎？》能夠全然專注於兒童情緒與兒童文學閱讀的關係，遑論該書跳脫多以英語體系兒童文學為主要探究對象的跨文化維度，以及涵蓋指南文學包括教養手冊之重要性的層面。也因此，再加上現當代對於情緒管理及其行為表現的矚目，《我們可以透過閱讀學習情感嗎？》是部值得推薦與高度重視的用書，不僅對兒童文學研究者而言是部彌足珍貴的文獻，但凡關切兒童情緒表現以及兒童文學閱讀的教師、父母或一般大眾，本書皆能提供裨益良多的情緒知識和藉由文學閱讀培養情緒感受力的參考價值。

作為教師，我相當重視學生的「讀者反映」，以筆者自身教學經驗看來，學生作為讀者多會以作品的角色刻劃及情節編排來判定作品的「好看與否」。一部作品的好看與否或造就或挫敗「閱讀（兒童）文學的樂趣」，除情節編排外，學生作為讀者會格外重視作品內角色的情感展現，又或者可以說是角色的「內心戲」，情緒張力強或者能夠提供情感連結與感受認同的作品甚至能為學生讀者帶來療癒的功效，從王爾德童話〈自私的巨人〉、路易斯·薩奇爾的《翻牌人》到美籍阿富汗裔卡勒德·胡賽尼所著《追風箏的孩子》等，皆有學員分享這些作品所帶給他們的感動與撼動。書不用多，我們一生中，真正能打動、帶給我們情感震撼或畢生難忘的作品也就是特定幾部，而這樣的作品泰半與深刻的情感或情緒體驗有關。我曾遇過年幼時初遇《野獸國》卻飽受驚嚇但直到大學期間都持續偏愛這部繪本的學生，也聽聞過自小到大會反覆閱讀傑克·倫敦的《白牙》和吉卜林的《叢林之書》都不感厭煩的年輕讀者。

兒童文學或兒童讀物不見得會供給不容置疑的樂趣或舒適的愉悅／娛樂感，這點可謂有待進一步檢視的迷思。從一方面觀之，兒童文學的發展或許真的轉向了——早自中世紀末英國第一位出版商威廉·卡克斯頓（William Caxton）、十八世紀約翰·紐伯瑞（John Newbery）加上十九世紀至現當代不同作家的嘗試與貢獻，幾世紀流變下來的兒童讀物確實見證了趣味感和想像力的提升（其中包括兒童角色的立體感與多樣性，以及從愛懼到忿恨等的情緒表現），強烈的宗教意旨及道德訓誡包含早期的禮儀書等在今日被看作八股，甚至是對兒童教育的控制或變相壓迫。然而，從另一方面檢視，即使置於跨文化的脈絡之下，普遍的兒童讀物自古至今從未全然脫離或多或少的教育性以及為求社會化的情感陶塑，此二者是兒童文學或兒童讀物的特殊體質與共性。古希臘羅馬、天主教執掌的中世紀，甚至清教徒的兒童教育與讀物，同本書第三章所介紹印度－波斯改革運動中所強調培養的愛國情操與虔敬之心有著跨世紀跨文化的相似之處。

針對兒童的情感教育及情緒社會化的陶塑並非十九世紀末至現當代特有的新興現象，本書固然看似一部兒童文學斷代史（一八七〇～一九七〇），著眼於這段期間兒童文學中的多種情感展現，以及藉由文學閱讀所能觸及或更加深入了解的兒童情緒社會化歷程，但這部論文集也著實提供了攸關兒童情感教育，甚至兒童福利、權利法案和權力關係的重要變革資訊。例如，本書第五章〈杜立德醫生的同理心〉是篇會讓人印象深刻的論文。作者藉由杜立德醫生與動物間相處的故事開場，隨後提出動物故事的四種模式並論及兒童與動物的關係，友愛動物被視為一種兒童應具備或培養的情感美德。於此同時，作者告知自十九世紀開始歐洲即有抗議虐待動物的聲浪，保護動物協會因而紛紛成立，作者甚至陳述保護動物與保護兒童的社會運動幾乎並行發生，到了二十世紀不少教養手冊鼓勵孩童飼養動物以學習動物感受，藉此增進兒童的同理情操。

上述論文並非《我們可以透過閱讀學習情感嗎？》中唯一採用、重視指南文學和教養手冊，並將其加入兒童文學閱讀研討範圍的篇章，而這正是我個人最欣賞這本專書之處。在國內外討論兒童文學閱讀的場合與學術發表中，我們鮮少將指南文學納入考量。事實上，指南文學與教養手冊一直存在於東西方人類社會之中，它們不僅反映市場／讀者需求，更直指人類社會於特定時期所流行的話題或注目的焦點。從《焦慮的意義》、《被討厭的勇氣》、《情緒之書：156種情緒考古學，探索人類情感的本質、歷史、演化與表現方式》、《情緒勒索》，到《為何我們總是如此不安？：莫名恐慌、容易焦躁、缺乏自信？一本缺乏安全感的人都在看的書！》、《英雄之書：觸動日本成千上萬年輕人，改變自我的人生開創法則》……，這些存在於「純文學」領域之外相關情緒智慧、情緒管理、情緒治療的當代書籍五花八門，琳瑯滿目的同時，不免教人怵目驚心！原來我們處在急需照料情緒與感受的時代，成人兒童皆然，讀者更有如此這般關於情緒與感受處理的閱讀索求。

兒童文學隨之已呈現轉向的趨勢，誠如《我們可以透過閱讀學習情感嗎？》所研討的一般。本文第二段提及，學生讀者亦看向作品所展現的情緒刻劃深度和情感影響力作為「好看與否」的指標。然而，因人類社會（化）需求及文化體驗的變遷，如今或不久的未來，「好看的」兒童文學恐怕不再是諸如《金銀島》、《哈比人》、《波特萊爾大遇險》或《湯姆的午夜花園》，甚至《長襪皮皮》與《波麗安娜》（*Pollyanna*）也會顯得太過愉悅或刻意造就而成的樂觀，更別提《木偶奇遇記》或《騎鵝歷險記》會因為冗長而顯得累贅被擱置一旁，以刪節版或動畫來取代完整的文本閱讀。我恐怕當今「好看的」兒童文學多是帶著生命的傷口登場，而讀者與觀眾索求的恐是目睹或見證創傷的療癒歷程及成效。「療癒風」從兒少小說席捲至繪本等文類，更別提上述所言之文學領域之外的情緒用書。

倘若當真如此，閱讀兒童文學以學習如何感受將是趟猶如《在我墳上起舞》、《少年Pi的奇幻漂流》、《我是大衛》（*I am David*）抑或是《畫怪物的男孩》的情感歷程。倘若如此，《我們可以透過閱讀學習情感嗎？》將是結合兒童情緒與兒童閱讀的重要指南，這本論文集既成就了關鍵性的學術研討，也會是大眾延伸思考文學閱讀所能提供的情感探索與感知教育的起點站。

■譯序

閱讀書籍，閱讀情緒

黃懷慶

《我們可以透過閱讀學習情感嗎？》由十三位各有所長的歷史學家共同執筆，探討兒童文學中十二種情緒的百年發展史，足跡橫跨歐美遠至印度與俄國。無論是對兒童文學或是對情感學習感興趣的讀者來說，這部作品不啻是座寶庫。不過，儘管每位作者皆採取相同格式的嚴謹學術寫作，但仍保留各自的文風，因而有些章節雖平鋪直敘卻平易近人、有些章節生動活潑又不失嚴謹、有些章節字斟句酌而略顯生硬。建議各位讀者每次在進行新的章節以前稍微深呼吸一下，抱持全新的態度來閱讀。除了導論與結語以外，本書十二章皆各自獨立，讀者不需要循序漸進的閱讀，可隨今日心情來挑選想讀的情緒篇章。

就如本書結語〈翻譯書籍，翻譯情緒〉所說，並非所有情緒與概念都能找到完全相對應的翻譯。為了減少讀者在閱讀本書時可能產生的困惑，接下來要說明的是一些翻譯上的注意事項。

眼尖的讀者首先可能會注意到，本書雖名為《我們可以透過閱讀學習情感嗎？》，卻沒有對「情感」（feeling）或「情緒」（emotion）等詞彙下準確的定義，字裡行間也經常未加以區分兩者的差異。之所以如此，第一個原因是作者們已經在前一部作品 *Emotional Lexicons*（暫無中譯版）裡針對相關詞彙做過詳細的解釋，故此部作品將不再贅述定義問題。其次，本書重點在於探討社會如何建構、形塑個人情緒、情感與感覺，因此嚴格區分這些詞彙的精準定義相較之下便不是那麼重要，甚至可說不必要，因為這些詞彙的概念原本就會隨著歷史而持續改變。是故，本書有些作者會將 emotion 和 feeling 區分得很明確，有些作者則把它們當成同義詞使用。在翻譯方面，原則上筆者普遍將 emotion、emotions 譯為「情緒」，feel、feeling、feelings 則視文脈譯為「情感」或「感覺」，不過在遇到專有名詞或特殊用法時則例外，相關詞彙可參見書末索引表。若讀者在閱讀時感到某些句子裡的「情緒」似乎改成「情感」（反之亦然）會比較順暢，那麼就請跟隨你的心更改它。

除了兒童文學以外，本書的另一個重點文類是「教養手冊」（advice manual）。Advice manual 按文章脈絡可以有多種譯法，最常見的譯法為建議手冊或指南書，但這門文類在本書中也泛指育兒書、自助書、心理諮商手冊、工具書、參考書甚至傳教手冊等等，而這些文本的共通之處皆有關於教養，故統一譯為教養手冊。不過，當作者使用 advice literature 時，由於涵蓋的文本範圍通常更廣，因此會按照慣例譯為「指南文學」。

第三章的「虔誠」（piety）是比較難達意的情感，讀者可能會困惑為何談論「虔誠」的章節談到後來會與認真做家事、情緒管理、美德甚或是民族運動有關係？這得先從「宗教」（religion）這個字本身的複雜性說起。就如凱倫．阿姆斯壯在《血田：宗教以及暴力的歷史》（林宏濤譯，如果出版，二〇一六年）所說，現代人已經很習慣將「宗教」視為一套融貫的系統、有強制性的信念、制度與儀式，並集中於某個特定的「神」身上。現代人論及宗教一般會認為宗教與政治是分離的、與世俗生活無關的私人活動，不過第三章作者所談的並非現代狹義概念下的宗教。從詞源學來說，religion 最早的用法除了可指人與上帝的超驗關係以外，也可指人對於家庭、鄰人、社會、統治者應盡的義務等意義，而 piety 則是對 religion 表現出尊敬、盡責的態度。因此，在閱讀第三章時，請諸位讀者記住「虔誠」除了指宗教虔誠以外，亦有追求美德、盡社會本分、孝敬父母、善待鄰人等意味在裡面。

從第六章起，讀者會開始見到「野丫頭文類」（tomboy genre）和「黃毛丫頭文學」（*Backfischliteratur*），前者指稱英語地區的少女文學，後者則指稱德語地區的少女文學。Backfisch的字面意義是「炸魚」，過去在德語裡常用來指稱剛進入青春期的女孩，但現代已經很少有人如此使用，至於為何古人會以炸魚來指稱少女已不可考，但既然炸魚的顏色是黃色，正好可搭配中文也愈來愈少人使用的「黃毛丫頭」。*Backfischliteratur* 不論在英語或中文裡經常譯為「德國少女文學」，不過德語其實已有 *Mädchenliteratur* 這個字來表示少女文學，所以譯成黃毛丫頭文學更貼切。

以上是幾個需要請讀者留心注意的地方。文中所提及的書目若有中譯本，皆以固有的中文書名稱呼並於書末索引附注最初版本，若無則採取直譯。由於本書引用的文獻多如繁星，多少有幾部作品可能已有中譯本，但筆者卻沒發現或還來不及收錄，這點望乞讀者海涵。

在台灣已有的中譯本，有些其實是近期才有。而這些譯本的出版年代或問世時機，多少也反映著國人對某些議題的態度轉變。例如，本書第七、第八章皆以《披頭散髮的彼得》為例說明歐美兒童教育觀的轉變，而在台灣，許多學術文獻過去即有《披頭散髮的彼得》相關研究與討論，但這部作品長期以來卻只在學術圈流傳，許多出版社要不是認為內容太過時，要不就是擔心會引起家長抵制。兒童文學工作者林真美在二〇一〇年出版的《繪本之眼》（天下雜誌）裡以自身經驗說明，儘管她發現許多兒童相當喜愛《披頭散髮的彼得》，但卻有更多成人對這本書感到不安與排斥，認為內容既暴力又殘忍，不適合兒童閱讀。以當時的社會氛圍來看，這本圖畫書似乎注定只能為學者所樂。沒想到自那時起兒童文學逐漸成為顯學，隨著繪本市場興起，加上許多親子團體口耳相傳等推波助瀾下，《披頭散髮的彼得》竟於二〇一六年打著經典繪本的名號出版繁體中譯本，而想像中的抵制並沒有發生。雖然中譯本的問世跌破許多人眼鏡，然而若能像第七、第八章一樣細究台灣的體罰史、教育觀等態度轉變，就不難理解為何這部作品會遲到今日才出現中譯本。

除此之外，本書第六章舉了許多文本來探討愛情，然而舉凡與同性戀情相關的兒童文學則幾乎不見中譯本。過去十幾年來曾零星有過繪本工作坊、性別團體和極少數的童書出版社努力推行相關議題的文本，但成效不佳。直到二〇一五年美國通過同性婚姻法案以後，台灣才逐漸有主流出版社引進少數幾部經典文本。可想而知，二〇一七年台灣的同性婚姻釋憲結果出爐以後，未來將會出現更多關於性別議題的中譯本。

我們可以如上，從外來文本的中譯本出版時間與大環境背景作為線索來研究台灣的情緒史；反之亦然，也可以從不曾被翻譯過的文本來研究情緒史。儘管可以舉的例子還很多，可惜譯者序的篇幅很有限，希望各位讀者能夠透過閱讀本書來探索情感的學習。

最後，筆者想撇開譯者身分說一些話。本書導論以《說不完的故事》為開場白，而這本小說恰好是我童年時所讀的第一本兒童文學。更教我意外的是，雖然導論只說明主角巴斯提安是為了躲避惡霸而逃進書店裡，我卻記得更多細節，例如主角是個害羞又膽怯的男孩、他躲進書店的日子是寒冷的雨天、書店裡還有位滿不耐煩的老闆等等，我甚至記得當時讀完《說不完的故事》以後還想讀更多故事的心情。各位讀者不妨也一邊翻閱一邊回想童年的閱讀經驗，看看是否有哪些故事是你以為已經忘掉了，但其實閱讀過後的感覺卻還埋藏在記憶深處，默默影響你對這個社會的理解；而為人父母或師長的讀者，也可回憶一下是否有哪些教養手冊決定了你的教育方針或對待兒童的方式以及態度。

作者名單

瑪格達萊娜．貝簡（Magdalena Beljan）：文學學者和柏林馬克斯普朗克（以下簡稱馬普）人類發展研究所情緒史中心的博士後研究員。從事的研究計畫為「矛盾情緒：愛滋病應對中的衝突與融合」。她也是線上期刊《身體政治學：身體史期刊》的合作編輯。其學位論文研究的是一九七〇與八〇年代德國男同性戀者的正常化與主體化策略。主要研究領域為：媒體歷史視角下的文學史、性別史、十九與二十世紀的身體歷史、後結構主義理論。著有：〈欲求不滿？德意志聯邦共和國的愛滋病、HIV與性〉，收錄於 P.-P. Bänziger、M. Beljan、F. X. Eder 與 P. Eitler 共同編輯的《性革命？論一九六〇年以降德語地區的性史》（二〇一四）；《粉紅色時代？德國的同性戀論述研究分析》（二〇一四）；〈精神病學／規訓講義〉，收錄於 C. Kammler、R. Parr 與 U. J. Schneider 合編的《傅柯指南》（二〇〇八）。

茱莉安．布勞爾（Juliane Brauer）：柏林馬普人類發展研究所情緒史中心的研究員。她先後於柏林洪堡大學與比勒費爾德大學研究歷史和音樂學。二〇〇七年完成柏林自由大學歷史博士學位，論文題目為《薩克森豪森集中營裡的音樂》（二〇〇九）。目前正投入特許任教資格專題研究計畫當中，內容是關於德國分裂時期的青春期、音樂以及情感培育。布勞爾主要關注音樂與情緒，她在這方面的主要研究領域包括兒童與青少年的歷史、教育史以及十九與二十世紀的文化與音樂史。發表作品有：〈權力、侵略性與巨大悲傷：一九八〇年代下龐克文化與東德青年政策之間的情感衝擊〉，收錄於《二十世紀共產主義》第四期（二〇一二）；與 Aleida Assmann 共同執筆的〈影像、情感與期望：論青少年如何面對大屠殺的遺址與情感面向〉，收錄於《歷史與社會》第三十七期（二〇一一）。

丹尼爾・布呂肯浩斯（**Daniel Brückenhaus**）：於二〇一一年獲得耶魯大學博士學位。在馬普人類發展研究所情緒史中心擔任一年博士後研究員以後，現職為伯洛伊特學院現代歐洲史助理教授。研究領域包括歐洲殖民帝國史、政府監控史以及情緒史。布呂肯浩斯發表過多篇關於信任歷史以及歐洲記憶的論文，現在正在為一本討論二十世紀初西歐國家對反殖民主義者的跨國際監控書稿做最後整理，同時也從事一項關於殖民主義下的尊嚴、榮譽與羞恥歷史的研究計畫案。

帕斯卡・艾特爾（**Pascal Eitler**）：於比勒費爾德大學取得現代史博士，目前在柏林馬普人類發展研究所情緒史中心擔任研究員，從事人與動物關係在十九與二十世紀的情感化與政治化研究。他對於從身體歷史視角看待情緒史特別感興趣。其發表作品有：〈情感「起源」：敏感人類，敏感動物〉，收錄於烏特・佛瑞維特等人合著的《情緒詞典：一七〇〇年至二〇〇〇年情感詞彙連續性與變化》（二〇一四）；〈愛護動物以及人為引導：十九與二十世紀的系譜學觀點〉，收錄於《動物研究》（2/3，二〇一三）；〈「因為牠們的感受如同我們」：十九世紀的人類、動物與情緒系譜學〉，收錄於《歷史人類學》第十九期（二〇一一）。

烏特·佛瑞維特（Ute Frevert）：馬普人類發展研究所所長以及馬普學會的科學委員。她曾於二〇〇三年至二〇〇七年任職過耶魯大學德國歷史教授，在此之前曾任教於康斯坦茨大學、比勒費爾德大學以及柏林自由大學歷史系。她的研究領域包括現代社會與文化史、情緒史、性別史與政治史。最著名的一些作品考察了現代德國婦女與兩性關係史*、十九世紀的社會醫療政治史，以及徵兵制從一八一四年起到今日所造成的影響。佛瑞維特不僅是柏林自由大學名譽教授，同時也是數個科學顧問委員會的成員。一九九八年曾獲得極具聲望的萊布尼茲獎。

本諾·甘瑪爾（Benno Gammerl）：歷史學家，目前正從事研究一九六〇年至一九九〇年間西德鄉村地區的同性戀與其情感生活。他在二〇〇八年完成柏林自由大學的博士論文，題目是關於一九〇〇年左右大英帝國與哈布斯堡帝國民族異質性的法律與行政管理。這份研究專著讓甘瑪爾得到二〇一二年沃夫岡·蒙森獎。他分別於弗萊堡、倫敦與柏林研究過歷史、德國文學與經濟學。感興趣的領域包括口述歷史、比較歷史學、性史、公民歷史、國族史以及後殖民與酷兒理論。近期發表的作品有：〈情感風格：概念與挑戰〉，收錄於《重思歷史》第十六卷之二（二〇一二）；〈酷兒羅曼史：西德同性戀者傳記中的浪漫戀情〉，收錄於《人們》第二十四期第一篇（二〇一三）。

約阿希姆．哈伯勒（Joachim C. Häberlen）：華威大學現代歐洲大陸歷史的助理教授。二○一一年於芝加哥大學取得博士學位。在華威大學任教以前，曾在柏林馬普人類發展研究所情緒史中心擔任博士後研究員。著有：《日常生活中的信任與政治：一九二九至一九三三／三八年，危急存亡之秋的萊比錫與里昂工人運動》（二○一三）；〈政治爭奪：兩次世界大戰期間萊比錫與里昂工人階級運動的政治觀〉，收錄於《當代歐洲史》第二十二期（二○一三）；〈全球抱負與在地現實之間：兩次大戰期間共產主義的全球維度〉，收錄於《全球史期刊》第七期（二○一二）。目前從事的研究項目為一九六八年以降西德極左派政治的情緒。

貝提娜．希策爾（Bettina Hitzer）：歷史學家，同時也是馬普人類發展研究所情緒史中心米奈娃研究（Minerva research）†小組負責人。她的研究領域包含了情緒史、醫學與科學史、宗教史以及現代歐洲遷移史。目前正撰寫一本追溯德國二十世紀癌症情緒歷史的書。著有：與 Thomas Welskop 合著的《比勒費爾德社會史：關於歷史科學程序與其爭議的經典文本》（二○一二）；與 Michael Häusler 合著《在舞池與妓院之間：一八六九年以來柏林妓女的日常風景》（二○一○）；以及《愛的網絡：新教教會於一八四九至一九一四年在柏林的遷移》（二○○

---

*中譯本：《德國婦女運動史》，一九九六，五南出版。

†馬普研究中心為女性學者所設的研究計畫案。米奈娃為羅馬神話中的戰爭與智慧女神，即希臘神話的雅典娜。米奈娃同時也是馬普學會的會徽。

六）；與艾特爾以及 Monique Scheer 在《德國歷史》期刊上合作編輯一期特刊《情感與信仰：德國宗教情緒史》（二〇一四）；並與 Jochim Schlör 在《城市史研究期刊》共同編輯特刊《城市裡的上帝：都市化時代下的宗教地形學》（二〇一一）。

烏法．延森（Uffa Jensen）：歷史學家，在馬普人類發展研究所情緒史中心擔任研究員。他於二〇〇三年獲得柏林理工大學的歷史博士學位。曾任教於薩塞克斯大學與哥廷根大學。延森書寫過德國猶太人與反猶太主義的歷史以及精神分析史。出版作品有：《知識分子的分身：十九世紀資產階級猶太人與新教教徒》（二〇〇五）；與 Daniel Morat 合著的《情感合理化：一八八〇年至一九三〇年科學與情緒的關係》（二〇〇八）；〈精神分析史近期研究〉，收錄於《昔日社會史》第五十二期（二〇一二，第七六五～八〇〇頁）；與 Maik Tändler 合著《適應與解放之間的自我：二十世紀心理學與政治》（二〇一二）；〈本真的誘惑：二十世紀早期德國青年運動中的情緒與世代〉，收錄於 Hartmut Berghoff 等人合著的《累世：現代歷史中的世代動態》（二〇一三）。

安雅．勞科特（Anja Laukötter）：自二〇一〇年起擔任馬普人類發展研究所情緒史中心的研究員。她先後於科隆大學、柏林洪堡大學與紐約市社會研究新學院研究現代史、政治學與人類學，她以民族博物館的歷史研究：《從「文化」到「人種」——從物體到身體？二十世紀初的民族博物館與其科學》（二〇〇七）取得博士學位。她在二〇〇六年至二〇一〇年間為柏林醫學史研究所的研究員，從事納粹主義時期的人體實驗與衛生機構之歷史研究。勞科特是《傳染與機構：羅伯．柯霍研究機構於納粹主義時期的科學史》（二〇〇九）一書的共同作者。目前正從事研究教育電影的跨國歷史，尤其是情緒與知識在影片中的連結。著有：〈以動畫呈現的知識：健康教育影片的生動性轉變〉，收錄於《蒙太奇影音：視聽傳播的理論與歷史期刊》（22/2，二〇一三，七九～九六頁）；與 Christian Bonah 共同發表的〈二十世紀上半葉的電影與醫學：國際歷史發展與醫學影片的研究潛力〉，收錄於《瑞士醫學及科學史期刊》第六十六期（66/1，二〇〇九，一二一～四五頁）。她與瑪格麗特．佩爾瑙共同擔任情緒史網站的編輯：http://www.history-of-emotions.mpg.de/en。

史蒂芬妮．歐森（Stephanie Olsen）：柏林馬普人類發展研究所情緒史中心的研究員。著有《少年國度：青春、情緒與現代英國公民的形成》（二〇一四），並發表過多篇有關陽剛、童年、教育與情緒歷史的論文。

瑪格麗特．佩爾瑙（Margrit Pernau）：馬普人類發展研究所情緒史中心的印度小組協調人。柏林自由大學副教授。出生於馬德里，求學於德里和巴黎，接著在薩爾布魯根研究歷史與公法，並於一九九一年以海德拉巴最後一任君主的研究取得海德堡南亞研究所博士學位。一九九七年與家人搬回德里，並花了六年時間在檔案室與德里這座古城的巷弄裡追溯其十九世紀的歷史。她的德語版著作曾榮獲二〇〇九年德國歷史學家協會最佳博士後研究獎、二〇一〇年人文社會科學國際翻譯獎。其他著作還包括：與 Imtiaz Ahmad 以及 Helmut Reifeld 共同編輯《家庭與性別：德國與印度的價值觀變化》（二〇〇三）；主編《德里學院：傳統菁英、殖民地國家和一八五七年以前的教育》（二〇〇六）；與 Yunus Jaffery 共同編輯的《資訊與公領域：來自蒙兀兒王朝德里的波斯通訊》（二〇〇九）。

楊・普蘭佩爾（Jan Plamper）：倫敦大學金匠學院歷史系教授。在取得布蘭迪斯大學文學士以及加州大學柏克萊分校的博士學位以後任教於圖賓根大學。他在二〇〇八年至二〇一二年間在馬普人類發展研究所情緒史中心擔任狄爾泰研究員。著有《歷史與情感：情緒簡史》（二〇一二，牛津大學出版社二〇一五年出版英譯本）；與 Benjamin Lazier 合編《恐懼：跨學科研究》（二〇一二）；與 Marc Elie 以及 Schamma Schahadat 共同合編《俄羅斯帝國的情感：情緒文化史研究法》（二〇一〇）。最近一本著作是《史達林崇拜：權力鍊金術研究》（二〇一二）。目前從事的研究是俄國士兵的恐懼，尤其針對第一次世界大戰期間的士兵。

編者弁言

本書引述多種兒童文學與教養手冊。為便於讀者查詢，書末索引（第五〇三頁）附有各書的中譯版本。版本以最初引入台灣者為準。但如果目前市面上知名度較低或版本較少者，則另附上通行版本資訊。讀者如有興趣，不妨找來閱讀。

序言

本書是柏林馬普人類發展所情緒史中心第二個合作研究項目的成果。我們在完成情緒詞典的專案以後（由牛津大學出版社於二〇一四年出版），開始對現代人學習、培養與塑造情緒的方式感興趣。前兩場「學習如何感覺」的研討會分別是二〇一〇年於柏林、二〇一一年於耶路撒冷，兩場皆強調了社會制度（從家庭到軍隊）對其成員的情緒社會化已從歷史角度證實是相當重要的。是帕斯卡．艾爾特想到要多加運用這些更廣泛的洞察結果，並將其應用到特定媒介的研究上：童書。本書所有研究者不論是透過回憶自身閱讀經驗，或是以年輕父母、阿姨或叔叔的身分說故事給他們的孩子、姪女或外甥聽等緣故而都對兒童文學很熟悉。每位研究者都同意，在魯賓遜、長襪皮皮、披頭散髮的彼得和五小冒險等故事中，都暗藏著或明擺著豐富的情緒知識。但是，要如何才能重新找回這些情緒知識呢？要問什麼樣的問題才能知道兒童透過閱讀並投入在書中劇情與主角身上時，究竟學到了關於情緒的什麼？

在收集許多國家的暢銷書列表以後，本團隊首先商定了一套一八七〇年至一九七〇年左右約一百本暢銷書組成的材料庫。根據本團隊所有研究者都閱讀過的經驗基礎上，我們發展出一套問題框架並且確定了需要解決的認識論問題。我們也選定了一組多數童書不斷提到的主要情緒，儘管這些情緒在書中具有特定涵義與不同意義。這些情緒都和小說人物相關，使我們得以將這些情緒放在特定時間與地點框架下。雖然每一章只關注一種特定情緒，但我們也必須同時審視各式各樣互補與矛盾的情緒才行。畢竟，就跟在現實生活中一樣，情緒在兒童文學裡通常也發生在複雜的模式底下。它們是混合的而非單一的，此一概念將特定歷史的研究與討論引進遼闊的世界。

歷時兩年多的研究與討論以後，在此呈現的是我們歷經無數次會議、打草稿、修正與重新閱讀後的成果。如此密集的合作成果光憑研討會本身是辦不到的，它還需要一群共享基本利益與史學方法的研究人員持續出席與投入。這本書也需要其他人的幫忙才得以完成，不論是訂購書籍的人、找出不同譯本與銷售數據的人、檢查注腳與參考文獻的人以及修飾文章的人。十分感謝以下友人（按姓氏字母排序）：Christina Becher、Anja Berkes、Ilana Brown、Kate Davison、Karola Rockmann、Kerstin Singer，也謝謝從過去到現在的每一位學生助理。

導論

帕斯卡・艾特爾、史蒂芬妮・歐森、烏法・延森

巴斯提安・巴爾沙札・巴克斯一直是個焦慮、不快樂的胖男孩。在母親去世後，由於父親始終處在哀悼狀態走不出來，他簡直是處於自生自滅的狀態。不過，就在巴斯提安為了躲避平日霸凌他的同學們而闖進一家二手書店那天起，一切都將改變。書店裡有一本奇特的書迷住了他，他偷走那本書，躲在學校荒廢已久的閣樓裡開始閱讀。富有想像力的故事總是吸引生活在幻想中的巴斯提安：

人類的激情是很神祕的，小孩、大人都一樣。那些受到激情感染的人，自己固然無法了解箇中奧祕；那些缺乏激情的人，就更不可能了解激情了。有的人甘冒生命的危險去征服一座山，但是卻沒有人說得出他這麼做的真正原因，往往連他自己也說不出個所以然。不少癡情種子為了想贏得某人的芳心而毀了自己，而十有九個壓根不想跟對方有什麼瓜葛。有的人好賭成癖，失去了一切家當……簡單一句話，人的激情種類之多，恰如這世上的人一般。巴斯提安・巴爾沙札・巴克斯的激情是看書。*1

讀著讀著，男孩逐漸進入由孩童女王統治的幻想國，那是個充滿了奇異景色與古怪生物的世界。孩童女王的生命維繫著幻想國的存亡，而現在她生了重病，她的性命得靠一名人類兒童前去救援。於是，小書蟲巴斯提安還真的就被拉進了書中世界：「他，巴斯提安，正是這本書裡的一名角色，而直到剛才他還以為他只是在閱讀著書中故事。天曉得此時此刻是否也有人正好讀到這，並同樣以為自己不過是一名讀者罷了。」[2]

在幻想國裡，巴斯提安變成英俊、剛毅又強壯的男孩。在經歷重重冒險與難關以後，就在他差點忘掉真正的自己時，他終於成為更棒的人重返人世間，並帶回一樣新本領：愛別人，同時也愛自己。

麥克．安迪的《說不完的故事》（一九七九年德語版；一九八三年英譯版）再版了無數次，銷售量超過一千萬本。這本書已翻譯成四十種不同語言，不僅贏得許多獎項，也啟發了多部電影。書中的英雄之旅發展成一種「情感教育」[†]——也因此，這本小說涉及許多本書將要討論的議題。《說不完的故事》凸顯了一些得以理解「激情」（passions）或「情緒」（emotions）在兒童文學中的重要性之方法：書中奇特且迷人的世界誘惑兒童拿起書本、兒童透過書籍可獲得對於自身與其所處世界的知識，還有透過閱讀別人的痛苦與喜悅而獲得情緒體驗。從許多方面說來，本書觀察的是兒童透過閱讀能夠感受到什麼——就像我們能觀察到巴斯提安閱讀著他自己成為其中一部分的故事一樣。

關於兒童與其情感的研究已有很長一段歷史，早從十八世紀末以前就開始了。剛開始時很緩慢，接著，十九與二十世紀見證了兒童情緒的研究逐漸出現史無前例的活躍、潛力、深思熟慮、理解與描述，以及對兒童情緒的塑造、調教、訓練或治療。在家庭或學校變化多端的方法下、在給兒童與成人的教養手冊（advice manuals）裡、在後來出現的電視或自助團體影響下，兒童變成情緒訓練與情緒最適化‡的對象，同時也是情緒自我發展的主體。

反觀上述，人在描述情緒時可能已經將它們自然化了：情緒往往被視為某種非常基本、人性本質的東西。在一般人看來，兒童有情緒似乎是很理所當然的事情，而且不是出生以後才有，根據一種流行假設，甚至當兒童還在子宮裡尚未出生以前就有情緒了。此說法認為胎兒的情緒羅盤會對母親懷孕時所受的壓力及荷爾蒙水平做出反應。心理學家還表示，我們出生後頭幾年的情緒體驗對於我們整個人生平衡以及往後的人際關係具決定性影響。

這種觀點的起源可追溯到十九世紀中葉，當時兒童情緒成為心理學上備受矚目的話題，後來變成神經心理學與生物社會學的研究及討論話題，甚至是公眾討論的話題。[3]「情緒」變成教育專家的職權範圍，他們提倡各種身體與社會文化情緒學習法來教育年輕人。不成熟及幼稚的情緒得透過各種社會化或慣習化進行栽培、培育與最適化。因此，父母與整體社會都被奉勸要非常小心地照顧這些需要專業人士幫助和教育諫言的兒童。

十九與二十世紀期間，兒童與其教育成為許多社會試圖了解並由此塑造它們自己情緒資料庫

---

*引文摘自《說不完的故事》二〇〇〇年遊目族文化中譯本。

†這裡指涉福樓拜的小說書名《情感教育》，引申義為「年輕人的情感成長史」。

‡最適化（optimization）：這裡指的是將情緒調整成最「適合」社會的目的。

的其中一個核心區域。到了一九六〇與七〇年代，來自專家、公眾與政治加諸在父母與其他成人身上的壓力大幅增加，並鼓勵實現兒童的情緒自我發展。[4]

與此相伴而來的是心理學家、教育專家和社會學家等人的歷史面關注，他們對兒童情緒的研究傾注了大量精力，並且這股興趣持續至今。其結果是，眾人很容易受誘導而得出一個錯誤結論，即認為兒童的情緒沒有歷史；而事實上，兒童的情緒對於研究過往來說，應該被視為一個值得迎接的挑戰。總的來說，兒童的情緒在歷史研究中尚未占有一席之地，這多少教人感到意外。[5]

然而，在快速擴展的情緒史領域中，這是個極其重要的主題。情緒史學家仔細審視情緒的建構與其社會框架，以及喚起這些情緒的方式。[6]他們不僅追尋關於情感表達方式的變化，同時也質疑我們無法觀察到「真實的」情感和「純粹的」表現規則這種傳統區分，或是對特定的情感學（emotionology）提出質疑。他們十分關注情緒是「自然的」此一概念，原因不只是情緒的再現、感知與分類會隨著時間而有所變化，更重要的是，情緒為歷史發明的具體結果及社會產物，以及（本書即要論證的）一道實踐性知識的問題。[7]

在此背景下，本書試圖重建被認為是兒童情緒社會化的關鍵要素，尤其關注它在十九世紀中葉至二十世紀晚期的變化，並且將視野擴展到傳統西方焦點以外的地方。我們將探討前人透過教養手冊與童書提供什麼樣的情緒給兒童，並詳述種種涉及學習如何感覺的過程、具體論述與其多重實踐行為。故事裡的年輕主角是如何學習的？童書給小讀者提供什麼樣的框架？而在那框架下，有什麼改變是能夠跨越時空被我們觀察到的？有哪些特定情緒被兒童學習到了，或至少被教導說這些情緒對他們來說是最為重要的？而這些兒童指的是哪些兒童？年齡、性別、種族和階級背景在這此又扮演著什麼樣的角色？我們如何才能理解在現代社會大規模發展背景下（特別是一八七〇年代至一九七〇年代這段期間），童書與教養手冊提供給兒童的情緒資料庫呢？

童年與兒童教育的歷史

上述問題都設置在廣大的童年與兒童歷史框架內，故引起一些關於年齡層以及年齡層如何影響情緒學習的基本問題。「兒童」無疑地沒有一個固定範疇，不能單純用生命周期的生物或生理階段來定義。[8]認知或情緒發展指數固然可以令人更好理解年齡分層，但也正是當一個人被標示為兒童、青少年或成人時，會對他們在自主、自我、權力關係以及情緒發展等方面產生巨大影響。雖然兒童、童年與青春期的定義並不明確，但都是歷史分析的重要範疇。在十九與二十世紀期間，童年本身的概念在地理與時間上都展現了顯著的變化，這點或許不言而喻。所謂的一名兒童、一名青少年和一名年輕人等意涵已經大幅度轉變。這些改變是透過政府立法、教育、私人倡導、科學知識與大眾媒體而產生的，大大影響童年在整個社會層面上的意義。

歷史學家已將看似有明確範疇的「兒童」與「童年」視為待解決的問題。[9]「青春期」（youth）、「少年期」（adolescence）和「青年期」（young adulthood）這些用語在歷史上都是不精確的術語，並且經常交互使用。儘管「少年期」這術語存在已久，但它的現代用法（為介於童年與成年中間那段棘手的時光進行分類）直到十九世紀末才開始出現，並且在斯坦利．霍爾的著作《少年期》（一九〇四）推廣下而普及。[10]就法律層面來說，少年期的結束意味著進入成年，一般這是落在十八至二十一歲；但是就行為與情緒方面來說，此階段則可以延長下去。比如在霍爾的《少年期》裡，這段時光是介於十四至二十四歲之間。[11]至於現代，兒童則預期會在六歲進入學校學習識讀能力，十六歲時少年期正活躍，但再過個兩、三年就到了法定成年期。為了定義出一個明確的起點，本書將「童年」定位在六至十六歲的年齡範圍來引導其研究，不過作者群在闡述兒童與童年的多樣化及其不斷變化的定義時都十分謹慎，包括那些缺乏具體概念的時代背景亦然；至於在具體定義已存在的時代背景下，本書則研究這些時代裡的兒童是被解釋為小大人還是天真、理想化的存在，看看他們是依照自己的才智來發展的主體，還是等著轉變為成人的教育對象？

在西歐與北美，伴隨著以「正確的」方式塑造兒童而來的，通常是對童年定義的窄化。兒童的社會化與文化適應，以往主要發生在家庭與宗教環境下，對下層階級的兒童來說還包括工作環境；後來這些逐漸由教育機構取代，最後則反過來由同儕團體所取代。[12]在十八世紀與大半的十九世紀裡，負責兒童教育的主要是男性菁英。不過，讓兒童獲得基本識讀能力的目標開始滲透階級與性別界限，尤其是福音派為主的地區，因為傳福音需要信徒透過閱讀宗教冊子與聖經來建立與上帝的個人關係。漸漸地，識讀能力的訓練變得較有系統。幾乎所有本書研究的國家的識字率在十九世紀末都有明顯提升，不過印度的識字率相較之下提升得較慢，其女性識讀能力更是欲振乏力。俄國的識字率在十九世紀期間有明顯提升，然而到了十九世紀末，最佳估計也只有百分之四十五的男性能夠閱讀，識字能力最高的年齡層則落在十一至二十歲之間，且和印度一樣，女性識讀能力也比較落後。不過，到了一九五〇年左右的蘇俄，有九成的男女都能夠閱讀了。[13]

西歐與北美在推動普及識字時恰逢大眾教育大幅增長，這些大眾教育經常是先由宗教或其他非政府機構帶頭進行的。到了十九世紀末，免費的義務教育變成國家的職責。不過，在印度，雖然有些省試圖建立初等義務教育，但英屬印度時期（一八五八至一九四七年）並沒有普及教育制度出現。印度獨立後才有組織地為所有十四歲以下兒童實行免費義務教育。[14]在蘇俄，直到一九三〇年代教育才完全受國家所掌控，並且直到五〇年代後期，八年的學校教育才變成義務性質。[15]

普及識字與教育的無數努力擴大了閱讀市場，不分男女與階級。源源不絕的讀物穩定供應到市場上，其中包括童書與教養手冊。特別是童書，在情緒建構與產出的過程中已被證實為相當重要的一門文類。正如本書所表明的，至少到二十世紀末為止，童書在直接塑造兒童情緒這方面有著獨特與顯著的功能。今日，其他媒體涉入了兒童的社會化過程，為學習如何感覺引進新的技術。比如說，電影院從一九二〇年代起扮演舉足輕重的角色，漫畫則從四〇年代開始，接著要到七〇與八〇年代其他媒體才開始有更廣大的社會影響力，尤其是電視、有聲書以及過度生產的電腦遊戲。

為了讓本研究考察的時代保持一致性，本書重點將只會放在童書以及指南文學上。本研究團隊的共同成果建立在六十本左右經過精挑細選、非常成功並廣受好評的童書上，每一本在它們所屬時代都是所謂的經典。這些作品大多為國際暢銷書，有許多至今仍在市面上，其中包括：《披頭散髮的彼得》（一八四五德語版；一八五〇英譯版）、《叢林之書》（一八九四）、《彼得與溫蒂》（一九一一）、《長襪皮皮》（一九四五瑞典版、英譯本）、《五小冒險》全系列（一九四二至六二）以及《鈕扣戰爭》（一九一二法語原版；一九六八英譯本）等等。其中一章將研究重點放在多種跨類型改編版的《彼得潘》上，以凸顯愛情觀的轉變，以及各版本對於角色關係的不同強調。每一章都會針對它們所研究的特定情緒參考若干部童書以及寫給成人與兒童的大眾教養手冊，詳細選書清單可見於附錄的參考書目。

閱讀的歷史以及用情感閱讀[16]

本書重點與其說是「以寫作來教學」，不如說是「以閱讀來學習」。我們不將歷史讀者看作是各種教條式或社會化的被動接收者，相反，我們認為全神貫注與熱情的閱讀是一種主動體驗，讀者可透過閱讀來探索他們的想像力、參與文本意義的生產，並行使不同程度的自主權。[17]閱讀史學家如羅伯．丹屯、強納森．羅斯與馬丁．萊恩斯等人在重建讀者歷史上取得了很大的進展，尤其是英國和法國的讀者史。[18]最重要的是，閱讀行為現在也公認為會參與並產生出情感的了；文本不僅是詮釋的，同時也是「感受」的。[19]一如瑞秋．艾布洛的主張：「在十九世紀中後葉，眾人普遍認為閱讀至少和情感體驗一樣可貴，因為閱讀是一種傳達資訊或增進理解的方式。」[20]本書要問的是作家與讀者如何看待閱讀體驗，而非檢驗提供情緒處方箋的規範。其他學者已越過文本的意義去研究讀者如何回應文本：是什麼導致這名讀者心生憐憫，另一名讀者卻心生憤怒？同一個文本也許能使某位讀者感動落淚，另一位卻無動於衷。蘇珊．費金從「鑑賞」的角度解釋了對於虛構文學的情感反應，她將其描述為行使一套能力。[21]這些情緒反應究竟是如何影響我們評斷特定文本的呢？

要描述兒童與青少年在何時、以何種方式閱讀些什麼是個難題。在十九世紀初，大多數德國、法國與英國的兒童在學習閱讀時，都會借助一些簡單的初級讀物與宗教文本，通常是聖經或教義問答手冊。[22]比較世俗的書籍只在中產階級家庭裡看得見，這些書在十八世紀末時首先以兒童周刊雜誌的形式出現，接著再以專門寫給兒童的文類形式出現。從十九世紀末起，儘管每個國家國情有所不同，但各個階級的兒童都愈來愈容易接觸到兒童文學了。

與此同時，要描繪兒童讀書時的閱讀情境對歷史學家來說更是困難重重。毫無疑問地，各種兒童閱讀場景都曾存在過，就與成人的閱讀經歷相類似。[23]有時候，只要兒童與青少年年紀夠大並接受過必要的教育，他們就會獨自閱讀。在十九世紀英國與德國中產階級家庭裡，兒童的房間至少要有一個與房間主人等高的書架才算布置齊全。[24]有時書籍則是在團體裡、在公開場合或在私底下讀給兒童聽的。十九世紀中葉起，枕邊故事、聖經故事或其他故事變成許多家庭的習慣。在其他情況下，老師會要求兒童念書給父母聽，好讓父母見識一下這項新技能的價值。在下面一則中產階級家庭的例子裡，當女兒被說服傾聽父親朗讀時，閱讀的情感（甚至於神聖）意義顯而易見：

> 當他對你朗讀一些東西，當他向你述說一些他的成就，當他透過歌唱——透過一日將盡時的晚禱——發送溫暖的情感，當他的天職使他能夠對你朗讀聖經或其他好書——那麼就放下手上所有干擾你的事，並與自己的心靈、精神和感覺完全同在吧。[25]

同一本書也可以在許多讀者手上流傳，讓大部分兒童容易取得也負擔得起閱讀文學作品。這不是中產階級獨有的習慣。舉例來說，根據羅伯·羅伯茨的社會歷史自傳，勞工階級的青少年經常閱讀校園小說，而且那些校園小說帶給他們的影響比什麼都還大（包括像童軍那樣有影響力的團體）。比起宗教與非宗教領袖的諄諄教誨，小說反而更容易讓男孩子將公學的風氣內化。[26]反之亦然，中產階級兒童也可能會閱讀到勞工階級的角色，並根據他們從閱讀材料中得到的靈感，想像自己化身為不同階級和種族的樣子。

實踐知識與模仿學習

可是，本書作者群真的能夠藉由探索兒童文學與教養手冊，就重建並分析學習歷程嗎？若不去探索小讀者對於這些文本的具體接收效果與不同詮釋，有可能深入了解兒童的情感嗎？換句話說，這本書所要描述的內容，是否能超越單純的教學過程與某種特殊的現代情感學呢？

本書並不打算強調並誇大虛構文學與非虛構文學、科學知識與大眾知識，或「真實」情感與「單純」情感規則之間的傳統區分（二元區分之所以備受批評不是沒有原因的）。相反地，本書要強調的重點是兒童的特殊性與兒童的情緒社會化。跟成人相比，兒童更明顯是透過模仿、仿效與適應的方式來進行學習。[27]此說法適用於當代兒童身上，而我們主張類似過程也作用在十九與二十世紀的西歐與北美兒童身上，在一定條件下，這些作用在印度與俄國的兒童身上也沒有完全不同。[28]這假設了在本書所研究的時代，兒童主要是透過試著以身體的實踐、模仿和姿勢，複製或重現他們在別人身上觀察到的情緒來學習情緒的。由於這些情緒絕非「自然」的，所以兒童必須在具體的與情境式的感知中融合並且——借布爾迪厄的豐碩思想來說——慣習化這些情緒才行。[29]一如克里斯多福・沃爾夫所說：「模仿學習……創造了實踐知識，而這種知識組成了社會……行動。」[30]

從本書作者群的觀點來看，真正重要且具建設性的問題，並非童書和教養手冊**是否**呈現了關於兒童情緒或學習過程不斷變化的知識體以外的東西，而是它們向兒童提供了**何種**知識。舉例來說，與通俗的百科全書或工具書相較，童書不會將官方或正規知識總結成簡潔的文章段落。相反地，童書傳授及分享的是情境知識與實踐知識，它們未必會告訴孩子該感受些**什麼**，但會以某些細節來說明這種或那種情緒是**如何**發生的、看起來是什麼樣子，以及該情緒實際體驗起來的感覺。[31]

這種實踐知識呈現在各種錯綜複雜的衝突、故事與結構當中。從十九世紀中葉起，愈來愈多童書不是只從成人視角來討論規範與其伴隨的情緒或道德問題，也開始讓成為故事要角的兒童來告訴讀者關於兒童與兒童之間的嚴重衝突、改變和長期摩擦等問題。這些童書為爭執提出的解決方案主要來自兒童，而不是愛批評又愛糾正人的大人。不論孩子是否真的經歷過這些特殊情境，他們都可以把自己的情緒知識應用到故事裡，從而擴展這方面的知識。

有鑑於接收理論的分析貢獻，我們不能假定兒童總是會在兒童文學或教養手冊裡學到作者或其他成人想要他們學習的東西。因此，本書不會探討兒童究竟從童書或教養手冊裡具體學到什麼。除了上述原因，另外也考慮到兒童，尤其是年幼的兒童，要以歷史觀點重現他們對實踐知識的接收是非常困難的。相反地，本書提出以下論點：童書提供大量的經驗、表達與情緒實踐資料庫給讀者，讓讀者在沒有預設結果的情形下就很大程度上以模仿的方式學習到了。模仿學習總是受制於變化，多少也受制於另類詮釋。[32]複製的過程也會不斷產生差異。因此，閱讀或聽故事的情境在這裡的理解比較像是在「嘗試情緒」（trying），而非一致同調的「做情緒」（doing）。[33]

本著保羅．呂格爾、勒內．吉拉爾的精神，或者說本著敘事學領域的精神，本書作者群認為是各色各樣的故事與其往往複雜的敘事結構（這些故事在某些歷史點上也見於教養手冊中）給了兒童重新感受特定情境的可能性與所需的時間。透過模仿、仿效的方式來閱讀童書或手冊裡的故事，小讀者能夠由下往上實踐或發展出相應的情緒，並從故事「主角」或「反主角」身上學習如何感覺。[34]當故事人物有所成長，讀故事或聽故事的兒童亦然。從這個意義上來說，童書和許多教養手冊所提供的實踐知識可以由兒童以有別於成人的方式所採納，比如說，兒童不會像成人閱讀大眾百科全書那樣收集實踐知識。尤其是童書，除了給予規範以外，也提供書中角色情感的詳細訊息。因此，可以假定閱讀或聆聽的情境本身已經產生體驗；它可能啟動並行的學習過程，有時對兒童與其身體都產生強烈影響，讓他們從大哭、大笑到顫抖。童書這文類在十九與二十世紀期間有了巨大轉變，尤其在西歐與北美，隨著童書的市場成長，敘事也變得愈來愈多元，創造出能使這些經驗發生的空間。就這意義上來說，本書作者群並不認為模仿學習過程在情緒史裡是「較低」或「較高」的發展階段，而認為是一種學習如何感覺的社交機會，不同類型的書籍與敘事結構在不同的時期與社會底下所賦予的空間也會有所不一。雖然本書聚焦在比較私密環境下的閱讀情境，也就是兒童獨自閱讀或由兒童與照顧他們的人組成的小團體，不過模仿學習的過程同樣也可能在更大的、較不親密的團體聆聽情境中開啟。

相關研究指出，兒童文學特別有助於兒童處理他們的問題與困境，心理學實驗似乎也如此暗示。閱讀可以增強兒童的情緒能力，提升他們對他人情緒狀態的意識。[35]這個結果符合了過去的主張，即認為閱讀會對兒童與青少年有所（正面或負面的）影響。十九世紀的指南文學經常強調書籍作為強大「共同教育者」的重要性，並推薦「會在心頭上留下有益印象」的文本。[36]這些作者同時也不斷警告所謂傷風敗俗的讀物有破壞兒童道德之嫌，會「汙染心智」[37]並「對心靈造成敗壞」。[38]儘管這是否定之詞，不過諸如此類的告誡只證明了大家從以前就認為書籍對兒童的情緒教育有顯著影響。[39]

兒童文學

雖然兒童文學的起源可追溯到十八世紀，但直到十九世紀「童年」才開始被強調為生命周期裡「天真無邪」的獨特階段，再加上兒童識讀能力大規模擴張，這才促進了針對這群獨特人口的文學作品激增。一八六〇至一九二〇年代經常被視為兒童文學的「黃金時代」。[40]這個時期也為此文類創造了多樣模式。純說教與宗教文學由針對兒童和青少年應具有之特性的故事所補充，並逐漸被取代，而這些特性是由此領域日漸增多的專家提供。

儘管難以劃分其範疇，兒童文學及其演變仍然提供了一條有效的通道，讓人有機會可得知眾人對青少年的期望如何隨時間、地點而不斷改變。兒童文學不是「憑空」出現的，而是在特定時代背景下為特定類型的讀者而書寫與改編的，反映了更廣泛的社會關注。[41]無論給年輕人閱讀的內容如何具有顛覆性，兒童文學仍受成人掌控。[42]本書所調查的許多書籍都是成人權威人士認為「恰當」的，這些人包括家長、教師、評論家、學者、出版者、圖書管理員以及各種圖書獎委員會。有些是特意寫給特定政治、宗教或社會受眾，有些則是為了滿足兒童玩耍或踰矩的欲望。還有很多同時作用在多重層面上，這使得要對它們的說教目的和預期成效或影響做簡單分析是不可能的。但話又說回來，作者（以及他們的預期讀者）能夠掌控文本被閱讀與理解到何種程度呢？作者運用了哪些文學手法來傳達他們的情感教學，而這些文學手法又如何影響讀者的學習？

起源於十八世紀英國與德國的兒童文學，在十九世紀中葉發展為一門獨特文類，不僅在英國與德國擁有龐大商業市場，也橫跨整個西歐與北美市場。[43]剛開始時，此文類中有許多書並無意只寫給兒童閱讀，而是打算讓每個家庭成員都能夠拿來朗讀；有些專門為兒童而寫的作品也深受成人喜愛（《哈利波特》系列是近代的例子）；有些書原本是為成人而寫的，後來到了十九與二十世紀則變成兒童文學名著，例如《魯賓遜漂流記》（一七一九）、《格列佛遊記》（一七二六）或較晚出版的《蒼蠅王》（一九五四），這些作品經常為年輕讀者而推出改編版或精簡版。這些經典名著的歷久不衰與適應力表明了它們的重要性。

十九世紀中葉起，童書加入了許多複雜且多元的敘事、情緒與道德衝突，還有掙扎奮鬥的主角，並且在此情況下，學習過程與過渡情感往往也被表達得非常詳盡。與傳統上以強勢口述傳統為特徵的童話故事或寓言相反，兒童文學主要是較多散文式、較少象徵性敘事組成，呈現與討論具體、實用的情感知識。在這方面值得注意的是，童書與教養手冊並非探索兒童情緒社會化的唯一可能來源，我們也可以檢驗教科書、宗教布道講章、教育者的報告或父母日記。不過，再也無其他文類或媒介在學習過程與變換體驗上能提供如此豐富的洞見，同時又是其年輕受眾可獨立參與其中的——至少，當他們年紀夠大到可以隨心所欲選擇時間和場所，以及盡可能在不受制度壓力下閱讀時，是如此。

不過，關於這類文學作品，有些最簡單的問題卻是最難找到答案的。[44]儘管兒童文學有豐富的研究傳統，可供本書作者群知道哪些作品在哪些方面有引人注目的影響力，但大多數文本的銷售量相關數據卻十分稀少，直到二十世紀下半葉以前的作品大多是如此。為數不多的一個銷售數量指標是暢銷書排行榜，但這些排行榜往往是有問題的，另外也必須考慮到這些排行榜背後錯綜複雜的歷史。[45]這些排行榜無法提供讀者實際接受暢銷書的任何洞見，最多只能提供關於圖書普及程度的模糊資訊。《讀書人》雜誌的美國總編輯哈利・瑟斯頓・佩克在一八九五年發明了第一份暢銷書排行榜，他會按月編製全美各個書店的銷售數據排出前六名最暢銷的書籍。至於在其他國家，這種透過商業成功來評判文學的想法則招來大量反對。德國在一九二〇年代曾有些人嘗試建立暢銷書排行榜，但很快就因強烈反對聲浪而中斷。英國刊物《學院期刊》在一八九六至一八九九年間有出過一份暢銷書排行榜，但隨後消失不見，直到一九六〇年代以前再也沒有類似的排行榜出現過。

就連美國也是，除了一九〇九年至一九一四年的《讀書人》與一九三〇至一九三二年的《出版者周刊》這兩個短命的兒少暢銷書榜之外，兒童與青少年文學的暢銷書排行榜也是到一九五〇年代才開始出現。《紐約時報》從一九五二年開始刊載兒童與青少年暢銷書排行榜，起初一年刊載一到兩次。其他國家的暢銷書相關數據更為罕見。儘管如此，凡事起了頭就會留下痕跡，專門寫禮儀書的美國作家艾蜜莉．波絲特在其著作《兒童也是人》（一九四〇）中建議家長：

> 當他到了可以閱讀的年紀時，別讓他錯過《愛麗絲漫遊奇境》、《原來如此的故事》和米恩的作品等所帶來的喜悅與薰陶……去找一張兒童研究協會推薦的書籍清單吧，從裡面選出幾本吸引你孩子的書。46

為了替兒童與青少年讀者找到合適、有價值的書籍，成人簡直不遺餘力，直到今天仍然如此。在德國、英國與美國，各式各樣的推薦書單是為了指引家長與教育者挑選合適的文學作品而拼湊出來的。有時（成人）讀者只是被要求列出他們自己最喜歡的童書，接著書單就這樣發表出去了。當然也有一些推薦書單是由專家提供的。除此之外，每年新上市的童書也會獲頒各種獎項作為獲得認可的證明。

兒少文學同時也是比較跨國際的文類。在《紐約時報》的兒童與青少年暢銷書排行榜上，來自美國以外的書目逐年增加。一九五三年的時候，排行榜上每十六本書只有一本出自非美國作家；到了一九七三年的時候，在兩份獨立的排行榜上，二十本書裡頭有十一本是非美國作品，大多來自英語世界，有少數幾本來自法國與德國。德國的「圖書庫索引」登記了一九七一年最熱門的書籍，前五十名當中就有二十九本是兒童與青少年讀物，其中有十五本為外來作品，絕大多數要不是出自瑞典作家阿思緹．林格倫之手，要不就是出自英國作家伊妮．布萊敦。此文類跨國際面向的另一個指標，是英國雜誌《時間與潮流》於一九三八年的推薦書單裡首次出現孟加拉作家達恩．葛帕．默克奇的兒童小說《花頸鴿》（一九二七）。這本書在一九二八年就已得到美國紐伯瑞獎，默克奇同時也成為美國最早成名的印度作家之一。還有其他幾位作家的作品也獲得不止一個國家的讚譽。

毫無疑問，兒童文學已變得相當國際性，這點在世界其他地區皆然，比如本書將從跨國際與跨文化視角來討論的俄國與印度。這種跨國際視角相當重要，因為它的重點將會放在兒童情緒社會化的過程中，那些令人意想不到的翻譯方式以及逾越改寫（不論是全面改寫或局部上的修改）等變化。有特定童書在跨國際或跨文化背景下比其他童書做得更好、更成功嗎？有某些情緒在此背景下會起不同作用嗎？有什麼特定情緒是在英國就跟在印度一樣，或在俄國就跟在德國一樣，都是兒童能夠也應該要學會的嗎？同樣的方式是否也發生在殖民母國與（前）殖民地上，而程度是否也相當呢？

教養手冊

除了童書外，本書也探討以兒童教育與兒童情緒為題的教養手冊（有時則拿來與童書做對比）。教養手冊是重要的資源，提供童年以及兒童情緒的規範與實際框架。雖然無法假設父母與其他成人對這些教養建議都照單全收，不過此文類經久不衰證明了它們對讀者仍然是有幫助的。

這部分的研究來源涵蓋了約三十本最有影響力和最常被引用的指南文集，這些手冊也經常翻譯成多種語言出版。這些書主要是用來指導或提供消息給家長與教師的，不過在某些情況下，這些書也會直接寫給兒童與青少年閱讀。作為一門文類，教養手冊的內容與形式幾乎和兒童文學一樣豐富，包含了性、婚姻、教育、工作、禮儀和烹飪。[47]「以閱讀來學習」的方法就是從此文類出現於近代早期時建立的，這種學習法深深改變了知識生產、散播與教育的過程。[48]儘管養育兒童向來是此文類的重心之一，但是並沒有什麼精確的方法可以確認這種談論童年的指南文學讀者群是誰。[49]許多書明顯是寫給成人閱讀的，尤其是為人父母者。同樣道理，關於撫養嬰兒或幼童（通常到三歲，有時會到七歲）的書也是給成人閱讀的。[50]不過也有一些書打算由年輕讀者自己閱讀，這些書在他們青春期的時候最常見到。這裡有些不錯的例子，比如說德國醫生暨性學專家馬克思·霍丹與美國基督教路德派牧師西凡納斯·史達爾這位備受歡迎的多產作家，這兩個人都曾經為年紀較大的孩子出版過一系列的教養手冊。[51]就整體而言，這些文本幾乎都認定幼兒期與青春期是童年最重要的時期，所以比較少強調童年中期（五歲至十二歲）。

和兒童文學一樣，指南文學的性質已經隨著時間的流動而在許多方面產生了巨大改變。這既是童年的本質不斷變化的原因也是結果，而教育、討論和提供兒童方面建議的成人也對此有所察覺。雖然盧梭的小說《愛彌兒：論教育》（一七六二）是受洛克與其他教育改革者所啟發，但可以將這本書看作是最早也最有影響力的兒童教養手冊之一，書中很具體地對童年提出了浪漫主義式的理解。盧梭的非凡之處在於他為情感教育所做的特定年齡劃分，以及為了讓兒童按自然成長而堅持延緩兒童的發展。根據盧梭的說法，閱讀甚至對兒童有害，在十二或十五歲以前都不應該引導兒童閱讀。[52]

十九與二十世紀，將童年與其相關知識的學科專業化的驅力促成了許多新進展。掌握兒童情緒文化適應的知識主體也隨著時間改變了。長期以來，人可以遵循宗教對於道德與教育的理解，然而自十九世紀末起，心智科學逐漸侵占了宗教的位置，尤其是心理學與教育學。大部分寫給父母、兒童與青少年的指南文學主要講的還是道德教育，只不過教學內容是以心理學術語呈現；相反地，兒童與青少年心理學家反而經常依賴宗教所留下來的對童年較老舊的認識。

斯坦利．霍爾是站在兒童的道德與科學建議分歧點上最有影響力的人士之一。其著作《少年期》充分體現了十九世紀末的社會科學專業化，而霍爾本人正是這種專業化的主要宣傳者。有神學背景的霍爾是科學心理學以及童年與青少年期相關問題的先驅。他對於以心理學的新理論為基礎的教育學與兒童教育的改革也很有興趣。[53]霍爾在一九〇六年的時候出版了精簡版的《少年期》並命名為《青春期》，是一本告訴父母與教育者如何處理年輕人的教養手冊。[54]他除了在自己的科學領域裡精益求精以外，也將此科學領域推廣普及化到家長與年輕人身上。他的著作在歐洲很暢銷、有一大票追隨者，而且他對問題的觀點很快就被歐洲的社會科學家採納。儘管如此，就許多方面而言，霍爾在處理兒童與青少年的方法上並不是一個創新者，而只是走從前宗教與德育的回頭路。

在二十世紀的歷程中，社會科學，尤其是心理學與教育學的學術專業化大幅度地改變了兒童指南文學的領域。心理學的影響在幼兒期與嬰兒期的手冊裡顯而易見，它不一定會取代宗教或道德價值觀，但是經常會改造它們。兒童心智與情緒的知識變得以科學為導向也開始深深影響了父母的角色。就許多方面來看，指南文學其實助長了它們承諾要減輕的負擔。這些書宣稱，除非家長開始聽從來自學者與專業人士所給予的建議，否則幾乎沒什麼東西可以取代名譽掃地的傳統育兒知識了。一般而言，像這種親子教養手冊與諮詢文類的運作方式就是把熟悉的事物變陌生。不過，在邁向二十世紀下半葉時，同類型的指南文學對於科學方法育兒則予以強烈批評。一些書像查爾斯．安德森．奧德里奇和瑪莉．奧德里奇夫婦合著的《寶寶是人類》（一九三八）鼓勵父母再次相信自己的本能。[55]雖然這本書也表示科學知識仍然是有用的，但首要任務是教育父母了解他們角色的自然性。然而，如果養育兒童的相關知識是本能的，那為什麼還要閱讀教養手冊呢？指南文學沒有意識到這種方法是自打嘴巴的。此外，也有證據表明某些父母是多麼有批判性地接觸與使用這些材料。就以班傑明．史波克的名著《嬰幼兒保健常識》＊（一九四六）為例，一些母親還真的就按照「史波克聲稱的信念，認為她們應該要依靠自己的常識來撫養孩子」而停止聽取他的建議。[56]

成功的故事？現代六大趨勢

接下來的十二章，即將探討兒童文學與教養手冊這兩種性質相異的文類，提供給兒童的情緒資料庫之變化。每一章都集中討論單一的情緒，這些情緒分別是：**焦慮**、**信任**、**虔誠**、**同情心**、**同理心**、**愛**、**羞恥**、**痛苦**、**恐懼**、**勇敢**、**思鄉病**以及**無聊**，每一種情緒都會連結至其他情感，並置於十九世紀中葉起更廣泛的歷史轉折與變遷裡討論。

本書作者群在童書與教養手冊裡辨識出至少六大趨勢與重大論題：㈠眾人愈來愈重視情緒，

情緒也因此而多元化；㈡儘管道德的作用不停變化，但仍然是兒童文學與教養手冊不變的特色；㈢成人與兒童以及兒童彼此之間都在爭奪更加民主的關係；在此背景之下，㈣性別、種族、階級或物種等不斷變化作用的社會區別也會影響教導與學習如何感覺；㈤同儕團體的重要性不斷提高。最後，雖然將這些轉變與變遷解釋並描繪成一部單純的成功故事很吸引人，本書仍然得揭示㈥過去一百五十年來，兒童要為自己的情感與自我發展承擔的責任也愈來愈大。

㈠本書並非主張十九世紀中葉以前的指南文學或童書完全沒有把兒童的情緒當成主題過，因為十八世紀啟蒙運動時期就已經有幾位主要倡導者觀察到了，其中包括德國教育家、出版商以及兒童暢銷書作家約阿希姆·海因里希·坎珀。在近代，大家不僅接受了兒童本身就有情緒，也同意了兒童體驗與學習到比以往更加多樣化的強烈而認真的情感，幾乎就和成人一樣發達。[57]我們經常可以觀察到，這兩種文類在情緒方面以及處理情緒的方式上有很出色的擴展，尤其是它們的多元化——也就是說，關於學習如何感覺，它們提供了不斷在改變以及更加詳盡的實踐知識。尤其是西歐與北美洲，自十九世紀中葉以來就已經有日益重視兒童情緒的明確趨勢。部分章節將重現眾人對兒童情緒日益增加的興趣，特別是教育與家庭的脈絡下。比如說，我們可以觀察到某些情感如何將兒童與青少年連結到家庭裡，同時卻又有其他情感似乎想將他們與家庭拆離。在這方面，教養手冊除了告訴家長有關於

＊本書最新第九版為《全方位育兒教養聖經》，另有精簡版《Dr. Spock 的育兒寶典》。

兒童情緒的知識以外，同時也會造成家長出現某些情緒——主要是焦慮感和責任感。

(二)在這兩種文類裡，說教話語一旦減少，往往也就表示大家對於兒童情緒更加重視。確實，在本書所討論的時期裡有種明顯的趨勢，即以不同的、較不嚴格的方式來處理道德難題，這個趨勢比較強調兒童而非成人的問題和情緒或其他能力。儘管如此，這並不表示童書或教養手冊完全無視道德或政治話題。兒童的教育與娛樂在十九世紀末甚至直到二十世紀末，偶爾還是會以相當教化與說教的模式來運作，在公領域以及私領域中都具有明確的目標和強硬的行為準則，強調宗教在這些方面獨特而又不斷變化的作用。舉例來說，有些章節闡明了童書與教養手冊是如何處理暴力、折磨與懲罰，它們是讓道德判斷變得顯著的場域。不過，發生這種情形的方式也是會變化的，這些書給予更多空間讓人理解暴力與折磨，不論是受害者或加害者皆然，即使目的幾乎總是為了減少並控制這些災難。

(三)其中一個最引人注目的改變是這兩種文類在十九世紀末時，可以發現其趨勢是走向較少階層關係、更多民主關係，並強調賦予兒童權力，在西歐與北美尤其如此。以前的概念是小孩必須要大人來教如何感覺，現在反而是大人有時必須從小孩身上學習「正確」的感受事物的方式。就這樣，兩種文類都深深嵌入了一些十九世紀末與二十世紀的主要社會趨勢，也就是社會階層愈來愈多的衝突、解放運動與民主黨派出現，以及不同領域的政治參與到來——不只殖民母國如此，被殖民地多少也有這種現象。這種趨勢可以透過典型男女主角的轉型而觀察到，比如說，他們的恐懼開始有了正當性。有些章節強調了兒童性別角色的轉變。不過，兒童不論是對成人或對彼此之間的關係都愈來愈平等化，這點是有爭議的。由於這些發展與趨勢的衝突性質，若看到為了減少等級制度而出現強烈的反對趨勢也不令人意外。

㈣不過，一般說來在整個十九世紀和大半部分的二十世紀，不論是作為文學角色、讀者或教育對象，兒童的性別對於他們預期要根據傳統、學習所謂未來男女分別該有的恰當情緒的方式有著很重要的作用。從十九世紀末開始，作為一個更廣泛民主化進程的一部分，性別區隔在童書與教養手冊裡逐漸失去了壓倒性的影響力，至少在西歐與北美洲是如此。[58] 其他通常與性別區隔有強烈關係的社會區隔，比如說階級、種族或物種，在這段期間內也往往變得不那麼不言而喻。有時這些社會區隔在嘗試未知關係上，會比做為複製傳統二元化的平台更具挑戰性。舉例來說，有些章節說明了學習如何與他者同感（不論這個他者是人類或動物），在殖民母國與（前）殖民地都大大地獲得了重要的歷史意義。

㈤另一個非常重要也與這兩種文類密切相關的轉變，是青少年同儕團體關係的重要性提高了。在賦予權力給既是加害者也是受害者兒童的這種更大轉變中，以及在幼兒園、中小學或寄宿學校等不斷變化和擴大的教育體制背景下，其他孩子、兄弟姊妹、伙伴、朋友或作戰團隊在童書與教養手冊的兒童情緒社會化上扮演愈來愈重要的角色。即使家庭（特別是父母）在兒童的生活與教育中從未失去應有的關鍵作用，仍然有不斷增加的故事與教育主張，提供了關於兒童如何學習或應該學習如何感覺與對待他人的另類敘事。比如說，本書某些章節展現了寄宿學校（尤其是在英國）的作用，為十九世紀中葉至二十世紀中葉的兒童文學的一種獨特比喻，與兒童的同儕關係情感社會化特別相關。在二十世紀後期，特別是在一九六八年以後，「左翼」兒童文學證明了賦予兒童權力這一方面變化的程度。在當時，兒童賦權是一個中心目標；他們的情感、願望與擔憂，都必須根據每一個孩子的個人需求以「真誠的」的方式「表現出來」。

㈥可以說，這種「真誠的」情感標示了從十九世紀中葉開始的進程之成果，並且應該解釋為一種賦權與民主化、或解放與參與的成功故事。雖然本書辨識出一些主要趨勢與歷史轉變，作者群也贊成下述論點：第一，這些進程既非線性也非同質的。它們缺乏明確的、歷史決定的目標，並且在整個調查的時間框架內可發現明顯的反趨勢與矛盾；第二，作者群想要強調，賦權與民主化進程不應該僅僅被解讀為是一種毫無條件的成功故事。成為具有與生俱來的權利和優勢的情緒**主體**，而非情緒**客體**，意味著童書與教養手冊裡描繪的兒童也必須對自己的情緒、情感健康，以及連帶的整體行為與個人自我發展要更加負責。在這樣的背景之下，我們的資料來源也讓我們能夠本著米歇爾・傅柯的精神，分析並問題化所謂的兒童情緒治療或靈活度。[59]因此，有些章節將重點放在「情緒」如何成為教育學的難題與心理治療的任務上。這般情緒主要被看作是這些受影響兒童的調適問題，並認為揭示了一些關於兒童被假設的心理與情緒發展。

因此，從十九世紀中葉起，童書與教養手冊中的情緒明顯擴展與多元化，不僅表現為故事主角與讀者的機會，而且這些多樣的機會和愈來愈多的可能性也變成了一種新的義務。兒童與成人之間更加民主的關係，也讓兒童面臨到在情緒上或心理上的自我成長和學習如何以「真誠的」方式去感受的要求。在不同情境下的不同情緒以及如何感受其他行為者之間，有愈來愈多的可能性可以選擇，而這打開了一個永無休止的自我改善與自我最適化的大門。該過程要求個人情感要有更多的靈活性。不過這兩種文類都不打算一勞永逸地解決兒童的情緒問題，而是試圖讓兒童能夠適應各種挑戰，隨時為他們生活中的每個新問題做好準備。在這樣的背景之下，本書作者群認為這兩種文類對許多十九、二十世紀的兒童來說，在情緒社會化上都扮演著重要、強大且親密的角色。在童書與教養手冊裡，學習如何以「對」的方式感覺，或許是變得比較不那麼說教、等級制度或社會性別化了，但同時也明顯變得更加矛盾與複雜。

以下十二章探討的六大趨勢與重大主題，是否在二十世紀末依舊存在並進入二十一世紀，這問題有待進一步研究。無論如何，童書和教養手冊一樣，在兒童情緒社會化上的社會功能已經有所改變，尤其在一九八〇年至九〇年代以後。電視和電影院、兒童廣播劇和電腦遊戲的重要性從量化觀點來看不僅持續提升，這些媒體試圖呈現的關於情緒或激情的敘事也變得愈來愈複雜。因此，同樣的，電腦遊戲，這項對兒童與青少年來說今日成長最快速的全球娛樂與教育市場也能夠啟動模仿學習的過程，就跟童書與教養手冊一樣。本書作者群並不認為童書與教養手冊對現代兒童已經失去了影響力。不過，當我們調查這些文本在兒童文學「黃金時代」之外扮演何種角色時，都必須研究它們與現代兒童用來學習如何感覺的眾多媒體之間的關係。

注釋

1 Ende, *Neverending Story*, 9–10.

2 Ende, 165.

3 關於近期的情緒研究，可見 Lewis, Haviland-Jones, and Barrett, *Handbook of Emotions*; Gross, *Handbook of Emotion Regulation*. 另見第一章〈蓋斯凱爾夫人的焦慮〉。

4 尤其是一九六八年的事件後。可參見 Bookhagen et al., *Kommune 2*。

5 在這塊新興學術領域少數幾位先驅中，只有一位著名的歷史學家 Peter Stearns 認真看待兒童的情緒社會化。尤見 Stearns and Haggerty, 'Role of Fear'; Stearns, 'Girls, Boys, and Emotions'.

6 近期的綜述可見 Frevert, *Emotions in History*; Frevert, *Geschichte der Gefühle*; Plamper, 'History of Emotions'; Plamper, *Geschichte und Gefühl*; Biess et al., 'History of Emotions'.

7 可參見 Reddy, *Navigation of Feeling*; Frevert, *Emotions in History*. 更具體的觀點可見 Eitler and Scheer, 'Emotionengeschichte als Körpergeschichte'; Gammerl, 'Emotional Styles'; Scheer, 'Are Emotions a Kind of Practice'.

8 Davin, 'What Is a Child'.

9 雖然 Philippe Ariès 對童年的「發現」進行歷史分期現在被視為是有問題的，但其著作 *L'Enfant et la vie familiale sous l'ancien régime* (1960; Eng. *Centuries of Childhood*, 1962) 仍然是這塊領域的開創性文本。至於歷史學家為何不應該繼續仰賴 Ariès 的理論，具說服力的理由見 Heywood, 'Centuries of Childhood'。

10 'Adolescence'; Hall, *Adolescence.*

11 Hall, *Adolescence,* i, x.

12 例如 Gebhardt, *Angst vor dem kindlichen Tyrannen.*

13 Cipolla, *Literacy and Development in the West*, 72, 93.

14 Biswas and Agrawal, *Development of Education in India*, 835.

15 Anweiler and Meyer, *Sowjetische Bildungspolitik 1917–1960,* 44–51.

16 Feagin, *Reading with Feeling.*

17 像 Wolfgang Iser、Stanley Fish 與 Roland Barthes 等文學理論家提出有關讀者反映的理論，其重點在於讀者以及讀者對文本的回應，而不在於文本的內容或形式。因此，文本的意義不在文本本身，而在於讀者的接收或閱讀行為中。

18 Darnton, 'First Steps Toward a History of Reading'; Lyons, *History of Reading and Writing*; Lyons, *Readers and Society in Nineteenth-Century France*; Rose, 'Arriving at a History of Reading'; Rose, *Intellectual Life of the British Working Classes*.

19 Ablow, *Feeling of Reading*, 4.

20 Ablow, 2.

21 Feagin, *Reading with Feeling*, 4.

22 Schenda, *Volk ohne Buch*, 73–85.

23 Schenda, 465–7.

24 Budde, *Auf dem Weg ins Bürgerleben*, 127–8.

25 Bahnmaier, 'Ein Wort für junge Töchter', 134.（作者自譯）

26 Roberts, *Classic Slum*, 160–2.

27 對該主題不同的視角可見 Saarni, *Children's Understanding of Emotion*; Suzuki and Wulf, *Mimesis, Poiesis, and*

Performativity in Education; Nadel and Butterworth, *Imitation in Infancy.* 關於模仿與模仿學習的概念，有個很好的討論是 Gebauer and Wulf, *Mimesis.* 跨學科的綜述可見 Spariosu, *Mimesis in Contemporary Theory*; Garrels, *Mimesis and Science.* 關於文學與社會科學中，模仿與仿效的（現代）概念「起源」，見 Auerbach 的經典之作 *Mimesis;* Tarde, *Laws of Imitation.*

28 見本書結語。

29 事實上，「習癖」（habitus）與「模仿」的概念有諸多共同之處，詳見 Gebauer and Wulf, *Mimesis*. 關於 Pierre Bourdieu 脈絡下的情緒慣習化可參見 Zembylas, 'Emotional Capital and Education'. 另見 Scheer, 'Are Emotions a Kind of Practice'.

30 Wulf, 'Mimetic Learning', 56.

31 關於實踐知識與模仿概念的關係，見 Bourdieu, *Logic of Practice.*

32 見 Wulf, 'Mimetic Learning'.

33 見 Eitler and Scheer, 'Emotionengeschichte als Körpergeschichte'.

34 尤見 Girard, *Deceit, Desire and the Novel*; Girard, *Mimesis and Theory*; Ricoeur, *Time and Narrative*, esp. vol. 1.

35 Trepanier and Romatowski, 'Classroom Use of Selected Children's Books'; Kumschick et al., *'Sheep with Boots'*. 至於利用故事與戲劇來衡量與培養學齡前幼兒的道德情緒，見 Malti and Buchmann, 'Entwicklung moralischer Emotionen bei Kindergartenkindern'.

36 Newcomb, *How to be a Lady*, chapter 16, quotation 158; Newcomb, *How to be a Man*, chapter 16; Blackwell, *Counsel to Parents*, 44–5; Anon., *Boys and Their Ways*, 199–233; Hughes, *Notes for Boys*, 121–30; Matthias, *Wie erziehen wir unsern Sohn Benjamin*, 168; Klencke, *Die Mutter als Erzieherin ihrer Töchter und Söhne*, 425–6.

37 Anon., 'Scene from Real Life', 82.

38 Klencke, *Die Mutter als Erzieherin ihrer Töchter und Söhne*, 572.

39 Vallone, *Disciplines of Virtue*, 4.

40 Green, 'Golden Age of Children's Books'; Carpenter, *Secret Gardens.*

41 Hunt, *Understanding Children's Literature*, 1–2.

42 見 Rose, *Case of Peter Pan*, 2.

43 全面綜述見 Grenby and Immel, *Cambridge Companion to Children's Literature*; Carpenter and Prichard, *Oxford Companion to Children's Literature.*

44 這部分我們對 Karola Rockmann 與 Johanna Rocker 提供的研究協助感激不盡。

45 Eyre, *British Children's Books in the Twentieth Century;* Faulstich, *Bestandsaufnahme Bestseller-Forschung*; Vogt-Praclik, *Bestseller in der Weimarer Republik 1925–1930*; Ego and Hagler, *Books at Shaped Our Minds*; Ferrall and Jackson, *Juvenile Literature and British Society*; Justice, *Bestseller Index.*

46 Post, *Children are People*, 182.

47 二十世紀可得的文獻主要關注的是性方面的教養建議：Bänziger et al., *Fragen Sie Dr. Sex*; Putz, *Verordnete Lust.* 關於自我建議在現代歷史上的影響，見：Maasen et al., *Das beratene Selbst.*

48 Messerli, 'Zur Geschichte der Medien des Rates'.

49 更全面的綜述請見：Hardyment, *Dream Babies* ；關於美國的文獻可參見：Grant, *Raising Baby by the Book*; Hulbert, *Raising America;* 關於德國，見：Fuchs, *Wie sollen wir unsere Kinder erziehen*; Gebhardt, *Angst vor dem kindlichen Tyrannen.*

50 例如 Isaacs, *Nursery Years.*

51 Hodann, *Woher die Kinder kommen*; Hodann, *Bub und Mädel*; Stall, *What a Young Boy Ought to Know.*

52 唯一的例外是《魯賓遜漂流記》（一七一九），這本書在盧梭看來可當作兒童一生的指引。關於盧梭對於十九世紀兒童心智的影響，有個有趣的討論可見 Shuttleworth, *Mind of the Child*, 4–6.

53 Ross, 'Hall, Granville Stanley'.

54 Hall, *Youth.*

55 Aldrich and Aldrich, *Babies are Human Beings*.

56 Grant, *Raising Babies by the Book*, 225.

57 可比較 Campe, *Robinson the Younger* (1781/2); Campe, *Ueber Emp ndsamkeit und Emp ndelei in pädagogischer Hinsicht* (1779).

58 例如 Clark, *Regendering the School Story*; Flanagan, *Into the Closet*.

59 例如 Martin, Gutman, and Hutton, *Technologies of the Self*; Rose, *Governing the Soul*.

第一章　蓋斯凱爾夫人的焦慮

烏法・延森

一八三五年三月十號傍晚，即將成名的維多莉亞時代小說家伊莉莎白・蓋斯凱爾開始動筆寫起育兒日記。她想記錄長女瑪麗安的成長過程，也記錄自己對孩子的教育影響。她一絲不苟地寫下瑪麗安的身心發展。在她看來，瑪麗安「脾氣非常好；雖然偶爾會忍不住情緒小激動」。蓋斯凱爾會認真反思孩子惱怒時的所有跡象，她想知道瑪麗安每次哭鬧的原因，她也對自己回應孩子情緒爆發的方式表示擔憂。幾個月過後，她仍然不確定「管理這些敏感情緒的最佳方式」為何。蓋斯凱爾很早就注意到她們母女倆在情感上相互依存：「想不到我自己日記裡的脾氣和感覺，竟然會和我的寶貝這麼密切相關。」她對孩子的教育投入了大量思考，因為她想「現在就採取日後可貫穿她整體教育的原理」。於是她開始查閱這方面的最新文獻，其中包括瑞士教育學家阿爾貝蒂娜・奈克・索緒爾的《進步教育；或生命歷程研究》（一八二八；一八三五英譯版）以及蘇格蘭醫生安德魯・庫姆的《健康與教育之應用生理學原理》（一八三四）。但這些書籍所提供的建議經常讓她深感絕望。在試著尋找如何處理孩子情緒危機的一些指引時，她煩躁地寫道：「每本書說的都不一樣。」因此，蓋斯凱爾持續寫日記的另一個原因是為了自我的情緒管理。她將日記獻給孩子，「作為她的母愛以及對寶貝女兒性格形成感到極度焦慮的紀念物」，希望未來瑪麗安能夠親自閱讀，或許到時也是以母親的身分閱讀。[1]

蓋斯凱爾當年無疑是一位與眾不同的母親。她有女傭和僕人幫忙打理家務事並照顧小孩。她也精通一些最新的科學討論，比如說顱相學，一種鼓勵母親仔細觀察子女身上是否有出現可能為精神失常病徵的外觀缺陷之科學。[2]她還能以法語閱讀奈克・索緒爾的育兒教養書。這部對兒童生活頭三年進行深入研究的作品，結合了對兒童發展機制的深刻見解，以及父母的權威是帶有用同理心對待兒童的重要性。[3]如此善解人意的父母身分與維多莉亞時代新興的中產階級家庭模式似乎十分合拍。維多莉亞時代開始後，在家中寫育兒日記變成了一種流行。[4]觀察技巧、寫日記與教養書籍形成吸引人的聯盟，為維多莉亞時代中產階級家長帶來新的育兒方式。此聯盟的一致概念是兒童發展理念：兒童的成長可以觀察並記錄下來，接著就可用這些觀察研究為基礎提供育兒建議，因為兒童發展的進步就建立在某些特定機轉與原理上。蓋斯凱爾追求將教育的努力建立在「原理」上反映了此事。

蓋斯凱爾的日記裡最無所不在的情緒是「愛」與「焦慮」，而這兩者在許多方面本質上是緊密交織的：一方面，蓋斯凱爾形容是「穿透每個世俗之愛的愛」這股情緒持續推動她觀察並記錄孩子成長的決心。另外，「愛」對於培養兒童發展來說也很重要。一種或可稱之為「愛的制度」的新制度在這時變得明顯可見。用愛和同理心來教養孩子，是為了在教育過程中取得孩子的順從。比起暴力，愛的關懷或許能更有效產生服從效果；另一方面，蓋斯凱爾的日記透露出了大量焦慮。部分原因來自專家文獻所給的建議往往相互矛盾所致。除此之外，密切觀察兒童與其發展的新習慣創造出許多教為人父母者焦慮的機會。似乎沒有一件事是微不足道的小事，每件事好像都會有什麼後果等著要人去承擔。事實上，正是這種認為兒童心智與體能是發展出來的、而非預先決定的想法加重了父母的職責。也因此，在蓋斯凱爾將內心想法寫給未來的瑪麗安時，她感到相當憂慮：「而你亦是我最親愛的小女孩，當你在閱讀這段文字時，若想起童年時曾由於我的管教不當而感到任何一絲厭惡或不快樂，原諒我，吾愛！」[5]擔心自己以及所有給孩子的愛也許會害孩子往錯誤的方向發展，這成了蓋斯凱爾持續焦慮的來源。[6]

這種讓人焦慮的愛是以現代方法對待兒童發展的一面，而反對這種方法的持續批評聲浪不久即出現。批評者認為過度的愛對孩子有害。在德國教養手冊裡，這種問題被稱為「猴子的愛」或作「溺愛之情」，此說法與當時動物學在猿類身上獲得的知識密切相關。[7]溺愛孩子的父母總是會愛孩子愛過頭，他們永遠無法讓孩子適時變堅強。從此觀點來看，父母（尤其母親）的情感不但不可信任，還要削弱他們的教育職權。於是乎，現代的育兒建議在這兩種模式中搖擺不定。十九世紀中葉起，一種鐵石心腸的態度與另一種將感情以及情緒性當作親子關係基礎的態度開始並存。[8]父母現在得捫心自問，他們所表現出來的情感對孩子是否有益？還是說，其實他們的情感才是真正的問題？無論如何，這兩種模式都依靠指南文學作為絕對可靠的權威。指南文學不僅會提供有用的知識，還會指導父母是否該信任自己的意向與情緒。這兩種截然不同的教養模式，會在父母養育孩子遇到各種疑難雜症時提出不同建議：他們應該體罰孩子嗎？他們應不應該安慰難過的孩子？母親在任何情況下都應該為孩子哺乳嗎？這兩種模式的共同之處不僅在於對教養建議的依賴，它們也以各自的方式共同製造出焦慮：父母對孩子的愛是剛好足夠還是太多？身為過度情緒化的父母，他們能否信任自己，還是得依賴別人才行？不過，問題的關鍵之處並不在於每本教養手冊的差異令人心生不安，問題的關鍵處在於：這些書籍首先是仰賴需要建議的父母才得以存在的。

關於兒童情緒的知識生產

從許多方面來看，蓋斯凱爾書寫育兒日記時，正值早期維多莉亞時代剛開啟一種新的育兒知識文化。本章所側重的指南文學，便是在此時形成一門愈來愈繁榮的文類以及書籍市場。[9]十九世紀初，指南文學的消費者主要是中產階級讀者，而到了二十世紀末，讀者群大概多少也擴展到下層中產階級，甚至有可能擴展到底層階級裡——至少，教養手冊不斷攀升的銷售數據是這樣顯示的。蓋斯凱爾的觀察往往集中在瑪麗安的情緒性上，此舉與知識和科學歷史的發展概況相符。到了十九世紀中葉，兒童情緒已成為學術討論的熱門主題，主要出現在心理學、精神病學和教育學的文獻裡。[10]從這時起，各種科學學科、小說家、指南文學作家與深受吸引的群眾（尤其家長們），這群人共同形成了複雜的互動框架，且在此框架中生產並傳播關於兒童與其情緒的知識。像達爾文與威廉．普萊爾這樣的科學家也研究過自己的孩子，並將觀察資料使用在學術論著以及寫給家長的指南文學裡。和蓋斯凱爾一樣，平凡的父母也會收集他們對孩子的觀察資料，收集方式通常是日記簿和問卷調查表，這種做法經常得到學者們的支持和鼓勵，比如後來收集這些材料並為兒童發展建立更多數據的霍爾。[11]而小說家如狄更斯和夏綠蒂．勃朗特在書寫兒童的故事時不僅受益於這些知識，他們的小說也為兒童發展的討論貢獻更多題材。自從德國啟蒙教育家約翰．海因里希．坎珀在丹尼爾．狄福的《魯賓遜漂流記》（一七一九）裡植入個人說教，將小說變成他自己的《青年魯賓遜》（一七七九、一七八〇；一七八一、一七八二英譯版）以後，兒童文學作家便經常仰賴童年與育兒的教育學或心理學知識。[12]報章雜誌、小說和指南文學愈來愈常向民眾介紹最新的研究成果，進而也為日後對於兒童的心智探索設定好了方向。[13]

指南文學在這種知識傳播中扮演著關鍵角色。教育學與心理學的知識在此文類中逐漸融為一體。事實上，談到童年的教養建議時很難將這兩者分開來談。這兩個領域的知識緊密交纏，一個很好的例子是「新教育」或稱「進步主義教育」運動與斯坦利．霍爾、蘇珊．艾薩克斯、威廉．斯特恩等人的心理學研究密集交流。不過，這兩個領域的研究興趣多少還是有些不同：心理學家通常關注嬰幼兒時期以及（相較之下關注程度比較不高的）青少年期與青春發育期，而教育學家則對童年中期與（初期）學齡兒童較感興趣。這點也反映在各自的指南文學上。除了來自各個學科的學者以驚人頻率出版教養手冊以外，實際上還有許多不同職業的人士也從事這門文獻的生產，尤其是神學家、教師、公務員與醫生等等。雖然本章主要只討論美國、英國與德國的發展，但也得強調一下童年與育兒的爭論從十九世紀末開始有多麼國際化。[14]美國、德國、法國、英國與其他地區的作者彼此合作、互相引用，並且將他們的著作翻譯成別國語言。有時，這些知識甚至超越「西方」國家的疆界，比如說精神分析在南美洲、印度、日本和北非特別受歡迎。[15]因此，關於童年與育兒的知識也適應了這些文化。[16]

十九世紀的兒童研究開端

十九世紀下半葉，兒童研究在德國、法國、英國與美國成為一門學術領域。此領域出現愈來愈多的科學專業知識，開始與道德哲學和宗教的兒童教育研究傳統相競爭。其中一個首要任務就是收集兒童身心發展的資料。德國英裔生理學家普萊爾頗具影響的研究《兒童心智》（一八八二；一八八八、一八八九英譯版），便是以他對自己兒子直到三歲以前的詳細觀察為基礎。[17]而早在普萊爾之前，達爾文就已於一八三〇年代開始鉅細靡遺地記錄自己孩子的日記，但他對於是否要將這些日記用在當時還在構想中的演化論研究上，感到猶豫。直到一八七七年達爾文才發表了〈一個嬰兒的生活速寫〉，這篇文章成為往後幾十年眾人創立名副其實的「嬰兒科學」的主要動力。[18]直到二十世紀初，心理學家仍普遍採行育兒日記進行科學分析。這種科學日記與教育和家庭對兒童的日記式觀察同時存在，後來二十世紀常見到這類觀察紀錄，並且至今仍在使用。[19]

和蓋斯凱爾的情況一樣，「情緒」在這些育兒日記和新興的發展概念中扮演要角，並構成十九世紀中葉起對兒童心智的討論。[20]舉例來說，法國心理學家伯納德．佩雷斯的著作說明了多種不同的情緒，以及一般情緒特質是如何在兒童身上發展的。在他談論嬰兒的作品裡，他討論了兒童身上的原始感情以及情感感受力之演化，其中包含了對於恐懼、暴怒、嫉妒、同情、性與個人情感的描述。[21]在另一本以年紀較大的兒童為題的作品裡，佩雷斯加上一篇「高階情緒」的章節來討論美感與羞恥感。[22]在這種育兒日記中，情緒主要是觀察對象，並且被理解為是整體發展模式中每個不同階段會出現的特定元素。兒童是以情緒為起點，隨著發育邁向種種認知能力。這種觀點經常反映出中產階級對於童年的觀念，即認為童年（尤其是嬰兒期）處於情緒性階段，而成年則為理性自制的階段。[23]

關於這種情緒（以及心智）是發展出來的概念，日益與演化論的觀點融合在一起。再一次，鋪路人還是達爾文：「難道我們不必去懷疑那些獨立於兒童經驗以外，模糊不清卻又十分真實的恐懼，是遠古野蠻時代的真實威脅與可悲迷信所遺傳下來的影響嗎？」[24]素有美國兒童研究運動之父稱譽的心理學家霍爾，同時也是兒童研究中這種復演論*的主要擁護者。[25]霍爾在他的育兒實務建議裡提出一種奇特的混合思想，結合了盧梭的旨趣（兒童需要在大自然中度過「野蠻」的階段），以及用紀律、訓練與懲罰（體罰）進行嚴格教育的信念。他主張要到青少年期，野蠻的兒童才轉變成嚴格意義上的人類。霍爾在一九〇六年時還用了整整一本（教養）手冊來探討這個主題。[26]許多作者都跟霍爾一樣，將兒童心智比擬為動物、原始人、非正常人的心智結構，或古代人類的心智狀態。在復演論的概念裡，個別兒童的發展（個體發生）總是與物種的發展（種系發生）有所關聯，而前者的發展最終總是能夠用後者來解釋。[27]在十九世紀與二十世紀初，這種想法將兒童研究與對國家、文明以及人性即將退化的討論聯繫在一起。[28]同時間，用演化觀點來看待兒童的行為舉止也提供了家長一些安慰：孩子身上種種費解的行為，現在終於可以用往昔的動物歲月「解釋」得通了。無論如何，兒童教育的總體目標仍然是很明確的，那就是：要成為一

＊復演論為霍爾在二十世紀初提出，認為人類個體從幼稚的階段到成熟的成長過程，象徵人類自原始階段到現代文明整個進化過程的重演。

名受西方中產階級與文明道德所控制、情感豐富又不失理性的成人。

到了十九世紀末時，科學調查的領域變得更加複雜，而對兒童心智與其情緒發展的興趣也進一步增加。過去盛行針對個別兒童進行的質性研究，如今逐漸被愈來愈多大規模調查取代，而這些調查採用的則是統計法與測驗。[29]除此之外，嬰兒與兒童變成了專業實驗室裡的實驗對象，比如說法蘭西斯．高爾頓在一八八四年於倫敦「國際健康博覽會」中開幕的「人體測量實驗室」。整體而言，在兒童研究的科學組織裡的這些變化反映出專業化的趨勢。這必然會導致在獲取關於兒童的知識過程中，父母的參與不再受重視，同時也造成研究者、家長與相關從業人員之間的分工愈來愈嚴格。[30]因為此學科在本質上與家庭生活以及兩性關係如此緊密相關，而專業化也削弱了母親觀察子女的能力。

教育指南文學與兒童教育

兒童的情緒在教育學學科裡是歷史悠久的主題。儘管如此，十九世紀末與二十世紀初，關於兒童教育的新理念仍開始在歐洲各個社會、美國和全球許多地區流傳起來。「新教育」、「進步主義教育」等詞語成為了口號，推動著各種教育改革運動。[31]這些具有「全球教育運動」特點的嘗試需要獲得更多關注，特別是因為這些運動橫跨到西方以外的世界。[32]舉例來說，孟加拉詩人暨諾貝爾文學獎得主泰戈爾一九一八年在聖地尼克坦成立的大學，其採取的教育概念便深受新教育運動以及學校改革計畫影響。[33]從一開始，一連串來自不同文化的影響就塑造了改革者的議程。托爾斯泰一八四九年於他在俄國鄉村的莊園「晴園」裡展開的教學工作與學校規劃，使這位俄國作家成為最有名的兒童教育自由提倡者之一。[34]一九〇〇年，瑞典教育家與社會主義者愛倫凱為隨後這番爭論提出「兒童的世紀」這句中心格言：「成人首先要了解兒童的性格，接著保持住兒童性格中的單純。」[35]善解人意、仁慈與愛成了父母在處理兒童教育時的情感特質。

「青年共和國」的實踐性教學實驗被推廣到許多社會裡，青少年在此可以建立自治組織（通常會有一名成人在旁指導）：美國有W．R．喬治的「少年共和國」與荷馬．萊恩的「福特共和國」（後來改稱「男孩共和國」）；英格蘭有萊恩的「小小共和國」與其追隨者尼爾的「夏山學校」，以及尼爾在德國時的學校實驗；德國則有齊格飛．貝恩菲爾德的（猶太）兒童鮑姆加登之家；早期蘇聯有安東．馬卡連柯的「高爾基工學團」等等。[36]這些計畫經常伴隨著濃厚的情感色彩，比如說，萊恩推廣以「愛的態度」來對待兒童。[37]這套實踐方法豐富了無數新出版的教養手冊，這些教養手冊的重點是把兒童置於教育過程的中心。萊恩的好友兼弟子尼爾在德國與英國的改革學校中利用了這些概念，最著名的莫過於他在一九二四年創辦的夏山學校。[38]兩年後，尼爾出版了一本寫給家長的專著《問題兒童》，十年內就再版了五次，並吸引更多孩子來到夏山。尼爾在書中主張，問題兒童從根本上來說是不幸福的：

> 沒有幸福的男人會擾亂會議、鼓吹戰爭或對黑人動私刑；沒有幸福的女人會嘮叨丈夫與孩子；沒有幸福的雇主會讓員工感到害怕；沒有幸福的人會犯下謀殺或竊盜罪。所有的犯罪、仇恨、戰爭都可歸結為不幸福所致。本書將嘗試說明不幸福從何而來，又如何破

壞眾人的生活。[39]

對尼爾來說，教育中只有「自由的哲學」才能產生幸福。有一本德國教養手冊可作為相同趨勢的例子：海因里希．羅茨基的《孩子的靈魂》出版於一九〇八年（一九二四英譯版），到一九三八年時至少已售出三十萬本以上。[40]在這本書裡，兒童與父母是平起平坐的，就像朋友一樣。

這些教育改革與情感自由的例子都表明了，教育的重新定位發生在二十世紀之交。儘管知識層面在教育爭論中仍然重要，地位已經大不如前，而兒童的情緒與社會學習之重要性則增加了。不過，「新教育」將新的重點放在情緒上也可能導致不良後果。要信任孩子自然發展也可能會產生新的不安全感，因為對父母師長來說，要準確無誤地看出兒童的本性究竟為何著實困難。

二十世紀前後的教育爭論，也不完全是由改革思想、以兒童為中心的教育方式所主導。在德國，弗里德里希．威廉．福斯特，這位結合了「革命與反動」的天主教徒教育學教授[41]，無疑是最著名也最多讀者的教育書作者。他的教養手冊呼籲將兒童自治、自我控制與一套僵化的道德哲學融合在一起，其中心教義是徹底壓抑情緒與欲望。同時間，福斯特的作品也反映了當時改革教育學大力宣導的「從兒童開始」的共同懇求。在福斯特的觀點裡，有道德的教師必須觀察兒童的性格，以便找出有助於發展自我控制的元素。[42]對他而言，兒童的自由意味著孩子要自己找出他們的方式來嚴格地控制自己的身體、欲望和情緒，選出他們對自己的專制。在二十世紀之交，這種呼籲可說遠比相關的改革文獻裡所承認的還要普遍。事實上，在充滿敵意的世界裡，讓孩子變鐵石心腸的教養方法在教育學的討論中不曾缺席過。

行為主義與精神分析裡的兒童與其情緒

專業化與實證研究的趨勢在二十世紀初達到巔峰，尤其是行為主義興起之後。行為主義的創立者約翰．華生特別關注兒童情緒。他批評過去研究嬰兒的文獻只是在紙上談兵，生產出來的不過是專業實驗室科學環境外的隨意觀察結果。相反地，他的方法則需要在受控的實驗室環境下大量測試並詳細分析兒童（主要是嬰幼兒）的行為。他假定，「一種情緒就是一種遺傳反應模式，其模式涉及整個身體機制的深刻變化，尤其是內臟與腺體系統。」[43]將情緒（他只提到恐懼、憤怒與愛）定義為遺傳模式，並不排除情緒在許多方面是習得而來的想法。華生對幼兒的研究，的確有許多都是在試圖證明兒童與其情緒可以透過特定刺激反應模式訓練而受制約。他企圖在他對嬰兒與兒童進行的實驗中證明這點，有部分的實驗策劃與執行展現出高度變化的技巧，卻也相當殘忍。[44]最知名（也最臭名遠播）的莫過於「小艾伯特實驗」：華生與他（後來變成妻子）的助手羅莎莉．雷納讓八個月大的小艾伯特受到制約而懼怕白老鼠，以及其他會引發相關聯想的毛茸茸物體。[45]

華生於一九二〇年年底辭去約翰．霍普金斯大學的職位以後，再也沒有進行過更進一步的實驗，不過他仍持續發表許多兒童心理學的文章。他瞄準廣大的群眾，將育兒文章刊登在無數大眾雜誌上。關於以科學來洞察兒童心智的優點，華生的陳述有時相當激進。他曾一度挑釁地宣稱，他能夠將任何「健全的嬰兒」訓練成各種專業人才，不論是「醫生、律師、藝術家、紅頂商人」，「甚至是乞丐與竊賊」都沒問題。[46]一九二八年，他與羅莎莉出版了育兒書籍《嬰幼兒的心理照顧》，這本書出版沒幾年就賣出十萬多本。他們的目標是「幫助認真的母親排除萬難帶大快樂的孩子」。在他們看來，「現代母親」才剛開始明白「養兒育女是所有職業中最困難的一種」。[47]他們堅稱父母對孩子的氾濫情感會帶來問題：

對待孩子有一種更明智的做法：把他們當成小大人來對待……你的行為要永遠客觀、友善而堅決。千萬別擁抱或親吻他們，也別讓他們坐在你的大腿上……試試看，不到一個星期你就會發現，原來要完全客觀同時又善待孩子是這麼簡單。到時你就會對從前那套自作多情、多愁善感的方法感到慚愧無比。[48]

在這段敘述裡，華生透露了這本父母教養手冊的核心機制：將父母身分陌生化、灌輸不安全感，接著再承諾透過專家建議能夠改善這一切。整體而言，華生的行為主義無疑地全神貫注在兒童情緒問題上，他以前所未有的方式把它們變成實證研究的奠基石。透過學習與制約就有可能讓兒童習得、增強或削弱情緒，這種可能性為科學育兒法開闢了無數視野。這種態度與愛倫凱傳統上以兒童為中心的「自然性」相對立，後者否認行為模式有任何變造的可能性，所有學習亦然。就許多方面而言，華生將情緒視為社會工程的一環，其目的是為了實現成熟、有用的成人與公民。對於福特主義式與泰勒主義式的社會理想來說，華生的行為主義與其兒童心理學可助於達成情緒的精簡化與理性化。在二十世紀初期，這種看待兒童與其情緒的觀點支配了美國與德國——不過德國的情形略有別於美國，以下接著說明。

精神分析是二十世紀初影響兒童研究的另一項因素。儘管眾所周知童年期，尤其是嬰兒期的心理發展在佛洛伊德的理論裡十分重要，不過他卻沒有花費太多心思在兒童研究上。就連他的一個重要例外研究，即後來以《小漢斯》聞名的〈一個五歲小男孩的畏懼症分析〉（一九〇九；一九七五英譯版）也不是建立在直接觀察上。[49]在精神分析的歷史上，這篇案例研究被後人認為是確立了佛洛伊德對於幼兒性欲的想法，該想法最早出現在他的《性學三論》（一九〇五；一九四九英譯版）裡頭。[50]至少，伊底帕斯情結在古典佛洛伊德精神分析理論中是至關重要的：「漢斯活脫脫就是一個想擺脫並『除掉』父親的小伊底帕斯，這樣他就可以與美麗的母親獨處、共枕同眠。」[51]從佛洛伊德的觀點來看，兒童（必須強調一下，是**男性**兒童而已[52]）發展的核心是以這種戀母情結為特徵，事實上，也就是關於愛情、嫉妒、恐懼與仇恨的情感故事。就這樣，《小漢斯》處於精神分析一個子領域的開端，即對於兒童心智結構、尤其是兒童情緒的研究。[53]佛洛伊德的一些女性跟隨者，像是赫米內．胡格赫爾穆特、安娜．佛洛伊德和梅蘭妮．克萊因便在這塊領域中耕耘。

就許多方面而言，兒童精神分析成為既有的專業精神分析實務以外的另一項選擇。新的精神分析資料最好是透過觀察兒童獲取，而不是從「神經質」的成人治療晤談中取得。如此一來，對某些選擇分析自己孩子的業餘女分析師來說，兒童精神分析也顯然是個恰當的起點。[54]一九二〇年代後期，佛洛伊德的女兒安娜成為了兒童精神分析的新專家，並且很快就媲美先去柏林後至倫敦發展的克萊因。[55]安娜與克萊因以各自的方式重拾實證主義傳統，這樣一來，兒童研究的領域便在十九世紀末出現了。與行為主義傳統的測試以及實驗室研究法相反，透過近距離觀察法取得的質性資料因精神分析而重獲聲望。兒童精神分析師會試著在診療室中藉由玩具或畫具營造鼓勵兒童玩耍的氣氛，並從中觀察兒童。[56]儘管很難概述這個多變且矛盾重重的研究傳統是如何討論情緒的，但克萊因學派裡有件值得一提的重大轉變，那就是脫離了佛洛伊德學派對「驅力」*的強調，對驅力的強調在許多方面都阻礙了對情緒的概念性理解。[57]對客體關係的強調逐漸取代對於驅力的強調，這使得兒童的人際關係——尤其是兒童與母親的關係——變得十分重要。[58]

二次世界大戰後，隨著歐洲成為一片焦土，大多數的精神分析師也離開了歐洲大陸，精神分析與其童年研究的命運落到美國手上。[59]科學背景的改變以錯綜複雜的方式將佛洛伊德的思想改頭換面。[60]除了精神分析理論與實踐中的一般醫學轉向外，對這些思想的樂觀解讀影響兒童研究尤深。佛洛伊德對人性的深刻文化悲觀主義在美國從未出現過。精神分析的常態化倒是出現在兩個重要方面：諸多此方面的想法在戰後成為知識分子乃至日常主流的一部分。除此之外，比起精神障礙患者，研究「正常」心智的心理發展變得較為人所接受。這進一步推動了兒童精神分析研究的普及。一方面，觀察兒童變成研究「正常」行為的重要工具——遠比診療沙發還重要；另一方面，精神分析的知識現在將開始全面影響養兒育女的方法。

父母在指南文學裡的新角色

到了十九世紀末與二十世紀初，許多育兒書籍愈來愈關注兒童心理健康。科學知識的轉向加劇，逐漸取代以往中產階級模式下的指南文學。因此，以德國為例，愈來愈多心理學專家統治出現，接手了資產階級傳統中鼓勵父母著重孩子潛在的自我形塑與教育。心理學家暨教育家希爾德加德．海澤在維也納兒童心理學派中開始對社會不幸兒童進行研究（與心理學家卡爾．布勒以及夏綠蒂．布勒一起），她的種種著作如《心理衛生！適於生活的孩子！》（一九三〇）便是這股趨勢的縮影。[61]不過，這股趨勢也並非都無人挑戰。喬安娜．哈爾†於一九三四年出版了她的教養書《德意志母親與她的第一個孩子》，這本書在一九四五年後（這時書名拿掉了「德意志」）至一九八七年間都還在發行，總銷售量多達一百二十萬本。[62]哈爾在書中表示，她懷疑科學與心理學化趨勢阻礙了母親能真正教育孩子。抑制情緒的建議在這本書裡也十分突出：「當心所有太招搖又太強烈的母愛情懷表現。」父母不但得提防孩子的情緒，還得抵抗孩子對愛與親情的自然渴望，否則的話，他們將創造出「家庭暴君」。[63]如果說這種要求父母限制並控制自身情緒的勸告，聽起來和華生的行為主義很相像也不用太感到意外，畢竟，哈爾以及海澤都站在支持育兒理性化的相同傳統立場上。德國與納粹例子的特殊之處，即在其對於親子關係中情緒操控的意識形態基礎上。[64]當時的人認為兒童出生在充滿敵意的社會達爾文主義環境中，因此父母（尤其母親）得堅持住能夠讓後代變得更堅強的嚴格生涯規劃。過多安慰、縱容與情感會毀掉孩子的生存能力。這意味著父母（再次強調，尤其是母親）必須學會不信任自己以及自己為人父母的情緒。

---

*驅力（drive），即強調人類行為背後基本的驅動力量。

†哈爾是主治肺病的醫生，沒有任何兒童醫學或兒童心理學背景，她的育兒建議純粹來自於她自己的育兒經驗。哈爾最受爭議的地方在於她是一名激進的納粹分子，育兒建議也很符合納粹意識形態，一九四五年以後書中刪掉所有和納粹有關的文字以後照常販售。

一九三〇年代，美國的指南文學出現了一種不同的育兒方法，最終讓上述的育兒方式都黯然失色。雖然在一九二〇年代期間，心理學家阿諾德．格塞爾就已經開始強烈反對華生的育兒方式，並支持近距離觀察兒童以及個體發展。[65]不過，與舊概念標示出分水嶺的，主要還是查爾斯．安德森．奧德里奇與瑪莉．奧德里奇夫婦合著的《寶寶是人類》（一九三八）。突然間，父母又被鼓勵好好去享受天倫之樂了。[66]在奧德里奇夫婦看來，舊式作風忽略了不同兒童之間的明顯差異：「如果他們總是同一個樣子……那我們大可……用養雞場的量產模式把他們放在巨大的嬰兒孵化器裡養大就好了。」父母應該停止過度聽從指南文學，並開始回應孩子在自然發展與其他（感情）方面上的需求：「給寶寶所有他似乎需要的溫暖、安撫和擁抱；用滿足且適當的食物來餵足他；根據他個人的節奏來調整我們對他的生活習慣訓練；並確保他有機會練習每一項新成就。」[67]

奧德里奇夫婦的作品啟發了有史以來最暢銷的育兒書，也就是班傑明．史波克的《嬰幼兒保健常識》（一九四六）。這部作品已翻譯超過四十種語言、銷售量破五千萬本，至今仍在市場上販售。身為三〇年代紐約一名小兒科醫生，史波克愈來愈懷疑行為主義的方法，並開始對佛洛伊德的思想產生興趣。和奧德里奇夫婦一樣，他也想鼓勵父母信任自己養兒育女的本能、和子女建立起信任與相親相愛的關係（見圖1.1）。[68]不過，他的育兒模式並非放任主義式的。就許多方面來看，他的書也關注社會工程中「有用且適應良好的公民」這一塊。[69]明顯有別以往的是親子之間的關係，以及父母對自己「自然本能」該有的信任。由於強調此一自然層面，（親生）母親在這種指南文學的新傳統中變得格外重要。也因為兒童需要「一個穩定、充滿愛心的人」，史波克

圖 1.1　班傑明・史波克，《嬰幼兒保健常識》，袖珍叢書 377（New York: Pocket Books, 1946）。

難免宣稱道：「在大多數情況下，母親是給予孩子安全、踏實『歸屬』感的最佳人選。」[70]父親通常淪為輔助者的角色，直到兒童發展後期才會被視為養育孩子的重要參與者，就算是這樣，父親的主要作用也只是提供男孩子性別認同。

依附理論與關於兒童知識的生產

在科學討論裡，養育兒童的其他方式往往與精神分析的知識密不可分，但未必都是佛洛伊德學派的精神分析。繼佛洛伊德以後，出現在精神分析理論裡的進展促進了兒童研究的革新。戰後其中一個主要的理論發展，來自在美國及全球都具有影響力的英國精神分析師約翰·鮑比。[71]他的依附理論將情緒視為兒童發展中最重要的面向。[72]鮑比是受過培訓的精神分析師、心理學家與精神科醫生，後來也成為倫敦重要的塔維斯托克中心兒童部門主任。他在一九四〇年代的早期職業生涯裡，全神貫注於治療神經質與不幸兒童。他試著透過分析這些孩子的個人生長環境，尤其是母子關係，想從中解釋他們的精神官能症。不過，即使是在母子關係未受死亡、疾病或其他創傷的「正常」家庭裡，兒童也可能顯露精神官能症病徵。鮑比的解釋是認為，這些都是由於「缺乏一般慈母直覺地就該有的同情與理解」所引起的。[73]相反地，這些母親或許不自覺地對孩子心懷敵意、怨恨、內疚、嫉妒甚至是仇恨，而這些往往源自於她們自身的童年經驗。

二戰結束後，鮑比受命為世界衛生組織進行一項研究，探討無家可歸的兒童之需求。他的研究報告《母親關懷與心理健康》在一九五一年出版，後續研究《陪孩子一起成長》*則在一九五三年出版。[74]後面這本書被翻譯成十四種語言，單是英文平裝版就售出了四十萬本。從鮑比的觀點來看，母愛顯然是正常兒童發展的關鍵要素。雖然在某些段落裡，他也承認親生母親可被其他具備母親形象的人物取代，但他大部分的構想都假定只有親生母親才能完全辦到（見圖1.2）。父親則淪為經濟來源以及母親（而非孩子）的感情支柱而已。而且除了母親的在場以外，兒童還需要一種很特定的「母愛」：那是一種母親「直覺地」就對孩子有的無意識情感。如果母子關係出了什麼狀況，鮑比就會推斷說那是因為母親缺乏或沒有足夠的情感：

> 能夠一年三百六十五天、每周七日、不分晝夜給予持續關注的，只有那位能從孩子的成長中獲得深刻滿足，深知孩子之所以能從嬰兒期歷經童年種種階段成為獨立自主的成人都歸功於她的女人，才辦得到。[75]

這種理論對一般母親與婦女所設下的高標準，一直受到強烈的歷史、學術與政治批評，質疑究竟所謂沒有母親的惡性災害為何。[76]因此，依附理論後期的發展轉而強調兒童成長所處的更大社會環境。[77]儘管徹底性別化的育兒制度，其影響及對戰後家庭觀念的政治意義似乎很明顯，然而在鮑比的依附理論裡，情緒後果則更具辯證性：倘若母愛被「自然化」了，那麼母愛就不再具有任何字面意義上的「愛」，而僅僅是母親的生物反應罷了。[78]

＊《陪孩子一起成長》，江上譯，一九八五，銀禾出版。

圖 1.2　約翰．鮑比，《依附與失落，第一冊：依附》（New York: Basic Books, 1969）封面。

＊ ＊ ＊

從十九世紀中葉起，兒童發展的研究重點就經常集中在情緒上。早期的學術嘗試主要將兒童情緒當作需要借助各種技巧來進行研究與檢驗的對象，這些技巧包括育兒日記中的質性觀察、在人工實驗室裡對兒童進行測驗，或是在精神分析晤談中與治療師互動。雖然像伊莉莎白・蓋斯凱爾這樣的家長從十九世紀起愈來愈關注孩子的情緒，然而到了二十世紀，學術辯論則逐漸轉向親子關係的情感面向。隨著行為主義到來，建議父母如何將孩子制約出恰當情緒似乎是可行的，但與此同時又有精神分析出來告訴父母，他們與子女的關係其實既脆弱且充滿矛盾。在這整段時期裡，學術知識的生產往往與大眾以及意識形態對童年與育兒的看法糾結在一塊。在許多層面上，以育兒與發展為主題的指南文學成為了學術界與公眾的橋梁，不論這些指南文學是由學者所撰寫，或是其他人受到這些學者的理論影響而寫成。不過，在某些情況下，指南文學本身也會產出知識，爾後這些知識似乎又會傳回到學術探討裡。

當蓋斯凱爾在一八三五年寫下育兒日記時，她談了許多關於自己愛與焦慮的情緒狀態。以十九世紀初她能夠入手的指南文學來看，當時的父母似乎就已經很難做出正確的決定了。儘管如此，整個十九、二十世紀下來，由於愈來愈多家長更加重視這種建議文化，這類書籍的市場繼續發展到令人意想不到的程度。但無論這龐大的文獻實際上對兒童情緒的重要性以及情緒對兒童的重要性說了些什麼，給予建議的行為本質上就暗示了接受者是需要建議的，並且由於這種暗示發揮了實際作用，於是家長不得不感到不安與焦慮。蓋斯凱爾從小就沒了母親，而她在書信裡透露了終其一生保有的失落感。[79]後來，她得到一些母親的信件，這些信件被她當作紀念品珍惜著。蓋斯凱爾生下第一個孩子後於頭幾天、頭幾周、頭幾個月所寫的私人日記應該也是類似的紀念品，她稱之為愛的信物。她願將來當瑪麗安成為一名母親時也能夠好好珍惜這份禮物，並確實從中發現她的母愛：「我希望（如果有天她真能看到這個）我至少能讓她知道，她身上載滿著愛與希望。」[80]話雖如此，這份信物代表的不僅是愛，同時也是焦慮——這是為人父母情感中的一面，只不過伊莉莎白．蓋斯凱爾似乎想對她的孩子隱藏起這份情感。

注釋

1 Chapple and Wilson, *Private Voices*, 50, 56, 52, 50.

2 Wilson, 'Critical Introduction', 14.

3 Necker de Saussure, *Progressive Education.*

4 Wallace, Franklin, and Keegan, 'Observing Eye'.

5 Chapple and Wilson, *Private Voices*, 50.

6 關於恐懼的進一步學術研究尤見 Bourke, *Fear.* 而 Peter Stearns 提出不同的論點，他主張二十世紀美國父母的焦慮來自於兒童對家庭收入不再有任何貢獻（相較於從前），兒童的社會功能變得模糊不清；見 Stearns, *Anxious Parents.* 關於恐懼在兒童文學裡的深入討論，見第九章〈吉姆．波坦的恐懼〉；第十章〈伊凡的勇敢〉。

7 例如 Matthias, *Wie erziehen wir unsern Sohn Benjamin*; Kay, 'How Should We Raise Our Son Benjamin'. 最常被引用的動物學著作見 Brehm, *From North Pole to Equator.* 關於動物在兒童文學裡所扮演的角色，見第五章〈杜

立德醫生的同理心〉。

8 關於「洛克的後天教養最重要一派」的「嚴厲」教養建議和「讓童年按自然發展的溫和盧梭倡導者一派」以外的替代方案，見 Hulbert, *Raising America*, 9.

9 本章主要立足於四十二本從十九到二十世紀精挑細選後的教養書籍。大多數出版於美國、英國與德國，少數幾本是在法國出版，還有一本是在殖民時期的印度出版。

10 特別探索童年與兒童情緒等相關知識產生的現代史研究作品很稀少。見 Herman, 'Psychologism and the Child'; Kössler, 'Ordnung der Gefühle'; Shuttleworth, *Mind of the Child.*

11 關於父母與心理學家之間的關係，有系統性的討論請見 Breeuwsma, 'Nephew of an Experimentalist'.

12 Defoe, *Robinson Crusoe*; Campe, *Robinson the Younger.* 關於坎珀的指南文學，見 Berg, 'Rat geben', 714–15. 關於坎珀《青年魯賓遜》進一步討論，見第四章〈拉爾夫的同情心〉。

13 關於德國早期的指南文學，見 Marré, *Bücher für Mütter als pädagogische Literaturgattung*; Fuchs, *Wie sollen wir unsere Kinder erziehen*; Höffer-Mehlmer, *Elternratgeber.* 關於美國早期的指南文學，見 Grant, *Raising Baby by the Book*; Hulbert, *Raising America.* 關於英國早期的指南文學，見 Urwin and Sharland, 'From Bodies to Minds in Childcare Literature'.

14 Brock, *Internationalizing the History of Psychology.* 關於跨國面向對一般情緒以及兒童情緒的歷史研究之影響，見本書結語。

15 Damousi and Plotkin, *The Transnational Unconscious.*

16 比如說，在加爾各答有一名孟加拉本土菁英對於佛洛伊德的思想以及童年的精神分析學問感到非常有興趣。Girindrasekhar Bose 在他的通俗導論裡介紹這個分支時，用了整整一章討論兒童的精神分析研究；Bose, *Everyday Psychoanalysis*, 35–45. 並且他讓這些概念在孟加拉流行起來：Basu, 'Sisur Man'（一個兒童的心智，1929）。

17 Preyer, *Mind of the Child.*

18 Darwin, 'Biographical Sketch of an Infant'.
19 Wallace, Franklin, and Keegan, 'Observing Eye'.
20 Kössler, 'Ordnung der Gefühle'.
21 Perez, *First Three Years of Childhood.*
22 Perez, *L'Enfant de trois a sept ans.*
23 Kössler, 'Ordnung der Gefühle'.
24 Darwin, 'Biographical Sketch of an Infant', 288.
25 例如 Hall, 'Study of Fears'.
26 Hall, *Youth*, 這部作品是根據他的主要學術著作《少年期》改編而成。
27 Gould, *Ontogeny and Phylogeny*, esp. 135–47.
28 Olson, *Science and Scientism in Nineteenth-Century Europe.*
29 例如 Hall, *Contents of Children's Minds on Entering School.* Hall 將這份研究奠基在一萬名柏林學童的調查上，並於一八七〇年發表在 *Berlin Städtisches Jahrbuch* 上。
30 Breeuwsma, 'Nephew of an Experimentalist', 188–9; Wallace, Franklin, and Keegan, 'Observing Eye'.
31 關於「新教育」或「進步主義教育」，見 Röhrs and Lenhart, *Reformpädagogik auf den Kontinenten*; Brehony, 'New Education for a New Era'. 對於「新教育」新穎性的批判性評價，見 Oelkers, 'Reformpädagogik vor der Reformpädagogik'.
32 Hermann Röhrs, *Die Reformpädagogik*, 98. 關於德國改革教育學對印度的影響，見第三章〈阿斯嘉禮的虔誠〉。
33 Kupfer, 'Rabindranath Tagore's Bildung zum Weltmenschen'.
34 Oelkers, 'Reformpädagogik vor der Reformpädagogik'.
35 Key, *Century of the Child*, 183.
36 Kamp, *Kinderrepubliken.*

37 Kamp, 119–22. 另見 Lane, *Talks to Parents and Teachers.*

38 Neill, *Summerhill.* 關於尼爾的無恐懼教育概念，見第九章〈吉姆．波坦的恐懼〉的討論。

39 Neill, *Problem Child*, 10–11.

40 Lhotzky, *Soul of Your Child.* 另見 Höffer-Mehlmer, *Elternratgeber*, 125–9.

41 Kamp, *Kinderrepubliken*, 88.

42 Foerster, *Jugendlehre*, esp. 15–23.

43 Watson, 'Schematic Outline of the Emotions', 165.

44 華生對於在兒童身上創造恐懼擬議的實驗可見於 Watson, 'Experimental Studies on the Growth of the Emotions'.

45 研究結果發表在 Watson and Rayner, 'Conditioned Emotional Reactions'. 另見 Watson, 'Experimental Studies on the Growth of the Emotions'. 關於小艾伯特實驗，參見 Beck, Levinson, and Irons, 'Finding Little Albert'.

46 Watson, *Behaviorism*, 82.

47 Watson and Watson, *Psychological Care of the Infant and Child*, 14, 16. 關於母親身分的徹底改變，見 Kay, 'How Should We Raise Our Son Benjamin?', 105–21.

48 Watson and Watson, 73–4.

49 Freud, 'Analysis of a Phobia in a Five-Year-Old Boy'.

50 Freud, *Three Essays on the Theory of Sexuality.*

51 Freud, 'Analysis of a Phobia in a Five-Year-Old Boy', 111.

52 佛洛伊德對於女性的性特質（也就包括了女童在內）假設當然是有問題的。佛洛伊德對於幼兒性欲的男性偏見——也就是假設女孩子都有陰莖嫉妒——很早以前就被女性精神分析師批評，例如 Karen Horney; Horney, 'On the Genesis of the Castration Complex in Women'. 該批評導致了日後女性主義對於（佛洛伊德學派的）精神分析的攻擊，此攻勢自一九七〇年以來有增無減。參見 Appignanesi and Forrester, *Freud's Women*。

53 Wolman, *Handbook of Child Psychoanalysis*; Geissmann and Geissmann, *History of Child Psychoanalysis.*

54 關於女性精神分析師的歷史，見 Appignanesi and Forrester, *Freud's Women*.

55 安娜・佛洛伊德對於該主題最早的出版品為 *Introduction to the Technique of Child Analysis*. 至於克萊因的研究法，見 Klein, *Psycho-Analysis of Children*。

56 Klein, 29.

57 Jensen, 'Freuds unheimliche Gefühle'.

58 Mitchell and Black, *Freud and Beyond*.

59 Kurzweil, *The Freudians*.

60 Hale, *Rise and Crisis of Psychoanalysis in the United States*.

61 Hetzer, *Seelische Hygiene*.

62 Haarer, *Deutsche Mutter und ihr erstes Kind*. 對此作品的學術討論另可參見 Benz, 'Brutstätten der Nation'; Gudrun Brockhaus, 'Lockung und Drohung'; Gebhardt, *Angst vor dem kindlichen Tyrannen*, esp. 85–99.

63 Haarer, *Deutsche Mutter und ihr erstes Kind*, 171, 176.（引文為作者翻譯）

64 Gebhardt, *Angst vor dem kindlichen Tyrannen*, 99.

65 Gesell, *Mental Growth of the Pre-School Child*; Gesell, *Infancy and Human Growth*. 關於格塞爾的主要教養手冊，見 Gesell and Ilg, *Infant and Child in the Culture of Today*. 對格塞爾的進一步探討，見 Hulbert, *Raising America*, 154–87。

66 Hardyment, *Dream Babies*, 213–20.

67 Aldrich and Aldrich, *Babies are Human Beings*, 51, x–xi.

68 關於信任方面，見第二章〈狄肯的信任〉。

69 Spock, *Common Sense Book of Baby and Child Care*, 484. 另見 Graebner, 'Unstable World of Benjamin Spock'. 關於史波克對體罰的態度以及認為痛苦在兒童身上會造成的影響，見第八章〈勒布拉克的痛〉。

70 Spock, 484.

71 關於鮑比的依附理論在美國的反應，見 Grant, *Raising Baby by the Book*, 218; Hulbert, *Raising America*, 205. 在德國的反應，見 Gebhardt, *Angst vor dem kindlichen Tyrannen*, 166–73.

72 Vicedo, 'The Social Nature of the Mother's Tie'.

73 Bowlby, 'Influence of Early Environment', 164.

74 Bowlby, 'Maternal Care and Mental Health'; Bowlby, *Child Care and the Growth of Love*.

75 Bowlby, *Child Care and the Growth of Love*, 75–6.

76 Dally, *Inventing Motherhood*; Eyer, *Mother-Infant Bonding*; Vicedo, 'The Social Nature of the Mother's Tie'.

77 Bronfenbrenner, 'Ecological Systems Theory'.

78 Vicedo, 'The Social Nature of the Mother's Tie', 423.

79 Wilson, 'Critical Introduction'.

80 Chapple and Wilson, *Private Voices*, 50.（粗體字為作者所加）

第二章 狄肯的信任

史蒂芬妮·歐森

狄肯，這名在《祕密花園》（一九一一）裡與瑪莉以及柯林結為好友並處處幫助他們的強壯當地男孩，除了是眾人口中「全約克郡最可靠的小伙子」外，更是兒童小說中「信任」的原型典範。狄肯周圍的人，不論老少富貧都以他的誠信來說明他的為人，小說也多次形容狄肯是「多麼可靠的小伙子」。[1]他的誠信以及別人對他所產生的信任有諸多形式。故事中強調儘管狄肯很貧窮，但具備良好的品格及體格。大家都放心地讓他照顧體弱多病的柯林。更重要的是，大家也相信不論是情緒或精神上的需求，他都能成為瑪莉與柯林的榜樣，引導他們變成更好的孩子並培養出品格。狄肯同時也是故事中純真信仰的堅定分子。他與大自然交融，牽引出故事中的每個靈性和宗教重點，促進另外兩個孩子與老園丁的情感成長。

兒童文學與教養手冊以各種方式來描述「信任」，它是一種信仰、一種希望與一種禮物，最重要的是，它是某種要學習與感受的東西。信任也講求關係。人固然可以信任上帝、國家、家庭與朋友，不過信任也是建立在與他人的關係之上，包括個人與上帝的聯繫也是。為了學習如何信任，兒童得先學會如何成為值得信賴的人。信任的模範經常用來向兒童說明如何活得正正當當

——從錯誤與不好的情緒中學到正確與良好的情緒。在文本中，信任也用各種不同的情緒來描述：奉獻、愛與信心是息息相關的。兒童還可學到不信任、錯誤的信任或不值得信賴可能對他們與其身邊的人造成的危險。兒童往往正是透過故事中由於不信任或背信所導致的挫折與麻煩等緊張劇情，得以學會如何信任他人並取信於人。用各種不同方式描述這些情緒，並試圖以此介入兒童的情緒學習，這種做法乃是和人看待這些情緒的方式，以及人對於它們在教育兒童和青少年一事所能起的作用等等有了不同看法息息相關。[2]

在不同學科裡，有愈來愈多關於信任的研究成果出現，大部分研究都表明信任不僅僅只是理性的選擇與決策。[3]一如早期社會學家格奧爾格・齊美爾所說，信任還需要「一種信念」這個組成要件，[4]「知」與「不知」必然會影響信任，因為對於無所不知的人來說，信任是多餘的，而一無所知的人則不可能信任他人；[5]其他社會學家如尼克拉斯・魯曼等則指出，主動選擇冒險乃是植基於信任。[6]與此相對的是「信心」，因為信心是沒有其他選擇的，並且不論有意或無意，個人會依賴信心都是為了要避免失望。正如我們即將看到的，在文學作品與教養手冊裡的兒童信任，這種區別是很細微的，尤其是兒童對上帝（不斷變化）的信任關係。在宗教多元主義或無神論成為真正的選項以前，在這兩類文本中，對上帝的信任以及對上帝的奉獻和熱愛總是被當作一種積極的選擇。在早期，這是道德與不道德之間的主動選擇，而後期則有更多的選項。

雖然這主題對歷史學家來說還算相當新，但他們已有重要的涉入：信任並非一成不變的概念，而是會隨著時間起變化的。[7]許多討論信任的學術研究都將重點擺在當代社會的政治或經濟關係上，或是探討現代性對信任所造成的改變。這些研究的結論是，對上帝的信任在十九世紀開始式微，取而代之的是社會關係所必需的信任。[8]這種學術上的嚴謹很有幫助，但拿來檢視兒童與青少年的文學和指南文獻時，它限制了我們去充分理解作者與敘述者過去是如何看待信任、信任的教育功能曾經是什麼，以及信任如何隨著時間而改變。本章的重點是前人如何定義信任，以及信任在過去如何被當作一種教育工具為兒童與青少年開創新的學習空間。雖然透過文本讓小讀者學習發展出如成人般的成熟情緒是一種手段，不過實際上童年的信任還是稍微有別於成人的信任模式。由於一般認為兒童還處於生命的脆弱階段，再加上兒童對成人的依賴，使得信任成為一種必定得培養的基本情緒。雖然說信任上帝這個中心思想隨著時間而式微，並出現了其他各種各樣的關係，不過宗教的信任在進入二十世紀後仍然為兒童提供了實用的學習模範。因此，針對兒童的文獻為信任的歷史提供了不同證據。

本章研究重點為宗教用語下的信任，包含肯定或否定有組織的宗教信仰甚或是信念。本章將追溯盛行於十九世紀初的信任模範如何用來教育年輕人陶冶性情、自治，並相信父母與教育者的權威。後來，隨著父母與家庭的信任以及權威受到質疑，這點逐漸演變成了懷疑與不信任。而在愈來愈後殖民的世界裡，已經種族化與本質化的信任也變得更加支離破碎。本章將展示《湯姆求學記》（一八五七）與《上帝，你在嗎？是我，瑪格麗特》（一九七〇）這兩部小說的敘事區間中[9]，童年學習信任的理想方式之轉變，其中包括一些關於帝國背景的討論。本章所挑選出來討論的兒童文學與教養手冊，儘管時代背景不同，但重點都集中在主角與同儕團體以及與權威成人（不論成人是否在場）的關係上。是以，每本書都呈現一組三角關係，即主角、同儕、家庭或權威人物，顯示出等級關係或平行關係，但通常是不清晰的。兒童在閱讀時，可以從這些關係模式中學習，或釋放因自身人際關係所揣懷的情緒。這些書籍呈現了信任的主要行動者，不論他們是權威人物還是同儕，這些書也介紹了在什麼情況下兒童應該要信任這些人，或是信任自己。讀者還能在不同的時空背景下，學習區分值得信賴的人以及不可信任的人。

宗教用語中的信任

儘管用的都是同一個詞，但是在與兒童相關的文獻裡，信任全能的上帝、信任難免會犯錯的權威人物（且時間愈久愈可能承認其容易犯錯）以及信任同儕都暗含著差異，有時這些差異可能很明顯。托馬斯．休斯的《湯姆求學記》包含了上述三者。這本小說已成為英國公學小說的典範，它提倡一種沉浸在基督教道德標準下培養品格的少年期。儘管強身派基督教向來過分強調體格的重要性，整套價值觀都認為男孩子應該學習如何既虔誠又有男子氣概，不過宗教與知識仍然是培養品格必不可缺的部分。[10]這種看法從裡到外滲透了英國文化，對於發展陽剛氣質的影響遠遠超出原來的階級界限。正如托馬斯．狄克森所說，即使在一八七〇年初等教育法案啟動大眾教育以後，著名的教育評論家如亞歷山大．貝恩與喬治．霍利約克等人仍然堅持情感教育不應該成為英國學校課程的一部分。對一般民眾而言，情緒應該是他們要在家裡、在教堂和在社會裡學習的。[11]至於對菁英男孩而言，寄宿學校會提供他們情感教育，但未必是在教室內。唯有在同儕之間形成信任團體，才能實現這種品格發展。

湯姆．布朗與其好友「飛毛腿」哈利．伊斯特為兒童彼此建立信任關係提供了很好的例子。

他們在反抗校園惡霸時互相保護對方，同時鼓勵彼此提升他們的品格與能力。不過，跟許多十九世紀中的兒童小說一樣，這段友誼背後也有著權威人物在旁引導：一位是阿諾德校長，還有就是他們與上帝的關係。湯姆和伊斯特並非靠自己就達成這種精神上的品格發展，他們還需要一名新來的轉學生作為榜樣才行。這名轉學生便是亞瑟，一名虛弱、不受人歡迎，但深深信靠上帝的男孩。亞瑟的精神嚮導向來都是他父親，直到後者過世為止。一如敘述者所說：「他父親的精神在他身上，而他父親留給他的大朋友也沒有忽略這份信任。」亞瑟通過許多磨難後將精神與品格發展託付給上帝，以此在他的朋友圈裡證明了自己是其他男孩的榜樣，尤其是湯姆。反過來，湯姆全心全意的保護亞瑟，幾乎把這件事變成了神聖的職責：「湯姆對亞瑟的信任毫不猶豫，事實上可說是一頭栽進去，而這份信任變成了他校園生活的中心與轉折點，要不是成就他要不就是摧毀他；那是他當下被指派的工作與試煉。」敘述者解釋：「湯姆當時正在變成一名全新的男孩」，雖然他屢屢出現內心掙扎，「當他發現他是第一次有意識地在跟自我與惡魔搏鬥時，他就和每一個勇氣十足並節操高尚的男孩一樣，一天比一天更有男子氣概、更加深思熟慮」。[12]勇氣、深思熟慮、「男子氣概」、節操，這些都是湯姆品格發展的口號，而信任（信任同伴、信任權威人物以及信任上帝）在此顯得格外重要。隔年，弗雷德里克．法勒出版了另一本公學小說《愈走愈偏的艾瑞克》（一八五八），這本小說清楚地表明了「不信任」的危險。[13]和《湯姆求學記》一樣，這本書裡也充滿著各種形式的信任，但有別於品格良好的亞瑟與湯姆，《愈走愈偏的艾瑞克》讓孩子見識到不該當什麼樣的人，並從中學習值得人信賴的美德。艾瑞克的父母是派駐在印度的英國人，而依照英屬印度時期的慣例，男孩子得送到英國羅斯林公學就讀，他便在那裡碰到寄宿學校教育中最好與最壞的一面。艾瑞克原本有一種與生俱來的道德良善，但是當他因為犯了一點道德上的小過錯導致學校的權威人物不信任他以後，艾瑞克便真的開始墮落了。喪失信任正是導致艾瑞克走上毀滅之路的關鍵事件。法勒毫不掩飾他嚴格的道德與宗教寓意：艾瑞克的良善是受欺騙、飲酒與受同儕歡迎等誘惑而被摧毀的。最後他的死亡警告讀者，為了獲得他人的信任，他們必須學習培養良好品格以及宗教虔誠。

從殖民母國輸出基督教的信任

在休斯、查爾斯．金斯萊等人的基督教社會主義裡，將良好品格的學習與信任上帝的能力結合在一起當然不是什麼新概念。[14]福音教派在十九世紀初就為兒童生產了許多宗教宣傳手冊與故事，將個人的衷心改宗（拯救兒童免於地獄之火）與學習世俗生活的良好行為及其道德聯繫起來。福音教派很快地就把這套基本原理應用到對其他種族的「文明教化」努力上。其中一個著名的例子是瑪麗．瑪莎．舍伍德的《亨利實錄》＊（一八一四），這本童書翻譯成多國語言並持續出版近百年之久。這部旨在激發兒童與成人傳教行動的小說，就跟舍伍德其他受歡迎的故事一樣，也是大力混合了基督教與英國人優秀、而印度教與印度人低劣的觀念混成品。舍伍德傳福音的熱忱貫穿整部《亨利實錄》，強調透過情緒轉化體驗而得的個人改宗與真心接受上帝的重要性。這故事代表著一種常見的訃音傳教書†，其故事重點在於情感轉換體驗以及隨後（且無可避免）的基督徒之死。[15]這兩點在接受了基督教的英裔印度孤兒小亨利身上顯而易見，過去無人以「文明」的方式指導過小亨利，直到有人將他介紹給年輕的英國女傳教士——巴倫夫人——作為他的代理母親、精神嚮導，以及教導他學習如何變「文明」的老師。後來小亨利在病逝不久前，便懷抱著傳教熱忱接下使其土著僕人布西改宗的任務。敘述者鼓勵小讀者要多學學小亨利。布西最終也承認自己是一名基督徒，並且在他去世之前，他也對自己命名為亨利的孫子傳授基督教教義。不過，在這些事發生以前，讀者已經先聽聞了布西與自己的感覺掙扎時所受的試驗與磨難：他發自內心覺得自己必定是名基督徒，但他也對自己那愚昧無知的族人感到害怕，因為他們要是知道他改信基督教一定會排斥他。不過最重要的，是他很努力在培養信任感，培養到足以相信上帝會像小亨利所說的那樣淨化他的心。小亨利去世後，布西曾一度尋求巴倫夫人的幫助卻徒勞而返。他想跟她訴說他所遭受的考驗以及族人對他的迫害，因為他對她甚至比對自己母親還要有更多「信心」，並聲明說：「我對她（巴倫夫人）有這種信任，是因為我相信她是貨真價實的基督徒，而不是徒有其名。」雖然他「承認此宗教的力量」，但他還無法公開表態。[16]

布西能夠信任像小亨利與巴倫夫人這樣的正牌基督徒，就如同他能夠信任上帝一樣。舍伍德深陷於宗教與種族低劣的想法與偏見中無法自拔，這使她將印度教徒描繪成說謊與欺騙成性的定型角色，就連布西的兒子也被形容為既卑鄙又迷信的人。唯有透過基督教，印度人才能獲得良好的品格與文明。布西自己的偏見與迷信正是隨著「隔離白人與黑人的高牆瓦解」而消失不見，並

＊《亨利實錄》首部中譯本：一八六五年，由傳教士白漢理（Henry Blodget）翻譯。

† 訃音傳教書（obituary tract），是「透過基督徒之死勸他人改宗」的傳教故事。

且他承認道：「全人類只有一個家庭、一位上帝與天父。」[17]基督教被描繪為印度人得到進步、教育與社會化的一種途徑。

與此類似，印度本土作家如納齊爾・艾哈邁德也很強調篤信宗教將帶來的品格發展、繁榮與好運。在《新娘明鏡》（一八六九烏爾都語原版；一九〇三英譯版）這本烏爾都語與穆斯林通俗小說裡，除了討論信任與忠誠於真主阿拉的價值以外，艾哈邁德主要關注的還有糾正人對於「信任」普遍存在的性別誤解，他說道：「男人太過理所當然地認為女性是不值得信賴的。」[18]在許多國家與殖民脈絡下，「信任」作為一種健全社會的情緒以及性格特徵往往是被性別化的。艾哈邁德筆下的主角是一名年輕新娘，阿斯嘉禮，她是整部小說中最值得信賴的角色，主要原因則來自於她的宗教虔誠。她藉由持家有方來證明她的可信賴性，因為持家有方是良好品格的一種體現。從十九世紀起到二十世紀初，這種形式的女性可信賴度，就不斷出現在歐洲與北美許多故事裡。

雖然《新娘明鏡》特有的背景設定只能在和《小亨利與布西的故事》（一八六六）一樣的大英帝國主義背景下書寫，但其宗教信任與奉獻精神所給予的現世回報，對英國讀者的吸引力就跟它們對烏爾都語讀者一樣動人，那就是：「中產階級」的家庭生活以及殖民政府的職位。英國人寫給印度男孩的指南文學也強調類似的目標。英國傳教士約翰・梅鐸在南亞度過了大半的成年生活，並為印度青年寫了許多基督教教養手冊。他的《印度學生手冊》（一八七五）中有許多章節對英國男孩來說也不陌生，比如為了身體好也為了品格力量著想而下令禁止菸酒。[19]儘管梅鐸在書裡以印度人與印度教舉了許多例子，但他的大部分建議在任何一本英國男孩教養手冊裡都能見到：誠實（他認為這對印度人來說格外困難）、正直、節儉、純潔（不論是思想、行為或讀物）、遠離壞朋友、節制、勤勉、謙虛、有禮、道德勇氣與美德等等，這些全都強調了一遍。梅鐸的教養手冊其核心宗旨除了信任上帝以外，還有就是對於今世的前途與救贖來說，基督教的益處比其他宗教都還來得多。他主張，對個體與對自我的信任在基督教中是必要且鼓勵的，而印度教並不鼓勵。在一篇題名為〈誠實〉的章節裡，梅鐸宣稱「信心是聯繫起社會的紐帶。而普世的不信任會帶來普世的不幸。」因此，不論是對個人或對社會來說，「信任」都應該是道德與品格發展的最終目標，兒童應該要在言行舉止上學習如何信任他人並成為值得信賴的人。為了強調信任不是一種獨立的情緒，梅鐸引用薩繆爾．史密斯的話來強調信任是「良好禮儀」中的一個重要成分：「崇敬……對個人、家庭以及國家的幸福來說都是必不可少的。沒有了崇敬，不論是對人或對上帝也就不會有信任、信實與信心，更別說社會和平與社會進步了。」是故，社會進步與自我修養以及經由品格和情緒發展（這裡主要指的是幸福、信實與崇敬等情緒）過程來學習，緊密相關。[20]梅鐸的讀者可從中獲悉，信任自己是品格發展必不可少的一部分。

品格與信任的性別化

英國與美國的青少年教養手冊提倡的是同一種學習。這點在維多莉亞時代提倡基督教社會主義的作家身上尤為突出，基督教社會主義是一支以耶穌教義為基礎的宗教社會主義，其擁護者往往支持強身派基督教。與休斯旗鼓相當的基督教社會主義者，查爾斯．金斯萊也推廣類似的方案，即透過信任上帝來獲得學習與良好品格。[21]他堅持認為這也會體現在社會與家庭關係中。和梅鐸一樣，他認為崇敬是由信任而非恐懼所帶來的。此一要旨在父親與子女的關係中可看得很清楚，而此關係也代表著個人與上帝之間的關係。金斯萊在《健康與教育》（一八七四）中寫道：「哪個孩子會最崇敬父親呢？是那個歡喜並信任地迎接父親，且可以由此學習父親的思想，並遵從父親意願的孩子；還是那個一見到父親出現便趕緊東躲西藏，唯恐不明所以挨一頓打的孩子呢？」[22]

可想而知，這個時代給女孩子的建議也是以家庭生活為中心，並經常帶著說教、有性別區分的語氣談論關於家庭中的典型女性角色，以及女孩子將來作為妻子與母親的角色等等。女孩經常可以讀到，為了受人信任，她們應該努力在言行舉止上都做到令人值得信賴，而這種可信賴性是成功年輕女性的必要特質。[23]和男孩子一樣，女孩子也被教導要信靠上帝會賜給她們成為可靠、值得信賴的人所需要的力量。

這個時期有許多教養手冊作家都用類似的方式指導男孩子如何表達他們的情感與行為，陽剛氣質是由道德力量和可信賴性來定義的，而不是體格。美國基督教路德派牧師暨教養手冊暢銷作家西凡納斯・史達爾，在他為十六歲少年出版的《青少年須知事項》（一八九七）裡，他主張青少年必須受人信任才能在生活上有所成就，而為了取得他人信任，他們必須力求純潔與節制。男孩子也必須學習尊重女性並保持自身貞潔，基於信任他們未來的妻子，他們不應在婚前就成為「（女方）貞潔的可恥掠奪者」。[24]

托馬斯・休斯也寫過幾本教養手冊，與本章最相關的應屬《給男孩子的注意事項》（一八八五），這本書的重點在於通往道德行為的男子氣概之情感與精神培養。他重述了史密斯的想法，也就是「相互信任是所有人類社會的基礎」。因此當個值得令人信賴的人很重要，與他人交流時由於坦率與真誠而讓人對你感到「絕對地信任」也很重要。同樣重要的還有慎選朋友並建立起牢固的信任關係。這種信任包含著相互理解，關注彼此的喜悅、悲傷與擔憂。[25]休斯在《真正的男子氣概》（一八八〇）進一步主張「不信任」是一種懦弱，與基督的榜樣背道而馳：「基督的一生中不曾有過一絲這樣的軟弱或怯懦……因此他是童年、少年與成年早期的勇氣以及男子氣概的真正楷模，直到時間盡頭。」[26]休斯認為虔誠情感是陽剛的，而後來的兒童心理學之父斯坦利·霍爾則不同意此看法。在《青春期》（一九〇六）等作品裡，他告誡男孩要避免這種「陰柔情緒」。霍爾在《少年期》（一九〇四）裡稱「信任」是宗教所要求的陰柔情緒之一，這組情緒或許被可悲地定義為「不涉及最能激起年輕男性理想的性格特徵」。[27]不過，他也強調宗教情懷的重要性，並且將介於童年與成年之間的青春期閾限階段定位為最強烈地感受到情緒，以及最深刻地習得品格特徵的關鍵時期。

從十九到二十世紀中葉有許多文本為兒童提供了透過信任與精神奉獻來學習與發展的途徑。約翰娜·施皮里的童書不加掩飾地說教信任上帝的種種好處，因信任上帝而生的改造力量不僅會帶來良好品格，還有針對特定性別而來的文明教化、中產階級和正確的行為。她最受人歡迎的小說《海蒂》（上集《海蒂的學徒與旅行之年》，德語原版，一八八〇，下集《海蒂學以致用》，德語原版，一八八一；一八八四、一八八五英譯版）也不例外。海蒂是個搬去和壞脾氣爺爺一起住的小孤女，而爺爺則是一位會令她用「信任的雙眼」仰望的人，他是讓兒童學習服從和信任長輩、以及判斷誰可以信任的榜樣。儘管爺爺是脾氣反覆無常的人，但是在與大自然的接觸和交流中，爺爺初次對她展現了愛與奉獻。不過，海蒂後來得離開這片田園生活才能獲得更進一步的教育。她到法蘭克福以後的工作是當克拉拉的學習同伴，她們建立起深厚的關係，海蒂正是在克拉拉的家中學會如何閱讀聖經、如何祈禱，對她的成長來說最重要的莫過於她學會了如何信任上帝。這些技能對海蒂的行為與品格產生改造作用，也改造了她身邊的人。她不僅照亮了自己爺爺的生活，也照亮了如親奶奶般的可憐老鄰居的生活，而老奶奶則強化了海蒂在艱困時刻時對上帝的耐心與信任：「只要你肯信任祂，祂肯定會及時幫助你的。」[28]在施皮里另一部作品《葛利特的孩子》（一八八三、一八八四德語原版；一八八七英譯版）裡，當災難與死亡逼近時，信任上帝的主題再度占據故事。她教導說：「只有完全信賴上帝的人才能活得幸福又安全，因為所有生命都掌握在祂手中，祂讓歡喜和悲傷攜手共進，為愛祂的人帶來益處。」[29]透過海蒂的例子，兒童能夠學習到只要他們信任上帝就可以活得幸福，這也反過來和學習如何透過良好品格成為值得令人信賴的人有關。

露西．莫德．蒙哥馬利的《清秀佳人》（一九〇八）是另一本關於小孤女的加拿大暢銷小說，小孤女安妮渴望能在新家與新社區得到愛與接納。雖然蒙哥馬利讓安妮享有相當大程度的獨立自主與自由奔放，但是和海蒂一樣，她的良好品格也是在接受了性別規範後才培養出來的，情感上的成熟亦然。安妮的養父母是卡斯伯特兄妹，馬修與瑪麗拉，他們原本要求領養一個可以幫忙務農的男孩，卻陰錯陽差收到這個富有想像力的紅髮女孩。安妮從活蹦亂跳的女孩成長為負責且關心他人的年輕女子，這一路歷程是由信任問題所構成的，尤其是瑪麗拉所保留或賦予的信任。在小說結尾，正學著去信任並愛護安妮的瑪麗拉軟化了以往嚴厲、英裔加拿大新教徒的指責態度，當喜歡說人閒話的瑞秋．林德說「她還像個小孩子似的」時，瑪麗拉還能夠反駁說「她更像是個女人了」。[30]就這樣，安妮的青春在瑪麗拉從完全不信任她到完全信任她以後結束了，瑪麗拉現在甚至可以將自己（她正逐漸失明）以及翠綠莊園交給安妮照顧。雖然小說一開始就將安妮描繪為好女孩，但只有在贏得瑪麗拉的信任以後，她的品格才受到肯定。

故事剛開始時，瑪麗拉遺失了胸針，她誤以為是安妮拿走的，於是就對馬修說：「家裡有個令人無法信任的孩子實在是很可怕的負擔。既狡猾又不誠實，她的表現就是這樣！」向來支持安妮的馬修鼓勵妹妹要多信任她。但是當某次安妮沒有好好待在家裡為瑪麗拉準備晚餐時，瑪麗拉再度說了一番安妮不值得信賴之類的話。這個主題反覆出現在整部小說中，直到瑪麗拉領悟了安妮的真實價值後才解決這個問題，就像她在小說結尾說的：「她現在真的是既沉著又可靠……任何事都可以放心的信任她了。」雖然敘述者說，「瑪麗拉不會對自己的想法與感覺做主觀分析」，但她的宗教表現十分虔誠，並且會藉由將屋裡所有大小事做得井然有序來展現她的美德，而她期盼安妮也能有相同表現。所以說，雖然在故事舞台上，是幾名主要人物學習彼此信任的過程以及他們層級關係的轉變，不過形成故事背景的則是宗教的信任。瑪麗拉之所以無法立即信賴安妮，是因為安妮身上沒有二十世紀初定義良家婦女良好品格標準的外在跡象。[31]

這把我們帶回到《祕密花園》來。柯林之所以一開始看起來不像狄肯那麼值得令人信賴，也是因為他沒有任何外顯的男性可信賴特質，比如說可靠感或情緒控制。儘管如此，瑪莉內心推斷既然柯林真的那麼想見到那座花園，那麼在這件事情上可以信任他。後來瑪莉直接且嚴肅地問柯林，她是否能「確確實實」的相信他，並解釋說她之所以信任狄肯是因為連鳥兒也信任他。柯林幾乎是用耳語回答說：「可以的，可以的！」這下他才獲准進入瑪莉與狄肯的信任圈，從而被帶進祕密花園裡。[32]雖然作者柏內特還在世時，《祕密花園》並不及她的另一本經典作品《小公子》（一八八六）出名，但讀者們（尤其是女孩子和婦女）比評論家還早授予這本書「經典」的地位。舉例來說，這本小說在一九二七年的《青年之友》雜誌上入選在讀者珍愛書單上，一九六〇年在倫敦《星期日泰晤士報》上票選為最佳兒童讀物之一。[33]近幾十年來，這本小說從文學評論家身上獲得了更多認可，並已經改編成多部電影、電視和音樂劇。《祕密花園》因此證明了它比《小公子》那多愁善感的童年寫照更經久不衰。

《祕密花園》是大英帝國文學的一部好典範。瑪莉在印度被剝奪「文明」而變成魯莽、專橫又愛生氣的孤獨者。在柯林的身體和情緒於花園裡變健康以前，瑪莉也從這個一直被她稱為「小王爺」的人身上診斷出相似的特徵。而柯林的病情之所以有起色，是因為有早他一步學會了「文明」的瑪莉介入，不過更為關鍵的是因為有狄肯在。雖然狄肯是沒受過什麼教育的勞工階級孩子，卻是最值得信賴的角色，不知何故處在文明（衰敗與墮落）與自然（純真與療癒）的狀態之間。狄肯之所以值得信賴是因為他通曉自己的情緒，並且忠於大自然、朋友與家庭，不是出於阿諛奉承或階級支配，而是出於他良好的品格以及對人類與大自然的關懷。柯林透過與狄肯及瑪莉的相互信任，轉變成能夠顯露需要他人關愛與其不安全感的小男孩，同時也逐漸變得比以前更堅強、更獨立。

小說中有幾處明顯影射基督教與非基督教，尤其是關於狄肯與大自然、鳥兒和其他小動物交融時，他們在樹下圍成一個圓圈，「就像坐在某種神廟中」。狄肯的可信賴性明顯就是他信任上帝與自然的外在跡象。園丁老班相當肯定這些孩子的活動具宗教性質，因為他覺得自己「像是被帶進某種祈禱會裡」，他還鼓勵柯林用「頌歌」來表達對身體好轉的感激之情。的確，柯林在花園裡的療癒本身就具有宗教特質。[34]

到了一九二〇年代，這些早期將信任、品格、性別規範與基督教聯繫起來的想法在童軍運動裡得到了重視，當時童軍運動已經在年輕人身上取得了國際性的成功。除了著名的帝國與軍國主義色彩以外，童軍運動同時也鼓勵兒童與青少年依照當時對性別、種族跟階級的期望，學習如何培養其心智與品格。童軍創始人羅伯特．貝登堡本身就是公學畢業生，他在《童軍警探》＊（一九〇八）裡應用他在公學裡所學到的東西並提煉出一套自己的教育思想，這本書是寫給（年齡）稍微成熟一些也比較重要的讀者群：那些在情緒上等各方面都處於不穩定狀態的大男孩與青少年——至少從斯坦利．霍爾的著作開始，大家是這麼看待他們的。貝登堡在後來的新書《羅浮邁向成功之路》（一九二二）裡勸告男孩子說，他們未來要成為丈夫、父親與公民時，最需要的就是能夠塑造他們性格的成熟情緒（其特徵是克制與「恰當」的情感表現）。而信任是必不可少的。舉例來說，當貝登堡談到關於工作與前程時，他的勸告是培養品格甚至比技能或訓練重要，他對品格的定義是「絕對值得令人信賴、機智與幹勁」。而關於「榮譽」的定義，這件在軍隊和童軍運動裡都相當重要的事，也與信任有關：「榮譽意味著他人可以信任我所說或所做的一切都

＊《童軍警探》，或譯《童軍手冊》（中華民國童軍文教基金會出版）。

是真實且誠實的。」和金斯萊以及其他許多教養手冊作家一樣，他說明男人的自我成就感以及「幸福」並不在於公眾方面，而在於家庭生活：「在與另一半的情誼中，以及在孩子熱情洋溢的信任陪伴關係中，都有著強烈無比的幸福。」《羅浮邁向成功之路》的封面是一個獨自坐在獨木舟裡的男孩，划槳穿越象徵青春期誘惑的礁岩。貝登堡是要勸告男孩子不該信任他人來為自己的獨木舟掌舵，而應該要「對自己抱有希望與信心向前行」。因此，信任自己與上帝是追求幸福的核心要件，根據貝登堡的看法，這應該是將獨木舟划向成功男人的主要目標。無論如何，這種幸福不是透過追求欲望與誘惑得到的立即滿足，而是以家庭生活、滿足與責任為中心的未來幸福。[35]

直到四〇年代，許多童書仍繼續提倡（不論是明示或暗示）基督教影響下的性別規範與教訓[36]，而到了五〇年代，這些議題依然主宰著許多文本，不過這些文本所傳遞的寓意愈來愈多層。這種變化反映了兩性關係與宗教狂熱出現更廣泛、逐步的轉變，也反映了社會關係對等級制度的強調正逐漸減弱。儘管披上了奇幻小說的面紗，C．S．路易斯在《納尼亞傳奇：獅子．女巫．魔衣櫥》（一九五〇）裡仍提供了基督教的傳統訓誡。評論家起初對這部小說態度冷淡，指責說故事內容有太多的基督說教成分。然而這部小說後來卻證明了自己是有史以來最受歡迎的作品之一，並且還被翻譯成四十七種語言。小說的故事背景設定在因倫敦大轟炸而顛覆常態、生活一團混亂的一九四〇年。彼得、愛德蒙、露西和蘇珊這四個兄弟姊妹從倫敦疏散到鄉下，也就是他們展開冒險與學習之旅的地方。在那裡，信任上帝變成了信任亞斯藍，亞斯藍是一頭獅子，同時也是納尼亞國度之王。故事最後，亞斯藍為了拯救投靠邪惡白女巫的背叛者愛德蒙而犧牲自己，這一幕令人不禁聯想到耶穌受難。四個兄弟姊妹強烈的信任關係一度因愛德蒙的背叛行為而中斷，直到他學會控制他的自私並懂得將心比心。就像敘述者說的，這是他有生以來第一次「對自己以外的人感到抱歉」，其他孩子同樣也是初次接觸到信任被嚴重破壞以後的和解過程，而這份和解是以經歷悔悟、接受（握手言和）以及指引力量的智慧（亞斯藍）所得來。[37]因此，這個故事提供了即使在嚴重的背叛後也能夠重建信任關係的模範。

在該系列第二部作品《賈思潘王子：重返納尼亞》（一九五一）中，亞斯藍再度現身，但起初只有年紀最小的露西看得見，因為她的純真使她得以信任亞斯藍的存在。「純真」從這時起已牢牢定義了理想的兒童，顯示為兒童無條件信任上帝的一項重要特徵。不過，後續故事也將純真描繪成一種潛在的危險來源，因為過度信任他人或信任錯人也會讓兒童誤入歧途。

宗教信任的崩解

《微風輕哨》，這部來自瑪莉．海莉．貝爾發表於一九五八年的暢銷小說，對傳統規範所提出的質疑遠遠超過整套納尼亞傳奇系列。故事主要講述三名生活在英國農莊的姊弟，偶然在家裡的穀倉裡發現一名逃犯。由於他們對宗教的教義深信不疑，故把這名男子誤信為耶穌。這名因謀殺而遭通緝的男子不去糾正他們，任由年紀最大的姊姊，小燕子，率領一群孩子保護他。孩子們與這名逃犯建立起信任關係，相反地，他們不信任其他大人。三姊弟不但把父親的警告當耳邊風還對他撒謊，因為他們全心全意相信「耶穌」，深怕不明就裡的大人會二度將他釘死在十字架上。十歲的敘述者，小不點，自始至終認為所有兒童都擁有值得令人信賴的常理、奉獻精神與忠誠，而大人則否。她認為大人們都「瘋了」，他們「簡直要了我的命。大人就愛無事生非；還有那些把他們變成白痴的飲料，喝完以後哈哈大笑……明明就沒什麼好笑的事」。小不點「比較喜歡小孩，因為小孩子安定多了。我說真的，你看看那些大人，只會對計程車和世界現狀感到沉重和沮喪」。[38]

關於「耶穌」的祕密，三個孩子決定可以放心信任的對象只有其他孩子。不論是附近或遠方的孩子，或許「有上百個」，不知怎麼地都聽到了消息，前來穀倉拜訪並崇拜他們的「耶穌」。[39]最後三姊弟學會信任一名大人：他們的父親。他們向他揭露了這個祕密，而父親沒有做出讓他們失望的事。他變得像個孩子般，與他們分享他在最後被燒毀的空穀倉牆上發現「耶穌」留下來的十字架，他們將此解釋為「耶穌」自由了的跡象。

這本書代表了《湯姆求學記》裡那種宗教的信任模式完全崩解。雖然信任了錯誤的人並且誤入歧途，但信任仍然是兒童真心奉獻與天真無邪的標誌。經由這場錯信他人的冒險經歷，小主角們靠自己學會如何更有效地信任別人。不像《湯姆求學記》裡有個主要的權威人物阿諾德校長，他會堅定地指引男孩們朝真正的宗教去探索，但表面上弄得卻像是男孩子們的自主行為，而且阿諾德教授是絕對可靠的；反觀《微風輕哨》裡的權威人物，他們同時宣揚宗教與世俗的信任，但兒童不了解他們，他們也不了解兒童。因此，孩子們只好建立起對彼此以及對偽耶穌的信任關係。唯一的例外出現在故事結尾：他們的父親變成名譽上的兒童。這段孩子們發現可以確實信任父親的過程，是在他們成功藏匿逃犯很長一段時間以後，小不點與父親在故事尾聲時一段揭露真相的對話中展開的：

「孩子們，看著我，難道你們不信任我嗎？」他突然這樣問。

「我們也想信任你呀。」我難受地回答他。

「那就說吧，全都告訴老爸。我又不會吃了你。」

他鼓勵地微笑著。

「如果我們告訴你一個祕密，你可以發誓保密嗎？」我問……

「這樣的話，」我厚著臉皮說道，「我們不能信任你。還是說，既然你都開口問了，我們可以信任你嗎？」……

「這件事跟那個男人有關嗎？」他問。

我們沒有回答。

「因為或許我有責任要告訴其他人這件事，但如果我發了誓，我還能跟誰說呢？如果我做了保證，我就會保密到底，這你們都知道的。」

我們確實知道。

他嚴厲的盯著我們看了好久。

我們都板著臉。

「好吧，」他突然說，「我保證。」[40]

父親剛開始的表現為一名成人，但對話結束時他加入了孩子們的祕密俱樂部，現在他就像一名孩子般也可以信任了。儘管整起事件已經曝光，這些孩子仍然堅信他們的「耶穌」。孩子們的宗教熱忱感動了父親，在小說最後，當他被問到是否篤信上帝時，他回答：「我想，我曾經是相信的。」[41]在此，成人既無法相信兒童，甚至也無法相信上帝。是兒童的想像力以及對彼此的相互信任，才使他們得以在日益多元化的時代還相信耶穌的存在。在閱讀像這樣的故事時，兒童可以在各種各樣的背景、等級與同儕關係中，安全地探索並學習發展信任、不信任與信仰的感覺。

威廉・高汀的《蒼蠅王》（一九五四）是一群男孩在沒有成人權威下運作的好例子。書中年幼、受驚嚇的孩子臨時組成了幾個信任團體，但這幾個小團體後來愈變愈暴躁、排外。隨著男孩們慢慢地退回到霍布斯式的自然狀態*，或者說野蠻人狀態，團體歸屬最後變成了生死存亡的問題。信任因此全面崩解，維繫團體的只剩下恐懼。有別於《微風輕哨》，《蒼蠅王》裡的男孩無法依靠兒童經驗的共同性來與成人世界相提並論；童年的純真被摧毀了，卻沒有被成人的知識與憤世嫉俗的態度所取代。

拉爾夫、賽門和小豬一度形成信任關係來保護他們自己，對抗由傑克率領的另一群男孩的殘暴勢力。這三名男孩都渴望重返天真的童年時光，他們可以放心的讓成人為他們做決定。他們幻想的是一個理想的成人世界，在那裡他們會被看作是無法自立的孩子而受到保護與引導：

「大人明白事理，」小豬說，「他們不怕黑。他們只要開個會、喝點茶，討論一下，然後問題就解決了——」

「他們不會放火燒島，也不會迷失——」

這三個男孩站在黑暗中，徒勞無功地想表達成人生活的威嚴……

「要是他們能夠送個訊息給我們，」拉爾夫絕望的叫道，「要是他們能發送些什麼大人的東西給我們就好了……一個信號什麼的都好。」[42]

在這個故事裡，崩解的除了信任的宗教性模式以外，還有就是整個「文明」社會與其情感結構、行為準則以及年齡層分類，這一切都淪為了核戰的犧牲品。信任的崩解表示人類一切的崩解，沒有文明等於只有獸性。

雖然兒童與上帝、家長和權威人物的等級關係，變得遠不如從前那麼直接與不容置疑，但權力動態即使是在同儕之間也不曾消失過。「信任」作為一種社會情緒，有賴於對他人與對自我的可信賴感之認可，與上帝的關係更是如此。

信任與不確定性

到了一九七〇年，許多兒童文學與教養手冊開始承擔起幫助兒童與青少年適應宗教不確定感與多元主義時代的任務。個人對全能上帝的信任逐漸消失了，或者至少可說這種信任退居幕後了，與權威人物由上對下的互動關係亦然。[43]取而代之的是更扁平的等級關係以及更多的民主關

＊霍布斯式的自然狀態：廣義上的解釋是，在未有社會前的自然狀態下，人類是自私、野蠻、相互競爭資源的。

係；學習信任和值得令人信賴助長著這些關係。這些書展示了兒童學習如何對重要的事情自己做決定的可能性，比較不訴諸於道德的絕對性。由此可見，「信任」在這個時代也經歷了類似變化，書籍本身就創造了一個可信任的空間讓人去探索迷惘的情緒。在《上帝，你在嗎？是我，瑪格麗特》裡，作者茱蒂·布倫呈現了一位在青春發育期和同儕壓力下掙扎的女主角，她同時還得應付棘手的宗教繼承問題。由於瑪格麗特的猶太教祖父母和基督教的外祖父母雙方都極力想感化她，反而讓她沒有隸屬的宗教組織。在充滿不確定感的荳蔻年華裡，瑪格麗特盼望初經趕緊到來好讓她變成「正常」的少女，她也迫切想知道自己應該要當一名基督徒還是猶太教徒。有趣的是，在經歷這些掙扎的同時，她每晚都會獨自一人向上帝禱告並感覺到上帝的存在（當她在教堂或在猶太會堂時卻不會有這種感覺）。和《湯姆求學記》一樣，瑪格麗特很快就交到了一群可以吐露心事的朋友。然而，瑪格麗特從童年邁向青春的其中一段歷程，就是發現她不能完全信任這群朋友，尤其是她最要好的朋友，那個謊稱自己的月經最早來的南西：

> 上帝，你在嗎？是我，瑪格麗特。南西．惠勒是個大騙子，整件事都是她捏造的！我再也無法信任她了。我會等著你告訴我，我到底是不是正常的。如果你願意給我個徵兆，那很好。但如果你不願意，那我試著儘量耐心等待……謝謝你，上帝。44

瑪格麗特信任上帝，但不信任宗教機構，對家庭與朋友也不完全信任。雖然她看起來與父母的關係良好，偶爾還會找他們傾訴心聲，但她獨自一人走過發育期帶來的情緒劇變，陪伴她的只有她的個人上帝。

這種關係的轉變顯現在當時的教養手冊裡。兒童小說家凱瑟琳．史陀在她所寫的親子手冊《長大成人》（一九七五）裡解釋，民主不只為各種階級帶來更多平等，也為各年齡層帶來更多平等。她寫道：「孩子不覺得他們應該要立即且毫無疑問的服從任何權威」，包括父母在內，而父母也「不再有自信自己有權對孩子施加絕對權力」。[45]在這種等級關係淡化的親子關係裡，信任成了關鍵，青春期尤其如此。隨著青少年獲得更多自由，父母被勸說要信任他們的孩子，如此孩子也會信任他們。[46]十年後，另一本給青少年的教養手冊以聊天般的寫法直接寫道，當他們意識到他們對父母的智慧與知識的信任或許是不智之舉時，可能會面臨什麼樣的失望。根據此觀點，「長大」是關於學習用不同方式來信任父母，要像是平起平坐而不是像對待上級。[47]在這裡，學習信任變成是在建立社會關係，而不是服從於權威或責難。後來的教養手冊更是將青少年置於親子關係的中心。這種以青少年為中心的寫作手法，比較容易讓年輕人感覺到他們是自己人際關係中的行動者。比如說，選擇他們能夠信任的人作為首次性經驗的對象是很重要的。[48]以漫長篇幅來討論青少年多麼希望父母能夠信任他們，好讓自己能在外面逗留久一點，或是讓他們按照自己的（而不僅僅是父母的）判斷來做事，這些在書中也很突出。[49]這種手冊的寫作目的往往是教導青少年如何去理解自己的父母與其他成人，以及他們的同儕，並在情緒理解和同理心的基礎上與這些人建立關係。這與從前的教養手冊形成鮮明對比，過去的手冊要不是教導家長與其他權威人士如何從對他者居高臨下的理解中認識兒童／青少年，要不就是站在說教立場上用以上對下的方式寫給青少年閱讀。這個差別顯示作者與敘述者如何看待兒童與青少年，導致他們在書中所建立起來的信任有著根本上的不同。在本章研究的時代早期，權威之聲是為了讓年輕讀者產生信任，相信書中所包含的訊息是可靠且該遵循的。而在後期的文獻資料裡，信任則呈現為平行關係過程：敘述者、故事人物和小讀者共享學習經驗，藉由在書裡建立伙伴關係來建立信任，而不是透過說教。這種方法上的改變反映了人對兒童與青少年的概念有很大改變，以及教育規範的變化。這也反映了對於信任本質的理解不斷在變化，特別是兒童應該學習如何信任以及培養可信賴性的方式。

＊　＊　＊

信任、奉獻與信心不能孤立於它們被教導、敘述與感受的語境來談。在勾勒了宗教與世俗語境下的「道德」和「信任」及其各種相連結的感覺之輪廓以後，可看見這兩個概念是以不穩定的方式嵌入兒童文學與教養手冊裡的，它們會根據兒童與家庭的地位和意義在歷史上的變更而改變。如果說「道德」是透過「好」與「壞」的情緒來表達，以及如果教養手冊教導兒童與父母在各種情況下該如何感覺，以便於判斷什麼行為是道德的話，那麼對「信任」進行探索便展示了兒童如何能夠在往往不平等的同儕、親子與其他成人的關係中，實際學到道德與良好的品格。品格的外在表現只是目標的一部分，一起探索的還有培養兒童內在自我的呼籲。[50]學習如何以有效的方式來信任上帝與自己，以及學習如何成為值得信賴的人，並且也信任他人，這些都是兒童在培養成年所需特性的動態發展過程中，所需的構成要素，而成年所需的特性也是取決於歷史條件。即使在早已不樂見菁英學校、敬神、良好學識[51]與強身派基督教的時代，《湯姆求學記》仍時常引起年輕人的共鳴。雖然有關性別、階級與年齡等社會規範的改變，都曾對信任的意義造成影響，但《祕密花園》的狄肯表現出的信任模範卻是歷久不衰的，就算這本書的宗教與帝國基調現在已過時了。或者，如果不說歷久不衰，也可說狄肯的信任是靈活的：這本小說的人氣不滅表明了，關於信任、學習如何信任以及如何成為值得信任的人，主動的讀者能有翻新解讀的可能性。[52]

注釋

1 Burnett, *Secret Garden*, 242, 141.

2 本章立足於超過一百本直接面向年輕讀者的兒少文學與教養手冊。這些作品大多出版於英國，重點聚焦在帝國文學與印度殖民時期、北美和其他少數歐洲國家。

3 Misztal, *Trust in Modern Societies*; Fukuyama, *Trust*. 有些學者認為，信任實際上是隨著資訊流量而增加的，尤其是在都市化的經濟體系下；見 Fisman and Khanna, 'Is Trust a Historical Residue'. 還有學者認為，信任可以在陌生人之間發展，但是當人共享更長的歷史和可能的情感紐帶時，他們就不再需要評估信任，而只要以習慣的方式來制定信任，例如 Sako, 'Does Trust Improve Business Performance?'。

4 Möllering, 'The Nature of Trust', 403；也有助於用來討論當前的信任研究如何擺脫理性選擇與感性道德基礎的信任之二分法。

5 Simmel, 'Sociology of Secrecy', 450.

6 Luhmann, 'Familiarity, Confidence, Trust'.

7 Frevert, 'Trust as Work'; Brückenhaus 'Every stranger must be suspected'; Hosking, 'Trust and Distrust'; Shapin, *Social History of Truth*.

8 Frevert, *Does Trust Have a History*, 6; Seligman, *Problem of Trust.* 關於友情與信任在西方城市社會中是如何透過倒置成為道德理想的探討，見 Silver, 'Friendship and Trust as Moral Ideals'.

9 這裡的論點可延伸到兩端。《湯姆求學記》代表的是兒童文學近一個世紀以來對於情緒和品格的思想極致。而另一端的《蒼蠅王》（一九五四）和《微風輕哨》（一九五八）則預示了世俗化與後殖民進程在後來變得更加顯著。

10 Boddice, 'In Loco Parentis'.

11 Dixon, 'Educating the Emotions from Gradgrind to Goleman'.

12 Hughes, *Tom Brown's School Days*, 267, 281.

13 Farrar, *Eric.*

14 Hughes 和 Kingsley 的作品是繼上個世紀的 Rousseau、Edgeworth 和 Martineau 以來對強身派基督教態度最熱中的文學作品，詳見 Redmond, 'First Tom Brown's School Days', 8.

15 Cutt, *Mrs. Sherwood and her Books for Children*, 17–18.

16 Sherwood, *Story of Little Henry and His Bearer Boosy*（這是 *The History of Little Henry and his Bearer*, 1814 與 *The Last Days of Boosy, the Bearer of Little Henry*, 1842 兩部作品的合集）, 100–7, 80, 75, quotations 81.

17 Sherwood, 87, quotations 83.

18 Ahmad, *Bride's Mirror*, 14. 關於此書的更多背景與討論，見第三章〈阿斯嘉禮的虔誠〉。

19 Murdoch, *Indian Student's Manual*, 107.

20 Murdoch, 121, 151.

21 見 Newsome, *Godliness and Good Learning.*

22 Kingsley, *Health and Education*, 260.

23 Farningham, *Girlhood,* 121–6. 感謝 Kerstin Singer 找到該筆文獻。

24 Stall, *What a Young Man Ought to Know*, 47, 255, quotation 168.

25 Hughes, *Notes for Boys*, 13, 18, 98.

26 Hughes, *True Manliness*, 26.

27 Hall, *Youth*, 104; Hall, *Adolescence*, i, 225.

28 Spyri, *Heidi*, 78, 149. 更多細節討論見第十一章〈海蒂的思鄉病〉。

29 Spyri, *Gritli's Children*, 196.

30 Montgomery, *Anne of Green Gables*, 426.

31 Montgomery, 136–7, 299, 347, 297.

32 Burnett, *Secret Garden*, 190, 237.

33 Bixler, *Secret Garden*, 10.

34 Burnett, *Secret Garden*, 303, 304, 342.

35 Baden-Powell, *Rovering to Success*, 126, 219, 18–19, 22, 111.

36 例如 Enid Blyton 對於兒童彼此建立信任關係時的兩性情緒之描述，見 *Five on a Treasure Island*, 44, 40, 34, 48.

37 Lewis, *Lion, the Witch and the Wardrobe*, 109, 142–3.

38 Bell, *Whistle Down the Wind*, 4–5.

39 Bell, 136.

40 Bell, 131.

41 Bell, 151.

42 Golding, *Lord of the Flies*, 117. 關於這本小說的更多資料、知名度以及預期讀者，見第七章〈小豬的羞恥〉。

43 見第十二章〈英格麗的無聊〉。

44 Blume, *Are You There God*, 111.

45 Storr, *Growing Up*, 13.

46 Storr, 118.

47 Powledge, *You'll Survive*, 72–3.

48 Farman, *Keep Out of the Reach of Parents*, 90.

49 Farman, 39.

50 比如說 Jesse Prinz 的「美德品格特徵」與「情感氣質」理論配對：Prinz, *Emotional Construction of Morals*, 15.

51 Newsome, *Godliness and Good Learning*.

52 關於主動讀者，見 Ablow, *Feeling of Reading*.

第三章　阿斯嘉禮的虔誠

瑪格麗特・佩爾瑙

故事發生在十九世紀中葉德里，當阿斯嘉禮這位小新娘嫁入穆罕默德・法札勒大師的家族以後，來自四面八方的難題讓她差點招架不住。親家仔細檢查她的一舉一動不說，更糟的是現在還有一個已經在這個家庭裡服侍多年的騙子女僕，因為害怕阿斯嘉禮卓越的能力會揭開她設好的騙局，於是開始在這位小新娘與其岳母、丈夫之間挑撥離間。[1]

不過，阿斯嘉禮克服了重重難關，她讓這名女僕捲鋪蓋走人，拯救家族免於破產，並且以巧妙且低調的省錢方式讓這個家變得富裕；她說服丈夫努力向學，在英國行政階級裡往上爬；為附近的千金小姐們建立一所學校；最後還順利地幫小姑嫁入德里當地一戶豪門。

阿斯嘉禮的稟性讓她得以面對這一切挑戰，而這種稟性是受她父親的教育所陶冶的。其教育強調知識的重要性，知識則培養出她的理性，使她能堅定地控制自己的情緒，而實務技能則讓她在遇到困難時還能夠管理一個大家庭。使阿斯嘉禮處處無往不利的，莫過於她的自我情緒管理、自我克制、謙虛、機智與體貼待人。[2]

這故事來自於納齊爾・艾哈邁德（一八三一～一九一二）筆下一炮而紅的小說。這本小說起初是他為了教育、啟迪自己的女兒而以烏爾都語寫成的，但後來不僅贏得印度西北省政府獎，成為女子學校數十年的標準教科書，二十年內便售出超過十萬本，還翻譯成多種印度語。[3]

也許有人會問：這種有關童婚新娘的書籍能夠歸類為兒童文學嗎？然而，這問題背後的假設是童年與成年之間存在著清楚界限，而這又反過來反映了兒童文學作為一種特殊文類，應該要調整到十九世紀的印度背景下來看待。阿斯嘉禮八歲就接手原生家庭的家務職責，十三歲便結婚。[4]在當時這絕非早婚：一八九一年時，一項將最低合法性交年齡提高到十二歲的提案甚至曾引起一片抗議風暴。[5]但我們並不打算辯論這些是否為失落童年的指標，或論說這些是缺失或延緩成年的情況[6]，就本章的目的而言，只需說明傳統上用來標記進入成年的三項事件：性成熟／婚姻、結束教育、經濟獨立[7]，在印度既非同時發生，也沒有在其生命周期的階段中建立起確實的分界。就像我們在阿斯嘉禮的故事中所見到的那樣，年幼時期即可成婚，並且雖然她在離開娘家以前就已經學會所有需要會做的事，但丈夫在婚後仍然在學好一陣子。[8]至於嫁給她大伯的姊姊，阿克巴里，雖然在結婚初期堅持分居，但這其實是作者用來描述她不識大體的其中一個跡象。不久後，她的輕信使她成為騙徒的目標，而缺乏持家能力很快就讓她陷入債務之中。[9]如果說兒童與成人的界限並沒有清楚地劃分開來，那麼這本書所設定的讀者也一樣。納齊爾．艾哈邁德在序言裡描述他的女兒們在結婚之前就閱讀這本書的情形[10]；而在書後頭，他提醒讀者這本書同樣也適合拿來對年長者說教。[11]

我們知道這本小說有廣大的讀者群，但我們對於當時的閱讀習慣所知不多。這些早期的小說當時仍處在口述與書面文化的間隙中。《新娘明鏡》（一八六九）當然能夠讓讀者嘗試感受阿克巴里或阿斯嘉禮的感覺，但就算敘事結構為模仿閱讀提供了這種可能性，不同的閱讀習慣也可能加強或阻礙此過程。像阿斯嘉禮這樣的文本在過去很少是私人消費品，通常是拿來集體朗讀。關於這會對情緒學習造成多少影響，我們知之甚少；但如果本書的論點是兒童文學提供了一個空間，讓讀者可在其中嘗試各種情緒而不會在「現實」世界產生直接後果的話，則值得一問的是，這些過程如何根據不同的閱讀與聆聽模式來進行。[12]

本章標題宣告「虔誠」是將這整部故事串連起來的核心情緒範疇——但，這是個有關虔誠的故事嗎？更重要的是，虔誠算得上一種情緒嗎？本章將探討的是可放在「虔誠」範疇標籤下來分析的不同情緒，而這裡所談的虔誠指的是為了配合宗教方面的道德生活所付出的努力。在此將以相當廣義的方式來使用宗教一詞，即包括一個人用以對待同胞與上帝的正確情緒。當時的讀者可看得出阿斯嘉禮體現了穆斯林改革計畫裡的虔誠，不過這並不表示他們閱讀這本書的理由僅出於教育之故，難道不是也為了這本書的樂趣（或甚至主要就是為了樂趣）而閱讀。[13]阿斯嘉禮的教育主要集中在閱讀古蘭經[14]；她定時祈禱、持守宗教齋戒與節日。雖然她肯定上帝無所不能，但不會因此只依賴禮拜，還是會為了實現目標而努力。當她的兩個孩子不幸早夭時，她也在上帝身上找到安慰。[15]不過，她的虔誠比較少表現在與上帝的超驗關係上，而更多是表現在她與大家庭和左鄰右舍的日常行為中。儘管歐洲的情緒概念在十九、二十世紀逐漸將「情緒」與「美德」區分開來，但在阿斯嘉禮生活的世界則不然。美德不僅含括行為舉止，也含括能使個人行為表現合乎美德的情緒管理。阿斯嘉禮的姊姊阿克巴里，她的例子說明了如果一個人的美德情緒管理失敗，並且被自己的激情、憤怒、貪婪、對食物或昂貴衣服的欲望吞沒時會發生什麼事：她不但破壞大家庭的團結，還害得丈夫破產，而她丈夫最後之所以沒有休妻也只是因為他有一顆高尚的心。[16]因此，美德彌合了內在（情緒之所在）與外在行為（可供外人檢視）之間的區隔。虔誠作為一種情緒美德，同時涵蓋了裡外兩個領域，並使它們協調一致。[17]

宗教改革與虔誠的教養建議

早在殖民政權到來以前，「改革」與「教育」就已經是公開辯論的關鍵詞，並且整個十九世紀下來聲勢愈來愈浩大，而虛構性文學與教養書即在此目標下走到一起。這兩種乍看之下截然不同的文類，在深入檢視後會發現它們其實是相互流通的。雖然納齊爾·艾哈邁德的《新娘明鏡》通常被譽為第一本烏爾都語小說，不過這本小說的書名恰恰連接上印度波斯地區*自中世紀以來便赫赫有名的君王寶鑑†。[18]和君王寶鑑一樣，我們已經見識到艾哈邁德是多麼慷慨地給予讀者忠告；反過來說，幾乎沒有任何一本教養手冊會放棄用軼聞和短篇（或不太短的）故事好讓文本變得更生動的機會。

我們首先要討論的第一組文本，廣義上可說與阿利加爾運動相關。這場運動旨在透過接觸歐洲文化與科學知識來趕上現代化和進步。[19]其核心在於與殖民政權合作。這場運動將心血投注在阿利加爾創辦了伊斯蘭英國東方學院，不過除了這所學院的相關人士以外，也有其他人同樣持有與殖民政權合作的目標。就如納齊爾·艾哈邁德是殖民政府的副稅務官一樣，第一組文本的作者全都任職於殖民政府：穆罕默德·穆巴拉克·烏拉是布道恩的民事法庭法官；卡里姆·丁和阿約提亞・普拉薩德分別任職於旁遮普與西北省教育部；而努爾・艾哈邁德・努爾則是安巴拉市立公學的教師。他們不僅都受益於英國官員的贊助，其作品也都被選為公立學校的教科書。[20]

在此情況下，這些書中會出現維多莉亞時代價值觀與情感規則的影響也就不令人意外了。比較令人驚訝的，反而是這股殖民勢力與傳統印度波斯對情緒與美德概念的整合程度。舉例來說，穆巴拉克・烏拉明確指出教育與自我教育的目標應當是為了掌握「艾赫拉格」‡。「艾赫拉格」是由靈魂之美、由一種被培養為根深柢固的「哈勒葛」§的存在方式所組成。這些習性最起碼要有明辨善惡的知識、在理性與正義的範圍內克制怒火與欲望的能力。他進一步解釋說，正義是萬物之平衡，從大千世界到人體體液皆如此，個人的情緒更不在話下。這些概念可以追溯到亞里斯多德學派的哲學，經歷漫長而複雜的傳播與翻譯成阿拉伯語和波斯語以後，在十九世紀的印度伊斯蘭學校成為道德教育的基礎。穆巴拉克・烏拉強調知識是正當情感的基礎，對於正確地教導意志力具有關鍵作用。他堅持人要避免過與不及的情緒、情緒沒有絕對的道德價值，以及他

＊印度波斯地區（Indo-Persian region），受波斯語言與伊斯蘭文化影響的南亞區域。比如十三世紀在印度北方建立的 Delhi Sultanate，就是以波斯語為官方語言的伊斯蘭王朝。

†君王寶鑑（mirror of princes literature），教育年輕君主的指南文學，代表性作品有《政事論》以及《五卷書》。

‡艾赫拉格（*Akhlaq*），道德、品格。

§哈勒葛（*khalq*），品行，*Akhlaq* 的單數形式。

認為至關緊要的情緒是根深柢固的習性而非一時澎湃而來，這些都與當時維多莉亞時代看待情緒的方式不一致。21

相較之下，眾人較容易達成共識的，是那些被實際推薦的情緒與美德。教育部裡的殖民地官員大概都不會對卡里姆．丁的一百五十句勸世良言中任何一句有異議。不過，他們的選粹再度顯示一種明顯不同的界定情緒之方式。維多莉亞時代的情緒知識將個人的感覺擺在首位，甚至主張是情緒建構了個體，最個人與私密性的特質皆然22；但是對卡里姆．丁來說，情緒與情緒管理的重要性則在於它們對社會關係的影響。情緒管理永遠不只是個人的事：避免惹人生氣就和抑制自己的怒氣一樣重要。懂得控制自己的眼睛與嘴巴有助於約束個人的惱怒。這種自我約束的原因是為了避免冒犯或羞辱到談話對象，從而激起對方無法控制的怒氣。貪婪與吝嗇不僅本身就是件壞事，更糟的是它們對團體凝聚力的破壞性影響。像這樣強調情緒的社會性乍看之下與穆巴拉克．烏拉的創造美麗靈魂論相衝突。不過習性的提升完善、靈魂的極致完美在與世隔絕的情況下是無法實現的。唯有生活在團體裡，在人與人的交際空間裡而非在個人內心裡塑造情緒，一個人才能達成這樣的理想。

如果抑制憤怒與貪婪、培養同情心與感情可謂之「虔誠」，那麼最能代表維多莉亞時代的美德：節儉以及時間（與金錢）的規劃分配又如何呢？努爾．艾哈邁德．努爾就這個主題寫了一篇很長的文章，這篇文章直接接續在讚美上帝的序言之後，並且延用序言裡的語氣說道23：全能真主賜與了人類生命時光，而人的責任就是不要虛度時光。光陰似箭一去不復返，一個人要是沒有把青春奉獻在學習上，往後的人生將被懊悔所吞噬。到這裡，論調都還算傳統，稍縱即逝的時光喚起讀者傷感與懷舊的思念，但是當談到英國人時語氣就改變了。努爾．艾哈邁德．努爾對讀者說道，和印度人不一樣，英國人懂得善用每分每秒。他們總是嚴守時間，甚至用時間表來裝飾家中牆壁。[24]這種周密的規劃使英國人完成更多的工作，倘若印度斯坦的男士們願意環視一下周圍，就會發現他們還有多少工作沒做完。對那些有需要的人進行教導、講道、勸導與輔導，顯然注定是虔誠之人的任務。更重要的是，「規劃」能免除混亂並且讓一個人獨立、自我控制得宜。[25]至於規劃以及照規則生活要到什麼地步，才會扮演起情緒控制的苦行者般角色並發展出屬於這種規劃與生活的情緒，這值得進一步探討，但非本文所能及。我們是否能將情緒歷史再擴大，不只是圍繞在憤怒與愛情的研究上（儘管它們很重要），而也能夠涵蓋因為將每周工作安排得井然有序並履行職責所發出的滿足嘆息呢？[26]

不論是作為美德或作為情緒，「虔誠」通常讓人聯想到與某種特定宗教的密切相關，這很容易會讓人想用穆斯林改革主義甚或是分離主義的框架來解讀這些教養手冊。不過，雖然這些文本大量提及上帝為造物主與宇宙之王，關於先知穆罕默德以及伊斯蘭教聖書的引文在這些文本裡卻是明顯缺席的。這些文本所提倡的虔誠在傳播上很容易就能跨越宗教界限，不論是變成政府學校的教科書，或者是翻譯成其他的印度語言，而且這些語言都還不如烏爾都語那般為穆斯林人口所用。無論如何，更教人吃驚的（至少在這個後期階段）是出自印度教作者們筆下相當可觀的烏爾都語文本材料庫，他們使用的是印度波斯性質的艾赫拉格文學指涉框架。[27]

一旦我們離開這些與阿利加爾運動相關的文本，轉而討論伊斯蘭教改革運動時期所寫的文本，景象便大幅改變了。和阿利加爾運動的文本一樣，它們也強調教育，特別是女性教育。教育能使女性免於迷信與無節制的行為，並引領她們邁向井然有序的生活。不過，在這裡，唯一的道德權威是古蘭經以及先知的傳統（Traditions of the Prophet）。「虔誠」意味著根據這些標準來過生活與感受，因此只有穆斯林才辦得到。

此文類中最有名的例子是由納瓦布．沙．賈汗*所寫的簡編，她是英屬印度土邦時期博帕爾三位女性統治者中的第二位。[28]她的寫作目的是為上層階級婦女提供她們從出生到死亡為止所需要知道的一切，以便過上良好的德性生活。[29]與艾赫拉格的傳統相似，《婦女的教化與人類教育》（一八八一）將知識擺在優先地位。宗教知識為讀者鋪好永恆幸福的道路，世俗知識則讓婦女順利管理家事並保持家族體面，後者的範圍從如何避免流產、拿什麼餵小孩、穿什麼樣的衣服、如何縫紉、如何給衣服染色到各種社交場合該有什麼樣的行為才得體，應有盡有。宗教與世俗的知識一同支撐著家族的社會地位，而受到宗教戒律啟發的行為舉止也保證受人尊敬。[30]

除了上述的實際用途以外，任何知識的培養同時也強化了理性，因而使人能夠控制欲望與激情。在這裡，井然有序生活的情感特質添增了特定的宗教與情感色彩，因為這與先知本人的例子密切相關：這種乍看之下幾乎沒有情感可言的生活方式，卻也同時標誌著親密共同體以及與先知的共融。

後來納瓦布．蘇丹．賈汗不只繼承了母親的帕博爾王位，也接手她的教育事業，於一九一四年出版《教育兒童》。[31]她沒有放棄伊斯蘭教的虔誠，但避開了其較嚴苛的表達方式，往阿利加爾的傳統靠攏；而此時的阿利加爾已經從早前相對包容的立場轉向更加以經文為依據的虔誠。

也許是受到英國教育思想的影響（蘇丹．賈汗確實有提到她的靈感來自於某本英語書籍，但究竟是哪本書則是個謎），《教育兒童》將重點從適用於所有年齡層的道德概論轉移到兒童身上。教導兒童仍然是父母的責任，但就如書名已表明的，對於知識教學的強調被較為一般的教育取代了。要是想順利教育的話，教育者除了需要密切觀察孩子的天性與性格傾向以外，還得留意兒童的發展階段：對五歲兒童有效的方法，用在學步中的幼兒或年輕人身上則是相當不妥當的。[32]美德與情緒最初不是透過規矩，而是透過體驗來學習的。父母的責任就是讓環繞孩子周圍的皆為正直之人，藉此給予孩子正確的體驗。藉由仿效與模仿行為，再加上吸收正直之人所散發出來的氣息，兒童將學會正確的行為與感覺方式。這個過程不再將中心位置給予「意志」：傳統的「知－意－行／情」（to know－to will－to do/feel）排序現在被「行－情－懂」（to do－to feel－to understand）給取代了。

在給予口頭解釋與指導以後，父母也不該認為孩子就會照單全收，他們仍得看管孩子並監督他／她的行為，直到能夠肯定孩子已經養成了穩定的習性為止。規勸與訓斥有其必要，但蘇丹·賈汗強調絕不能羞辱孩子。相反地，訓誡應該要在私底下進行，並且不能傷害到孩子的自尊心與自信心。只要有機會的話，父母就應該儘量以間接的方式進行教導，而在這方面道德故事是無與倫比的，因此，《教育兒童》的第二部分全都用來收集趣聞和短篇故事。雖然這些故事都是針對

＊納瓦布（Nawab），是蒙兀兒帝國君主賜予土邦穆斯林統治者的頭銜。沙（shah）是古波斯君主頭銜，也用於非波斯語地區，後文則時以伊斯蘭用語蘇丹稱之。賈沙統治的博帕爾土邦，為蒙兀兒帝國結束後的英屬時期，其宗教為印度教與伊斯蘭教，從文中稱號可見此段歷史的複雜性。

兒童而寫的，但情節乏善可陳，讀起來比較像是重溫那些早已為人知曉的故事和經驗，所以這些故事可能不是拿來默讀或朗讀用的，而是建議可以拿來口述的。這些故事涵蓋的領域相當廣泛，上自歐洲與印度歷史，下至兒童的日常生活體驗以及來自古蘭經與先知傳統的故事。經驗教訓能夠透過各種情境與主角傳授給孩子：從只有握緊把手的男孩才能讓腳踏車筆直前進，一直到雷克格斯*與凱薩、先知穆罕默德、烏瑪爾．法魯克†、哈里發與史考特上尉‡等等。從二十世紀初開始，殖民政府與穆斯林社群的發言人都同意，童年是拿來學習的時間，而道德與品德高尚的情緒則是家庭、學校與兒童文學所傳授的最重要的一課。[33]

顛覆性的笑聲──阿米爾．哈姆扎的故事

即使道德與教育性故事在印度波斯世界有悠久的傳統，它們也絕非唯一的文類，更別說是主流文類。與艾赫拉格的傳統不同，通俗故事不教導尊重等級制度，反而會嘲笑權威人物。他們在宗教學者多皮扎的故事裡嘲諷宗教學者，在坊間流傳的關於蒙兀兒皇帝阿克巴（一五四二～一六〇五）軼事裡，他老是被其大臣比巴爾愚弄。[34]這些故事有許多在經過適當消毒後順利進入了今日的童書裡，不過這些故事最初並非是針對兒童設計的，而是在民間與宮廷等不同環境下口耳相傳的故事。

阿米爾．哈姆扎的故事或許是最佳例子，這故事很明確地設定在伊斯蘭的指涉架構下，同時卻也很明顯的排斥甚至顛覆了虔誠的情感。[35]阿米爾．哈姆扎是先知的叔叔之子。在他忠誠的同

伴阿瑪爾・艾亞爾以及穆克比勒・瓦法達爾陪伴下，他的人生是一連串冒險，這些冒險不僅引領他穿越阿拉伯與波斯世界，還到達了印度與中國，以及仙子與精靈之島。雖然這三名好友都是穆斯林，並且經常在打敗敵人後要求對方改信伊斯蘭教，但他們卻不太受伊斯蘭（或其他任何）律法與道德規範的約束。就連他們經常從陰曹地府得到的幫助也不是神助，而是巫術。

這樣的故事框架讓說書人可以隨著聽眾而調整內容。[36]這些故事說演會在公開場所或私人住宅裡進行，例如德里的賈瑪清真寺台階在十九世紀曾經是說書人與聽眾的固定集合地點。雖然兒童也聆聽這些故事說演，但直到二十世紀下半葉前都不曾有兒童文學版本的阿米爾・哈姆扎故事出現過。[37]

那麼，這些故事是如何處理道德以及虔誠情感的呢？這些故事無視艾赫拉格文本與改革派敘事所致力維護的社會及性別等級制度，這點實在引人注目，同樣引人注目的還有拒絕給予權威者適當的尊重以及避免羞辱任何人。接下來，藉由細讀以下三則故事，我們將指出內在於文本的不同顛覆策略，這些顛覆策略可能會也可能不會有助於建立不同形式的道德。

有一天，皇帝做了一個夢，但醒來後就回想不起來了。他傳喚大臣阿辜胥與所有的占星師前來，威脅他們若無法解開這個已經被遺忘掉的夢有什麼意義，他們就得死。阿辜胥情急之下想起

---

*雷克格斯（Lycurgus），傳說中古希臘斯巴達的創始者。

†烏瑪爾・法魯克（Umar Faruq），第二位正統哈里發。

‡史考特上尉（Captain Scott）是二十世紀初到南極探險的英國軍官。

了年輕的博佐梅爾，後者有預見未來的神奇能力。不過，阿辜胥曾經出於貪婪殺害過一個朋友，也就是博佐梅爾的父親，而阿辜胥並不知道博佐梅爾早已知情。博佐梅爾拒絕接受皇帝的召喚，要求說除非阿辜胥被派到他家門前戴上馬鞍當作他的坐騎，讓他一路騎到宮廷裡他才肯接受召喚。群眾對阿辜胥的羞辱與揶揄，在兒童的故事版本裡頭甚至比成人的版本有更詳盡的描述。在這個小故事當中，羞辱的作用是報應。「顛覆」揭露了隱藏的罪行並且為更高的道德服務。復仇是由虔誠的情感所引起的，在這個例子裡是對於父親的愛以及對於恢復正義的渴望。這故事讚美年輕的博佐梅爾：「虔誠且忠心、貴族血統出身、英勇無比……智慧與學問非凡……剛正不阿，寬容大度。」[38]

在第二個故事裡，顛覆的方式則有所不同。有一天，皇帝帶著隨從和一名女伴迪爾．艾拉姆到森林裡打獵。在林中他們遇到一個和皇帝同名同姓的樵夫。兩人分歧的命運令皇帝感到震撼，於是他要身邊的人給出一個解釋。博佐梅爾認為原因和他們出生時的行星排列位置有關，而迪爾．艾拉姆則反駁他的說法，認為要為樵夫不幸處境負責的是他那不懂得持家的妻子。皇帝聽完以後勃然大怒，因為這等於暗示說他的人生也一樣，或許是宮裡的女人決定了他的幸或不幸。於是他就在那片森林裡將迪爾．艾拉姆拋下，並告訴樵夫說他可以擁有她。後來迪爾．艾拉姆就以樵夫女兒的身分生活多年，她就像《新娘明鏡》裡的阿斯嘉禮一樣提供樵夫睿智的建議，並成功地改善了樵夫的經濟狀況，其富裕程度甚至和皇帝不相上下。[39]蔑視性別等級制度，以及公開展現女人的傑出能力與影響力而讓男人臉上無光（這些是阿斯嘉禮一直避免的），這或許可以解讀為是以一種不同的道德名義來挑戰主流規範的反敘事。不過，事實上這故事傳達了改革者所關注的兩件事，一是用勤奮工作與良好的規劃倫理觀來取代對占星術的信仰，另一件事則是提倡婦女在改善家庭狀況上的重要性，這兩件事使得這故事很可能是最早於十九世紀下半葉時改竄出來的故事。這則故事開放給聽眾自己決定想要嘗試哪個角色的情緒以及嘲笑哪些角色。

最難解讀的羞辱故事，莫過於那圍繞在阿米爾．哈姆扎的朋友——阿瑪爾．艾亞爾身上的故事。他首次登場就已是一個偷走了博佐梅爾珍貴鑽戒的嬰兒，而他也如預言所說的成為了：「狡猾、奸詐、欺騙的功夫無人可比……過度貪婪、陰險無比、出神入化的偽信者。他將來會是個冷酷無情、專橫跋扈又鐵石心腸的人，但他也將會是哈姆扎推心置腹的知己。」[40]在學校裡，阿瑪爾不僅拒絕學習任何事物、以橫行霸道的行為妨礙其他孩子學習，而且還三番兩次偷食物栽贓嫁禍給老師，讓老師在整個社區面前都抬不起頭來，甚至被逼到落淚。[41]阿瑪爾是有得到懲罰沒錯，但到最後他還是洋洋得意的大笑，連讀者也跟著他歡笑。最簡單的解釋當然就是歸因於這些故事的宣洩功能，說這些故事得以讓人發洩壓抑的情緒，就像某種情緒的庇護所[42]，讓人在釋放顛覆性能量的時候又能夠限制在特定的時間與地點，因此也算是致力管教的一部分。[43]但把這故事當作是一個變相的道德故事來解讀，並無法解釋為什麼阿米爾．哈姆扎整套故事會引來這麼多抵制，從阿克巴皇帝的反對者到改革主義的虔誠與中產階層價值觀的擁護者皆然。那麼，我們該如何思考幽默與顛覆而不是立即將它們變成道德工程的對立面？我們該如何超越現代中產階級文學的框架，重新回頭看待笑聲本身——而且不只是無傷大雅的笑聲，還包括沒有隱藏什麼道德理念、純粹就是帶來羞辱與傷害的笑聲？[44]同時，阿瑪爾的故事也顯示了將這種「顛覆」理想化可能造成的問題，因為他的笑聲不僅羞辱了老師與宗教學者，也將一名被強暴的女童之死變成一場笑話，讓人對強暴犯那無所束縛的男性雄風發笑。[45]

世俗化的虔誠——國立伊斯蘭大學的教育學

如前文所述，阿利加爾運動為了幫助改造穆斯林社區，補足他們認為是教育缺陷的部分，因此將希望寄託在與殖民政府的合作上。雖然剛開始時他們與其他宗教以及社會改革者共同朝往這個目標前進，不過這個共同的策略後來逐漸屈服於不同立場的人，甚至被敵對陣營的人給取代，最明顯的就是印度國民大會黨。在第一次世界大戰尾聲與緊接著的戰後，當阿利加爾的青年黨加入了由甘地所領導的民族運動，並同時開始參與伊斯蘭教學者（烏里瑪）的宗教改革以後，形勢出現劇烈的改變。位於德里的國立伊斯蘭大學便是此波運動的產物，其成立目的為打造一座穆斯林教育中心以培養既虔誠又熱血的民族主義。[46]這種「新」的虔誠有別於社群理念，它不再是針對宗教社群的福祉著想。相反地，新虔誠重點放在上帝與其旨意上，如此人便會在共同的努力中團結起來，而非彼此分裂。如果說「世俗的」（secular）被視為「社群的」（communal）對立面，正如在印度的許多討論一樣，那麼這確實是他們嚮往的一種「世俗的虔誠」。

後來成為印度總統的扎基爾．胡賽因*，是對國立伊斯蘭大學教育理念發展最有影響力的人物。扎基爾．胡賽因在柏林留學時開始接觸德國的改革教育學，尤其是凱欣斯泰納的「工作學校」†理念。[47]作為國際運動的改革教育學與印度民族運動皆受到一些共同的思想潮流影響，特別是托爾斯泰與神智學者‡的理念，以及對西方文明與現代化的整體批判。如果說它們沒有共同的情感，那麼至少也有相近的情感調性或色彩，比如說：強調直覺與心靈的教育，而非理性與知識的傳授；尋求救贖；試圖超越個人自我的局限；透過與領導者、與社群或與世界融合進而重拾完整性，甚至為此犧牲也在所不惜。[48]

國立伊斯蘭大學設有從幼兒園到大學的教育設施，其兒童雜誌《教學訊息》始於一九二六年，內有詩歌、謎語和兒童故事，並刊載有關印度與歐洲歷史、論異國他鄉與其人民、論自然現象與科學的文章，以及來自讀者社區的賽事與新聞。相較於該校本身創新的教學概念，雜誌裡的故事寓意仍然是相當傳統的。和艾赫拉格文學裡的道德榜樣沒什麼不一樣，這些故事也是關於有美德的英雄最終會凱旋歸來，而缺乏意志力或自律等美德的人則會遭受到懲罰等等。以下兩則訓誡故事可看出這點。第一則故事是胡爾希德・蘇丹那〈小塔圖〉（一九三九），這故事是關於小男孩賈米爾與他家附近的小山羊塔圖。[49]有一天，賈米爾發現山羊媽媽的鎖鏈太短而保護不了小山羊，於是他覺得拿帽子去打小塔圖會是件很好玩的事。不過，山羊主人目睹了事發經過，他等賈米爾離開以後加長鎖鏈。隔天，山羊媽媽便用羊角狠狠教訓了賈米爾一番。山羊主人向痛哭流

＊扎基爾・胡賽因（Zakir Husain），印度第三任總統，也是印度首位穆斯林總統。國立伊斯蘭大學共同創辦者之一，在世時推崇世俗主義與印度獨立。

† 工作學校（working school），主張除了知識以外也要加入勞作、體育等課程，讓學生成為有用的公民。

‡ 神智學，一種結合宗教哲學與神祕主義的學說。

涕的男孩解釋虐待行為的危險性，並教他如何善待動物。只是避免做出殘酷行為是不夠的，兒童還必須學會同情心才行。

在第二則故事〈魔法藥水〉（一九三九）裡，有個國王命在旦夕，唯有一群矮人所看守的綠色池塘裡的水才能救他。國王的三個兒子各自出發去尋找池塘，但在路途上，他們全都拒絕幫助遇難的人與動物——想當然耳，這些遇難者其實都是矮人所偽裝的，而矮人將這些冒犯者都變成了石頭。最後是國王那又小又醜，但為人謙虛且樂於助人的女兒將池塘裡的水帶回來，不僅如此，矮人還把她變成了美女。[50]這則故事採取了童話故事的模式，將故事背景置於真實的時間與地點之外。故事裡的標準主要人物——國王、王室成員、朝臣、僕人、商人、工匠、老婦人和乞丐等，都不是有個人情緒的獨立角色。他們的作用只是傳送寓意，然後再以他們的經驗來支持其寓意不證自明。

自二十世紀初起，同情所有受苦受難的生命，特別是同情那些無法報恩的卑微之人，已經成為民族主義虔誠的主要情緒美德之一（如果不說是其唯一的情緒美德）。「同情」的情緒在不用廢除內在等級制度的情況下將群體團結在一起：給予同情最適當的回報就是由衷感激（當然，當接收者是能夠餽贈魔法禮物的偽裝矮人時例外）。

發表在《教學訊息》中最富詩意的兒童故事是扎基爾．胡賽因親筆所寫的。而〈最後一步〉（一九五七；二〇〇〇英譯版）[51]也是一則以同情心出發的故事：有一名高尚的男人並不將他的財富視為個人財產，而認為是上帝授予他的禮物，要他作為窮人的受託者。他幾乎不花一毛錢在自己身上，卻默默施捨給貧困之人，並且從不誇耀他的慷慨解囊。這使他得到吝嗇鬼的名聲，甚至連朋友都看不起他。儘管他為此感到受傷、眼裡充滿了淚水，他仍然以這種謙遜的方式過活。他唯一的慰藉是筆記本，他在裡頭記錄了每一筆慈善支出，並希望去世之後這本筆記本能夠為他的美德平反。不過，到了臨終前，他對於自己企圖要讓社區的人對他抱以羞愧一事而慚愧，於是將筆記本丟進火裡，接著嘴角帶著一抹微笑安詳辭世了，就在此時宣禮員正好宣念著穆罕默德真言*。在此，虔誠作為一種情緒美德已經超越了感覺與行為可劃分的界限，兩者現在都引領個人的自我邁入轉化。反過來說，這種自我不再局限於個體的界限，而是融合進教徒的社群裡、國家裡，最後或許也融入上帝裡。

《全世界最勇敢的山羊》（一九三九；二〇〇四英譯版）[52]是關於一個住在喜馬拉雅高山上的獨居老人阿布汗的故事，陪他作伴的只有他的山羊。但是和所有的山地動物一樣，山羊最熱愛的還是自由，什麼也比不上自由。不管是美食的誘惑或可怕的野狼都無法阻止山羊一頭頭逃走，然後遇上死亡。錢德妮是阿布汗最喜愛的山羊，他很肯定她也一樣愛他。但錢德妮更愛自由，她在某個夜裡逃走了。錢德妮在群山間漫步一整天，碰見其他山羊，陶醉在自由裡。而夜晚的降臨讓她面臨抉擇：山的一頭傳來阿布汗的聲音呼喚她回到安全的窩，至於另一頭，她則看見野狼發亮的眼睛。最後她沒有歸返，而是留了下來，即使心知肚明自己戰勝不了野狼。但這已經不再重要，因為：「成敗吉凶並非操之在我——而是掌握於上帝之手。我們能做的事就是努力奮鬥。」

＊穆罕默德真言（Muhammad's Prohethood），應該是指清真言的後半句：穆罕默德為真主阿拉之使者。

而她也確實英勇地奮鬥了一整夜，直到宣禮員宣念晨禱為止。目睹這場戰鬥的鳥兒「全都同意是野狼贏了，除了一隻鳥以外。這隻有智慧的老鳥知道，雖然喪命的是錢德妮，但最終取得勝利的是她。」[53]對錢德妮來說，克服恐懼才是最重要的——對於參與甘地的堅持真理運動的鬥士來說也是如此，無論他們是印度教徒還是穆斯林。在這個故事中，除了宣禮員的宣念晨禱以外並沒有特別提到虔誠這件事。儘管如此，在民族運動的背景下，這故事是會被解讀為一則充滿虔誠感的故事。這種虔誠不僅體現在對祖國與自由的熱愛當中，或許更體現在對戰鬥結果的那份超脫感之中。

相同的訊息與情緒在差不多同一個時代裡，於另外一本相當不同的童書中鳴響著，那就是達恩·柯巴爾·默克奇的《花頸鴿》（一九二七）。[54]默克奇年輕時就從孟加拉移民到了美國。他為一群從小就接受梭羅與愛默生的超驗主義而長大的美國公眾寫故事（梭羅與愛默生對甘地的影響也甚多），這些人在精神上接近神智學，在教育學方面則接近「新教育協會」的改革主義觀念。《花頸鴿》被當作源自於東方智慧的故事，於一九二八年贏得了著名的紐伯瑞兒童文學獎此一事實，也說明了這些糾纏在一起的思想在兩次世界大戰之間傳播得有多廣多遠。

《花頸鴿》的故事說的是喜馬拉雅山上一個男孩與一隻鴿子之間的友誼，是一篇關於心靈之旅與成長的故事。花頸鴿被訓練為一隻信鴿，牠必須面對工作上的危險，例如老鷹的攻擊。後來牠不得不面對第一次世界大戰戰壕中的恐怖，因為那裡的英軍需要牠的服務。如何讓靈魂擺脫恐懼是全書中一再出現的主題：

> 我們所有的麻煩幾乎都來自於恐懼、擔憂與憎恨，如果有人感染上這三項情緒中的任何一項，另外兩項也會隨之而來。沒有哪頭猛獸在殺死獵物之前不會先嚇唬對方的。事實上，沒有動物會真的滅亡，除非毀滅者將恐懼扎進牠們的內心為止。55

這種大無畏並非是讓士兵可以繼續上戰場打仗的那種大無畏，而是一種旨在讓靈魂從裡到外都能克服暴力的大無畏。這裡談的不只是支配激情並將其帶到平衡狀態從而帶來正義（這是艾赫拉格文學的核心），這裡的目標還有轉變、療癒以及最終的救贖。大無畏精神以及隨之而來的非暴力行為之能力，是精神生活的根源。

如果這些文本所倡導的情緒與十九世紀末的穆斯林（或印度教徒）改革者所支持的虔誠情感明顯不同，那是因為他們對於個人與社會救贖的追求，是根據兩次世界大戰之間的文化批判來重新詮釋虔誠的。這些文本絕大多數都太短小，無法出現本書導論根據保羅・呂格爾的理論所提出的那種模仿。有許多文本，特別是文體借用了童話模式的文本，還是能夠讓讀者透過認同主角或反英雄主角來學習，不過讀者所學到的教訓往往只會是認知與情緒性質的：這些文本不會對情緒何時出現與其感受如何做長篇大論的介紹，而只是用快樂或悲傷當作行為對錯、殘忍或同情所帶來的結果。改革教學計畫核心下的故事則稍微有些不同。大無畏精神比較不是用情緒的實踐性知識來傳達，而是以濃厚的情緒氛圍來吸引讀者陷入其中。

童書信託出版社與愛國的虔誠

從二十世紀初開始起步的童年轉型，在一九四七年以後加快了腳步。統計數據可供佐證：印度獨立以後平均結婚年齡提高了，兒童的識字率也提升了，不論男生或女生都一樣。[56]因此，可以看出童年不僅與已婚成年的責任有了明確區分，也和勞動（至少和全職勞動）劃清了界線。學校這時被視為童年的決定性特徵與典型特徵。即使這些經歷無法反映一大部分人口的日常現實生活，尤其是那些住在鄉村地區的人，這些經歷仍然發展出強大的調節動力：這是國家虧欠孩子的童年。[57]在這樣的背景之下，童年時期不僅開始被想像為一段既天真又脆弱的時光，同時也是容易受影響的時期。[58]兒童教育首當其衝承擔了國家建設與實現尼赫魯*時代下烏托邦願景的責任。

從一開始，新國家就面臨了貧困、內亂與衝突不斷等難題，首先是不同宗教團體之間的衝突，但最後不同種姓與不同語言群體之間的衝突也破壞了發展的努力。由尼赫魯喊出來的「情感一體化」（Emotional integration）這句貼切的句子變成了具有號召力的口號：

> 讓我們印度共和國的公民站得筆直、挺起背來仰望天空，雙腳穩穩地站在大地上，促使印度人民的結合與一體化。雖然政治一體化已經在某種程度上發生了，但我所追求的比這還要深刻——也就是印度人民的情感一體化，如此一來我們才有可能團結為一體，成就強大的國家，同時維持我們所有美妙的多樣性。[59]

這番話裡的宗教與情感的弦外之音讓人無法忽略。和宗教改革主義一樣，每個人都必須轉化並致力於自我改造。但原先由宗教改革主義鎖定的個人救贖（個人的救贖只能透過並存在於社會關係中才能實現），現在則被國家接手作為終極目標。為了國家著想，所有的印度人民受令要轉變自己的行為、自身的存有，最重要的是要轉變自己的情緒。國家在作為神祕體驗的終極目標，扮演起近乎神聖的角色。[60]

因此，為了「培育良善之人」，國家比殖民時期承攬了更多培養下一代性格與情緒的責任，方法是透過學校與學院或兒童電影與童書。[61]而童書信託出版社便是在這樣的背景之下所創立的，其存在要歸功於知名政治漫畫家，香卡·皮萊的首創精神。[62]香卡參與過許多兒童計劃項目，他認為印度兒童缺乏優良的讀物而為此感到擔憂。於是，童書信託出版社的目標不僅是收集並出版英語與不同印度語的書籍，還透過鼓勵與培訓作家來出版適當的文學作品。國族議題解釋了為何曾經主宰市場的歐洲與英國書籍被排除在「適當」的範疇之外。同樣地，不難理解顛覆國家道德理念的故事要不是被駁回，要不就是被嚴格消毒過。比較難解釋的是為何印度早期所發展的，不論是英語或印度語的兒童文學也都被消音了。這不僅觸及到前文提過的國立伊斯蘭大學出版品（就算香卡不讀烏爾都語文學，他也一定知道它們的存在，因為他和尼赫魯以及扎基爾·胡賽因都屬同一個朋友圈），也涉及到印地語文學，甚至還包括更悠久的孟加拉語文學在內，後者再怎麼說至少也有泰戈爾作品的英語譯本。

＊賈瓦哈拉爾·尼赫魯（Jawaharlal Nehru），印度獨立後第一任總理，主張將印度轉型為世俗主義國家。

相反地，童書信託出版社的早期出版品有四分之三是古典梵語文學、史詩與民間故事的複述[63]，並且用這些作品來讓兒童熟悉國家文化遺產的定義為何。有項計畫本身就頗吸引人：詳細追蹤調查從口述過渡到書面以及受封成為民族敘事等過程是如何改造這些故事的。至少，從一九八〇年代的電視劇《羅摩衍那》[64]來追蹤的話是可行的，其區域性變化的根除以及均質化過程不僅在一九七〇年代的漫畫裡就已經有過先例[65]，更早還可以追溯到童書信託出版社於一九五〇年代的出版品。

那麼，究竟童書信託出版社對外傳授的情緒價值觀是什麼？而這些情緒價值觀又如何與愛國的虔誠有所相關呢？有三個不同文類的例子能夠讓我們來探討這個問題。黑天神奎師那與蘇達瑪在校時是好朋友。後來前者當上了國王，後者則變成一名既窮到無法養活家庭、又超凡脫俗到不去思考如何改變現狀的祭司。多年後，被迫扛起家計的妻子說服蘇達瑪去見見奎師那。結果，與朋友重逢的喜悅，以及聽著對方說起一個又一個故事讓蘇達瑪忘了向對方開口尋求幫助，而奎師那也絲毫沒有過問朋友家境。多日後蘇達瑪終於返家，正當他擔憂著妻小的命運時，赫然發現他們住在了極盡舒適的宮殿裡——奎師那沒有等朋友主動開口就已經伸出援手。在這篇故事裡可以讀出各種不同的情感：妻子無條件的愛、蘇達瑪的虔誠以及他超脫於現實的需求、兩個男孩在分離多年後仍然存留下來的友誼，以及奎師那不待人開口求助就伸出援手的慷慨。[66]與此同時，透過對民族遺產的認同與其情感一體化而被教導的愛國虔誠，仍帶有著特定宗教傳統的色彩。《奎師那與蘇達瑪》（一九六七）是一則印度毗濕奴教派的宗教故事，同時也是代表了國家文化遺產的故事。這種國族化現象會出現在童書信託出版社（而且不只他們）從印度教和佛教傳統中所選定的元素上頭，而鮮少基於其他元素。

對年紀更小的孩子來說，正確的行為與情緒經常是透過動物故事來教導，而《三個朋友》（一九六九）便是在讚揚團結的美德：有一隻兔子、一隻老鼠和一隻松鼠一起住在森林裡。牠們深愛彼此、共同分擔家務事，並且與森林裡其他動物友好相處。由於牠們之中年紀與體型最大的是兔子，老鼠與松鼠便認兔子為首領。有一天，一隻大黑貓搬進了森林裡並威脅這幾隻小動物，牠們靠著急中生智以及彼此之間的忠誠才脫逃險境。正當牠們決定要搬離森林時，牠們的猴子朋友利用貓咪的貪婪，跟牠保證順著河流往下游會有豐盛的魚肉大餐，接著將貓咪綁在一塊木板上成功把牠推下河流。[67]孩子從而得知，致命的危險埋伏在生活當中；儘管如此，就算是團體裡最弱小的成員也不用因此而感到害怕，因為愛、團結與天生我材必能夠克服所有危險。

如果說兒童信託出版社的主旨之一是避免讓印度兒童淹沒在成堆的英國作品裡，尤其是伊妮・布萊敦那種類型的作品（但如果現在找任何一間書店來看看就知道效果不彰，連兒童信託出版社自己的圖書館也有她的作品），那麼這也未能阻止青少年冒險小說的文類在印度扎根——儘管印度和英國的冒險小說存有一些差異。阿魯普・古瑪・達塔的《加濟蘭加蹤跡》（一九七九）在一九七九年獲得由兒童信託出版社頒發的香卡文學獎最佳作品，故事敘說三名男孩如何追蹤出現在阿薩姆邦加濟蘭加野生動物保護區的盜獵者足跡。[68]和布萊敦的五小冒險系列＊一樣，他們

＊由英國兒童文學作家伊妮・布萊敦，於一九四〇年代創作的系列偵探小說。由故事中五位主人翁（四個小孩與一條狗），在假日時玩樂、冒險的故事，出版七十年來影響無數歐美孩童。

展現了勇氣與智慧，即使一開始大人都不把他們當成一回事也不放棄；和五小冒險不同的是，儘管這三個孩子有重大貢獻，但他們並未靠自己將謎團帶到結局——森林管理局與警察等成人在最後階段開始接手，讓故事回到固有的社會等級制度裡。

但，愛國虔誠或其他任何形式的虔誠，在這個冒險故事裡跑到哪兒去了？雖然這個故事仍然有傳授一些道德價值觀，但完全沒有提到國家或宗教方面。單就這一點而言，《加濟蘭加蹤跡》這本小說可說是後尼赫魯印度大趨勢下的其中一例，至少就商業與半商業出版品來說是如此。學校教科書似乎要到很久之後才會趕上這股趨勢——如果真的有趕上的話。強調宗教虔誠與愛國虔誠的文本當然還是有人在寫，但這些書已經不再是主流了。這種書不會成為暢銷書，也不會獲得什麼文學獎。如果《新娘明鏡》這故事還有人在閱讀的話，這故事也已經不再具有塑造一個社群的虔誠觀與虔誠情感的力量了。

注釋

1 本章研究是有許多人鼎力相助才得以完成的。感謝 C. M. Naim、M. U. Memon、Frances Pritchett 和 Muhammad Khan Pasha 分享他們對兒童文學以及烏爾都說書傳統的知識。Siddiq ur Rahman 和 Azra Kidwai 一如往常總是最慷慨的嚮導與朋友。感謝 Ghulam Hyder 和 Manorama Jafa 提供 Bacchon Ka Adabi 信託與童書信託出版的資訊並大方分享他們的書籍。Zakir Husain 圖書館、Jamia Hamdard 圖書館和兒童信託圖書館的工作人員也幫了很大的忙。最後，要是沒有我的研究助理 Belal Asdaque 和 Jalis Nasiri 博士的全力奉獻，這份研究不可能在這麼短時間內收集到如此豐富的資料。

2 Ahmad, *Bride's Mirror.* 關於 Nazir Ahmad 進一步的研究資料，參見 Lal, 'Recasting the Women's Question'。

3 Pritchett, 'Afterword'; Naim, 'Prize-Winning Adab'.

4 Ahmad, *Bride's Mirror*, 55.

5 Sarkar, 'Pre-History of Rights'; Nair, *Women and Law in Colonial India.*

6 Krishna Kumar, personal communication 1 March 2012.

7 Kohli, 'Institutionalisierung des Lebenslaufs', 7.

8 Ahmad, *Bride's Mirror*, 107.

9 Ahmad, 36–51.

10 Ahmad, 2.

11 Ahmad, 176.

12 見 Lal, *Coming of Age in Nineteenth-Century India*, 1–31，在她與 Azra Kidwai 的訪談中可見到該文本在一九五〇年代時不僅仍被閱讀，還用於女孩與父母的日常協商中。

13 Minault, *Secluded Scholars.*

14 Ahmad, *Bride's Mirror*, 20.

15 Ahmad, 86, 177–8.

16 Ahmad, 53.

17 本章立足於九十一本烏爾都語及英語童書、十卷 *Payam-e talim* 雜誌以及四十二本烏爾都語及英語教養手冊之上。

18 Marlow, 'Advice and Advice Literature'; Hourani, *Reason and Tradition in Islamic Ethics*; Butterworth, 'Medieval Islamic Philosophy'.

19 Lelyveld, *Aligarh's First Generation.*

20 資料來源為以下書籍的書名頁和序言：Mubarak Ullah, *Tanbih at talibin;* Karim ud Din, *Pand-e sudmand*; Nur

Ahmad Nur, *Anwar ul akhlaq*; Ayodhya Prasad, *Guldastah-e tahzib.*

21 Mubarak Ullah, *Tanbih at talibin*, 84–90.

22 Frevert et al., *Emotional Lexicons.*

23 Nur Ahmad Nur, *Anwar ul akhlaq*, 12–22.

24 Nur Ahmad Nur, 18.

25 Nur Ahmad Nur, 21.

26 這些出現於十九世紀下半葉的中產階級價值觀與一種新興中產階層的關係之探討，見 Pernau, *Ashraf into Middle Classes*, esp. 241–69。

27 除了 Ayodhya Prasad, *Guldastah-e tahzib* 以外，另見 Munni Lal, *Shamin-e akhlaq*；Shankar Das, *Guldastah-e akhlaq*；Chaturbhuja Sahaya, *Maandan-e akhlaq*。

28 Preckel, *Islamische Bildungsnetzwerke und Gelehrtenkultur im Indien des 19. Jahrhunderts*; Lambert-Hurley, *Muslim Women, Reform and Princely Patronage.*

29 Shah Jahan, *Tahzib un Niswan wa Tarbiyat ul Insan.*

30 Shah Jahan, 146–7.

31 Sultan Jahan, *Tarbiyat ul atfal.*

32 Sultan Jahan, 49–62.

33 烏爾都語兒童文學的概述，見 Hanfi, 'Urdu'; Zaidi, *Urdu men bachon ka adab.*

34 Naim, 'Popular Jokes and Political History'; Oesterheld, 'Entertainment and Reform'.

35 Lakhnavi and Bilgrami, *Adventures of Amir Hamza*; Pritchett, *Marvelous Encounters.*

36 Khan, *Handbook for Storytellers.*

37 我所能查到最早的版本是拉合爾 Ferozons 出版社發行的十卷烏爾都語故事書，從第五標準版起由 Maqbul Jahangir 改編為兒童版（*Amir Hamza ke karnameh*）。

38 Lakhnavi and Bilgrami, *Adventures of Amir Hamza*, 33.

39 Lakhnavi and Bilgrami, 34–45; Jahangir, *Amir Hamza ke karnameh*, i, 63–92.

40 Lakhnavi and Bilgrami, quotation 61; Jahangir, i, 123.

41 Lakhnavi and Bilgrami, 70–86; Jahangir, i, 134–69.

42 Reddy, *Navigation of Feeling*, 128–9

43 Apte, *Humor and Laughter*, 220–31.

44 在騙子的身影中體現了混亂與自由，這是對國王的必要抗衡，也是正義與法（*dharma*）的象徵，見 Siegel, *Laughing Matters*, 291–336。比較歐洲的情形，可見 Bakhtin, *Rabelais and His World*。

45 Lakhnavi and Bilgrami, *Adventures of Amir Hamza*, 358–60.

46 Hasan and Jalil, *Partners in Freedom*; Kumar, *Political Agenda of Education.*

47 Oesterheld, ‘Zakir Husain’.

48 Brehony, ‘New Education for a New Era’; Lawson, ‘New Education Fellowship’.

49 Sultana, ‘Nanha Tatu’.

50 Jalal ud Din, ‘Tilismi Dawa, Part 1’; Jalal ud Din, ‘Tilismi Dawa, Part 2’.

51 Husain, ‘Akhri Qadam’; 英譯版： Husain, ‘The Final Step’.

52 Husain, *Abbu Khan ki bakri*; 由 Samina Mishra and Sanjay Muttoo 翻譯成英語版 *Bravest Goat in the World.*

53 Husain, *Bravest Goat in the World*, 14, 16.

54 Mukerji, *Gay-Neck.*

55 Mukerji, 99.

56 見本書導論。

57 Nehru, ‘Grow into the Heart of India’, 12.

58 Bose, ‘Sons of the Nation’.

59 Ministry of Education: Government of India, *Report of the Committee on Emotional Integration*, frontispiece.

60 Nehru, 'Making India Strong', 53.

61 Nehru, 'Unity and Harmony', quotation 277; Nehru, 'Meaning of Culture', 274.

62 Shankar, *Shankar.*

63 Berry,'Value-Based Writing'.

64 Richman, *Many Ramayanas.*

65 McLain, *India's Immortal Comic Books.*

66 Shivkumar, *Krishna and Sudama.*

67 Ramakrishnan, *Three Friends.*

68 Datta, *Kaziranga Trail.*

第四章　拉爾夫的同情心

丹尼爾．布呂肯浩斯

羅伯特．麥可．巴蘭坦在《珊瑚島》（一八五七）裡生動地描繪了歐洲兒童與非歐洲「土著」初次相遇時的情緒衝擊。在英國出生長大的十五歲男孩拉爾夫．羅弗，與另外兩名男孩在太平洋上一座熱帶島嶼遭遇船難。憑著他們在歐洲接受過的文明教育，三名男孩足以智取這突如其來的難關，並且情感成熟到能夠形成親密關係。正如拉爾夫所說，儘管他們性格不同，但已經「調諧」到「愛……的音調！」[1]然而好景不常，某日男孩們突然就遇上了野蠻的非歐洲人。一條條載滿南海島民的獨木舟來到岸上，三名英國男孩躲在沒人看得見的地方，親眼目睹兩群土著展開血腥交戰。很快地，其中一方擊敗並俘虜了另一方。當戰勝者點燃火焰時，擔心俘虜會被活生生烤來吃的拉爾夫由於心生憐憫而被一股「驚駭的恐懼感」嚇傻了。當他們被推向火坑時，拉爾夫幾乎快被自己的情緒給淹沒。其中一名囚犯遭亂棒打死時，拉爾夫坦承他鬆了一口氣，因為至少那名受害者不用再承受更多折磨。緊接著，其中一個「野蠻人」抓走另一名女俘虜的孩子並扔進海裡，那名母親痛苦的尖叫聲對白人男孩造成強烈影響。拉爾夫的朋友，傑克，也為此發出一陣「低吼聲」。[2]

三名英國男孩無法繼續袖手旁觀；對受害者的同情心驅使他們動起來。他們發揮自己的優勢，也就是理性計畫與同心協力的「文明教化」思維，再加上彼此強大的情感連結，白人男孩因而擊退敵人，防止俘虜承受更多肢體與情緒折磨。[3]

這段濃縮的情節涉及到兩個主題，這兩個主題形成了從十八世紀末到一九六〇年代歐洲童書的重要線索。第一，這段時期有許多作家爭論「情感」在帝國關係中的作用。核心問題在於歐洲人是否應該與歐洲以外的人建立情感聯繫，若是，那可能會對黑人與白人之間的權力等級造成什麼影響。第二，巴蘭坦談到了這段時期人們關注的另一個問題，也就是如何養育兒童：家長應該要從小就督促他們的後代「開化」到什麼程度？若任由年輕人按照情感本能生活在無憂無慮的童年裡，又會產生什麼樣的結果？

儘管乍看之下這似乎是兩個不相干的問題，但本章將說明在當時這兩件事其實是糾結在一塊的：小說家書寫帝國是為了討論如何教育兒童，而書寫兒童則是為了支持他們關於如何建構帝國關係的論點。他們的作品提供年輕讀者模仿學習的機會，兒童可以透過故事主角（主要是白人）的雙眼來見識歐洲以外的人，還可以與故事人物共享與非白種人的情感聯繫（或缺乏聯繫）。

最重要的是，正是對「同情心」（compassion）的審視與辯論，將兒童教育以及帝國統治的相關想法聚集在這個時期裡。同情意味著某個人會為另一個人感到難過，然而這種情緒未必需要完全理解對方的情緒狀態才行。除此之外，同情經常與高傲態度相關，因為同情是留給那些無法「幫助自己」的人。本章也會說明在某些時期與某些政治團體裡，人們拒絕用「同情心」對待「土著」，而主張以「同理心」（empathy）對待之。[4]和「同情心」相比，同理心比較容易用無等級制度的方式來概念化，而且真誠地「走入他人靈魂」對同理心的定義來說更重要。不過，同理心也能夠策略性或操縱性的使用；與同情心相反，同理心在定義上並未要求人要去關心他人福祉。[5]

本章主要的研究樣本為德國與英國童書[6]，這些作品在本章所研究的時期都有相當數量的印刷量。與此同時，有件很重要的事得記住：可以取得這些小說的兒童，以及這些小說對來自不同社會背景的兒童其吸引力始終是不均衡的。畢竟，在二十世紀以前，不是每戶人家都負擔得起這類文學作品，並且還符合作品的「假想讀者」，這些文本中只有少數幾本集中在貧窮或勞工階級主角身上。

本章將說明，我們可以根據歐洲人是否能夠也應該對非歐洲人感到同情的不同假設，區分出數種教育模式。這些思想體系出現在不同時期，不過較新的模式不一定會取代舊模式。相反地，這些模式經常相互重疊，這也說明了童年情緒在十九與二十世紀的多元化過程。

在第一種思想體系裡，「同情心」對於十八世紀末至十九世紀中葉的德國與英國是最重要的。白人兒童受鼓勵要為「不幸的」非歐洲人感到難過。當時的人將這種同情心視為文明發展的標誌，該模式同時也隱含著明確的權力與地位等級制度：同情是用在土著身上的，因為他們比歐洲人軟弱且情感不成熟——至少在他們完全「文明教化」與「基督教化」以前是如此。

第二種模式的支持者則對「文明性」的理想抱持較懷疑態度，這些人以十九世紀末與二十世紀初的保守派英國作家居多。白人兒童在此時期獲准體驗無拘無束又「狂野」的童年。此過程鼓勵兒童採納「土著」的某些「原始」情緒特徵，不過那些「土著」兒童多半只會在書中看到，而不會親身接觸。在這個論點裡面，「同情心」經常被一種特殊的「同理心」取代，來建構歐洲人與非歐洲人的關係。不過，這種同理心終究是策略性質的，是明確用來保護帝國權力等級，以抵擋來自土著或英國的歐洲競爭對手挑戰。

第三種思想體系是由十九世紀末、二十世紀初的英國進步主義作家所提出，他們以兼具同情與同理（想像的）「土著」情景來為兒童發展的自由權利提出辯護。在這裡，雖然書中寓意並未明確支持帝國主義，不過這些書裡所使用的帝國意象，仍有可能是在鞏固一種觀點，即帝國等級制度是「不爭的事實」。

第四，德國在十九世紀末與二十世紀初，出現了關於同情「土著」的價值及其對「性格發展」影響的爭論。相較於同時期的英國小說，德國作家要更積極地辯論他們對非歐洲人的「兄弟憐憫之情」的基督教觀念價值。

本章最後會探討二戰以及一九五〇年代起的去殖民化時期，對於描述同情與同理非歐洲人有何影響。如下文將說明的，這些經歷讓兒童小說家開始質疑歐洲人天生比「土著」優越的概念。然而，即使在此時代一些反帝國主義書籍裡，兒童與非歐洲人的接觸仍被納進內在本質是西方或基督教的參考框架中。

同情心與教化使命（一七七〇～一八六〇）

從十八世紀末至一八五〇年代為止，在最早期的現代兒童文學裡，歐洲兒童和「土著」關係的描述經常被拿來主張同情是「進化」行為的中心原則；與此同時，有無感受同情心的能力也被用來區分「已開化」的人與「未開化的野蠻人」。歐洲人與土著的分界是根據兩種不同的情感設置來劃分：大家認為「已開化」的歐洲人對他人富有同情心，包括對非歐洲人也是；至於「未開化」的土著，則假定他們對他人缺乏任何真實的情感。

約翰·海因里希·坎珀的《青年魯賓遜》（一七七九、一七八〇）便是呈現這種心態的其中一例。這本部分取材自狄福《魯賓遜漂流記》（一七一九）的小說，經常被稱為第一本專為年輕讀者撰寫的德國小說，出版數十年後仍廣受好評。[7]書中宣稱的目標之一，就是要教導兒童與青少年塑造自己的情感。作者反對當時的「致命感傷狂熱」[8]，並排斥某些嬌柔與軟弱的未開化情感，比如強烈、非理性的恐懼；書中同時描述某些「開明的」情緒在本質上是正面的，包括「同情心」在內，無論對方的背景或種族為何，對每個人都必須表現同情。這本小說的主題之一，就是這種同情心是否能夠以及是否應該與殖民權力等級結合。

跟《珊瑚島》的拉爾夫與其伙伴一樣，坎珀的德國版魯賓遜也得到一次拯救土著的機會。而且和拉爾夫一樣，驅使他拯救土著的也是同情心：當魯賓遜看到幾個當地的「野蠻人」將另外兩名土著俘虜推向火堆時，魯賓遜的「心跳隨著憤慨與驚駭而加速」。[9]起初魯賓遜被嚇得動彈不得，但是當其中一名俘虜脫逃時，他突然湧現一股前所未有的勇氣：「他的眼底閃現一絲火光」，而「他的心催促他去幫助那條可憐蟲」。於是他擊倒追捕者並和他拯救的土著發展出親密關係，他給對方取名為「星期五」。[10]

不過，魯賓遜立即就建立起明確的權力等級制度，並將此概念化為一種開明的專制主義。當星期五將魯賓遜的腳放到自己脖子上踩的時候，雖然魯賓遜剛開始有些遲疑，但最後還是決定接受這個象徵性服從的動作。魯賓遜抵抗他對星期五「充滿親吻與擁抱」的衝動，決定要「讓他的……客人……保持敬畏與服從一陣子」並「扮演國王一段時間」。[11]

魯賓遜與星期五的關係在小說中有一大部分是矛盾的。一方面，作者強調若要實現幸福，愛與友情是必要的。[12]因此，魯賓遜和星期五在小說中多次出於同甘共苦的理由而投入彼此懷抱並一同放聲哭泣。[13]另一方面，在他們停留於島上的期間，兩人的權力層級卻從未瓦解過。每當到了要下決策的時候，魯賓遜就會要求星期五完全服從；儘管星期五比較熟諳生存技巧[14]，魯賓遜則顯然在智力與精神等「更高級」的領域中更勝一籌。事實上，魯賓遜教星期五學德語，自己卻從未嘗試學習土著的語言，這點就已經暗示了西方知識更有價值。

直到小說結尾，當星期五完成了文明化歷程，兩名角色一起回到漢堡以後，魯賓遜才放棄他的權威地位。由此可見，在坎珀看來，最終決定歐洲人擁有統治權力的是「文明性」而非種族。從現在開始，魯賓遜與星期五以木匠師傅的身分一塊生活與工作，成為彼此「一輩子形影不離的好友與助手」。[15]直到此時，相互平等的友情才取代家長式的同情。

我們若進一步檢視會發現《珊瑚島》背後也有類似主張。如前文所述，巴蘭坦確實強調白人男孩對可憐的非歐洲人感到同情；不久之後，在故事轉折點上可以清楚看見，使文明的白人男孩有別於「野蠻人」的，正是這種對他人將心比心以及感同身受的意願。他們親眼目睹發生在當地居民身上的血腥畫面，包括鯊魚吃掉其中一名土著、喝得爛醉的酋長敲出一名土著的眼睛等等。敘述者說道，當歐洲人見到他人遭受這樣的不幸，一定會不由自主感到悲憤；而拉爾夫在土著的臉上卻看不到「除了無動於衷與蔑視以外……的任何表情」。[16]土著砍斷彼此四肢的習慣，是他們在情感上切斷彼此的徵兆。因此，《珊瑚島》裡白人男孩具備同情的能力，乍看之下或許加深了有色人種的差異，並強調「文明」歐洲人與「沒有信仰的野蠻人」之間的距離與等級。[17]

不過，作者再次強調，歐洲人與土著之間的鴻溝主要不是建立在種族差異上。為了強調這個事實，作者還放入另一群海盜並形容他們是「白種野蠻人」。[18]和「土著」一樣，他們也缺乏白人男孩那種情感凝聚力。[19]反過來說，雖然土著「天性墮落」[20]，但只要將他們放到正確的教育環境裡就能克服其負面性格特徵。最能凸顯這點的，正是基督教一來到島嶼上，馬上就讓「土著性格」產生奇蹟般、立即性的轉變。[21]一旦基督教到來，且土著在心靈上已變成歐洲人的話，那麼真正的連結與相互理解就變可能了；後來土著拋棄「血腥的作風」，白人終於可以「放心信賴」他們。[22]直到這時，真實的友誼才在黑人與白人之間綻放開來。

《珊瑚島》呈現的世界觀，或許可看作是十八世紀末與十九世紀初對殖民主義與教育的典型信念。這時期被稱為大英帝國最「自由主義」以及最「社會同化」的時期。[23]擁護英國主流意識形態的支持者看不出歐洲以外的傳統與文化特質有什麼內在價值。[24]這些人認為處於「原始」狀態下的非歐洲人不是值得「交流的同伴」，也無法教歐洲人什麼東西；因此，他們的目標是盡可能幫助「土著」接納歐洲文化（但是在他們經歷足夠的「文明化進程」以前，都得排除在市民社會之外）。[25]歐洲兒童應該要對這些缺乏文明的人感到同情，但無論如何都不可讓「野蠻人」的情緒結構影響到他們。

拒絕自由主義模式的同情——英國保守派的聲音（一八六〇～一九四五）

十九世紀末，在許多英國民眾身上可以看到明顯的危機感。過去造就《珊瑚島》等小說的單純信念，也就是對文明同化力量的簡單信念忽然遭受質疑。這種變化部分可歸因於「雙重震撼」，也就是一八五七年的印度起義，以及一八六五年的牙買加莫蘭特灣反抗起義，這兩起事件讓許多英國觀察員深受背叛，看來被殖民者對於英國仁慈伸出的援手毫不領情。[26]也許有人預期一股新的、強烈的種族主義觀點會在這個時期出現，導致英國觀察家在他們與他們看作「原始人」的非歐洲人之間建立更大的情感距離；然而，許多保守派人士現在反而對殖民地社會建立某些策略性連結產生興趣。許多作家斷言，十九世紀中葉出現反抗起義的原因之一，是英國人一直不努力去理解「土著心理」。[27]英國的殖民意識形態現在從同化的想法發展到新的模式上，根據這種新模式，英國的統治必須在一定程度上適應並融入當地文化與政治傳統。[28]

除此之外，在這個歐洲列強彼此日益激烈的帝國競爭時代下，大家也愈來愈擔心「過度文明化」會削弱英國。基於這些原因，保守派作家更加主張要把某種「原始」元素重新融入兒童教育裡，給兒童一段無拘無束的「狂野」年少時光，以強化他們的抵禦力而不致流於頹廢。這同時也意味著對體能的強調。一八二〇年代末，美國作家詹姆斯·菲尼莫爾·庫珀以白人主角與美洲原住民之間的友情故事，結合出一種新的強身派基督教模式。[29]諸如托馬斯·休斯的《湯姆求學記》（一八五七）這類以英國為背景設定的小說也加入了類似概念。[30]反而是在成人文學裡，歐洲人對於「土著化」的懷疑與恐懼從十九世紀末開始愈來愈有影響力，最著名的例子是康拉德的

《黑暗之心》（一八九九），這種情況在兒童文學裡似乎直到二戰結束後才開始出現。在十九世紀末許多作品裡，對「同理心」的呼喊取代了《青年魯賓遜》與《珊瑚島》裡對土著仁慈又高傲的同情心。這種同理心意味著加倍尊重「土著」在「原始」狀態下的力量；不過，它同時也拋棄了透過文明教化將「土著」變得「跟歐洲人一樣」的期望。

吉卜林的作品在第一次世界大戰爆發前十幾年大受歡迎，其著作可視為新論述的代表，這種新論述對某種特定的「原始性」抱持愈來愈正面的看法，認為不論是對帝國背景下的兒童養育或英國表現都有益處。吉卜林的《基姆》（一九〇一）是關於一個文化及情感上都生活在「兩個世界之間」的男孩的故事。在吉卜林更早的作品《叢林之書》（一八九四）裡，故事重點正是類似的情境導致主角內心混亂與分裂[31]，但《基姆》不僅解決了這種緊張關係並且還「收穫頗豐」，這讓吉卜林寫出更樂觀的故事。在這個故事裡，正是白人男孩與非歐洲「土著」的情感連結，使他得以幫助大英帝國主義者維持統治——因為他和這些人屬於同一個人種。

基姆是白人父母所生，但由一名印度婦女撫養長大的男孩。書中描述這名男孩擁有非比尋常的能力，能夠與身邊各種土著形成情感連結。他是「全世界的小小朋友」。[32]基姆成為特務局的一員後，便開始將這項技能運用到戰略用途上。特務局的長官教導基姆說，帶領白人邁向成功與權力的，不是對「土著」的仇恨，而是（可工具化的）同理心。[33]基姆不久後就靠著自己「走入他人靈魂」的能力成為暗中監視當地人的高手。[34]安妮．麥克林托克認為，基姆表現的是一種「反顛覆性的模仿」。[35]

吉卜林這本小說也包含了基姆與西藏喇嘛的友誼，這段友誼說明了不同種族的人也可以有真實且最終「不可工具化」的情感連結（雖然這種連結顯然只保留給非大英帝國統治國家的非白種人）。

不過，在吉卜林的《斯托基與其同伴》（一八九九）裡，這種情感連結則完全只有戰略用途。小說故事場景是一所位於英國的學校，這間學校是專門培訓未來殖民地軍官的訓練場。[36]這些白人學生在學校時，看起來往往更像「土著」而非「英國人」。男孩內心裡充滿了「土著般的狡詐」以及「紅番般的鬼鬼祟祟」[37]，這使他們得以向老師進行祕密戰爭。他們的「野蠻天性」多少象徵著男孩子的情感表達作風，讓人不禁聯想到「原始」社會，包括他們「簡單無腦……的石器時代笑話。」[38]以及成功地惡作劇以後會做出野蠻的「幸災樂禍儀式」等等。[39]

這些男孩一旦離開學校大多都會到殖民地服役，正因為他們曾經有「當過」與感受過「土著」的經驗，使他們得以在帝國前線上生存，並且「在土著的地盤上打敗他們」。而這些男孩的頭頭，斯托基，在上了戰場以後還繼續使用過去開發來對付老師的戰術寶典：他能夠在印度人身上散播懷疑，拐騙他們互相攻擊。[40]斯托基同時也能用更巧妙的方式操控當地人，他還可以「像演奏六角手風琴」般「擠壓玩弄」底下士兵與其情感。[41]甚至於，有時「斯托基**還是**一名錫克教徒」呢。[42]藉由獲取當地人的信任與忠誠，斯托基得以鞏固並擴展英國的統治。[43]

吉卜林讓兒童採取「土著」情緒特徵的想法，在當時引起眾多改革者共鳴，這些人希望抵抗他們在英國人民身上所感受到的「過度文明」與「墮落」趨勢。對一些人來說，基姆那狂野且無憂無慮的生活看來提供了一種「正確」的童年模式，擺脫過度約束的規則。這與斯坦利．霍爾等人支持的想法相符，即為了發展出完整、文明的自我，兒童得先經歷「野蠻」的階段，「重演」

人類早期的種族發展。[44]

羅伯特與艾格尼絲．貝登堡這對兄妹為自己設下的目標就是將這些想法付諸實踐。[45]他們在一九〇七至一九一八年創立了男童軍與女童軍，並為不同年齡層進行分組。為了證明他們的計畫有理，貝登堡兄妹對外警告大英帝國正面臨重大危險。據羅伯特表示，現代生活的便利設施不僅有把人變「軟弱」、「不中用」的趨勢，還有讓人退化之嫌疑。[46]而提供孩子機會，讓他們如「野生土著」般生活一段時間則能夠抵抗這種危險。這段體驗有部分是鼓勵男童軍與女童軍在某種程度上將他們的心智與「土著」的心智「融合」在一起。貝登堡兄妹舉例說明歐洲以外的情緒特徵中，值得仿效的有日本武士、「紅番」和祖魯勇士的正直形象與「俠義精神」，在這對兄妹看來，這些特質在英國正逐漸消失當中。[47]英國青年還應該努力爭取一種積極的幸福，這種幸福是羅伯特在「緬甸人」身上看見的，他認為緬甸人比其他地方的人都更有力地落實了這種幸福。[48]在此脈絡下，貝登堡兄妹也提出一套性別規範論。艾格尼絲．貝登堡特別要求女孩子採納某些土著社會中**男性**所持有的特質，她將自豪的印度士兵和勇敢的日本男孩融入她的團體儀式裡。[49]有鑑於這種從「土著文化」中取材的企圖，吉卜林筆下的基姆會變成男童軍與女童軍最重要的象徵性人物，也就不怎麼令人意外了[50]，女童軍的暗號一度是「友朋小小」（Dneir felt til）——也就是將「小小朋友」（Little Friend）倒過來念。[51]

不過，根據貝登堡兄妹的觀點，普世友誼並非大公無私的目標。就跟基姆與「土著」建立情感連結是為了幫特務局掌控他們一樣，要求男童軍與女童軍重建「土著」性格特徵的其中一個目的，就是要維持英國人抵抗被殖民者的力量。[52]該組織大力提倡其成員日後往殖民地遷移[53]，貝登堡兄妹筆下還有些故事是關於善用土著技能與習癖的歐洲人在殖民戰爭中幫忙獲取勝利。

為了理解當年「新」的兒童文學在寓意上與坎珀以及巴蘭坦的時代有何不同，稍微探討貝登堡兄妹如何討論狄更斯的作品會很有幫助（順帶一提，狄更斯支持牙買加總督愛德華．約翰．艾爾的事業是出了名的，後者血腥鎮壓了一八六五年莫蘭特灣反抗起義）。[54]一方面，艾格尼絲．貝登堡倡導女童軍要出於對他人的同情而行善；她的主張是世上總有處境比我們「更慘」的人。另一方面，艾格尼絲卻指定這種同情只能保留給英國白人。一如她對讀者說的，她並非建議讀者要變得「像荒涼山莊的傑利比太太一樣」。[55]在狄更斯的《荒涼山莊》（一八五二～三）裡，傑利比太太對黑人的同情與母性情懷使她沉迷於非洲的慈善事業。此舉若遇上像坎珀與巴蘭坦這樣的作家或許會備受稱讚，不過在狄更斯筆下，傑利比太太的立場卻是既危險又荒唐可笑的，因為她全心全意幫助遠在天邊的人，結果怠忽了自己身為一家之母與妻子的職責。[56]雖然貝登堡兄妹贊成策略性的同理土著，不過他們也加入狄更斯的行列，拒絕將家長式同情的概念套用在非歐洲人身上。

在某種程度上，吉卜林與貝登堡兄妹在文本中概述的思想體系形成了十九世紀印度菁英論述的奇特鏡像。就如帕沙．查特吉在《民族國家及其碎片》（一九九三）所說，十九世紀的印度民族主義者意識到，為了與西方競爭，他們必須在技術與科學等「外在」領域上適應西式「文明」；接著，這些菁英試著防止歐洲人入侵他們「內在」的精神與文化領域，以維持他們身分認同的核心。[57]對於像吉卜林與貝登堡兄妹這樣的作家來說，他們要的則相反：為了維護西方「文明」的霸權，必須將一些「未開發性」元素融入歐洲青年心底才行。

英國進步主義敘事中的同情心與同理心（一八九〇～一九四〇）

吉卜林與貝登堡兄妹的作品是政治光譜保守端的重要論述代表。不過，在十九世紀末與二十世紀初，也有一批英國進步主義作家在其作品裡將帝國主題與童年情緒發展理論結合在一起。相較於前者，後者以更為抽象與象徵性的方式來呈現帝國。這些故事背景通常設定在英國而非殖民地上。除此之外，吉卜林與貝登堡兄妹是為了維護帝國而強調無拘無束以及「土著」童年的價值，改革派文學則相反，他們是利用帝國意象來為更自由的童年辯護。改革派文學不提倡**策略性**使用同理心；有別於貝登堡兄妹，對土著的施捨與同情在本質上仍具有正面價值。儘管如此，這些書似乎也悄悄地支持帝國意識形態。

《尋寶奇謀》（一八九九）的作者伊迪絲·內斯比特是一位改革派左翼觀點作家，她也是英國費邊社共同創立者之一。這部小說敘述六個兄弟姊妹在母親去世之後與父親相依為命的冒險經歷。這個家庭原本還算富裕，但後來面臨到嚴重的財務危機。[58]這群孩子在書中扮演獨立自主、風趣的堅強角色。他們為難過的父親感到同情，於是為了支撐家計而主動去尋寶。

故事最後，一種出於無私的同情（在表面上）跨越膚色來拯救這家人：孩子們認識了父親的一位點頭之交，他們叫他「印第安叔叔」（Indian Uncle）。當父親邀請對方來家裡共進晚餐時，孩子們一口咬定這一定是因為父親對這位訪客感到同情；畢竟，他們從亞歷山大·波普一七三四年的詩〈論人〉裡得知美洲原住民基本上窮困潦倒又沒受過教育。於是這群孩子湊近這位叔叔，說他們為他的貧困感到難過，邀請他隔天晚上再來吃一頓飯，並且將他們存下的一小筆錢送給他。[59]

等孩子們開始追問印第安叔叔關於維格沃姆小屋*和海狸的問題以後，他們才發現自己鬧了雙重誤會：首先，原來這位訪客從未去過北美洲，而是住在印度；此外，他其實是從殖民政策中獲利的英國白人富豪。這位「印度來的叔叔」（Indian Uncle）深受孩子無私（雖然居高臨下）的行為所感動，於是決定投資他們父親經營吃力的生意。故事到最後，角色對調了：現在變成是殖民地高官對貧困的白人小孩感到同情。帝國顯現了固有的積極作用，隨著叔叔將來自印度次大陸的禮物送給孩子，帝國變成了拯救與喜悅的來源。[60]

在兩次大戰期間寫作的亞瑟·蘭塞姆†也將關於「自由」的童年教育與帝國的想法結合在一起。身為如《曼徹斯特衛報》等自由派刊物並明確支持一九一七年俄國革命的作家，蘭塞姆是從進步主義與改革主義視角來寫作的。其知名系列作品《小水手探險記》的第二集《燕子谷》（一九三一），故事內容與《尋寶奇謀》有若干相同結構特徵。跟內斯比特的作品一樣，《燕子谷》的主角們並不在「真正的」殖民環境裡。所有故事劇情都發生在一群位於英格蘭北方湖泊過暑假的孩子身上，而在孩子的遊戲裡，他們將想像的異國地景套在當地風景上。

《燕子谷》與過往小說的不同之處，在於這本書在使用「土著」以及「歐洲人」等詞語時不像從前那麼拘泥於字面意義。各色各樣的大人因其「奇怪」行為，在孩子們的假想參考裡頗具諷刺意味地被當成「土著」來看待，至於孩子們則是優越的殖民者。這顯示了親子關係間的「民主化」進程在這時已然發展的程度。

在這裡，兒童使用殖民隱喻來表示他們對不同成人的評價。小主角們深愛他們的母親，她允許孩子在無人監督的情況下上演他們的大冒險。[61]小說多次形容這名母親是「最棒的土著」[62]，同時也是「有史以來最通情達理的土著」。[63]

相較之下，其他時候「殖民者」與「被殖民者」的關係則很少用如此同理的話語概念化，並且故事還反映出對立與衝突，這點每當故事人物（與作者）想要批評某種保守的兒童教育方法時都會見到。這種景象尤其體現在主角朋友的姑媽身上，她會強迫她的外甥子女每頓飯都得趕回家吃，從而妨礙他們的遠足。只要到了姑媽面前，孩子們就必須脫下野外冒險的衣著換上正式服裝，還被逼著說一堆「禮貌話」。[64]孩子們抱怨自己被迫「土著化」[65]，並將姑媽的行為解釋為「土著麻煩」。[66]

將姑媽與最不文明的粗暴土著相連結是個有趣的反轉，這表示她的行為已經是過去式了。姑媽試圖強制執行的準時、禮貌和保持清潔，在十九世紀中葉會是白人優越的要素，是歐洲人朝向發達的未來前進的信號。不過，對蘭塞姆而言，相同的行為規範現在已經過時了。相較之下，主角們的母親既現代又快樂，因為現在教育的基礎立足在跨世代間的同理關係，而非恐懼關係：「像現在這樣多好，孩子們可以和長輩做朋友，而不是當飽受驚嚇的臣民。」[67]

這部小說為兒童的自由權做了強力辯護。不過，即使帝國意象現在已變成了進步教育寓意的媒介，潛藏在這些意象底下的殖民等級制度卻從未遭到質疑。閱讀這本小說的兒童可能很容易就

＊維格沃姆小屋（wigwams），一般英語用法上指的是美洲原住民所居住的圓頂窩棚。

†蘭塞姆（Arthur Ransome），在一九一三年前往俄國研究俄國民間故事，二戰時擔任過駐外記者。

明白，殖民者跟被殖民者之間的區別，這問題和該使用哪種教育模式等問題不一樣，是不容爭辯的。

基督憐憫與兄弟情誼？——德國（一八八〇～一九一八）

如同英國，十九世紀末至二十世紀初的德國童書作者也繼續以帝國為主題，書寫有關「正確」的兒童情緒發展。德國作家和英國作家一樣，也對過度文明化的危險感到擔憂，舉例來說，「生活改革運動」開始強調工業化與都市化的壞處，有時他們所用的語句還會讓人聯想到貝登堡兄妹。改革者推崇自然醫學和樸素無華的穿著打扮。至於教育方面，「改革教育學」的擁護者則撰寫文章支持用更自由、更自然的方式養育兒童。68

英國兒童文學的基督教主題在十九世紀下半葉以後比較不那麼突出了，而在德國，對於是否該對「土著」抱持基督憐憫的特定概念仍然是辯論重點。究竟該不該教兒童這種同情心引發了激烈的爭論，而這些爭論大量地借用帝國主題。當時有兩本立場截然相反，但同樣大獲好評的童書可拿來作為舉例說明。

首先是卡爾麥的《溫內圖：紅紳士》（一八九三，全三冊；二〇〇八～一一英譯版）69，作者描述一位剛抵達美國的德國人「老破手」如何象徵性地出現在被想像出來的「西大荒」時代。儘管卡爾麥在寫這個故事的時候不曾去過美國，但是他對「印第安人」的定型化與傳奇化描繪塑造了德國人對北美洲的普遍印象，這部作品後來也成為德國二十世紀最暢銷的作品。70

乍看之下，《溫內圖》似乎開啟了歐洲人與非歐洲人之間無等級也無策略目的的同理關係。故事形容印第安人具有令人敬佩、甚至是更優秀的情緒特徵，這些特徵包括面對痛苦時展現出非凡的勇氣，還有一種內在平衡，這種平衡使高貴的阿帕契人溫內圖雙眼「神色自若，近乎溫柔」，表現出「內心平靜、沉著穩重」。[71]除此之外，卡爾麥藉由老破手與溫內圖的親密友誼描述了對非歐洲文化的適應，其適應程度遠遠超越如《青年魯賓遜》等早期德國小說描寫過的一切：老破手到溫內圖的「印第安學校」上課，在那裡他不僅學到新的作戰方式與狩獵技巧，還學會了印第安人的語言。[72]最後，老破手不但成為阿帕契族的酋長，也成為溫內圖的結拜兄弟[73]，這種結拜兄弟之情象徵深厚的情感連結，甚至包含些許浪漫與情欲元素：「我們無須開口表達情感、想法與決定，也能夠相互理解。」[74]

儘管如此，這部小說最終並沒有真正破壞白人與非白人之間的等級制度。事實上，或許還可以說它間接再製了將土著「同化」至歐洲文化的舊觀念。沒錯，讀者在這裡看見的是一種比《青年魯賓遜》和《珊瑚島》還要新、更「強身派」的基督教精神，反映著當時對於體能與青春豪放不羈的正面態度。在小說中，主角會饒敵人不死，但前提是他要先在搏鬥中擊敗對手、證明自己的男性力量。與此同時，對文明與基督教的改造力量堅信不疑同樣也是這部小說的特色。接著真相大白：原來當老破手遇見阿帕契人的時候，他們早就脫離「單純」的原始狀態了，阿帕契人已經受過「白神父」的感化，白神父是從前與他們生活多年的德國人。故事敘述者對溫內圖身上感到欽佩的情緒抑制力，至少有部分就是受這位歐洲訪客帶來的基督教感化所影響。[75]

跟《青年魯賓遜》以及《珊瑚島》一樣，仁慈而又居高臨下的同情變成這整部小說的核心；

並且如同早期作品，這種同情到頭來幾乎沒有或根本沒有動搖殖民政權。在表面上，《溫內圖》第一集對殖民主義的批判立場走得很遠。在第一集裡，小說從道德觀點上描寫美洲原住民阿帕契族所受到的不公平待遇，說明他們的土地如何被白人掠奪。但長期看下來，老破手與他們的文化接觸就變成了不易察覺的「心靈殖民化」。後面幾集，老破手這榜樣逐漸說服「紅紳士」溫內圖相信「真實」基督教的優越性。在更實際方面上，老破手的行為到頭來也都是為他的白人兄弟利益著想。比如說，他說服溫內圖不要率領一場可能會導致成千上萬名白人喪命的暴力起義。如此一來，他不僅遵循了基督教的非暴力規範，還有效地保障了白人進一步擴張領地。到了最後，老破手與白神父和美洲原住民所形成的情感連結並不妨礙他們預見這族人消失的必然性。這部小說給人的情緒是悲傷而非反叛；老破手與白神父的目標僅限於哀悼紅種人的消逝。[76]故事敘述者的同情心從不足以使他對殖民擴張產生積極反抗。

當《溫內圖》為支持基督教（有限的）兄弟憐憫之情進行辯護時，古斯塔夫・弗倫森的《彼得・摩爾的西南非之旅》（一九〇六德語原著；一九〇八英譯版）則提供了德國殖民地青年文學中另一種截然不同的筆調。[77]作者明確拒絕基督教價值觀，偏好白人與黑人來場原始的「戰個你死我活」。由於小說德語版是獻給戰死於德屬西南非殖民地對赫雷羅人種族滅絕軍事行動中的德國青年，故事背景設定於一九〇四年。[78]主角在青春期尾聲應召入伍，志願到非洲鎮壓叛亂。

其實，弗倫森的故事可部分解讀為承認非洲的實力。和彼得預期的相反，原來非洲人是令人敬畏的敵人。他們具備現代化武器，有能力殺死許多德軍。除此之外，小說有些段落和《溫內圖》一樣似乎接受了一個事實，即從**道德**角度來看，非洲人是有理的。敘述者一位戰友將這場叛亂比擬為德國解放戰爭：非洲人的憤怒單純是因為土地被陌生人掠奪而引起的，因此他們現在的反抗行為無異於一八一三年德國人反抗拿破崙：「這是他們爭取獨立的戰鬥。」[79]

不過，這種表態並非伴隨著黑人與白人角色之間任何的個人色彩或同感，也不帶有同情感。事實上，主角一次又一次成功抵抗自己「過度情緒化」的衝動，那股衝動可能會削弱他身為捍衛德意志帝國擴張的強悍戰士之能力。

彼得第一次見到非洲人時，便認為他與他們「不可能理解彼此或產生關係」。[80]不過到了小說後半部分，當德軍重拾優勢，戰爭也逐漸變成種族屠殺時，敘述者堅定的情緒開始受到考驗。對非洲人的同情排山倒海而來。彼得看見一大群逃亡的老弱婦孺被判處死刑，這件事讓他打了一身「冷顫」。[81]還有一次，彼得和一個被人拋下的兩歲非洲兒童由於四目相交而產生連結，他還抱起棄兒一下下。不過，這一刻很快就停止了，彼得決定將孩子放回原地，他排除所有可能性自顧自說道：「我想他一定是獨自在灌木叢裡長大的。」[82]不久之後，有一小段文章便暗示他又重新拾回自己的「鐵石心腸」了。彼得與其他德國人在路上經過一個死去的非洲男孩時，幾乎沒有停下馬步以防踐踏他的屍體。他評論道：「當一個人屬於別的種族時，他的生命對我們而言根本就無所謂，這可真是奇怪的事。」[83]

道德爭論在這樣的世界框架下變得無關緊要。一名德國軍官在射殺一名非洲囚犯後承認自己的行為若根據基督教原則是不道德的，但接著又辯說這是社會達爾文主義下種族競爭的必經之路。他說，即使會違背他們的道德原則與情緒衝動，德國人還是得保持「冷酷與殺戮」很長一段日子，同時努力朝向「崇高的思想與高貴行為」前進，那麼到了未來某一天，德國人或許就能為友愛的人類做出貢獻。[84]這個解釋將同情心轉移到空想的烏托邦未來，解除了彼得最後一絲疑慮。英文版譯者明顯刪除了敘述者以下的陳述：彼得．摩爾說道，從前他會為那些「貧病交迫的可憐人」與「所有亡者」感到難過，而現在他已經完全「理解」這一切了。[85]《彼得．摩爾的西南非之旅》從而表現出一種特別殘忍、「滅絕主義式」的種族主義。有別於過去的兒童小說，這部作品徹底拋棄對土著的同情與同理；對不同於自己的人缺乏情感，反而變成了「強悍」的成熟男性標誌。

舊確知的瓦解——一九四五年以後的英德殖民兒童小說

古斯塔夫．弗倫森以及更極端的納粹分子等親殖民主義者所宣揚的種族主義思想體系，在二十世紀後半葉出現明顯的瓦解跡象。二戰結束後數十年間，隨著大多數前殖民地在一九七〇年左右獲得獨立，眾人目睹了大英帝國的終結。與此同時，一九三九年至一九四五年的殺戮戰場比一戰來得激烈，尤其納粹大屠殺更是粉碎了西方文化與種族優越的傳統信念。而對於這次經驗的反應不一，進一步顯示出兒童情緒觀多元化的跡象。最後兩本分別來自英國與德國的小說，也許能夠清楚說明對於這個新理性氛圍時代的不同潛在反應。兩位作者都質疑歐洲人天生比非歐洲人優越的舊觀念，不過其中一位採取天生悲觀態度，另一位對於未來則樂觀許多。

英國在兩次世界大戰期間出版的小說，例如蘭塞姆的《燕子谷》等等，都曾經以帝國意象歌頌「自由」與「狂野」的童年，而威廉．高汀的《蒼蠅王》（一九五四）呈現的則是若放任兒童自由發揮會出現什麼樣的黑暗面。[86]這本小說寫的是一群英國兒童在核戰期間被困在一座熱帶島嶼上的故事，並描繪他們在智力與情緒上一步步陷入野蠻。故事剛開始，這群孩子仍受從前教育與教養的影響而不願意傷害任何人，包括任何動物。他們受「往昔生活」與「文明」的「禁忌」所制約。[87]不過，隨著家鄉記憶在腦海裡逐漸淡化，他們變得愈來愈難抗拒原始衝動。在高汀看來，這些衝動構成了兒童「真實」的自我，文明只是暫時掩蓋並關住衝動。隨著充滿侵略性的憤怒與恐懼等情緒吞噬兒童以後，他們的同理心與友情也消失得一乾二淨。愈來愈多孩子開始沉迷於獵殺島上的豬，時間愈久他們就變得愈殘暴，最後他們終於準備好要去傷害甚至是殺死敵對陣營的人。

這本書可說是衝著以下想法而來的惡托邦作品，即認為只要兒童在文明的歐洲環境下接受過教育的話，那麼就算把他們拋下不管，兒童也能維持互相友愛與同理的社會，《珊瑚島》和《燕子谷》都表達了這種看法。事實上，高汀甚至在故事裡提到過這兩部作品來強調這點。故事剛開始時，這些孩子還很樂觀的想像「我們在島上等待救援的同時可以玩個痛快」，就跟他們讀過的《珊瑚島》以及《小水手探險記》裡的主角們一樣。[88]在《珊瑚島》裡，孩子們已開化的「英國性」與「土著」的行為形成鮮明對比；《蒼蠅王》裡的孩子一開始也試著保持類似的區別：「我們必須要有些規則，並且遵守這些規則才行。畢竟，我們不是野蠻人，我們是英國人，而英國人不管做什麼都是最棒的。」[89]不過，高汀筆下的白人到最後行為變得跟《珊瑚島》裡殘忍的「野蠻人」沒什麼兩樣。

當倖存的男孩在故事結局獲得海軍救援時，一名軍官還以為這群孩子只是像蘭塞姆的冒險故事一樣在「嬉戲」，但他隨後就意識到這群孩子發動的「戰爭」是來真的。[90]孩子們原本打算像經典童書的主角一樣生活在快樂的友誼中，這打算卻被「人心的黑暗」吞噬了。這名軍官最後諷刺地說道：「你們表現得很好，就跟《珊瑚島》一樣。」[91]高汀的記述顯示他反對自由而不受約束的童年理想，也拒絕像許多早期作品那樣認可（不論明示或暗示）帝國等級制度。

並非所有戰後去殖民時期作家都得出類似的悲觀結論。麥可．安迪的兩部《吉姆．波坦》（一九六〇、一九六二）跟《蒼蠅王》一樣，也可視為西方優越的舊時代信念粉碎之象徵[92]，只不過安迪的故事比高汀正面許多。高汀認為歐洲人本質上也是「野蠻人」，而安迪的小說則傳達出每個人都能開明得足以克服種族主義與不寬容的希望。

最近已證明，安迪寫作的目的是為了攻擊殖民主義與納粹時期所瀰漫的種族主義。[93]《吉姆．波坦》系列比本章提過的任何一位作家都還要激進，這部作品主張，與自己不同的人建立無等級制度的情感關係，是個人成長與成熟的先決條件。這點單是從安迪選擇的主角就已經很明白了。有別於到目前為止討論過的作品，這部小說的主角是一名黑人男孩。此舉創造出一種全新的閱讀體驗。在早期的小說中，白人兒童透過其他歐洲人的雙眼，感受到對「土著」潛在的同情與同理；《吉姆．波坦》則提供西方兒童讀者更深層的模仿體驗，在這部小說中，白人讀者可以暫時「成為」一名黑人男孩並且透過他的雙眼來看世界。

安迪的《吉姆．波坦火車頭大旅行》靈感來自達爾文《小獵犬號航海記》（一八三八～九）中一段小插曲。達爾文描述一名叫做傑米．波坦的南美土著如何初次造訪英國接著再返回家鄉。[94]和傑米一樣，安迪筆下的主角吉姆也是非西方血統出身。吉姆是裝在包裹裡意外被寄送到福克拉姆國這座小島上的無名黑人寶寶。就像達爾文那位有強烈同理心與同情心的同伴，吉姆一直是個能夠跟自己不一樣的人建立關係與友誼的角色。小說中最主要的友誼是他與島上的白人火車伕魯卡斯。起初魯卡斯那張因為工作的關係而被煤灰覆蓋的大黑臉嚇壞了他，不過當魯卡斯用新名字來問候這個小男孩，認可了他身而為人的身分以後，他們馬上就建立起情感連結：「吉姆笑出聲來。從那天起他們就變成了好朋友。」[95]吉姆與魯卡斯一起經歷許多冒險，小男孩從中獲得許多道德規範的啟發。安迪顯然同意代間關係民主化，因為儘管魯卡斯比吉姆年長也更有智慧，但他們的關係始終是平等或近似平等的無等級關係，而非父子關係。

《吉姆．波坦》也出現更多的跨種族友誼。島上的店鋪主人娜妮阿姨立即就接納吉姆並視如己出。而吉姆呢，後來則愛上了中國的麗姬公主。跨越看似無法逾越的障礙建立友誼，這主題甚至跨越了人類的界限：魯卡斯對他的火車頭愛瑪感覺如此強烈，強烈到他和吉姆跟隨愛瑪一起被流放；一隻半龍和水族化解了千年衝突一起攜手合作。在此背景下，同情跟自己不一樣的人具有決定性作用，比如說，吉姆對孤單的看似巨人感到難過，因為所有人都害怕看似巨人。[96]還有一些角色一開始會因為他人外貌與眾不同而嘲笑對方，不過這種感覺一直被形容為必須克服的不成熟表現。

因此，安迪的作品可說是拒絕了弗倫森式的寓意，即認為個人在面對不同背景的人時要「鐵石心腸」來抵抗。這點在吉姆與魯卡斯對待邪惡敵人的方式上顯得更加清楚。他們在擊敗「海盜十三」海賊團與龍族伊篷笆太太以後，又出於憐憫而赦免敵人。

故事結局是對傳統年齡與種族等級的最終摒棄：黑人男孩吉姆爬到了社會與政治階層的頂

端。在朋友們發現他是古王國陽巴拉／吉姆巴拉國的繼承者以後，吉姆便開始遍及全體的寬容統治。世界各地的兒童抵達此地形成多元文化社會。吉姆與麗姫公主在島上的殿堂有一半像火車站，另一半則像中國宮殿，顯示出他很樂意吸收外來文化。

儘管如此，這個故事的寓意或許不如讀者乍看下所想的那麼反殖民主義。安迪在寫作時頻頻落入種族主義的刻板印象，尤其是他對中國的描述（這導致德國出版商決定在後來的版本中將中國改成虛構的「曼達勒國」），除此之外，安迪也明顯限制了讀者所面臨的「陌生感」。

首先，吉姆在抵達福克拉姆國時心靈是一塊「白板」，接著他又在本質上其實是西方文化的福克拉姆國裡長大，這些都讓德國讀者在同理黑人主角一事上變得容易許多。除此之外，勇氣與仁慈的組合將吉姆變成又一個傳統的「強身派基督教」典範，並從西方基督教傳統中取得統治者的正當性：吉姆之所以有統治權，因為他是黑人國王卡斯巴的後裔，而根據新約聖經，卡斯巴曾效忠於年幼的耶穌。也因此，最後成為國王的吉姆會聘請蘇得瓦基先生這位小說中最具英國特色的角色來教導與教化自己，這點並不令人意外，這跟許多正式獨立的殖民地統治者也有自己的西方「顧問群」一樣。因此，儘管安迪的小說明確摒棄十九與二十世紀初的偽科學種族主義，卻未能真正質疑西方文化與宗教傳統的優越感。

❋　❋　❋

如本章所舉的例子，帝國意象在十九與二十世紀期間被拿來有效地為「更自由」的童年體驗辯護。「殖民」小說給了兒童「狂野」的空間，在此空間中他們可以想像自己是強大的英雄而不受父母直接影響。因此，多數的「帝國」童書看起來確實對親子關係有「民主化」的功效，也「解放」了兒童情感表達的機會。這種情形有時在故事背景設定於歐洲、更加盛行以上對下教育方式的童書裡，也是如此。

相較之下，在本章所研究的時期裡，大多數時候這些敘述對於歐洲兒童如何想像非歐洲人的影響為何就矛盾許多。許多作家在提倡「更自由」的童年時，可能會加強歐洲兒童認為他們與不同膚色的人種天生就有權力等級之別的信念。直到二戰結束後，多數西方作家才開始質疑自身優越感的信念，不論這些信念明顯與否。儘管如此，就連像麥可．安迪這種目標是針對種族主義提供反敘事的作家，也難逃自身根深柢固的西方文化傳統。

雖然有些十九世紀作家（如吉卜林）在今日仍持續受到兒童歡迎，不過當代兒童文學作家大致上都捨棄了帝國主義者策略性運用土著情感特徵，來加強西方世界統治的願景。除此之外，反對與非歐洲人有任何情感連結的弗倫森式爭論多已成往事。有趣的是，再更古早一點的模式，如本章開頭的《珊瑚島》可能已證明了自己是更歷久不衰的。如今，歐洲兒童不再夢想未來要像巴蘭坦筆下的拉爾夫英勇拯救快被人吃掉的無助土著，不過現在仍然有許多關於所謂「第三世界」的論述會拿出天賜般的傲慢同情，要眾人可憐可憐需要由更先進的歐洲人拯救的「可憐本地人」。這種言論寧可繼續以煽情的言語創造出西方優越的錯覺感，也不願在不同背景的人群間透過平等對話創造出情感共同體。

注釋

1 Ballantyne, *Coral Island*, 118.（粗體字為原文所加）

2 Ballantyne, 161–7, quotations 166, 167.

3 Ballantyne, 167–70.

4 儘管「同理心」（empathy）這個單字在二十世紀初才出現在英語裡，本章將「同理心」作廣義用途上使用，包括這個字的前身「同情」（sympathy）。另參見第五章〈杜立德醫生的同理心〉。

5 見 Frevert, *Emotions in History: Lost and Found*, 177–8.

6 關於帝國在英國童書裡的重要性，見 Kutzer, *Empire's Children*, 10; Wallace, 'De-Scribing the Water-Babies', 176。另見 MacKenzie, *Propaganda and Empire*, 198–226. 關於帝國主題在德國一八八四年至一九一八年殖民主義時期於德語童書的流行程度，見 Zantop, *Colonial Fantasies*; Friedrichsmeyer, Lennox, and Zantop, *Imperialist Imagination*。

7 Campe, *Robinson the Younger*; Zantop, *Colonial Fantasies*, 103.

8 Campe, i, vii–viii.

9 Campe, ii, 49.

10 Campe, ii, 51–2.

11 Campe, ii, 53, quotations 62.

12 Campe, ii, 93.

13 Campe, ii, 142, 247.

14 Campe, ii, 71, 94, 131.

15 Campe, ii, 263.

16 Ballantyne, *Coral Island*, 237, quotation 230.

17 屬於歐洲弱勢群體的作家，包括十八世紀的猶太哲學家 Moses Mendelssohn 也已經提醒過同胞要小心同情心中的等級與潛在的高傲特質。見 Frevert, *Emotions in History: Lost and Found*, 183.

18 Ballantyne, 183.

19 Ballantyne, 189.

20 Ballantyne, 222.

21 Ballantyne, 201, 204.

22 Ballantyne, 209. 關於此時期英國童書於宗教用語下的信任，詳見第二章〈狄肯的信任〉。

23 見 Metcalf, *Ideologies of the Raj*.

24 Macaulay, 'Indian Education', 722.

25 見 Pernau, 'Civility and Barbarism'.

26 見 Hall, *Civilising Subjects*.

27 參見 Bayly, *Empire and Information*。Bayly 認為英國在殖民後期失去了許多有用的知識，部分原因在於殖民者強化了種族主義，這導致他們也拋棄了以前一直提供有用訊息給他們的印度朋友或合作對象的感情。

28 見 Metcalf, *Imperial Vision*; Cohn, 'Representing Authority in Victorian India'.

29 見 James Fenimore Cooper 出版於一八二三至一八四一間的 *Leatherstocking Tales*。

30 見 Hughes, *Tom Brown's School Days*.

31 Kipling, *Jungle Book*.

32 Kipling, *Kim*, 4.

33 Kipling, 188–9.

34 Kipling, 252.

35 McClintock, *Imperial Leather*, 69–71.

36 Kipling, *Stalky & Co.*, 210.

37 Kipling, 15.

38 Kipling, 87.

39 Kipling, 13–14.

40 Kipling, 20–1.

41 Kipling, 259.

42 Kipling, 252.（粗體字為原文所加）

43 Kipling, 270–1.

44 見 Hall, *Adolescence.*

45 霍爾的理論對羅伯特・貝登堡的影響，見 Boone, *Youth of Darkest England*, 118.

46 Baden-Powell, *Rovering to Success*, 24.

47 Baden-Powell, *Handbook for Girl Guides*, 38, 351.

48 Baden-Powell, *Rovering to Success*, 10, 16–17.

49 Baden-Powell, *Handbook for Girl Guides*, 371. 在這方面，艾格尼絲的作品就和這個時期的典型女性出版品一樣，「對於提倡主動、身體強壯的女孩子推崇備至」；見 Smith, *Empire in Girls' Literature and Culture*, 12, 151–8。

50 Baden-Powell, *Handbook for Girl Guides*, 43.

51 Baden-Powell, 439.

52 如 Elleke Boehmer 所說：「英國……就像吸血鬼一樣，從可說是被強制鎮壓的從屬文化中吸取生命力」；Boehmer, 'Introduction', xxxvii.

53 Baden-Powell, *Handbook for Girl Guides*, 23.

54 Hall, 'Economy of Intellectual Prestige', 185.

55 Baden-Powell, *Handbook for Girl Guides*, 357.

56 Dickens, *Bleak House*, i, 47–64.

57 見 Chatterjee, *Nation and its Fragments*.
58 Nesbit, *Story of the Treasure Seekers*.
59 Nesbit, 265–78.
60 Nesbit, 281–96.
61 Ransome, *Swallowdale*, 117, 208.
62 Ransome, 33, 39, 118, 132.
63 Ransome, 132.
64 Ransome, 222–3.
65 Ransome, 52.
66 Ransome, 27.
67 Ransome, 437.
68 比如 Skiera, *Reformpädagogik in Geschichte und Gegenwart*.
69 過去是有一、兩集的零散翻譯文本，但直到二〇〇八年至二〇一一年才由 Marlis Bugman 推出全譯版。
70 May 的文集在一八九二年至一九三八年間就出版了七百五十萬本：Mosse, *Masses and Man*, 43.
71 May, *Winnetou I*, 59.
72 May, 231.
73 May, 222–3.
74 May, 223.
75 May, 67.
76 May, 1–4, 66–7.
77 Frenssen, *Peter Moor's Journey to Southwest Africa*.
78 Frenssen, *Peter Moors Fahrt nach Südwest*, 3.

79 Frenssen, *Peter Moor's Journey to Southwest Africa*, 77.

80 Frenssen, 34.

81 Frenssen, 159.

82 Frenssen, 193.

83 Frenssen, 228.

84 Frenssen, 234.

85 Frenssen, *Peter Moors Fahrt nach Südwest*, 101.（Ward 的英譯少了這一段）

86 關於背景與作者介紹，見第七章〈小豬的羞恥〉。

87 Golding, *Lord of the Flies*, 78.

88 Golding, 45.

89 Golding, 55.

90 Golding, 246.

91 Golding, 248.

92 Ende, *Jim Button and Luke the Engine Driver*; Ende, *Jim Knopf und die Wilde 13*. 後者無英譯版。見第九章〈吉姆．波坦的恐懼〉。

93 見 Voss, *Darwins Jim Knopf*.

94 見 Darwin, *Voyage of the Beagle*, 222–54. 安迪可能是從 Benjamín Subercaseaux 的小說 *Jemmy Button*（1954；西班牙版，1950）得知此人的。

95 Ende, *Jim Button and Luke the Engine Driver*, 11, quotation 15–16.

96 見第九章〈吉姆．波坦的恐懼〉。

第五章　杜立德醫生的同理心

帕斯卡・艾特爾

杜立德是鎮上「最有名的醫生」，那些「好人家」都找他看病，他和姊姊莎拉便以此為生。不過，杜立德「喜歡動物更勝於『好人家』」。他在自家花園和屋子裡養的「寵物」愈來愈多，這些寵物有：幾條魚、幾隻老鼠、幾隻兔子、幾隻雞，以及一頭小羊、一匹馬、一頭牛和牠生下來的小牛、一隻鴨子、一隻狗、一頭豬、一隻鸚鵡，「還有其他許許多多的動物」。結果呢，他因此失去所有人類病患和收入來源。面對迫在眉睫的經濟困境，一直想把動物從花園和屋子裡扔出去的姊姊決定乾脆自己離開算了。於是突然間，杜立德醫生就只剩下自己一個人和他的動物了。[1]

就在這個時候，他的鸚鵡波尼里西亞插嘴建議道：「那就改行給動物看診……當個動物醫生吧。」她決定告訴醫生一個非常珍貴的祕密：「你知道動物也會說話嗎？」這是波尼里西亞第一次用這種方式向他說話。杜立德十分驚訝，同時也津津有味的聽著原來每種動物都有自己的語言，還能夠互相理解。可是動物啊，鸚鵡「揚起她的眉毛，用很尖的聲音」解釋：「並不總是用嘴巴來講話……牠們會用牠們的耳朵、用牠們的腳、用牠們的尾巴——用牠們身上所有的一切來說話。」杜立德很願意也急著想從鸚鵡開始學習各種動物的語言，不過，重點來了：他只能在模仿學習過程中，藉著適應與模仿動物的各種姿勢、模擬牠們的問題與情緒，他才能學會這些語言並理解動物。因此，杜立德醫生必須學習並掌握同理心。當動物們發現「他會說牠們的語言」以後，馬上就有愈來愈多動物病患找上門來，用牠們的方式告訴他，「牠們哪裡痛以及感覺如何」。[2]

就這樣，杜立德真的跟鸚鵡建議的一樣變成了動物醫生，並且不忍心將那些不斷擠進家中與花園裡的動物病患拒之門外，儘管他負擔不起治療牠們的高昂費用。從這方面來看，他也展現了同理心與同情心。甚至當他的財務狀況變得一貧如洗時，杜立德也沒有因為「只剩下自己一個人與他的動物家庭」而苦惱。他反而比以往更加肯定自己以及動物的情感，他反問：「只要我們是快樂的，錢有什麼好重要的？」[3]

以上幾段來自赫夫．羅弗庭的《杜立德醫生》（一九二〇），用此作為本章開場，為本章主題提供了相當有幫助的洞見，該主題便是：出現在十九世紀中至二十世紀末的兒童文學與教養手冊中，與動物感同身受這件事在兒童情緒社會化過程中的意義。這故事至少凸顯了三件事：第一，故事提供了一種典型並別具意義的敘事，將動物描述為「情感動物」。這反映了早在十八世紀末起，賦予動物情緒以及情緒多元化，在德國、英國和北美洲已經是普遍的事了。[4]第二，這故事表明或暗示了人類如何能夠也應該透過同理心與同情心將這些「情感動物」當作「情感人類」來對待，並以當時典型的方式來強調語言的功能。在該時期裡，人與動物關係的情感化最明顯可見於家庭與私人領域當中，但也逐漸涵蓋到政治與道德領域。[5]最後，這故事主張在自我和他人的情緒之間有一種微妙但強烈的連結——發現自己的感覺不僅要透過他人身上的感覺，更要靠與他人感同身受才行。雖然杜立德醫生失去了姊姊，但他依然「快樂」，因為他找到一種新的家庭——他那不斷成長的「動物家庭」。

本章旨在探討一般情緒與特別是同理心之間的關聯，並從中思索情緒實踐與道德要求之間不斷變化的相互作用，以及家庭在這種相互作用中所扮演的角色。[6]如果說兒童的情緒社會化是透過模仿學習來進行的，那麼模仿學習和與他人同感經常是息息相關的。這在二十世紀初是如此，或許在二十一世紀初也沒有太大不同。學習如何與他人同感的過程主要是建立在類比與其敘事根據上。[7]而動物挑戰了這個過程，因為跟人類相比，動物看來具有更高程度的「他者性」。在這樣的背景下，學習如何與動物同感或如何從動物身上學習感受的過程，往往會導向動物之擬人化是取決於歷史條件這點上。[8]

儘管歷史研究與文學分析也許「傾向於忽視眼前的動物」[9]，但實際上動物不只出現在杜立德的花園或屋子裡，牠們在兒童文學裡幾乎無所不在，其他文類與媒體也不在話下[10]，尤其在本章研究的國家當中自十九世紀中葉起更是如此。[11]如果說路易斯．卡洛爾的《愛麗絲漫遊奇境》（一八六五）可以稱為一八六〇年至一八七〇年代一種新兒童文學典範之開端，而這種新兒童文學給了兒童有別以往的方式去詮釋、體驗和建構情緒狀況或道德衝突的機會，那麼，愛麗絲會因為追隨一隻兔子而掉入兔子洞深處進到奇境中絕非偶然。十九世紀後三分之一至二十世紀前三分之一這段時期被稱為兒童文學的「黃金時代」，該時代標誌著動物以及人與動物的關係，牠們在兒童文學中的出現有了新的契機，且迎來一項重大挑戰。這可從兩方面來看。[12]

首先，相當引人注目的是，這時期一些最有影響力、發行量最大、最受歡迎也最適合兒童或青少年的作品，即那些發展並建立了世代聯繫和文類建構的敘事，主要處理的都是動物或人與動物的關係。除了《杜立德醫生》之外，舉例來說還有較早期的《黑神駒》（一八七七）、《叢林之書》（一八九四）、《小兔彼得的故事》（一九〇二）、《野性的呼喚》（一九〇三）、《騎鵝歷險記》（一九〇六、一九〇七瑞典原版；一九〇七英譯版）、《柳林中的風聲》（一九〇八）、《小蜜蜂瑪雅歷險記》（一九一二德語原版；一九二二英譯版），以及稍晚一點的《小熊維尼》（一九二六）。事實上，除了傳統寓言與童話故事以外，所謂的「動物故事」也經常出現在這種新的兒童文學裡。也只有在本章所研究的時期裡，動物才常常成為故事主角，而且這些故事的敘事複雜程度有些是前所未見的。[13]

第二，從十九世紀中葉起，甚至除了這些動物故事以外，不論是在童書或是在某些教養手冊裡，兒童身邊都習慣性地圍繞著動物，或是直接有動物作伴。動物逐漸獲得唐娜・哈洛威所創造的「同伴動物」（companion animals）一詞的全面意義：那是在一個不僅由人類也由動物生產與再製的社交世界中的真正行動者。[14]

雖然有些童書會出現一些必須對抗的「負面」同伴動物，不過更常見的還是以「正面」角度來描述的同伴動物，牠們是以友情、友愛、智慧或忠告來為兒童賦予權力的文學角色。[15]有時這些動物是英勇的英雄，具有獨特的勇氣與力量，像是《納尼亞傳奇》（一九五〇）裡的獅王亞斯藍。[16]不過，大多數時候這些動物單純只是兒童最好的朋友，好比說《叢林之書》的棕熊巴魯或《騎鵝歷險記》的白鵝馬丁。這些最好的朋友經常以馬的身分出場，像是系列小說《黑駿馬》（一九四一年起）或《弗瑞》（一九五九年起）；狗也經常是最好的朋友，最著名的莫過於系列小說《靈犬萊西》（一九四〇年起），這套小說後來促成了聞名遐邇的同名電視連續劇（一九五四年起）。

雖然某些書籍與系列作品，光看其書名或封面就能夠讓人預料到動物會扮演重要角色，不過偶爾故事重點不在動物身上的童書裡，動物也可能擔任著重要角色。伊妮・布萊敦的《五小冒險》（一九四二年起）便是一例——要是少了小狗提米，那就只剩下朱利安、狄克、安妮跟喬治變「四小冒險」了。在這種長系列作品裡，動物會陪伴人類度過幾乎整個童年與青春期的情緒波折或道德衝突。在這裡，法蘭西絲・霍森・柏內特的《小公子》（一八八六）或許是更好的例子。小公子身邊幾乎總是有隻名叫道格的大型犬陪伴，而這隻動物關係到他與祖父的初次見面：「當老伯爵看到自己的孫子是如此強健的漂亮小孩，手抓著獒犬的頸圈還能毫不猶豫地抬頭與他對望，他火爆而蒼老的內心驀地感到欣喜若狂。這個孩子無論對狗或對他都沒有絲毫羞怯恐懼之情，讓嚴厲的老伯爵心生歡喜。」＊[17]動物在這整個故事裡扮演著很重要的角色，因為正是兒童與狗之間的人與動物關係，在第一時刻塑造了祖父對孫子的第一印象。[18]隨著故事進展，小公子和大狗很快就變成了最好的朋友，有一次小公子方特洛伊還解釋了一下同伴動物之於他的情感意義或功能：「方特洛伊從口袋裡伸出一隻手，摸著道格的頭說：『牠是一隻很棒的狗。牠是我的朋友，牠了解我的感受。』」[19]

小主角與同伴動物的這種關係已成為童書的經典文學主題，也就是：最好的朋友之間的情感關係，是建立在愛或信任以及彼此間能「深入」且「真正」理解的基礎上。儘管如此，動物所扮

＊譯文引自《小公子》二〇〇二年小知堂文化中譯本。

演的角色會因不同故事而異，並且也涉及到同理或同情牠們的作用。動物不一定都以兒童最好的朋友出現，在這種情況下，關於不同情緒的實踐性知識，以及這些情緒發生的情境，會隨著時間而出現重要的變化。

動物角色已獲得與人類角色平等的機會，可站上舞台中央。牠們的感覺、欲望或擔憂，則會根據特定的敘事需求，而以比較寫實或象徵、比喻的方式來描繪。[20]只要記住這一點，那麼暫時區分出四種敘事模式或解釋框架（哪怕這些模式之間的界限往往是模糊的，或有些故事會同時使用數種模式）將會很有幫助。[21]從動物身上或是與動物一起學習如何感覺的各種方式，通常與表現動物的不同手法有關。童書與教養手冊在針對哪些情緒、透過這些情緒想要傳達什麼、書中人類主角的同理或同情，以及它們展示情緒的方式等都有著明顯差異。而根據它們採取了四種解釋框架中的哪一種（不論是首選或特別單選），對於它們如何將情感實踐與道德要求連結起來也大不相同。總的來說，這些動物的描繪是否比較偏向象徵性，可以問以下問題：㈠牠們的代表性功能僅僅是代理人類，或者㈡動物就是動物，以及人與動物關係的情感和道德框架？還是說，㈢動物應該要更加寫實，但不能是故事焦點？或者是用更寫實的敘事㈣專注在動物就是動物的細節上，但也要讓動物像人類，好讓小讀者深刻洞察人認為動物可能有的情感、欲望與擔憂？

因此，如何表現動物的問題，引發動物能否與如何表現或表達牠們自己的激烈辯論。最大的問題已經不再是「牠們會感到痛苦嗎？」，而是「動物會說話嗎？」[22]沒錯，動物不僅具有知覺，在某些情況下還能感受到情緒，此概念從十九世紀中葉起逐漸不再是爭論的重點。[23]但如果動物無法言說自己的情緒，人類如何能真的確認動物能否感覺，以及動物具體感受到哪種情緒？

因此，兒童文學（尤其是動物故事）的一個重要特色，就是動物能夠說話——牠們不僅彼此交談，也經常與人類交談，尤其是兒童。和杜立德醫生相比，或者說跟杜立德醫生相反，兒童多半不用**學習**怎麼做，他們就是**知道**並能夠使用不同動物的語言——就好比《叢林之書》的毛克利或《騎鵝歷險記》的尼爾斯。[24]

童書裡的敘事不斷地在更加寫實和明顯為比喻的、更具象徵性的動物和人與動物關係的表現手法之間切換，因此，動物說話的方式與情境也非常多樣化。更具象徵性的前兩種敘事模式之特點是動物說起話來毫不費力，除了可以跟人類與其他動物進行複雜的對話以外，甚至也能夠做跨物種交談。不同於鸚鵡波尼里西亞向杜立德醫生解釋的那樣，這類動物故事裡的動物主要就是「用牠們的嘴巴」來說話。如何**從**動物身上學習感覺，以及學習如何**與**動物同感的兩種方式，就出現在以下更加象徵性的敘事裡頭。

「兒童的道德觀念少得就像……」——動物作為代理

第一種敘事模式可以在諸如《叢林之書》、《柳林中的風聲》、《小熊維尼》或《噢，巴拿馬》（一九七八）等幾部著名的動物故事裡找到。在這些故事裡，動物主要是，甚至完全是代理了人類。[25]這類動物故事為兒童打開潛在的廣闊空間，讓兒童去體驗並試驗各種不同的感受——這些故事建立了類似情緒實驗室的東西，讓人去**做**以及**嘗試**各種各樣的情緒。[26]這種「代理模式」建立在相當明顯的動物擬人化之上，因為它幾乎不把動物當成動物，這種模式的表現與童話及寓言有許多相似之處。[27]從十九世紀末起，這種解釋框架就像它的成功一樣廣為流傳，但是就動物的意義與對牠們的同理或同情而言，這些故事卻沒揭示什麼有關情緒的實踐知識以及這些情緒發展的特定脈絡。

只要小讀者能夠利用普遍存在於動物與人類之間的類比，從動物身上（而不是與動物一同）學習如何感覺，那麼這些象徵性敘事便能夠啟動模仿學習過程，並喚起某些情緒或令人接觸到某些情緒。因此，特別是從十九世紀中葉起，這些故事透過不斷的將動物情感化而出現。[28]這裡的重點是，這些動物故事在人與動物關係的情感化過程中沒有起積極作用，因為它與以下另外三種敘事模式相反，並不直接施加任何道德要求在人與動物的關係上。在這個解釋框架中，動物只是用來滿足代理人類的代表性功能。

不過，這種敘事模式也不是完全沒有給兒童道德教育，雖然和許多童話與寓言相比下不是那麼顯而易見。這些動物故事的重點不在於傳統家庭結構，而在於另類的家庭模式以及同儕間的友情與同志情誼。因此，這些故事裡的動物或兒童文學角色所擁有的情感是相當多層面的，而作為讀者的兒童可以依他們所需來模仿或重建那些情感——不論是他們自己或他人的情感。不論是《柳林中的風聲》裡的鼴鼠、水鼠和蛤蟆，或是《叢林之書》裡的棕熊巴魯與黑豹巴希拉，牠們所體現的各種情感與生活方式是相得益彰的，而非相互牴觸。因此，比起一般的童話或寓言，這種動物故事給予兒童讀者更多空間去詮釋、組合與評價。

不意外的，童書裡這種表現動物與家庭模式的方式，在指南文學裡不僅很晚才出現，而且程度也有限，因為這種表現方式傾向否定經常編寫在指南文學裡的傳統家庭結構之道德指示，尤其是二十世紀初以前的指南文學。愛倫凱是早期的其中一個少數例外，當時她在《兒童的世紀》（一九〇〇瑞典原版；一九〇九英譯版）宣稱：「許多時候，兒童的道德觀念少得就像動物一樣。」[29]今日看來這可說是相當具有開創性的抗辯。愛倫凱的原意是要避免讓兒童有過重的負擔，但通常這也意味著要讓兒童屈服於相當嚴格的道德期望下。甚至可說在整個十八世紀裡，這種出於想像的動物與兒童之間的相似性正來自於（反過來也形成了部分的）公共論述，這些公共論述進而形塑了心理學，並促使心理學在十九與二十世紀大獲成功，對情緒的研究也是如此。正是在兒童文學的「黃金時代」期間，我們可以看到兒童心理學與動物心理學在平行道路上的糾纏演變，其影響除了可在童書裡見到，教養手冊亦然。斯坦利．霍爾就是秉持著這種精神，在他非常有影響力的教養手冊《青春期》（一九〇六）裡宣稱：「心理學應該要在動物與兒童的遺傳基礎上教起。」[30]

「為家庭帶來幸福」？——動物作為教師

另一種除了動物以外也描繪了人與動物關係的方式，早在十九世紀中葉以前就已經變得很普遍了，而在本章所研究的時代裡，這種特色更常見於多數的親子教養指南文學中，並且可以從二十世紀初以來愈發有影響力的教育改革者或志同道合的兒童心理學家的著作中觀察到。[31]一般說來，兒童始終暴露在道德危急的情況中，儘管方式是愈來愈隱晦不明。直到二十世紀中葉以前，此文類普遍將所謂不容置疑的育兒方法傳達給家長，並經常提倡層級分明的家庭結構。動物，或者說人與動物的關係被賦予了嚴肅意義。這主要是因為，與動物生活在一起，尤其是與所謂的寵物生活在一起，常見的有狗、貓、馬、兔子，也有小鳥，甚至是魚，理應會在孩子身上建立起一種普遍的責任感——直到二十世紀初為止，這份責任感的建立經常是在宗教的架構下進行。[32]舉例來說，西凡納斯．史達爾便是出於這個意思，在他廣為流傳的反思錄《男孩子須知事項》（一八九七）裡強調：「當我們談到動物時，你們要記得，雖然人是萬物之首，但人也是動物。是上帝將人置於所有動物之上，」因為「上帝賜與了人……道德感」。[33]

在這第二種解釋框架內，問題不僅僅是要將動物情感化，更是要將人與動物的關係情感化。在這樣的背景下，人與動物的共處變成了重要的課題，並且逐漸獲得激烈的道德討論。人與動物共處的首選地點是家庭。在這裡，不論是男童或女童不只應該要從動物身上學習如何感覺，也要學習如何與動物同感。這種愈來愈明顯的人與動物關係之情感化與道德化並非被運用在所有情緒上，而僅用於對他者的同理心或同情上[34]；兒童尤其應該要透過他們的同伴動物來學習或加深對後者的理解。舉例來說，《女生和女生該有的樣子》（一八八一）這本教養書的作者解釋道：「最適合拿來測試未婚少女的，莫過於觀察她是否喜愛上帝所創造的有形之物。若看不到她的同情心，我總是準備好要來揭示某種重大的心靈或道德缺陷了。」[35]同樣地，愛黛兒．薛伯的《兒童之書》（一九〇七）也說了：「即使是最不起眼的生物，我們（父母）也要努力喚醒孩子對牠們的愛。」[36]比較不為人所知的《婦女教育之書》（一九二一）對於同理心，尤其是博愛等概念也有類似的看法，作者認為：「未來的積極博愛之根基」，是在「當有人交付兒童餵食飢餓的鳥兒這個任務（以及其他任務）時」打下的。[37]

儘管如此，直到二十世紀中葉為止，育兒指南文學裡與動物共處的部分大多還是挺抽象的。的確，在第二種解釋框架裡，動物被看作是動物是個重要元素，不過這裡的重點不在於詳盡描述**動物**與其可能非常不同的感受，而是傳達**兒童**對待動物要有同理心與責任感。在此用意下，教養手冊是以比較象徵性而非寫實性的方法來呈現動物以及人與動物的關係。再者，直到一九五〇與六〇年代為止，在十九世紀末開始出版的眾多飼養動物（尤其是飼養寵物）的教養手冊裡，兒童都只是配角。直到二十世紀下半葉起，與動物同居才開始在各式各樣的指南文學中出現愈來愈詳細的討論。因此，舉例來說，《兒童行為準則手冊》（一九三八）敦促年輕讀者要好好的想一想自己的責任，因為「家裡的動物需要我們準時且規律地照顧。眼見活生生的小魚兒無法發出聲音表達痛苦，只能在汙濁的魚缸中急切呼吸新鮮空氣，就只因為牠們的小主人又忘了要照料牠們，這真是教人難過。」[38]

在十九世紀後三分之一至二十世紀前三分之一期間，這些關於學習對他人（包括動物）要有責任感與同理心的教學反思和道德教育，不僅是氾濫成堆的教養手冊特色，在許多童書裡也一樣。傳統的家庭結構往往構成道德要求的核心以及兒童情緒社會化的具體實踐性知識。碧雅翠絲・波特的《小兔彼得的故事》＊是二十世紀最著名的動物故事之一，小兔彼得的媽媽在故事中說道：「你們可以去田裡玩，也可以沿著小路一路玩下去，可是千萬別去麥先生的菜園。你們的父親從前就在那兒遇到意外的。」結果呢，好奇的彼得「很頑皮，他跑到麥先生的菜園子去。」接著在一陣混亂的追逐中，麥先生差點就要在他的菜園裡逮到彼得了：「彼得認定沒有希望逃掉了，傷心得流出大顆大顆的眼淚」，但最終還是設法逃回兔窩洞和母親身邊。「他太累了，撲通一聲，便倒在兔洞裡，那柔軟舒適的沙地上。」而忤逆母親的行為導致彼得病倒了。[39]費利克斯・薩爾騰的《小鹿斑比》（一九二三德語原版；一九二八英譯版），這個後來被華特・迪士尼改編成知名電影的故事[40]，同樣也提倡了傳統的家庭等級制度。年幼的小鹿斑比首先得接受母親慘遭橫死的事實，接著才能從父親身上得到他想要的支持與認同。如此清晰的比喻性敘事與更古老的敘事傳統，像是早期的童話或寓言是可以共存的；比如說，大名鼎鼎的《伊索寓言》在十九與二十世紀的英國與其他地方仍然很受歡迎。[41]

卡洛・柯洛帝的《木偶奇遇記》（一八八三義大利原版；一八九二英譯版）以及賽爾瑪・拉格洛夫的《騎鵝歷險記》也以異曲同工之妙的方式將重點擺在傳統的家庭制度上。皮諾丘和尼爾斯的故事開頭都是由於他們「不聽父母話的行為」損害了家庭。有趣的是，兩名主人公的冒險啟程都涉及到他們對動物的暴力行為：尼爾斯的施暴對象是一群雞、幾頭乳牛和一隻貓，而皮諾丘的對象則是一隻蟋蟀——這隻睿智的蟋蟀將會教他：「在這世上，只要情況允許的話我們就應該以禮待人。」[42]至於尼爾斯呢，他在後來漫長而驚險百出的冒險裡一心只想成為父母「渴望已久」的乖兒子。[43]變成小地精的尼爾斯以及木偶男孩皮諾丘，都經歷了徹頭徹尾的轉變，尤其是情感上的轉變：隨著故事的進展，他們最後終於變成「完整」的人以及父母心目中的「好」孩子。這些轉變之所以有可能實現也要歸功於他們的同伴動物幫了大忙，尼爾斯的同伴動物是一隻友善的白鵝，而皮諾丘則是一隻睿智的蟋蟀，兩者都發揮「轉化性」的作用。[44]皮諾丘的父親杰佩托總結道：「當行為不檢的男孩洗心革面成為乖孩子以後，他們就有為家庭帶來滿足與幸福的力量。」[45]由此可見，在第二種敘事模式裡，動物首先是兒童的教師，而在兒童（尤其是男孩子）虐待動物的情況下，這些教師便致力於傳統家庭價值觀以修復他們並將他們歸還給其家庭。[46]

反過來說，在十九世紀後三分之一到二十世紀前三分之一這段期間，我們也可以觀察到動物以及人與動物關係的強烈家庭化。原因不只因為現代意義上的寵物所有權開始出現，也因為受到自然故事讀物與動物百科全書的影響，例如阿爾弗雷德・布雷姆的《圖解動物生活》這本書在一八六四至一八九三年間頻繁地修訂與擴充，後來也出版了英語版《動物的生活》。[47]也是在這樣的框架中，方能重現動物不斷被擬人化的現象，並將此視為有待討論的問題。[48]

因此，儘管出現在這些故事裡的動物或多或少看起來都像是有影響力的社會行動者，但甚至就在這第二種或可稱之為「教師模式」的敘事模式裡，焦點也從來不在動物身上。像《木偶奇遇記》或《騎鵝歷險記》這樣的童書更加關乎作為文學角色與讀者的兒童；它們是關於兒童「不聽話的行為」、兒童的家庭，還有就是睿智的蟋蟀所說的，關於人類角色最終要學會「以禮待人」這件事。無論如何，至少在這裡動物不再只是用來替代人類而已了，這點從動物在此敘事模式中經常成為人類暴力的受害者來看尤其明顯——這種事情通常不太會發生在第一種敘事模式當中，不過在以下更為寫實的第三種解釋框架中則相當常見。

＊以下引文摘自《小兔彼得的故事》二〇〇六年青林出版中譯本。

「要是你會說話就好了」——動物作為受害者

在代理模式的解釋框架中，將動物擬人化的象徵性敘事，有試著接納各式各樣共同生活的形式與徹底另類的家庭模式；相較之下，在教師模式中，動物的擬人化則主要是提倡傳統家庭結構，期望能教導兒童要向父母多學習、多服從，並控制好自己的情感、煩惱和願望。

不過，教師模式也讓兒童學會如何體諒父母以及他們的感受，就像皮諾丘和尼爾斯的例子那樣明顯——不過，比較寫實性的敘事也能做到這點。舉例來說，《波琪與她的好友們》（一九三六）比較少用比喻手法描述動物：這故事處理的是人類主角日常生活中的真實動物，這些動物和睿智的蟋蟀截然不同。儘管如此，這個故事宣傳的也是徹底傳統的家庭組合，它根據公認的性別模式建構出特定的情感秩序。在故事結尾處，年輕的女主角波琪和父親一起看著一隻雌刺蝟忙著從燃燒的葉堆中救出牠的孩子，波琪父親解釋道：「因為這關乎她孩子的性命，每個母親都會像她那樣犧牲自己的。」波琪聽完以後深受感動並回答說：「她的母愛好多好多，寧可被活活燒死也不要獨自存活呢。」她繼續說道：「我好久以前就知道母愛的意思了，而今天我又從這隻美麗的小動物身上再次見到母愛。」接著她便憂心如焚跑去找她的母親，帶著感激之情哭著訴說她對母親的愛。故事以十九與二十世紀一個傳統家庭道德最重要的母題作為結尾：「自從那些事件過後，波琪變得比從前文靜了幾分……波琪已經明白了，當母愛守望著孩子時，孩子受到的保護與庇護有多好。」[49]在這裡，動物就是動物正是故事的特色並顯著影響了故事發展。波琪從一隻真實的（至少在故事裡被呈現為真實的）刺蝟身上學習到如何感覺，並且同樣也是透過類比來學習的。

不過，在這種較為寫實的敘事裡，兒童不只應該要從動物身上學習感受，更要優先學習與動物同感。這種敘事不僅討論了家庭的一般情況，還處理了更多兒童與同伴動物的具體關係。這必然會涉及到處理對動物全面的同理和積極同情的蔓延需求，更重要的是，動物福利或動物保護在兒童社會情緒化中的作用。與前兩種敘事模式相反，這在德國、英國以及北美洲的童書與教養手冊裡可說是相當新的發展，特別是從十九世紀中葉起，儘管這種人與動物關係的情感化與道德化從十八世紀末就逐漸出現了。[50]雖然較為寫實的敘事也傾向於在人與動物之間建構類比，但出現在此的動物顯然就是動物而非人類的代理者。和清楚的比喻性敘事不同，比較寫實的手法對不同動物的描繪就像是對不同兒童一樣，在特徵、技能與境遇方面都多加關注。它們描繪了兒童與他們的同伴動物在日常生活中的樣子。在這裡，要區別出這些較為寫實的敘事是以哪兩種方式來處理以下這個大哉問會很有幫助：動物是否會說話？

在第三種解釋框架內的動物大多以馬或狗為主，牠們會以平常用來對同類進行溝通的方式說話，舉幾本暢銷書與系列作品為例，像是艾瑞克・奈特的《靈犬萊西》、華特・法利的《黑駿馬》以及艾伯特・米勒的《弗瑞》等等。[51]牠們會吠叫和響鼻、咆哮與嘶鳴、蹄扒或抓搔、舔拭或依偎、奔跑或閃避，就像鸚鵡波尼里西亞跟杜立德醫生解釋的，這些動物「用牠們的耳朵、用牠們的腳、用牠們的尾巴——用牠們身上所有的一切來說話」。而其中格外突出的是，身為文學角色的兒童似乎打從一開始就已經非常了解他們的動物好友。儘管如此，在這種敘事模式中動物並不會與人類主角或其他同類進行任何複雜的對話。因此，雖然有些講述的確實是動物故事，但比起動物，兒童仍然才是故事重點。同樣的，在這裡，動物僅是憑藉著與其少年人類同伴的關係而參與故事。此第三種框架在個人情緒與他者情緒之間建立起了一道強烈而又微妙的連結，文學角色中的兒童能夠透過承認與識別哪些應當是屬於他者的情感，尤其是透過與他者的感同身受，進而挖掘自己的情感——而身為讀者的兒童也能夠如此。

如此一來，兒童就經常得站出來為動物發聲，不只是替動物說出牠們的心聲，也是在道德層面上為動物出聲。這也難怪《弗瑞》裡的人類主角，一位名叫喬伊的男孩，初次見到他未來的動物好友（也就是與故事同名的馬兒）時，那匹馬正好受到騎手恫嚇。故事發展到後來，喬伊救了由於陰錯陽差而被關起來並準備被撲殺的弗瑞一命更不令人意外：「當喬伊望著那匹動彈不得的馬兒時，內心對無辜的囚犯充滿憐憫，牠……不公不義地被判了死刑。吉姆與喬伊的促膝談心並沒有減輕男孩心中的絕望。」因為喬伊無法說服他的父親吉姆這是一樁身分混淆的悲劇。最後，當喬伊偷偷地放走弗瑞時，他低聲對他的動物好友說：「要是你會說話就好了……那麼他們就一定會相信我所說的。」[52]

雖然對於動物、虐待動物、動物福利或動物保護的哲學與教學反思有其悠久的歷史傳統，可以回溯到十八世紀末，尤其是英國[53]，但直至十九世紀中葉起，我們才開始看見童書正式處理遭受人類暴力對待的動物受害者，例如威廉·布施的《馬克斯和莫里茨》（一八六五；一八九七英譯版）或海因里希·霍夫曼的《披頭散髮的彼得》（一八四四；一八九一英譯版）。[54]後者到了一八七六年時已經修改並出版了百餘個版本，其中還包括馬克·吐溫於一八九一年翻譯的英語版。這部作品不只討論關於個人服裝儀容、衛生或用餐禮儀等問題，還有像〈殘酷的弗德里克〉

這種以虐待動物為主題的故事（見圖5.1）：

Der FRIEDERICH, der Friederich.
Das war ein arger Wüterich!
Er fing die Fliegen in dem Haus
Und riß ihnen die Flügel aus.
Er schlug die Stühl' und Vögel tot,
Die Katzen litten große Not.
Und höre nur, wie bös er war:
Er peitschte seine Gretchen gar!

圖 5.1 〈殘酷的弗德里克〉（'Die Geschichte vom bösen Friederich'），收錄於《披頭散髮的彼得》（第一百版，Frankfurt am Main: Literarische Anstalt, 1876），無頁碼。

弗德里克，弗德里克，
是充滿怨氣的暴力者！
他抓住了家裡的蒼蠅，
把翅膀一根一根拔去；
狠砸椅子、把鳥打暈，
連貓咪也是大難降臨；
還把葛雷特痛打一頓，
你們聽聽他有多壞心。＊[55]

透過像〈殘酷的弗德里克〉這樣的故事，人與動物關係的情感化過程在十九世紀下半葉受到前所未有的歡迎。這股或可稱之為「受害者模式」的趨勢，將動物與人類的關係變成教育以及政治議題，不僅促進了一般的同理心，還特別推動了對動物的同情心，呼籲停止虐待動物。

在德國特別受歡迎的夏可拉·馮·貢佩爾特的系列作品《小寶貝們》（一八五五～七）凸顯了這種受害者模式直到二十世紀初以前與宗教框架之間的連結。在副標題為「兒童的家庭生活與自然故事集」（*Erzählungen aus dem Familienleben und der Natur für kleine Kinder*）的第一集裡，十誡有如理所當然的出現在父親對孩子的指導裡：「你們應當勤奮」、「你們應當有禮貌」，以及同樣重要的「你們不該虐待動物」。[56]雖然動物保護在這裡就跟在《披頭散髮的彼得》、《馬克斯和莫里茨》以及約翰娜·施皮里的《海蒂》一樣還只停留在個人層面上，不過在動物保護運動議題上知名的作品，像是厄爾庇思・梅萊納的《杰瑪》（一八七七）或是凱倫・米凱黎斯享譽國際的系列作品《碧碧》（一九二九～三九）也達到了政治層面。在《碧碧》這個故事裡，為了管制和批評港口飄網漁船偷渡以及虐待動物的行為，女主角碧碧向父親說道：「如果他們不好好對待那群可憐的小牛，我就要寫信給國王讓他知道他們都對這群小牛的尾巴做了什麼。那樣子對待動物太殘忍了。」[57]

因此從十九世紀中葉起，這種人與動物關係的情感化以及教育方式，也能夠塑造並強調這些關係的政治化，而這在代理模式與教師模式中則是見不到的。雖然教師模式與受害者模式看起來可能很相似，但是像這種與政治領域內重大變化的情感實踐與道德訴求之直接連結，只有在更為寫實的手法下才可能實現。從這個時期開始，不論是鉅細靡遺或順帶一提，不少童書都直率的寫到動物保護運動，而該運動逐漸出現在一八二〇年代的英國、一八四〇年代的德國與一八六〇年代的北美洲。[58]像安東・凱納斯特的《動物漫話》（一八五五）這種連同時代的人也幾乎不知道的作品，在強調「兒童的同情心」[59]時也可能會側重某個單一的動物保護組織，比如說「慕尼黑反對虐待動物協會」或為數眾多的「愛心少年隊」[†]。馬歇爾・桑德斯在其享譽國際的暢銷作品《英俊的喬》（一八九三）中深入報導了有關於「愛心少年隊」的事，而斯坦利・霍爾稍後也在《青春期》（一九〇六）一書裡告知讀者「愛心少年隊」在北美洲大約有三萬五千多支分隊。[60]

---

*引文摘自《披頭散髮的彼得》二〇一六年韋伯文化中譯本。

†一八七五年創立於英國的教育民眾善待動物的組織，主要教育對象為兒少群眾。

事實上，兒童保護運動與動物保護運動經常是攜手同行的。[61]

這種比較不是從動物身上，而比較屬於學習如何與動物同感的第三種方式，不論在童書或指南文學裡都同樣受歡迎。早在十八世紀末時，阿道夫．克尼格就在宗教推導的尺規之下，於其論著《生活實踐哲學》（一七八八德語原版；一七九四英譯版）裡告誡：「凡受到永恆善性之源所感召的，便無人有權肆意玩弄他人的生命」，並且「動物跟人類一樣有著同樣敏銳的痛覺，或許被折磨時其感受甚至比我們有過之而無不及……人應當普世意識到這一切，對慈悲的神聖情感敞開他冰冷的心並憐憫眾生，這可真是多麼值得教人期待的事。」[62]無數的禮儀手冊以及親子教養手冊都支持他的訓斥。

關於這些親子教養手冊，尤其是十九世紀中葉至二十世紀初的親子教養手冊，除了對他者具有同理心據稱能帶來的正面影響這個重點之外，還有就是虐待動物的明顯負面效應與道德風險：首先是發生在殘酷的兒童身上，接著會影響到這些兒童的家庭，最後據說整個社會都會跟著淪陷。這些論點深深根植於早期辨認「生來犯罪者」的公共論述中，因此屬於生物政治學在社會等級制度化方面所致力的一部分。[63]瑪莉．蘇珊娜．庫伯勒正是秉持著這種精神，在她多次再版的《母親之書》（一八六七）裡要求兒童不僅要學習「留心並愛護」動物，因其為「上帝創造的生靈」，還要為牠們「感到不忍」，就在這樣的脈絡下，她害怕「對動物麻木不仁很容易導致對人類同胞也麻木不仁」——導致「內心的野蠻」。[64]根據莉安娜．貝克同樣也是不斷再版的《母親教育的藝術》（一九〇八）的說法，這種「內心的野蠻」顯然會在可以「殘暴地攻擊弱者以及手無寸鐵之人」的時刻流露出來——因此，若有兒童「蓄意傷害動物」就一定要「嚴厲懲罰」才行。[65]任何情況下都不應該「容忍孩子……即使一絲一毫虐待動物的嫌疑都不行。兒童的本質就是需要不懈的監控。」[66]

在十八世紀末至十九世紀中葉間，動物保護手冊和宣傳小冊子開闢出一個專門的圖書市場，主要針對那些據聞有人觀察到的兒童虐待動物的行為，以及這些兒童可能會有什麼樣的道德與政治上的危險，而這些文本經常與動物保護運動有關。這個專門圖書市場主要是在英國與德國，稍後也在美國出現。[67]在一本一八八六年的德語百科全書裡，有一項關於動物保護概念的條目讀起來像是對此發展的評論：「人類的教育與教養應當看作是防止虐待動物最有效的手段。」[68]不過，儘管虐待動物的行為必須消除，並且在這種比較寫實手法下所呈現的動物以及人與動物關係裡的動物也和代理模式或教師模式裡的截然不同，不過親子教養手冊跟以動物保護為題的宣傳冊子，卻幾乎沒有談到動物可能擁有非常不同的情緒——這些文本主要關注的仍然是「人的培育」。

「我的心幾乎都碎了」——動物作為人類

只有在第四種敘事模式中，才有一些童書或青少年文學試著讓讀者深入了解人所設想的動物身為動物（而非人類代理者）之情緒的多面向。該模式或可稱之為「人物模式」，可在一些知名的動物故事裡見到，像是安娜・史威爾的《黑神駒》、馬歇爾・桑德斯《英俊的喬》、馬克・吐溫《狗的自述》（一九〇四）、傑克・倫敦的《野性的呼喚》與《白牙》（一九〇六）、埃莉諾·阿特金森的《忠狗巴比傳》（一九一二），除此之外還有一些比較沒那麼有名的故事，比如說達恩·柯巴爾·默克奇的《花頸鴿》（一九二七）。只有在第四種解釋框架下且較為寫實主義或甚至是自然主義的敘事內，動物才占據了故事舞台中心。這些故事有的是由既非人類也非動物的全知敘述者所講述，其他則是由動物親自來說自己的故事。這些動物故事裡的動物盡其所能逼真地以「個人」或「作者」的身分直接對人類讀者說話；而只有在「作者」身分的情況下，牠們才會只對自己物種的成員說話，偶爾對其他物種的成員說話，但從來不會以文學角色的身分直接對兒童或其他人類說話。

《黑神駒》的副標題「一匹馬的自傳」正是這樣的意思。雖然這本書並不是第一本動物自傳，但或許是動物自傳中最具有啟發性的一本，也是字面意義上最完整的「動物故事」。這種動物自傳並不是在兒童文學的「黃金時代」才發明出來，卻是在這時期打穩基礎的[69]，在這些動物自傳的複雜故事當中，「動物」的意義以及對動物的「同理心」或「同情心」發生了重要變化。自傳體敘事能夠使小讀者的模仿學習過程進入到前所未知的程度。在這些自傳裡，動物向小讀者自我介紹時就像人在說自己的生平故事一樣，例如說《英俊的喬》裡面的狗：「我名叫俊喬，是一隻棕色中型犬。」[70]接著，他開始說明《黑神駒》如何啟發他：

我現在已是一隻老狗了，而我正在寫的，或者應該說是我找來代為執筆的朋友正在寫的，是我的生平故事。我曾見過女主人對著一本小書又哭又笑的，她說那是一匹馬的生平故事，有時她還會把那本書放到我鼻子前讓我瞧瞧上面的圖片。[71]

不過，喬的「生平故事」並非從女主人蘿拉開始，而是從他的第一位男主人詹金斯開始。那是一段殘忍至極的虐待動物的往事，充滿了暴力、死亡、悲痛與憎恨：

那天下著雨，當時我們（指他與兄弟姊妹）八周大，詹金斯……進到畜棚裡看著我們……母親焦慮地看著他，深怕我們這群小娃兒會有危險，於是她趕緊跳進我們中間，用哀求的眼神看著他……他還是抓起一隻又一隻的小狗，當著我那可憐又慌張的母親面前結束他們的生命。有幾隻他是緊握著他們的腿直往畜欄上猛敲，敲到頭破血流，其他幾隻則是用耙子刺死的。當時可真是駭人……我是唯一倖存的小狗。[72]

喬的母親因哀傷而面如死灰，幾個星期後也跟著去世了。

正當我靠在她身旁感受著孤獨與痛苦的時候，詹金斯走進了畜棚裡。我實在無法多看他一眼。他害死了我的母親……她再也不會慈祥的看著我，或是在夜裡將我蜷縮在懷裡為我保暖。啊，我多麼恨殺了她的兇手！……我的心幾乎都碎了，再也無法忍受了。我撲向他，惡狠狠地在他腳踝上咬下去……他抓住了我的脖子，將我拎到院子裡一塊圓木上……他把我的頭放在圓木上，另一隻手壓著我掙扎的身體……接著一陣迅速、可怕的疼痛襲來，就這樣，他砍斷了我的耳朵，位置離我的頭很近，近得一塊頭皮也被他削了下來。[73]（見圖5.2）

圖 5.2　《英俊的喬》書衣（New York: Grosset & Dunlap, [c. 1920]）。

除了這些十九世紀末至二十世紀初期間的動物自傳以外，如此詳細又殘忍的虐待動物之描述從未出現在其他享譽國際的兒少文學中。

而且根據這些描述來看，過去也從來沒有出現過像這樣如此容易就讓讀者對動物發展出深化的同理心與同情心的故事，讓動物就像一個人並有其該有的感覺。這些動物自傳和反奴隸敘事有些類似，也是試圖在小讀者心中留下「情緒創傷」。[74]如同《花頸鴿》裡的鴿子主角所解釋的：年輕讀者若要在此情況下進入模仿學習過程，他們需要的是「幻想的文法與想像力的詞典」。[75]

因此，這些動物自傳試圖激起的模仿學習過程，其目標不太在於一般的情緒與同理心之間的關係，而是特別瞄準對於動物的同理與同情心。像《黑神駒》以及《英俊的喬》這樣的動物自傳不只是在描述虐待動物而已，同時也試著動員反對虐待動物的情緒。所以並不意外的，一名年輕男子在聽到喬的吠叫與哀號聲以後隨即怒闖進院子裡，從殘酷主人的魔爪中救出牠。故事後頭，新的女主人也加入一個當地動物保護協會——「愛心少年隊」。[76]這故事不僅提供了有關於如何去**感覺**的實踐知識，也提供了如何**處理**這些情感的方式。如此一來，在這種「人物模式」下的動物情感化也可能將人與動物的關係帶向非常具體的政治化境地。

雖然這第四種解釋框架於一八七〇年代就在兒童文學開闢了新天地，卻在很久以後才進入教養手冊的領域裡，有些比較早的例子是出現在一九二〇年代，但整體而言還是要等到一九六〇或七〇年代為止。因此，這種發展比較沒有反映在兒童方面的教養手冊上，而是反映在有關於動物的建議手冊上（以寵物為主）。不過，在兒童心理學和育兒教養書並行發展的同時，在動物心理學以及飼養動物的教養手冊領域裡，也可以觀察到對動物的「情感生活」有日益重視與持久擴展的討論趨勢。[77]就這發展而言，巴斯提安・施密德的《論寵物心理學》（一九三九）正是個例子，他強調一直以來眾人明顯「低估了」動物的情感生活這個問題，尤其是動物的情感生活前提僅建立在快樂與否的感覺上。「事實上，」他主張動物會體驗「喜悅與悲傷，基於食物、事物與性別而產生妒羨、喜好與厭惡、恐懼與焦慮、依戀與孤獨感」。[78]提奧多・采爾是此一發展當中最重要的一位推手，他在《寵物的情感生活》（一九二三）中明顯針對愛倫凱那本具開創性的《兒童的世紀》書名表達了幾句消遣，「如今兒童的時代已經來臨了，」他說道，「那些了解動物的人聽到這句話鐵定要發笑，因為在據稱為落後的動物世界裡，兒童的時代老早就存在了。」[79]

＊　＊　＊

從一九六〇年代起，在這種人物模式寫作風格脈絡下，可以看到關於認識「神經質的」小狗或照料「抑鬱的」貓咪等教養手冊的市場不斷在成長。[80]關於這種持續在進行的，某些動物（即寵物）及其假定的情緒的治療化舉措，或許只消說這是一種動物的擬人化也不為過；然而，這樣一來將在原則上否認同理心的可能性，至少否認了對動物的同理。這麼做會意味著先驗上便區分了人類與動物的不同，令人既無法端詳這種區別與其後果，也無法將它們看待成是取決於歷史條件以及可受社會公評的問題。[81]人物模式不只是立足於將動物擬人化之上而已，它也可能導致人類與所有動物之間看似牢不可破的界線瓦解。動物的「他者性」對於同理心來說是相當高的挑戰，但這個事實並不表示同理動物一定是不可能的。從歷史角度來看，有些童書和教養手冊在試圖理解動物的感覺，試圖「真正地」與「真實的」動物感同身受這條路上已超前許多，至少這點是了不起的。也因為這樣，《杜立德醫生》面臨著將動物擬人化可能會有的批評，因為故事引入了翻譯者的角色：鸚鵡波尼里西亞。對杜立德醫生來說，了解他者的感覺以及與他者（在此指的是動物）感同身受的行為是並行不悖的：同理心總是一種翻譯和模仿的行為，一種傳遞行為；它至少有部分是模仿學習過程的結果。[82]而且，在現代，除了兒童或總的來說全人類以外，或許就連某些動物（尤其寵物）也必須在這個由人類與動物一起生產與再製的社交世界中學習如何感覺，以及如何將這些感覺以人類可理解、願意尊重的方式表現出來。

不論如何，「新的閱讀方式」的演變引導人朝向「新的體驗」，這項主題近來已被放置在人權作為歷史發明的關係當中探討。在此脈絡下，這主題或許也適用於歷經多樣描述、不斷被付諸實行之同理動物以及攸關動物權利的近代公共論述史。其實不論同理心是否只是建立在動物擬人化之上，這種同理心終究是一種「想像的同理心」。[83]因此，本章也將同理心或同情心的情緒作為歷史分析的重點，而不是把它們歸因於人類與其他少數幾種動物在生物學上、演化上的天賦。[84]不僅十九世紀中葉到二十世紀中葉有許多童書與教養手冊所表明的事實是如此，對動物同理與同情的提升以及學習也是和嚴格的家庭等級制度結構攜手共進的，這些都清楚證明將特定歷史脈絡中出現並傳播的情緒給重建、區分與問題化，是有效的。

注釋

1 Lofting, *Story of Doctor Dolittle*, 5, 4, 2.

2 Lofting, 9, 11, 15.

3 Lofting, 17, 22–4, quotations 23, 24.

4 綜述可參見 Bourke, *What it Means to be Human*; Buchner, *Kultur mit Tieren*; Eitler, 'The "Origin" of Emotions'.

5 見 Ritvo, *Animal Estate*; Perkins, *Romanticism and Animal Rights*; Boddice, *History of Attitudes and Behaviours Towards Animals*; Kean, *Animal Rights*. 在此背景下，我們必須批判性地反思《杜立德醫生》裡的種族主義傾

向。

6 另見第四章〈拉爾夫的同情心〉。以下分析是建立在七十多本童書以及四十多本德語與英語教養手冊的回顧上。感謝 Kate Davison、Michaela Keim、Karola Rockmann、Monja Schottstädt 和 Jakob Schottstädt 的批評與指教，謹以本研究獻給以上幾位。

7 尤見 Breithaupt, *Kulturen der Empathie.* 綜述可參見 Coplan and Goldie, *Empathy.*

8 例如 Rothfels, *Representing Animals*; Daston and Mitman, *Thinking with Animals.*

9 Borkfelt, 'Colonial Animals and Literary Analysis', 557.

10 例如 McHugh, *Animal Stories*; Burt, *Animals in Film.*

11 例如 Mangum, 'Narrative Dominion'; Brown, *Homeless Dogs and Melancholy Apes*; Rudd, 'Animal and Object Stories'; Borgards, 'Tiere in der Literatur'.

12 尤見 Cosslett, *Talking Animals in British Children's Fiction.* 另見 Römhild, *Belly'chen ist Trumpf.*

13 另見 Grieser, *Im Tiergarten der Weltliteratur.*

14 尤見 Haraway, *When Species Meet.*

15 尤其是狗，見 Superle, 'Animal Heroes and Transforming Substance'; Oswald, 'Heroes and Victims'; Mangum, 'Dog Years, Human Fears'.

16 另見第九章〈吉姆・波坦的恐懼〉。

17 Burnett, *Little Lord Fauntleroy*, 71.

18 Burnett, 71–5.

19 Burnett, 84.

20 類似的區別見 Borgards, 'Tiere in der Literatur'; Superle, 'Animal Heroes and Transforming Substance'. 關於此議題詳見 Cosslett, *Talking Animals in British Children's Fiction.*

21 有些情況則很難如此，例如 Adams, *Watership Down.*

22 Bourke, *What It Means to be Human*, 19–63. 綜述可參見 DeMello, *Speaking for Animals*; Wild, *Tierphilosophie zur Einführung*. 關於 Jeremy Bentham 和他的大哉問「牠們會感到痛苦嗎？」尤見 Boddice, *History of Attitudes and Behaviours toward Animals*, 121–54.

23 例如 Eitler, ' The "Origin" of Emotions'.

24 尤見 Cosslett, *Talking Animals in British Children's Fiction.*

25 不過，我們必須根據歷史來重建這些故事的背景，例如《叢林之書》是殖民地背景，而《噢，巴拿馬》則是所謂的「替代環境」（alternative milieu）。

26 見本書導論。

27 另見 Baker, *Picturing the Beast*, 120–86.

28 綜述請參見 Cosslett, *Talking Animals in British Children's Fiction*; Kete, *Beast in the Boudoir*; Bourke, *What it Means to be Human*; Eitler, 'Weil sie fühlen'.

29 Key, *Century of the Child*, 138.

30 Hall, *Youth*, 318. 見第一章〈蓋斯凱爾夫人的焦慮〉。另見 Perty, *Ueber das Seelenleben der Thiere.*

31 見第三章〈阿斯嘉禮的虔誠〉。

32 例如 Eitler, 'Weil sie fühlen'.

33 Stall, *What a Young Boy Ought to Know*, 75–6, 78.

34 在本章所研究的時代裡，「同理心」跟「同情」或「同情心」與「憐憫」通常作同義詞用。

35 *Girls and their Ways*, 276.

36 Schreiber, 'Die soziale Erziehung des Kindes', 226.（作者自譯）

37 Kutsche, König, and Urbanek, *Frauen-Bildungsbuch*, 220.

38 Tesarek and Börner, *Der Kinder-Knigge*, 25.

39 Potter, *Tale of Peter Rabbit*，無頁碼。

40 見 Whitley, *Idea of Nature in the Disney Animation.*

41 Budde, *Auf dem Weg ins Bürgerleben*, 129.

42 Collodi, *Story of a Puppet*, 224.

43 Lagerlöf, *Wonderful Adventures of Nils*, 367. 另見第十一章〈海蒂的思鄉病〉。

44 Superle, 'Animal Heroes and Transforming Substance', 174.

45 Collodi, *Story of a Puppet*, 232.

46 就本章的主題來說，暴力存在著明顯的性別成見。

47 尤見 Brehm, *Illustrirtes Thierleben*; Brehm, *Brehm's Life of Animals.*

48 比如說 Baker, *Picturing the Beast.*

49 Trott, *Pucki und ihre Freunde*, 139–41. 另見第六章〈溫蒂的愛〉。

50 尤見 Kean, *Animal Rights*; Roscher, *Königreich für Tiere*; Zerbel, *Tierschutz im Kaiserreich.*

51 這些系列作品是享譽國際的，其他則還有只在其國內著名的，例如 Tina Casparis 的 *Bille und Zottel*（1976–2003）。

52 Miller, *Fury*, 104–5.

53 例如 Boddice, *History of Attitudes and Behaviours Towards Animals*; Perkins, *Romanticism and Animal Rights.*

54 綜述可見 Eitler, 'Weil sie fühlen'.

55 Hoffmann, *Slovenly Peter*，無頁碼。另見第八章〈勒布拉克的痛〉。

56 Gumpert, *Die Herzblättchen*, i, 79.

57 Michaelis, *Bibi*, 241–2. 這部系列作品於一九二九至一九三八年間在丹麥出版，其中幾本後來翻譯成德語和英語。

58 比如說 Roscher, *Königreich für Tiere*; Pearson, *Rights of the Defenseless.*

59 Kienast, *Gespräche über Thiere*, 3–6. 另見 Oppel, *Thiergeschichten*; Knauth, *Lose Blätter und Blüten.*

60 Hall, *Youth*, 232.

61 尤其是 Pearson, *Rights of the Defenseless*. 另見 Flegel, *Conceptualizing Cruelty to Children*.

62 Knigge, *Practical Philosophy of Life*, 332. 另見 Trimmer, *Fabulous Histories*.

63 另見 Eitler, 'The "Origin" of Emotions'.

64 Kübler, *Das Buch der Mütter*, 423.

65 Becker, *Die Erziehungskunst der Mutter*, 80.

66 Klein, *Wie soll ich mich benehmen*, 41–2.

67 動物福利運動希望能與兒童有直接接觸，例如以兒童為導向的日曆表和短篇故事。

68 'Tierschutz', 693.

69 也可參見 *Biography of a Spaniel*; Hoffmann, *Life and Opinions of the Tomcat Murr*.

70 Saunders, *Beautiful Joe*, 13.

71 Saunders, 14.

72 Saunders, 22–3.

73 Saunders, 22–4.

74 Noble, *Masochistic Pleasures of Sentimental Literature*, 126. 我在兒童文學裡看到的動物情緒創傷都與受虐快感無關。

75 Mukerji, *Gay-Neck*, 55. 另見第三章〈阿斯嘉禮的虔誠〉。

76 Saunders, *Beautiful Joe*, 166–74.

77 例如 Grier, 'Childhood Socialization and Companion Animals'; Kete, 'Verniedlichte Natur'. 另見 Levinson, *Pet-Oriented Child Psychotherapy*.

78 Schmid, *Zur Psychologie unserer Haustiere*, 19.

79 Zell, *Seelenleben unserer Haustiere*, 123–4.

80 可見 Baker, *How to Live with a Neurotic Dog.*

81 豐富的討論尤見 Daston and Mitman, *Thinking with Animals.*

82 另見本書結語。

83 Hunt, *Inventing Human Rights*, 32–4. 另見 Breithaupt, *Kulturen der Empathie.*

84 例如 Waal, *Age of Empathy.* 另見 Shapiro, 'Understanding Dogs'.

第六章　溫蒂的愛

瑪格達萊娜・貝簡、本諾・甘瑪爾

達林先生愛達林太太，達林太太愛溫蒂，溫蒂愛彼得，而彼得並不真的愛誰：別說虎蓮公主、叮噹鈴或走失男孩，就連他已經遺忘或不存在的母親，他都不愛。更不用說，這個「快樂、天真又無情」的永恆少年肯定不愛他的敵人虎克船長。[1]彼得潘的故事充滿許多剪不斷理還亂的情感，繪聲繪影地體現各色各樣的愛。當溫蒂在永無島上像個母親般忙著照顧走失男孩時，她問道：「彼得，你對我究竟是什麼樣的感情呢？」*[2]在地下之家的家家酒遊戲裡擺盪於兒子、丈夫與父親角色之間的彼得[3]，小心謹慎地回答：「就是孝順兒子對母親的感情。」這回答卻讓溫蒂不開心。彼得對她說：「你好奇怪。」[4]因為他不明白如果溫蒂不想當他的母親的話，那還會是什麼。在溫蒂聲明自己是一位「淑女」因此拒絕向他解釋以後，彼得決定問問他的朋友叮噹鈴。不巧的是，這個光輝奪目又善嫉的小仙子也是一位暗戀他的女性，因此當彼得問叮噹鈴想不想當他的母親時，她的反應對已經有過戀愛經驗的讀者來說並不意外：「叮噹鈴怒氣沖沖地大

＊以下對話引自《彼得潘》二〇一五年商周出版中譯本。

叫：『你這個笨蛋！』……溫蒂氣呼呼地說：『我幾乎要同意她的看法了。』」[5]彼得的無知顯然讓每個心裡帶著不同愛意接近他的人感到挫折，這些愛分別有：慈母關懷、友愛、嫉妒與新娘情懷，當然還有誘惑和致命的愛[6]，以及達林太太保留給彼得而非達林先生的一個親吻。不論是對永恆少年或對讀者來說，要弄清楚自己應該愛誰、如何愛對方以及愛到何種程度，這可真是一件苦差事。

從嘖嘖反對到促膝談心或學習如何愛

本章分析兒童自十九世紀末起是如何被教導並學會愛的，而上述對彼得潘錯綜複雜的故事探討，指出了圍繞於本章的一些議題。愛的範圍相當遼闊，在兒少小說與指南文學裡尤其如此。[7]本章重點並非集中於浪漫愛情或其他有限的人際愛情觀上，取而代之的是全面性觀點，從親子間的親情延伸至伴侶間的深情，並進一步到同儕間的友情。不同世代的兒童與青少年從書上模仿學到哪些愛的模式與實踐呢？彼得、溫蒂與走失男孩在地下之家玩的有些變形的家庭遊戲，恰如其分地展示了這些學習過程的潛能。藉由在歡樂的角色扮演中戲仿成人的舉止，小主角們帶給讀者、聽眾與觀眾在多重層面上重新扮演家庭成員間情感交流的機會，遠離或認出他們在這些關係網絡上的特定位置。因此，以下問題值得一問：在愛這件事情上，不同書籍宣揚或勸阻哪些口頭慣用語與肢體動作？哪些情景會伴隨、圍繞並塑造真情時刻，而年齡、性別與性欲特質的差異又如何影響這些情感組合？[8]

第一節關注的是親密關係的重心從兒童與成人之間轉移到兒童與同儕身上。[9]年齡差異對戀人們可正當成立的情感關係十分要緊。同樣是表達情感，慈父與良師展現的是恰當的喜愛之情，戀童癖教練則違反了基本規則。即使在同儕中，某些親密行為能否被人接受，也取決於他們是學齡前兒童還是青少年。這點顯示出無戀無欲在當代對童年的感知中有多關鍵。[10]因此，學習以特定的方式去愛人對成長來說至關重要，並與發育期跟青春期的概念密切相關。

第二節詳細考察了「溝通」與「協商」在家庭、朋友與伴侶間與日俱增的關聯性。二十世紀中葉以後，平等的民主理想要求每個人接受並尊重所愛之人的個性與需求，而治療文化有助於推廣這些習慣。因此，一九七〇年代的「心理熱潮」將性欲特質、自我覺察、情緒與伴侶關係都變成了需要去探索並持續地關注的問題。[11]

第三節討論愛情模式不斷成長的靈活性與多樣性，這使得原先一帆風順的情感地貌變曲折。尤其是二十世紀後三分之一，家庭組合的可能範圍擴大了，迄今壁壘分明的男女情感模式也變得模糊。與此同時，對於同性戀與異性戀的情感排列組合評價也出現顯著轉變。把這種治療轉向與多元化趨勢解釋為將個人從道德約束中解放是否恰當？還是更應該說，正常化進程不僅給人更多轉圜的餘地，同時藉由將他們暴露於各種要求以及不斷刺激自我進步，從而也產生了特定主體性？[12]

本章將透過分析彼得潘的故事以及兒少小說與教養手冊來探討前述議題。從十九世紀末起，兒童文學與教養手冊都經歷了一些會影響青少年如何學習愛情的顯著改變：第一，童書逐漸拋棄有些冷淡的全知敘述與故事外敘述風格，讓讀者能夠更仔細探索故事個別角色內心曖昧之處。與此相類似，教養手冊也從說教風格變成相當友善的談話風格，一本一九一四年的教養手冊裡包含一句手寫題詞：「供您參考看看！」[13]這些趨勢增加了模仿學習的機會，因為它們提供大量更容易進入的豐富情境，讓讀者能夠重演。除了邀請讀者測試不同角色以外，教養手冊同時也從警告不要輕率戀愛轉變成強調親密關係的益處。[14]第二，二十世紀下半葉開始出現大量的跨國寫作與勸說風格，夷平了早期英語與德語世界的情感模式差異。[15]就這裡所討論的問題而言，西德與東德的教養手冊大致情形是一樣的。

第三，階級差異的重要性減弱了。儘管文中帶有諷刺意味，不過達林一家顯然是按照中產階級的理想而寫。此外，在本章所研究的時代早期裡，許多教養手冊同樣假定兒童應該是在中產階級背景下訓練情感能力，比如公平對待家中傭人。至於面向工人階級讀者的書籍內容，舉例來說，則批評資產階級的道德標準為一種壓迫手段。[16]不過，從一九六〇年代起，如此明確提及階級的文本變得很罕見。尤其在青少年戀情裡，社會地位似乎愈來愈無關緊要，至少教養手冊作家是這麼想。關於讀者群是否仍然以中產階級為主，這已是另外一回事了。

第四，性別界限也重構了。二十世紀中葉起，愈來愈多性別中立的教養手冊開始挑戰性別特定的教養建議，這點相當引人注目。儘管有關女性或男性問題的獨立章節依舊存在，但現在可能所有讀者都不易察覺了。針對單一性別讀者的小說變得更是少見，強調友情與同志情誼的男生寄宿學校小說是如此，向女性讀者介紹母愛與浪漫情懷的德國「黃毛丫頭文學」（*Backfischliteratur*）與英國「野丫頭」（tomboy）文類也是如此。[17]性別特殊化的書籍減少有助於逐漸重塑兩性關係，動搖在愛情邂逅中女性總是被動而男性總是主動的絕對區別。

彼得潘的故事也呈現出愛的學問自十九世紀末起了大變化。彼得的偶像級地位是跨越各式各樣的載體形式與媒介等曲折路徑以後獲得的。他的故事是由許多作者撰寫、重寫、改編與修飾而成的。[18]現代版的彼得與溫蒂角色結合了巴利的文本、各種舞台表演、迪士尼電影，以及其他故事改編版。結果，彼得在小說《小白鳥》（一九〇二）與一九二四年默片電影中的初次登場幾乎遭世人遺忘了。[19]雖然彼得在英語世界的名氣主要來自舞台劇，在德國，直到迪士尼於一九五三年將他的動畫搬到銀幕上以前，彼得可說是沒沒無聞。[20]這正是好萊塢電影中關於永恆少年的第一部頂峰之作。[21]由此可見，該故事的全球普及化與其本身的美國化是相一致的結果。這些翻譯與改作也影響了與愛情打交道和表現愛情的方式。早期故事版本強調的是彼得對體現在溫蒂身上的母愛之渴望；迪士尼動畫則凸顯了彼得身旁愛吃醋的小仙子叮噹鈴，將她描繪成金髮碧眼、穿著暴露的火辣女郎，而不像過去把她呈現為一團閃爍微光。這個轉變使她成為彼得（與虎克）以外最具標誌性的角色，並增強了故事的浪漫與情欲之愛。[22]

「我的心只屬於爹地」——從代間親情到同儕之愛

若追溯二十世紀以來各種彼得潘改編故事，可發現重心從代間親情轉移到同齡人之間的浪漫關係上。在這漫漫過程中，親密的肢體語言也得到嶄新、特定的意義。早期故事版本強調慈母關懷，並且不太願意表現親密的肢體接觸。彼得不允許任何人碰他一根寒毛，他連給溫蒂一個擁抱都不肯。[23]當溫蒂提議給他一個吻時，彼得卻不知道親吻是什麼。[24]這種無知是因為他沒有母親。[25]慈母般的關懷在早期版本裡往往是突出主題，溫蒂不僅扮演彼得的妻子，同時也因為她是「慈母般的人」而頂替了彼得與其他男孩所欠缺的母親。[26]一九五三年的迪士尼動畫也繼續強調母愛：溫蒂向走失男孩們解釋母親是什麼、海盜史密思念自己的母親、達林太太深愛她的孩子。不過，動畫同時也著重叮噹鈴的醋意、美人魚的誘惑、虎蓮公主的情意與溫蒂的愛慕之情，加強了浪漫與情欲的愛情模式。在動畫製作過程中，成年受試觀眾就表示，這些橋段肯定會給故事添加「成人羅曼史」的滋味。[27]而讓溫蒂與彼得的關係浪漫化到極致的是霍根於二〇〇三年導演的電影，片中溫蒂在彼得的嘴上一吻使他得以擊敗虎克（見圖6.1[28]）。這個吻不再意味著母愛[29]，而是一段浪漫關係，賦予了彼得成就一般男孩無法成就之事的力量。

伴隨著這種重新詮釋愛情的重大轉變，是彼得的年齡也隨之增長。[30]在巴利早期的文本《彼得潘在肯辛頓公園》（一九〇六）裡，彼得還只是個小嬰兒。在一九一一年的小說中，巴利則將他描述為一名男孩；過去不論是舞台劇或在默片中，扮演彼得的幾乎都是成年女演員，而近期的電影則幾乎都由男性青少年扮演。這些轉變對應著愈來愈強調青春期、強調成年性欲的發展，以及強調彼得與溫蒂為一對年輕情侶。[31]到了二十一世紀初，彼得已具備談戀愛的能力，這是他在一九一一年時辦不到的事。

彼得與溫蒂的關係成熟與情欲化，也引起人們重新評價巴利在創造這些角色時的情況。巴利將劇本獻給「五名男孩」，也就是亞瑟與雪維亞．路維林．戴維斯之子。[32]這對夫妻去世之後，巴利成為這幾名男孩的監護人。自一九七〇年代起，他與五名男孩的關係吸引愈來愈多公眾關注，許多人懷疑其中可能涉及戀童癖問題。[33]這表示大眾對於代間關係的看法轉變了，而這種轉

圖6.1　羞澀－大膽－激情：彼得潘與親吻的轉變。

變也反映在指南文學上。比如說，在一九〇〇年左右，教養手冊相當重視師徒間的親密關係，或認為「與崇拜的長者建立情欲關係」對青少年有所助益。[34]一些英國教養手冊補充說明，在「原始社會」裡，按慣例是由長者帶領青少年進入「性」的奧祕。[35]雖然有些書籍繼續贊同這種代間關係[36]，不過反對虛假以及過度親密關係的警告也變強烈了。[37]對戀童癖者在家庭內外的勾引之恐懼與日俱增，這促使眾人將兒童與成人的情感關係轉移到同齡人之間的浪漫關係上。

兒童文學也有類似的發展。十九與二十世紀初的故事主角往往是孤兒或棄兒，這類作品結局多半是主角幸福快樂地回歸原生家庭，或者找到了慈愛的寄養家庭。這些故事因而圍繞在兒童與父母，或兒童與其他家長型角色的親密關係上，哪怕後者在大半敘事中都沒現身也一樣。[38]在《祕密花園》（一九一一）裡，父母的缺席以及缺乏父母的愛甚至損害了主角建立各種人際關係的能力。也許有人會就此下定論，認為如果兒童在代間環境中沒有得到適當愛的教育，他們未來將無法形成任何一種情感依戀。雖然這種解讀著重於《祕密花園》的親子關係，不過還是可以有其他詮釋，因為柯林與瑪利最後在彼此的友誼中學會與他人建立親密關係。[39]因此，這部小說也將同儕團體描述為愛情教育的潛在平台。

二十世紀開始流行起一種概念，即青少年最適合在同儕關係裡學習如何愛人。早期小說經常將父母的缺席視為一大問題，好比說剛剛提過的孤兒小說；晚近的兒童文學則把遠在天邊的父母（多半是暫時性的）描述為兒童可在無人監督的情況下自己探索與學習的大好機會。[40]在伊妮．布萊敦的系列作品《五小冒險》（一九四二～六二）裡，原先內向、冷漠的喬治／喬琪娜*與她的堂兄妹共度一個夏天以後，學會以親切態度與他人打交道。她因此明白「和別人多聊聊真是獲益良多」。[41]而唯有在同儕之間體悟到這點以後，她才有辦法與父親重新建立相親相愛的關係。[42]這種對同儕關係的強調也豐富了英國的寄宿學校小說。《湯姆求學記》（一八五七）早已強調過十九世紀中葉寄宿學校的優點與其陰暗面。德國系列小說《施萊根施坦城堡》（一九五九～八八）將與世隔絕的同儕團體設定得更加理想化。教師與其他成人在故事中微不足道，他們若不是扮演主角們的負面對比，要不就是扮演親切的旁觀者，鼓勵學生發展他們自己的行為準則（主要是騎士精神與忠誠）並貫徹那些規則。[43]

像寄宿學校這種同性別世代空間，在英國小說裡的表現比德國小說還要突出，尤其是在二十世紀中葉以前，原因與兩國分別要兒童遵循的不同教育路徑息息相關。德國教養手冊的「愛」主要存在於兩個截然不同的環境裡：首先在親子之間，接著在配偶之間。從第一階段的親子之情過渡到第二階段的伴侶情深發生得有點突然。根據一本一九一三年的教養手冊說明，當一名模範女孩不在學校也不在工作時，應該把大部分的時間花在家裡陪在最親近的家人身邊。其餘時間只有偶爾拿來拜訪親戚，以及與年輕男士短暫且正經的相處是可被接受的。[44]這個建議與嚴格的性別界限緊密相連，要女孩子在自己身上設一道保護罩，並將家庭界定為她們最恰當的居住地。[45]這些約束最終都會施加於順從的女孩與盡職的妻子身上。因此，在經歷過教導她們順從他人期望的童年以後，年輕女性接受了新娘的義務。[46]

這條引導德國女孩從父母家直接前往婚姻家庭的軌跡，明顯有別於英國教養手冊為男孩勾勒

＊喬琪娜是不喜歡別人把她當成女孩子看待的「野丫頭」，所以要大家稱呼她為喬治。

的路徑，後者還得先經歷一段額外的中間階段。這種差別首先是基於性別，不過也和寄宿學校在英國比在德國來得普遍有關。因此，英國教養手冊十分關注男孩子在離開父母以後、成家立業之前如何學習愛人。[47]於是乎，相同性別的同儕友誼變得很重要。如某本手冊奉勸的：一名男孩在「把自己的心思意念交付給他的朋友」以前要三思而後行，因為有了熱情與醋意以後，他會「因愛慕而盲目崇拜」這位朋友。[48]

隨著二十世紀的進展，德國教養書籍跟隨英國的腳步，強調在這性成熟年齡不斷下降而成婚年齡往上升的時代，青春期是教育愛情的決定性階段。[49]在此情況下，有些人主張不該「人為隔離」少男與少女，並建議讓他們在嚴格的管制下有更多的異性社交互動，比如說舞蹈課。[50]其他教養手冊則強調同性社交，並主張青少年要到十六、七歲才能將注意力轉向異性。[51]納粹麾下的「德國少女聯盟」與「希特勒青年團」出版品基本上不提這方面的事，只強調在同儕團體裡不依靠成人而獨立行事的經驗很重要。[52]在一九六〇年代，這個發展過程被進一步劃分：首先是子女對父母的孝愛，接著是青春期初期的同性社交友情，再來是少男少女之間有愛無性的感情，最後則是結婚。[53]代間關係因此降級為短暫的初始階段，而同儕關係則變得愈來愈重要。

這種轉變也促使眾人細分他們認為適用於特定情感組合的傳情方式。從前教養手冊經常將家庭、友情與婚姻裡的愛合成一體，肢體動作能夠跨越這些界限：朋友會「手牽手」散步、母子會互相「接吻」。隱喻亦然：形容朋友為「另一半」、主張男孩子應給予母親「真正的紳士對待『女流之輩』的殷勤關注」。[54]教養手冊後來制定了更清晰的區分，堅稱一個人可以親吻母親臉頰，但不能親吻球隊隊友的臉頰，並且只有配偶可以有最親密的肢體接觸交流。[55]情侶不同階段的發展也有等級之分：先從約會逐步升級到親吻、牽手與愛撫，「最後才碰觸彼此性器官」。[56]

有些教養手冊樂見代間關係邊緣化、同儕關係的重要性日益增加，以及伴隨而來的愛戀實踐多樣化，因為這些進程為青春期開啟了大型愛情實驗遊樂場。[57]有些教養手冊則悲嘆親子之間的疏遠，強調青年文化的潛在危險，據說這種文化產生了龐大的內在從眾壓力，將年輕人變為成人無法理解的外星人。[58]然而，這種悲嘆其實更有問題，因為相互理解與成功的溝通同時間也成為了愛戀關係的關鍵。

「寶貝，告訴我她愛你嗎」──溝通、協商與治療文化

從前戀人們習慣敬畏地保持沉默，但二十世紀中葉開始，大家則希望他們能夠永無止境的聊下去。[59]這種溝通的強烈欲望主要來自人際關係的平等理想。伴侶必須確認彼此的性格、看法和願望。多聊聊這些事情以及彼此的問題，不僅對實現情侶之間的平等至關重要，對朋友與親子關係來說也一樣。有趣的是，這種溝通交流經常被比擬為政府與反對黨的議會談判。舉例來說，青少年的夜歸時間不能夠被「獨裁地」強制實施。[60]當情侶剛好有不同的周末計畫時，他們應該要「和平且民主地」達成妥協才行。[61]至於性方面的問題，則與逐漸取代古老、僵化道德標準的協商倫理有關。新的法則認為只要參與者同意，那麼一切都可接受。為此，伴侶應該說明清楚他們的性偏好與厭惡。[62]

如此一來，浪漫愛情逐漸失去崇高光環並落入凡俗。現在愛戀關係應該能使雙方以近乎心理

治療的方式談論與處理他們的日常瑣事。[63]從一九六〇年代起，治療文化在以下幾個方面影響了愛情。首先，隨著年輕人愈來愈期待不論自己的社會背景為何，都能夠自己決定用什麼方式來愛什麼人，他們首先得培養出一定程度的自信並加以保持。相對地，缺乏自主性以及個性羞怯就變成了大問題。[64]教養手冊奉勸為這些「問題」所苦惱的青少年要不是靠自我評量與自我改善解決這些問題[65]，要不就是尋求專業人士幫忙。[66]第二，年輕人需要找到可以作為他們自主決定依據的資訊來源，故此他們向指南文學求助。雖然有些作者坦承要判斷某人是否真的戀愛了是不可能的，許多青少年雜誌卻拍胸口保證說，只要透過所謂的「情侶交談話題」就能刺探得一清二楚。[67]教養手冊也參與了這種心理學知識的再散布與改編，比如說，建議讀者在做戀愛選擇時要結合感性與理性。[68]就連彼得潘也在一九八〇年代進入治療技術的領域：當男人將女性伴侶的愛與母愛混淆在一起時，他們會被視為患有「彼得潘症候群」。[69]

愈來愈強調溝通也成了小說的特色。十九世紀末晚期，像《湯姆歷險記》裡的湯姆．索耶等少年主角只把愛情看作是眾多可能的冒險之一。因此，這些角色往往說愛就愛、說分就分，沒有半點猶豫。當湯姆初次見到貝琪「動人的藍眼睛」時，他立即就全神專注在這位新對象身上，而舊戀人「片刻之間」便「像名過客般從他的心底」離去了。[70]湯姆既不愧疚也不認為愛情是一道難題。這和針對女性讀者的作品截然相反，例如十九世紀晚期流行起來的德國黃毛丫頭文學。[71]這類作品經常將道德寓意藏在表面有趣的故事底下。[72]這些針對資產階級少女的小說，通常描寫的是不順從的叛逆女孩轉變為有教養、體面太太的「情感教育」。[73]由於這些作品講述故事人物的完整生平傳記，因此也就徹底討論了從墜入情網、結婚生子到組織家庭，至於敘事方式若非透過與女性友人的對話來進行，要不就是以情書娓娓道來。在《馴服野丫頭》（一八八五德語原版；一八九八英譯版）這部小說裡，觸發女主角芬尼和準新郎里歐展開第一次愛情對談的，就是來自她朋友內莉的一封信，內莉在信中揭露了她與一位老師的愛戀關係。但芬尼對規則和禮教的蔑視為兩人剛萌生的愛情帶來威脅，這份關係差點因此而斷絕。最後是她想起一則關於露西的訓誡故事而決定跨越這道障礙：由於露西老是繃著臉、自以為是又不願意道歉而搞砸了幸福婚姻的大好前程。[74]這對芬尼起了嚇阻作用，讓她學會用恰當的態度面對情人，因此最後戴上了新娘花冠。[75]

由上述十九世紀晚期的例子可知，愛情的溝通交流顯然是兩性不對等的。如果主角有談到任何關於愛情的事，那麼這項任務主要會落在女性角色身上。不過，從二十世紀末起，童書開始認同愛情的溝通交流是雙方達成共識的一種方式。《班愛安娜》（一九七九德語原版；一九九〇英譯版）故事內容是兩個七歲左右的兒童一起摸索浪漫愛情。作者明確地反對一種看法，即認為兒童無法體驗如成人般複雜的愛情。因此這本書精心描述了他們第一次溫柔觸摸、初吻、寫情書、身體在戀愛與害相思病時的感覺，以及「你願意當我的女朋友嗎？」這個關鍵問題背後的涵義。[76]當齊默爾曼老師看到有人在黑板上寫「班愛安娜」這句話時，他補上一句「安娜愛班」，對學生發表最後關於愛情的陳述：「要知道，愛情需要兩個人才成。」[77]

兒童相互協商並在愛的迷宮中開拓出自己的道路，這個母題在《神魂顛倒的萊奧妮》（一九九七）裡更加明顯。這部小說也採用情書作為表達深情的重要媒介。在萊奧妮寫給弗洛里安的第一封信裡，她問道：「你想和我約會嗎？」[78]當弗洛里安坦承他沒有經驗後，兩名孩子決定一起踏上探索愛情潛力的實驗旅程，並且不尋求父母的意見。[79]這個例子也展現到了二十世紀末時，談論與找尋建立愛情關係的健全方式，這個任務在男生和女生之間（幾乎）已經是平均分擔了。

「人人都在玩愛情遊戲」——靈活的感情模式

愛情的適當模式愈來愈被描述為可協商的。部分原因是性別刻板印象逐漸瓦解，就像「黃毛丫頭」芬尼過渡到像安娜與萊奧妮這樣更加開放的女性。誠然，德國的「黃毛丫頭」就跟英語世界的「野丫頭」一樣，在十九世紀就已經開始違抗性別期望；不過，至少到一九六〇年代以前，此文類的女主角一旦經歷完騷動不安的青春期就會結婚，安分地在家庭生活中安頓。還要再過好幾十年，眾人才開始將性別不馴視為在潛力上更可持續發展的選項。[80]

此外，由於作為浪漫關係穩定框架的婚姻逐漸被各式各樣的選項取代，一個人該如何去愛也就變得愈來愈模糊。比如說，與阿思緹．林格倫的《碧蒂．瑪莉的信心》（一九四四瑞典原版；二〇〇五英譯版）[81]相反，在克麗絲汀．諾斯特林格的格蕾欣三部曲（一九八一～八八）裡，十四歲的格蕾欣．薩克梅爾就不把談戀愛當成邁向婚姻的第一步，而是看作進入廣闊的實驗場。直到故事結束，格蕾欣仍然猶豫不決究竟該選擇帥氣的萬人迷弗洛里安，還是老實可靠的欣策爾才好。[82]

廣闊的愛情地帶不僅強迫其居民要果斷，而且還危機四伏，就像格蕾欣父母的婚姻衝突那樣。像這種棘手或不穩定的家庭組合，在二十世紀末的兒童與青少年文學開始盛行。早期敘事通

圖6.2 傳統家庭模式與更靈活的另一種家庭。83

常強調狹隘的家庭生活概念，故事最後總是建立起或回歸男主外女主內的傳統小家庭。[84]自一九七〇年代起，另類家庭模式開始激增，單親家庭與混合式家庭不再被形容為失敗的家庭；它們是兒童應該要學會處理的合理家庭組合。（見圖6.2）[85]

與此同時，異性戀規範下的浪漫愛情基礎崩塌了。二十一世紀之交，慢慢地有愈來愈多童書開始描繪同性愛情，其中有以下幾種不同書寫策略。首先，有些故事將同性伴侶置於日常生活環境來強調其關係正常性。例如，《小米婭和親愛的叔叔》（二〇〇六瑞典原版；二〇〇七英譯版）裡的小女主角很喜歡她的叔叔，卻難以接受他的男伴費格斯。直到米婭發現原來費格斯比叔叔還要會踢足球，種種緊張關係才平息下來。[86]《海瑟有兩個媽咪》（一九八九）故事則圍繞在一對女同志的女兒身上。當海瑟為了自己沒有父親而唉聲嘆氣時，其中一位媽咪向她解釋說所有家庭都是不一樣的，但最重要的是家人們彼此相親相愛。[87]與此相似的還有《爸爸的室友》（一九九〇），故事描述一名男孩的父母離婚後，父親搬去和男伴法蘭克同居。當母親告訴他，他的父親和法蘭克是男同志，而那是愛的另一種形式以後，男孩對此最初的不安便消失了。[88]

其他作品則利用兒童文學淵遠流長的傳統，採取較奇幻的敘事手法。在童話故事背景設定下的《國王與國王》（二〇〇〇荷蘭原版；二〇〇二英譯版）裡，一位女王想為兒子找個新娘，但沒有任何一個公主是他喜歡的。倒是有位新娘候選人的哥哥跟王子一見鍾情，從此他們就幸福快樂地一起統治著王國。[89]第三種策略則是像《哈囉，水手》（二〇〇〇荷蘭原版；二〇〇二英譯版）那樣，在看似平凡的一組人身上添加象徵性意義以及莫大潛力，以此暗示同性愛情的可能性，而非明確地呈現。麥特等待水手歸來等了很久，而後者歸來讓他心跳加速。這兩名男子一同歡笑、哭泣並手舞足蹈，最後一起出發前往某處。[90]這故事要讀者自己決定麥特和水手的感情是建立在友情、情欲誘惑、浪漫情感或三者任意組合之上。

雖然童書傾向於用正面角度來看待同性戀情，不過像《我會到那兒》（一九六九）或《世界的中心》（一九九八德語原版；二〇〇五英譯版）這類青少年小說，則把男主角的同性體驗描述為與成長有關的諸多問題之一。這兩本小說的差異，也表明了同性戀在九〇年代末已不若三十年前認為的那麼異常。因此，在較晚出版的《世界的中心》裡，主角對於自己性別認同的掙扎所引起的關注明顯少了許多。[91]這意味著同性戀的正常化與六〇年代後期的同性戀除罪化息息相關。

這些過程將重點從質疑個人是否為同性戀轉移到個人是否證明自己已準備好迎接挑戰，並設法以積極的方式處理個人性格中不從眾的一面。在這種情況下，問哪些書比較具有顛覆性、哪些又威脅要重新建構異性戀規範結構下的家庭與伴侶是沒有意義的。[92]另類模式必然與既存模式相關。克服傳統道德約束不僅仍未完成，還讓人面臨新的挑戰與責任。

檢驗指南文學可進一步支持這個論點。指南文學從二十世紀中葉起所提供的愛情模式變得更加多樣化，有部分原因是受先前概念的影響，比如「自由性愛」。然而，不能將此誤解為只是單純解放所有的道德規範。新的性自由反而帶來新的責任。[93]大家將戀人形容為活躍的領航員，他們必須在各色各樣的可能性中開闢出自己的道路。而靈活性的挑戰難度一提高，最明顯的影響就是婚姻不再是所有浪漫戀情必然的避風港了。與此同時，異性戀的愛情學問成果失去迄今享有的絕對權威地位。因此，詳細考察指南文學裡同性／異性戀劃分的相關性與不斷變化的意義將會很有幫助。

大多數的教養手冊在一九〇〇年左右時都將異性戀規範視為理所當然，當它們明確警告要抵抗像手淫或婚外性行為等「惡習」時，幾乎不會提到同性戀。[94]要再過個數十年，才有作者跳出來特別譴責男性的同性欲望。[95]從當時允許未婚男女擁有更多親密接觸的提議來看，可推論異性戀的標準愈來愈不穩定。諸如此類的建議從一九二〇年代起斷斷續續被提出來，表明了眾人意圖加強異性取向。[96]二十世紀中葉起，教養手冊利用它們認為有嚇阻作用的例子，像是同性之愛、非陰道性交以及與長期伴侶以外的性行為，奮力在看似無數的選擇中定義適當的異性戀行為。[97]與此同時，青少年之間以往珍惜的同性友誼也變得可疑。有些教養手冊將這種友誼定義為純精神層面，並表示這種友誼對立於「同性戀行為」。[98]有些作者則承認同性友誼的性欲面，但強調它們為「訓練」與異性伴侶建立關係的過渡特徵。[99]雖然有些作者主張當同性戀是與生俱來的時候，就應該容忍同性情欲的「階段」延續下去[100]，其他作者則警告不要「太早陷入你是『同性戀者』的想法」，並推薦讀者嘗試與異性性交看看。[101]這種想法符合以實驗為導向的七〇年代，亦符合有關於同性戀相對正常的論點，或每個人對同性與異性都懷藏欲望的概念。[102]

在一九八〇年代，專為同性戀青少年讀者所寫的指南書認為這種性向過渡論調是一種恐同言論。這些書建議讀者及早「出櫃」，明確表態自己完全的同性戀身分。[103]這些教養手冊鼓勵讀者與其自欺欺人的進行異性戀實驗，不如好好克服他們的羞愧感與焦慮，公開擁抱對同性的欲望。當時認為這是男同志與女同志建立有益的愛戀關係不可或缺的先決條件。[104]有些作者甚至主張同性戀者在「出櫃」以後，從中獲得的溝通技巧將使他們功成名就的機會遠勝異性戀者。[105]到了九〇年代期間，隨著跨性別與酷兒的身分政治批判進一步多元化了非異性戀規範的性欲特質，這種自信又明確地展示同志身分的焦點，部分讓步給更細緻的同性／異性戀劃分。[106]與此同時，教養手冊也開始建議在展示自己的性欲特質時要更加小心謹慎與變通，比方說避免在父親面前出現同性親吻的動作，並且要與伴侶、親戚以及朋友保持各種各樣的親密關係。[107]

這些同性／異性戀劃分的重構也剝除了彼得潘一直以來不言而喻的異性戀身分。儘管迪士尼希望彼得潘沒有任何一點「娘娘腔」的特徵[108]，但他仍然在同志的流行文化中獲得了標誌性地位。[109]受酷兒研究所啟發的彼得潘重新詮釋，進一步強調了他（或者說她）身上的雙性特質，以及彼得與虎克船長之間的複雜關係。[110]雖然虎克船長和達林先生經常是由同一個演員扮演這件事暗示了戀母情結的特徵，不過其他觀點則著重於虎克對永恆青春的渴望、他的忸怩作態，以及曖昧地在排斥與吸引間擺盪不定的跨代同性戀模式，此模式塑造了虎克與彼得之間的關係[111]，有時這種關係甚至威脅到彼得與溫蒂在舞台上的位置。

*　*　*

仔細檢視兒童與青少年的書籍與教養手冊以後，本章確定了學習如何去愛的三個主要轉變。當然，這些轉變整體上與「愛」的歷史密切相關。[112]首先可以觀察到的是性別、年齡與其他層級結構在愛情裡都逐漸地被夷平了。這些均衡趨勢在二十世紀初形成了友伴式婚姻的概念與教育改革的大力推動，在七〇年代則取得第二波女性主義與反權威教育的推動。第二，在二十世紀下半葉，當感情變成了需要在治療環境中或是伴侶彼此公平協商下不停努力和討論的問題時，「溝通」這件事變得愈來愈重要。第三，由於婚姻與家庭失去了明確地建構親密關係的權力，因此比較不那麼正式以及更靈活的愛情模式變得流行起來，但同時也讓戀人們承擔了新的責任。此過程可能與日益商業化的愛情、與同性／異性戀劃分的重構，以及與愛情、性欲特質和生殖的逐漸分離都有關係。兒童文學有時會落後於這些事態發展，在非異性戀規範的愛戀形式方面更是如此；有時則會在描述兒童的愛情時很早就預示到這些事態發展。有些變化甚至是教養手冊推動的，尤其是六〇年代後建立了結合自我管理策略與外部引導的主體性。這兩種文類一起決定性地影響了兒童學習愛的方式。

注釋

1 Barrie, *Peter and Wendy*, 259–60, 267.

2 Barrie, 158.

3 Derwent 特別強調扮家家酒的概念，見 Derwent, *Story of Peter Pan*, 43, 58.

4 Barrie, *Peter and Wendy*, 159.

5 Barrie, 159–60.

6 這種愛在「美人魚場景」中表現得特別明確，見 Loisel, *Peter Pan*, 55–6.

7 本章立足於一百二十本以上教養手冊與童書的細讀上，這些書主要出版於德國、英國和美國，另外還包括彼得潘的十幾部電影。

8 人類與人類以外的生物之區別在此也很重要，見第五章〈杜立德醫生的同理心〉。

9 類似的轉變也出現在羞辱行為與痛苦上，見第七章〈小豬的羞恥〉與第八章〈勒布拉克的痛〉。

10 Kincaid, *Child-Loving*, 6.

11 見 Moskowitz, *In Therapy We Trust*, 70–99, 218–44. 思鄉病也有類似的傾向出現，見第十一章〈海蒂的思鄉病〉。

12 Maasen, 'Das beratene Selbst: Perspektivierung', 8–9. 另見 Rose, *Inventing Our Selves.* 關於這種解放與主體化的曖昧性，另見本書導論。

13 Benno Gammerl 的 Lepper, *Liebes und Leides für heranwachsende Mädchen* 私人複製品上的題詞（作者自譯）。

14 關於母親們感謝作者警告她們的兒子小心愛的危險，可見 Stall, *What a Young Man Ought to Know*, xxvi. 關於教養手冊如何將市場直接定位到年輕讀者身上，以及透過口語對話來表達建議如何影響愛的教育，見 Martin, 'No One Will Ever Know Your Secret!', 149; Sauerteig, 'Wie soll ich es nur anstellen'.

15 見 Bradford, 'Children's Literature in a Global Age'. 關於一九五〇年以後美國書籍的影響，見 Nelson and Martin, 'Introduction', 4.

16 Hodann, *Bub und Mädel*.

17 見第十一章〈海蒂的思鄉病〉。

18 Barrie, *Peter and Wendy*; Derwent, *Story of Peter Pan*; O'Connor, *Story of Peter Pan*; 另見 Hollindale, 'Hundred Years of Peter Pan', 198.

19 Barrie, *Little White Bird*; *Peter Pan*, Herbert Brenon, dir. (Paramount, 1924).（無聲電影）

20 Erich Kästner 對於該劇的翻譯仍然沒沒無聞。見 J. M. Barrie, *Peter Pan oder Das Märchen vom Jungen, der nicht groß werden wollte* ([c.1950]). Barrie 的小說第一次出現全譯版，見 J. M. Barrie, *Peter Pan* (1964). 另見 Petzold, 'Rezeption klassischer englischsprachiger Kinderbücher in Deutschland', 84; Müller, 'Barrie, Sir James Matthew'. 關於迪士尼電影作為「銀幕上的兒童文學」之討論，見 Sammond, 'Dumbo, Disney, and Difference', 150, 162.

21 *Hook*, Steven Spielberg, dir. (Amblin Entertainment, 1991) [film]; *Return to Never Land*, Robin Budd and Donovan Cook, dirs. (Disney, 2002) [animation film]; *Peter Pan*, P. J. Hogan, dir. (Universal Pictures, 2003) [film].

22 叮噹鈴不斷攀升的人氣度，可見於迪士尼一系列以她為主的商品，以及 Kylie Minogue 在電影《紅磨坊》（*Moulin Rouge*）中以苦艾酒精靈為靈感來表演叮噹鈴。*Moulin Rouge*, Baz Luhrmann, dir. (20th Century Fox, 2001) [film].

23 Barrie, *Peter Pan; or The Boy Who Wouldn't Grow Up*.

24 Barrie, *Peter and Wendy*, 41, 47; Barrie, *Peter Pan; or The Boy Who Wouldn't Grow Up*.

25 Barrie, *Peter Pan in Kensington Gardens*, 111–12; Barrie, *Peter and Wendy*, 41. 關於達林太太如何透過輕輕一吻而扮演了彼得母親的角色，見 *Peter Pan*, Herbert Brenon, dir. (Paramount, 1924), 01:39:45.（無聲電影）

26 Barrie, *Peter and Wendy*, 107–8.

27 Ohmer, 'Disney's Peter Pan', 161; see also 153, 162, 166–7.

28 Daniel O'Connor, *Story of Peter Pan* (1914), 16; J. M. Barrie, *Peter Pan* (1964), 69, 感謝 Ricarda Lemke 提供；*Peter Pan*, P. J. Hogan, dir. (Universal Pictures, 2003) [film], 01:26:55, 感謝 Columbia Pictures 提供。

29 Morse, 'The Kiss'.

30 Munns, 'Gay, Innocent, and Heartless', 229–32; Ohmer, 'Disney's Peter Pan', 175.

31 Hollindale, 'Hundred Years of Peter Pan', 213.

32 Barrie, *Peter Pan; or The Boy Who Wouldn't Grow Up*, v–xxxiii; Hollindale, 'Hundred Years of Peter Pan', 204.

33 *The Lost Boys*, Rodney Bennett, dir. (BBC, 1978) [docudrama mini-series]; *Finding Neverland*, Marc Forster, dir. (Miramax, 2004) [film]. 另見 Birkin, *J. M. Barrie and the Lost Boys.* 反駁 Barrie 有戀童癖傾向謠言的說法，見 Hollindale, 'Hundred Years of Peter Pan', 205.

34 Hodann, *Bub und Mädel*, 108. 另見 *Boys and their Ways*, 64; Slaughter, *The Adolescent*, 37–8.

35 Storr, *Growing Up*, 74. 另見 Slaughter, *The Adolescent*, 2.

36 Comfort and Comfort, *Facts of Love*, 105; Powledge, *You'll Survive*, 36, 79–80.

37 Slaughter, *The Adolescent*, 37; Lepper, *Liebes und Leides für heranwachsende Mädchen*, 19; Hilliard, *Problems of Adolescence*, 13; Fischer, *Nicht Sex sondern Liebe*, 191; Seelmann, *Zwischen 15 und 19*, 191; Brückner and Blauschmidt, *Denkst Du schon an Liebe*, 53; Comfort and Comfort, *Facts of Love*, 108.

38 許多經典作品都算在內：Charles Dickens, *Oliver Twist* (1838); Johanna Spyri, *Heidi* (1884/1885; Ger. orig. *Heidi's Lehr- und Wanderjahre*, 1880 and *Heidi kann brauchen, was es gelernt hat*, 1881); Mark Twain, *The Adventures of Tom Sawyer* (1876); L. M. Montgomery, *Anne of Green Gables* (1908).

39 Burnett, *Secret Garden.* 關於這本小說的討論，請見第二章〈狄肯的信任〉；第八章〈勒布拉克的痛〉；第九章〈吉姆・波坦的恐懼〉。

40 Robert Arthur 的 *Alfred Hitchcock and The Three Investigators* (1964–90) 是個很好的例子。見該系列作第一卷 *The Secret of Terror Castle* (1964).

41 Blyton, *Five on A Treasure Island*, 112.

42 Blyton, 186–90.

43 見第一集。Oliver Hassencamp, *Die Jungens von Burg Schreckenstein* (1959; Eng. *The Gang from Shiverstone Castle*, 2004). 關於 *Tom Brown's School Days*，見 Munns, 'Gay, Innocent, and Heartless', 226.

44 Lepper, *Liebes und Leides für heranwachsende Mädchen*, 18, 38. 另見 Meyer, *Vom Mädchen zur Frau*, 44–5.

45 Lepper, 11, 21.

46 Lepper, 42. 另見 Meyer, *Vom Mädchen zur Frau*, 109. 針對南亞背景下的特定性別教養建議，見第三章〈阿斯嘉禮的虔誠〉。

47 寄宿學校經驗對於當時青春期概念的影響，見 Vanden Bossche, 'Moving Out', 84, 86.

48 *Boys and their Ways*, 78, 131. 另見 Slaughter, *The Adolescent*, 38. 警告同儕中的「壞朋友」，見 Stall, *What a Young Man Ought to Know*, 57; Baden-Powell, *Rovering to Success*, 106.

49 Fischer, *Nicht Sex sondern Liebe*, 115; Seelmann, *Zwischen 15 und 19*, 273; Brückner and Blauschmidt, *Denkst Du schon an Liebe*, 30.

50 Foerster, *Lebensführung*, 158. 另見 Bovet, *Von Mann zu Mann*, 32. 關於 Friedrich Wilhelm Foerster，見第一章〈蓋斯凱爾夫人的焦慮〉。

51 Hodann, *Bub und Mädel*, 114.

52 Munske, *Das bunte Jungmädelbuch*; Reichsjugendführung, *Pimpf im Dienst.*

53 Fischer, *Nicht Sex sondern Liebe*, 20–1, 85, 97. 另見 Brückner and Blauschmidt, *Denkst Du schon an Liebe*, 32.

54 *Boys and their Ways*, quotations 13–14, 78, 124. 早期警告不要混淆不同的愛的表達方式，見 Slaughter, *The Adolescent*, 36.

55 Härtter, *Warum lieben sich Mann und Frau*, 14–15.

56 Comfort and Comfort, *Facts of Love*, 52. 另見 Brückner and Blauschmidt, *Denkst Du schon an Liebe*, 71–2.

57 Seelmann, *Zwischen 15 und 19*, 26, 220; Storr, *Growing Up*, 77–8, 91–5; Comfort and Comfort, *Facts of Love*, 119.

58 Chamberlain, *Adolescence to Maturity*, 37; Hilliard, *Problems of Adolescence*, 13; Powledge, *You'll Survive*, 39, 81;

Koch and Koch, *Bloss nicht wie die Alten*, 30–1; Farman, *Keep Out of the Reach of Parents*, 15–34, 52–70. 另見 Simpson, 'Advice in the Teen Magazines', 51.

59 見 Chamberlain, *Adolescence to Maturity*, 45–6; Seelmann, *Zwischen 15 und 19*, 208, 214–15, 282; Brückner and Blauschmidt, *Denkst Du schon an Liebe*, 82; Molter and Billerbeck, *Verstehst Du mich*; Comfort and Comfort, *Facts of Love*, 11, 31–2, 54.

60 Hilliard, *Problems of Adolescence*, 16. 另見 Seelmann, *Zwischen 15 und 19*, 225; Storr, *Growing Up*, 13.

61 Seelmann, *Zwischen 15 und 19*, 215–16. 另見 Verheyen, *Diskussionslust*, 289–90.

62 Comfort and Comfort, *Facts of Love*, 54, 130; Joachim Braun, *Schwul und dann*, 109. 另見 Simpson, 'Advice in the Teen Magazines', 27. 有個稍微不同的觀點是推薦實驗與實踐，而非討論關於性方面的難題，見 Storr, *Growing Up*, 105.

63 Seelmann, *Zwischen 15 und 19*, 214; Hanswille, *Liebe und Sexualität*, 97.

64 Chamberlain, *Adolescence to Maturity*, 25; Simpson, 'Advice in the Teen Magazines', 29; Comfort and Comfort, *Facts of Love*, 10; Powledge, *You'll Survive*, 55–6.

65 Seelmann, *Zwischen 15 und 19*, 12.

66 Storr, *Growing Up*, 96; Comfort and Comfort, *Facts of Love*, 140–2; Siems, *Coming Out*, 101–3; Powledge, *You'll Survive*, 71–84; Koch and Koch, *Bloss nicht wie die Alten*, 32, 210–18. 關於伴侶諮商，見 Elberfeld, 'Subjekt/Beziehung'.

67 Simpson, 'Advice in the Teen Magazines', 19; Brückner and Blauschmidt, *Denkst Du schon an Liebe*, 41; Koch and Koch, *Bloss nicht wie die Alten*, 74. 關於這種心理測驗的流行度，見 Sauerteig, 'Wie soll ich es nur anstellen'.

68 Seelmann, *Zwischen 15 und 19*, 219, Brückner and Blauschmidt, *Denkst Du schon an Liebe*, 81.

69 Kiley, *Peter Pan Syndrome.*

70 Twain, *Adventures of Tom Sawyer*, 36.

71 Barth, *Mädchenlektüren.*

72 見 Schilcher, *Geschlechterrollen, Familie, Freundschaft und Liebe*, 249–92.

73 見 Magda Trott 的 *Pucki* 系列（全十二卷，1935–41），從 *Försters Pucki*（1935）至 *Puckis Lebenssommer*（1941）。

74 Rhoden, *Taming a Tomboy*, 107–18. *Trotzkopf* 的續集，同時也是最有名的「黃毛丫頭」系列作之一由 Rhoden 的女兒 Else Wildhagen 執筆，並且將女主角的完整生平都涵蓋了：*Trotzkopfs Brautzeit*（1892）；*Aus Trotzkopfs Ehe*（1895）；*Trotzkopfs Nachkommen*（1930）。

75 Rhoden, *Taming a Tomboy*, 233–4.

76 Härtling, *Ben Loves Anna*, 43; 另見 25–7.

77 Härtling, *90*.

78 Mai, *Leonie ist verknallt*, 39.

79 Mai, 43, 91.

80 Nelson, 'Jade and the Tom boy Tradition'. 關於一九九〇年代的性別不馴，見 Vallone, 'Grrrls and Dolls'.

81 Lindgren, *Confidences of Britt-Mari Hagström.*

82 Nöstlinger 的格蕾欣三部曲：*Gretchen Sackmeier* (1981); *Gretchen hat Hänschen-Kummer* (1983); *Gretchen, mein Mädchen* (1988).

83 Magda Trott, *Pucki als junge Hausfrau* (1950)，封面：Pija Lindenbaum, *Mini Mia and her Darling Uncle* (2007)，無頁碼。

84 另見 Else Ury 的 *Nesthäkchen*（1913–25，十卷），從 *Nesthäkchen und ihre Puppen*（1913）起至 *Nesthäkchen im weißen Haar*（1925）。

85 除了 Nöstlinger 的三部曲以外，另見 Donovan, *I'll Get There*; Willhoite, *Daddy's Roommate* 及後續 *Daddy's Wedding*. 教養手冊中關於離婚或單身父母等非標準家庭，見 Seelmann, *Woher kommen die kleinen Buben und*

Mädchen, 88–93; Storr, *Growing Up*, 97, Brückner and Blauschmidt, *Denkst Du schon an Liebe*, 120–2; Comfort and Comfort, *Facts of Love*, 138; Powledge, *You'll Survive*, 79; Hanswille, *Liebe und Sexualität*, 94–5; Farman, *Keep Out of the Reach of Parents*, 96–7.

86 Lindenbaum, *Mini Mia and Her Darling Uncle.*

87 Newman, *Heather Has Two Mommies.*

88 Willhoite, *Daddy's Roommate.*

89 Haan, *King & King.* For 類似的故事見 Richardson and Parnell, *And Tango Makes Three*，這是關於兩隻企鵝爸爸和一隻小企鵝共組家庭的故事。

90 Godon and Sollie, *Hello, Sailor.*

91 Donovan, *I'll Get There*; Steinhöfel, *Center of the World.* 關於另一本講述青少年同性戀經歷的小說（Ravera and Lombardo-Radice, *Pigs Have Wings*），見第十二章〈英格麗的無聊〉。

92 該論點的支持者，見 Nelson and Martin, 'Introduction', 8–9; Salas, 'Power and Repression'.

93 Chamberlain, *Adolescence to Maturity*, 43; Hilliard, *Problems of Adolescence*, 18; Storr, *Growing Up*, 99; Comfort and Comfort, *Facts of Love*, 102, 129–30.

94 Stall, *What a Young Man Ought to Know*, 33, 55, 135; Slaughter, *The Adolescent*, 75; Foerster, *Lebensführung*. 早期反對歧視同性戀者的論點，見 Hodann, *Bub und Mädel*, 12.

95 聲稱後天同性戀是可以治療的，見 Bundesen, *Toward Manhood;* Lindstroem, *Zauber der ersten Liebe*, 95.

96 Foerster, *Lebensführung*, 158–9; Bovet, *Von Mann zu Mann*, 37.

97 Fischer, *Nicht Sex sondern Liebe*, 31–2; Seelmann, *Zwischen 15 und 19*, 272; Brückner and Blauschmidt, *Denkst Du schon an Liebe*, 124.

98 Fischer, *Nicht Sex sondern Liebe*, 21.

99 Seelmann, *Zwischen 15 und 19*, 184. 另見 Storr, *Growing Up*, 44–5, 77, 91–2; Brückner and Blauschmidt, *Denkst Du*

schon an Liebe, 203.「鼓勵兒童多投入同性社交關係，接著又假設他們會自動發展成異性戀」的悖論，見 Pugh, *Innocence, Heterosexuality, and the Queerness of Children's Literature*, 5.

100 Hodann, *Bub und Mädel*, 129; Lindstroem, *Zauber der ersten Liebe*, 94; Siems, *Coming Out*, 31.

101 Comfort and Comfort, *Facts of Love*, 86.

102 Storr, *Growing Up*, 80–1; Brückner and Blauschmidt, *Denkst Du schon an Liebe*, 201; Hanswille, *Liebe und Sexualität*, 79. 另見 Salas, *Power and Repression*, 128. 早期的例子可見 Hodann, *Bub und Mädel*, 130.

103 Siems, *Coming Out*, 12, 30; Grossmann, *Schwul—na und?*, 12, 32, 64–72, 104–5. 另見 Hanswille, *Liebe und Sexualität*, 80–1.

104 Grossmann, *Schwul—na und?*, 17, 63, 66; Braun, *Schwul und dann*, 84.

105 Braun, 98.

106 Geißler and Przyklenk, *Ich mach mir nichts aus Mädchen*, 19, 22.

107 Geißler and Przyklenk, 35, 39, 50. 從「出櫃」的同志身分認同到青少年同性伴侶的多樣化愛情面貌之轉變，見青少年小說 Steinhöfel, *Center of the World*.

108 Ohmer, 'Disney's Peter Pan', 162.

109 Munns, 'Gay, Innocent, and Heartless', 219.

110 關於習慣上將彼得的角色分配給女演員，以及扮演彼得的女演員身上的男性特徵，見 Gubar, 'Peter Pan as Children's Theater', 487; Ohmer, 'Disney's Peter Pan', 156; Rose, *Case of Peter Pan*, xiii.

111 關於虎克船長試圖抹除自己身上的嬌氣，見 Ohmer, 'Disney's Peter Pan', 162, 173; Rose, *Case of Peter Pan*, xiii, 126. 關於彼得與虎克，見 Holmes, 'Peter Pan and the Possibilities of Child Literature', 141; Kincaid, *Child-Loving*, 285. 用現代人對性欲特質的認識來解讀故事的潛在風險，見 Munns, 'Gay, Innocent, and Heartless', 220.

112 Spector, Puff, and Herzog, *After the History of Sexuality*; Bänziger et al., *Fragen Sie Dr. Sex*; Illouz, *Consuming the Romantic Utopia*.

第七章 小豬的羞恥

烏特・佛瑞維特

名字代表了什麼？對小豬而言，名字代表一切。小豬之所以被人笑稱為小豬，因為他的外表與舉止就像一頭小豬，而他的本名從未被提及過。在威廉・高汀出版於一九五四年的暢銷作品《蒼蠅王》裡，當小豬加入墜機後倖存下來的兒童所組成的島嶼社群時，身上已帶有些傷痕。在先前十二年歲月中，他早已獲得「小豬」這個帶給他屈辱與痛苦的綽號。現在，他渴望有個新的開始，他將拉爾夫看作忠誠的伙伴，向對方吐露這個祕密。但由於拉爾夫試圖跟強勁的對手傑克交好，因此出賣小豬，讓他公開出洋相。小豬的祕密曝光後，隨之而來的是「暴風雨般的笑聲」，並且「孩子們的同情心連成一氣，卻把小豬摒除在外」。小豬再次被羞辱了：「他滿臉通紅，低下頭來擦拭他的眼鏡。」儘管如此，他對拉爾夫依然忠心耿耿。當拉爾夫第二次背叛小豬時，小豬找他當面對質，眼鏡還「因為屈辱」而蒙上濕氣。拉爾夫這才明白原來小豬「受到了傷害與打擊」並向他道歉：「如果你的感覺那麼難受，我很抱歉。」小豬接受了道歉，「憤怒的紅暈從臉頰上慢慢褪去」。不過，躲在塗料面具後面「掙脫了羞恥與自我意識」而變得無懈可擊的傑克則繼續譏笑小豬。傑克只有在團體領導權的爭奪中敗陣時感到「羞恥」過：「傑克臉上（憤怒）的紅暈慢慢褪去，接著又痛苦的漲紅了臉。他舔舔嘴脣，把頭轉向別處，避開與別人四目相覷的窘境。」片刻後，「屈辱的淚水從眼角滾落下來」。[1]

「羞恥」作為一種社會情緒

在高汀的小說中，「羞恥」（shame）和「羞辱」（shaming）是社會互動以及社會衝突的重點。作者毫不吝惜的用它們來描寫兒童的毀滅之路。兒童愈是遠離文明與其明智的行為規則，他們就會抹上愈厚重的面具讓自己能夠訴諸於純粹、徹底的暴力。對於敘述者來說，羞恥透過遏制邪惡的行為或令人對其惡行感到懊悔而發揮道德目的。但這種情緒也需要有相當程度的自我覺察與誠實的自省才行，而那些被面具所蒙蔽的人是體驗不到羞恥的，試圖讓他們感到羞恥只會助長他們的怒火與暴行，直到有更強大的力量出現迫使他們安守本分為止。一般而言，羞辱他人是擁有或掌握支配他人權力之人在做的事。互相爭奪領導權的拉爾夫與傑克都羞辱了小豬，但有別於傑克的是，拉爾夫有意識到他對小豬所做的事，並因此感覺羞愧與懊悔。這個故事的寓意在於：一位好的領導者應該要避免羞辱他人，如果他這麼做了，就應該要向對方道歉；至於遭受惡意羞辱的受害者也應該為自己挺身而出，而不是默默地忍氣吞聲。

就這樣，高汀向讀者全面介紹了羞恥與羞辱的現象學，也讓讀者了解了它們的正面與負面社會功能。不過這些讀者指的是誰？高汀原先並沒有打算要將他的第一部小說寫成童書。儘管小說所描述的男孩介於六到十二歲之間，但預定的讀者本應為成人，並且以「將社會的缺陷推溯到人性的缺陷」這個主題來抓住他們，高汀在美國出版商的問卷表裡是這麼說的。一反《蒼蠅王》裡男孩們諷刺地提到的過往著名純冒險文類，例如狄福的《魯賓遜漂流記》（一七一九）、巴蘭坦的《珊瑚島》（一八五八）以及羅伯特．路易士．史蒂文森的《金銀島》（一八八三）等作品，《蒼蠅王》的構想是對「個人的倫理本質」做象徵性探究。不過，這個方向未能打動一九五〇年代中期的成人讀者。這本書在美國只賣了幾千本，接著很快就絕版了。直到它獲選為校園指定讀物以後，才在美國與英國大賣起來（更勝歐洲大陸）。[2]

高汀的故事絕非唯一帶領讀者認識「羞恥」正反兩面的故事。不論是明示或暗示，「羞恥」在兒童文學裡都有突出的表現。[3]隨著它的語義場擴大涵蓋到難堪、羞怯、屈辱、顏面盡失或感覺可笑等「羞恥家族的變體」，羞恥的存在感與凸顯性就更加被強調了。[4]一般而言，羞恥為一種發生在人際互動之中，並透過社會規範與其期望協商出來的社會情緒。在不對等的權力關係中的要求未能獲得滿足時，可能會導致羞辱過程的發生。雖然大部分情況都是由上位者羞辱在下位者，但順序也可能會反轉過來打擊有權勢者。這取決於個人的自覺程度，以及他們對於自己有意或無意間違反之規範的尊重程度有多大。

童書與教養手冊處處提到羞恥，這反映了羞恥在現實生活中的重要性。一如二十世紀心理學家研究所證實的，羞恥不僅「直搗人心最深處」，而且還會「打著各種幌子」出現。它可以連結到童年創傷以及病理上的折磨，並可能導致侵略與暴力行為。[5]就連那些認為羞恥是與生俱來的心理學家，也承認羞恥的來源與姿態「是學來的」。[6]羞恥被認為是取決於後來出現在生活中的認知能力。最明顯的是，羞恥需要「清楚認識到自我與他人是不同的……以及一套衡量自我的標準」。[7]當代歐洲兒童通常在兩歲左右進入此個體化階段。[8]

羞恥感在童年期與青春期期間發展。兒童慢慢地了解社會習慣與道德規則，並且意識到這些規則對於他們生活環境的重要性，以及違反規則的下場。通常他們是透過快樂或痛苦、獎勵或懲罰的經驗來學習解讀別人對他們行為的反應，並學著開始在乎這些反應。學習如何感覺以及「表現」羞恥，同時以公開及含蓄的方式進行，並且如同兒童文學與教養手冊所凸顯的那樣，直接或間接的鼓勵羞恥感一直無所不在。諸如「你真丟臉！」這樣的表達用語在成人與兒童的日常交流中不斷出現，這些用語也愈來愈常出現在同儕之間的互動。除此之外，使人感到羞愧的做法十分廣泛，可以從排除犯錯者於社交互動之外，到將他挑出來暴露於大眾面前讓人鄙視之。

「真」、「假」羞恥

整個十九世紀下來，在醫生、教師與神職人員所推薦的兒童文學中，瑪麗亞・埃奇沃思的小說、幼童故事、道德故事與通俗故事占有特別突出的地位。[9]埃奇沃思從一八〇〇年左右開始發表作品，她的故事出現在學校教科書與雜誌中，除了在英國、美國與德國廣為流傳以外，亦翻譯成法文與義大利文。

在她寫給兒童與青少年的故事裡，她所謂的「羞恥之情」在「實踐教育」中扮演著重要的角色。一般而言，羞恥會「以驚人的力量影響心靈」，因此要「非常謹慎地使用；並且一定要保有恢復自尊的希望與可能性」[10]。道德的規範不在於「人家會怎麼說」，而是受過良好教育的孩子應該如何思考。[11]不過，還是有些社會規範得遵守，像小羅莎蒙德被教導要留意她的針線活，因此當她在一個星期內弄丟了四根針以後感到非常「慚愧」。[12]至於她六歲的弟弟法蘭克則被告知一則故事，那故事說的是一個男孩因為膽小害怕而感到「慚愧」。羞恥的感覺幫助他克服恐懼，滿足了所有男生都應該勇敢的眾望。[13]故此，伴隨著「錯誤或愚蠢」行為而來的羞恥，證明了它在改善道德行為方面是有建設性的。相同道理適用於體罰上：體罰會帶來疼痛，但更重要的是會帶給人羞恥。埃奇沃思主張，皮肉之痛很快就會被遺忘，但「羞恥的恐懼」一旦「長存於兒童心中」就會成為讓兒童行為舉止得當的「更強大的動機」。[14]

雖然埃奇沃思的故事力求讓小讀者意識到羞恥與美德的密切關係，不過這些故事同時也告誡兒童要提防「假羞恥」。當羞恥感是因為社會虛榮或同儕壓力而忽視道德規範所產生的，那麼此羞恥就是虛假的，而根據埃奇沃思以及許多人的看法，這些道德規範強烈根植於宗教情懷與其教義上。當代社會似乎破壞了這些基礎。一八三四年，美國福音派新教的《主日學期刊》刊登了一名對「假羞恥」表達強烈不滿的人士來信。他明確提到自己曾讀過埃奇沃思的故事，並且「有句格言從此一直留在我的腦海裡……**害怕被嘲笑的人成不了大器**」。這句話幾乎道出了那些曾不幸被假羞恥所困擾的教徒們的困境：「一名年輕男子恥於成為主日學校的老師，只因有人注意到的話會嘲笑他！而另一名年輕男子則不敢承認自己的宗教情懷。」至於治療這種「心靈疾病」的方法，作者給「年輕教友」的建議是「要堅定、做個男子漢；要有正確的觀念並牢牢抓緊它們。恐懼無益的嘲笑是最差勁的懦弱……適當參考他人的意見當然是可取之事，但身為一個理性、負責任、永生的人，別讓自己受奴役於他人的思想。」[15]

這封信見證了兒童文學中的「格言」如何在讀者的記憶裡扎根直到成年。這封信也承認了羞恥在塑造人好壞行為方面有多巨大的影響。因此，區分「假羞恥」與「真羞恥」在「實踐教育」裡成為了一個重大課題。一方面，兒童必須得養育得夠「堅定」、堅守「正確的觀念」，並且如信件作者所建議的，要「鄙視無知的嘲笑」，而不是恐懼它；另一方面，讀者們被鼓勵要將「真正的」羞恥視為「美德之愛」的標誌，並且在行為不當時接受羞辱。16

正如埃奇沃思筆下的羅莎蒙德與法蘭克所顯示的，合宜的行為舉止標準依性別而有所不同，而這些標準也會隨著時間起變化。埃奇沃思在十九世紀初開始出版她的作品，這些作品直到一八七〇至九〇年代仍被醫生推薦為女孩子的優良讀物，而這段期間一度被視為合宜的標準，在二十世紀期間逐漸變成了陳腐的東西。這裡所說的主要是套用在故事女主角身上的禮儀規範與謙遜，其中也包括了兒童應該如何對待彼此、對待監護人、父母、親戚與教師的方式。就整體趨勢而言，這些規範的變化是在一九〇〇年左右開始加快，在四〇年代的時候格外劇烈。

難道羞恥最終也會退流行嗎？這個問題只能由本研究所挑選的文獻資料作粗略地回答。也許可以這麼說：是感到羞恥與施加羞辱的人都改變了。對兒童來說，通常主要讓他們感羞愧的對象是家中大人，尤其是父母。而在日後的成長過程中，會有愈來愈多打著神職人員和教師名號的成人加入。他們不但握有設立規範與規則的權力，還可以透過羞辱來制裁不聽話的孩子，不論是私底下或者是在其他人面前（以便增強效果）進行羞辱。成人能夠施予「真正的」羞恥，這曾經是一般人普遍的理解，至少在十九世紀下半葉直到一九四〇年代是如此；成人身為美德與道德習俗的守護者，他們能夠明辨是非，並且將這方面的知識傳給孩子。

還有其他行為者也會施加侮辱，也就是較年長的大孩子，以及同齡層的同儕、兄弟姊妹、同學與玩伴等孩子。他們跟成人一樣扮演著規範與規則（這些規範與規則有時與成人世界不同）的守護者，並且也行使權力羞辱不服從的孩子。團體動力學的一個典型特徵便是這類羞辱行為是公開進行的，這會使人感到更加難受。同時，同儕團體的權力結構不如家庭或師生關係穩定；同儕間的權力關係會遭逢激烈競爭與爭奪。隨時都可能有新聯盟出現，為那些曾經蒙受「錯誤的」羞辱的人提供保護與支持，回過頭來羞辱對方。

二十世紀由於受到社會與人口變化的影響，同儕與同齡團體間的羞辱威勢與日俱增。身處同儕間的兒童，遭受握有權力或追求權力者「錯誤」羞辱的風險愈來愈高。隨著家庭規模愈來愈小，兄弟姊妹失去了身兼同儕與家庭道德體系成員的雙重角色；反過來說，家庭以外的同儕因此變得更重要了。此發展相當清楚地反映在兒童文學裡，兒童文學開始將愈來愈多的焦點放在同年齡的同儕團體以及家庭外的衝突上。童書逐漸討論起一般人察覺到的小家庭缺陷，而這些缺陷有損小家庭設立規範與制裁的權威。這些書把在所謂「殘缺」家庭或疏忽養育任務的父母底下長大的兒童，描繪得比其他兒童更加依賴同儕與其「情感規則」。有時，後者可能更加優越並一腳踢開成人世界裡的「虛假」行為。「真正的」與「虛假的」羞恥不再是由成人權威來界定，而愈來愈傾向由兒童自己決定。

由於許多西方國家在家庭結構、人口模式以及學校教育方面都有相似的發展，因此不意外的，其兒童文學與指南文學討論羞恥與羞辱等行為的方式相當統一。偶爾出現的差異則來自於制度的特殊性。比如說，英國童書是最早論及同儕團體作為羞辱行為者的影響力，原因是英國那被特權化的寄宿學校教育制度（特別是保留給中、上階層的男孩，再來是女孩寄宿學校）。相同道理，在典型的公學小說中，教師的地位比父母親來得顯著。

該文類不僅在盎格魯－撒克遜國家極受歡迎，在歐洲大陸國家也同樣受到愛戴，這說明了兒童文學的跨國魅力。二十世紀下半葉，英國作家伊妮．布萊敦的作品如五小冒險系列等等，在西德有一群熱中的兒童讀者。儘管他們並沒有相同的寄宿學校經驗，仍易受那種似乎給予兒童諸多獨立性的環境魅力所吸引，包括互相羞辱的權力。不過，它同時也引起了對羞辱力量與同理心的自我檢討與反思，並糾正「虛假的」羞恥所造成的傷害。

性別化的羞恥

十九與二十世紀初的小說對於「真正的」羞恥的定義，是用在違反道德規範的行為上。在伊麗莎白．韋瑟雷爾出版於一八五〇年的暢銷小說《寬闊的世界》裡，小艾琳以母親的嚴格原則為指引，排除萬難努力過著「基督徒」的生活：「要是你的襪子上有了個破洞、裙子上出現一條裂縫、或是襯裙斷了一根線而超過一小時都沒有縫補的話，我希望當你看到你的針線盒時會曉得要臉紅。」[17]在海因里希．霍夫曼三十年間便出現一百個版本之多的《披頭散髮的彼得》（一八四五）扉頁上，畫著置於高座上邋遢的彼得，他留著長長的指甲和一頭亂髮，這就是要引發讀者即刻的蔑視。從一八五八年的版本開始，同一張插圖在翻開書本幾頁後會伴隨著有押韻的驚呼聲出現：「看哪，他就站在這兒。噁！多麼令人作嘔哪！」（見圖7.1）這張圖喚起一幅早期的經典羞

圖 7.1　置於高座上的邋遢彼得。收錄於海因里希·霍夫曼《披頭散髮的彼得以及幽默故事與滑稽圖片》（*Der Struwwelpeter oder Lustige Geschichten und drollige Bilder,* Frankfurt am Main: Literarische Anstalt, 1876，第一百版），無頁碼編號，直接數來第五頁。

辱場面：違反社會規範的人會被公開展示，受眾人指指點點與唾棄。[18]

雖然艾琳和彼得羞恥的原因是相同的，但他們所經歷的羞辱卻很不一樣。艾琳將母親的道德教訓完全內化，不僅「滿臉通紅」[19]並且成功學會了虔誠與「謙卑」；而彼得則頑固地拒絕父母的勸告，因此被迫公開羞辱。就彼得的情形而言，「羞辱」是為了改善他可恥行為的懲罰手段。就這兩個故事的羞恥方面而言，艾琳是女生而彼得是男生並非偶然。一方面，男孩子通常被描繪得比女孩子更不守規矩、目中無人。他們的意志必須要粉碎，若有必要的話動武也行，而公開羞辱是一個方便的手段。另一方面，女孩子顯得較有可塑性，比較不會抵抗，同時也更依賴母親或教師的同情。害怕失去感情支柱促使她們會立即按照成人的希望糾正自己的行為。

十九世紀的作家將這種可調節的「女性性格」（盧梭的說法）歸因為女人的天性，據說這使得女孩子更為嬌嫩、更具耐心、同理心與克己；然而，他們同時卻也得大費周章地對女孩子進行徹底的教育，才能使她們符合自然的「原始」安排。特別是教養手冊與兒童文學會強調「靦腆」之於女孩子的重要性，眾人普遍認為這是個很關鍵的性格特徵。靦腆關係到形成女性名譽基石的貞潔。在同樣的思路下，基督教刊物發表了讚頌美德的故事與詩歌，如「靦腆的紅暈，／在少女的雙頰泛起，／當清純的思想憤慨，／罪過與羞愧都謝絕」。[20]伊莉莎白・布萊克威爾*提供家長關於子女德性教育的諮詢意見，並發起捍衛「性道德」與貞潔的運動，而這場運動與羞恥、莊重以及厭惡「縱欲放蕩」等觀念有很大關係。[21]

不過，女孩子不是此訊息的唯一接受對象。男孩子也被教導要避免可恥的性行為。這個指導從建議以體力活與運動來平息精力旺盛的欲望開始，接著告誡遠離酒精、避免與傷風敗俗的女性來往，也不要去觀賞可疑的戲劇。正值青春期的男孩應避免閱讀會讓他們腦子充滿不潔思想與激情的下流小說，因此歐仁蘇就和狄更斯、大仲馬、喬治桑以及左拉等作家一樣不宜。[22]

隨著兒童文學（起初是為男孩子所書寫的）開始愈來愈專注在娛樂與冒險上、道德教訓愈來愈少，貞潔與秩序等主題變得比較不那麼突出。儘管如此，晚至一九三五年該主題仍然有其地位，在卡蘿・布瑞克廣受讚譽的《紅髮少女》裡，女主角凱蒂因其不良行為而受到母親的強烈斥責。儘管哥哥湯姆也一樣魯莽，但母親只責備凱蒂：「我的**女兒**是……這麼樣的一個野丫頭，野到忘了身為一個姑娘該有的體統！她真丟臉！真丟臉！我實在是想不出要怎麼處罰她才夠。」凱蒂覺得這非常不公平，因此打算離家出走。直到她心愛並支持她的父親說服她接受「既美麗又珍貴」的女性「職責」以後，凱蒂的態度才軟化下來。甚至在此之前她就對自己傾向「野印第安人」的行為感到有些疑惑。[23]當她行為端莊的表姊從波士頓寄來一封文情並茂的信時，凱蒂出現了情緒上的拉扯：

> 這封信聽起來就像是《媽媽的助手》或《年輕姑娘之友》裡的故事，那些無聊的故事比不上安徒生或湯姆的故事……不，凱蒂・伍德隆絕不會寫出那樣的信。是不會還是不能呢？老實說她也不知道，但這件事讓她感到有些慚愧，光是想想就令人感到不安。[24]

---

*伊莉莎白・布萊克威爾（Elizabeth Blackwell，一八二一～一九一〇），美國首位獲得正式醫學士學位（M.D.）的女醫師，對於兒童性教育有很嚴厲的標準。

早在五十年前，艾美・馮・羅登筆下的野丫頭芬尼就已經歷過類似的轉變。芬尼在學校故意呈交一塊有瑕疵的織布後，遭到校長公開批評（「你真該為自己感到慚愧！」）並且被其他女孩恥笑。但芬尼不像小羅莎蒙德那樣順從地接受羞辱，而是造反地將長襪「粗暴的往門上猛擲，讓針線散落一地」。當校長叫她收拾時，她也拒絕了。不過，最後她還是聽從了一位善解人意的家教勸告，在一種「若不是懺悔就是慚愧」的狀態下道歉了。[25]

公開羞辱與個人自尊

事實上，公開羞辱是小說中教室的共同特色，從《馴服野丫頭》（一八九八）裡芬尼的上流寄宿學校到《湯姆求學記》（一八五七）裡的拉格比公學、《愈走愈偏的艾瑞克》（一八五八）的羅斯林公學皆然。常見的處罰方式有：叫不守規矩的學生去角落罰站、當眾鞭打他們，或是強迫他們戴上可笑的面具從而引起其他同學的注意與嘲笑。[26]這些令人感到羞恥的制裁手法引起當時教育學者大量關注與爭論。一方面，有的人提倡這些做法是強而有力的教育及品格塑造手段。這呼應著埃奇沃思的早期主張，認為羞辱兒童確實經常比「訓斥、警告、恐嚇與體罰」還要有效。羞恥不僅「更深刻」也不易忘卻，因為它直接影響到兒童的自尊心與道德行為能力。不過，使用羞辱制裁時也必須小心謹慎並有節制才行。過度的羞辱可能會造成嚴重傷害，並且破壞大家認為不論是對男性或女性來說都很重要的榮譽感。愈來愈多教養手冊與教學小冊子的作者警告讀者鞭打與掌摑所帶來的風險，也就是削弱兒童的自尊心以及受人尊敬的展望。[27]

羞辱制裁通常是在一群旁觀者與同儕面前執行的，這件事實也受到批評。現在會認為兒童不應該在兄弟姊妹面前被羞辱，也不應該在班上同學們面前被處罰，因為這只會鼓勵同學彼此間「幸災樂禍」。[28]此觀點是由比較思想解放、改革導向的專家所提出的，他們反對羞辱迄今為止的精髓，也就是強迫兒童感受他人的蔑視與鄙夷，更準確的說法是感受被群體排除在陪伴與同情之外，哪怕只是暫時的。在此情形下，羞辱實現了真正的社會功能：它不僅對做錯事的人證明他們的行為應受譴責，同時也確認並強化了集體約束規範與價值觀的正當性。

但集體（團體、機構、社會）的要求如何才能與保護個人自尊和尊嚴的任務達到協調呢？一個孩子能夠承受多少屈辱而不受嚴重傷害？又，兒童得經歷多少詆毀才能成為特定群體裡可靠又值得信賴的一分子？十九世紀童書裡的男女主角多少都面臨到這些處於現代社會對自我認識的核心問題，但都未能找到簡單的答案。那些為了「教育其心、發展其道德觀」而朗讀給少男少女聽的短篇故事，將兒童描繪為每當受到成人責備時，總是會面紅耳赤並目光下垂的模樣；雖然暴露在大庭廣眾之下很傷人，但「真正的」羞恥終究有助於說服他們改善並改變自己調皮搗蛋的行為。[29]

不過，也曾有一些少年主角起身反抗成人侮辱的事例，露西．莫德．蒙哥馬利出版於一九〇八年的《清秀佳人》便是一個著名的例子。這本於二十世紀期間售出約五千萬本並翻譯多達二十種語言的小說，聚焦在「羞辱」的部分比「慚愧」的部分還來得多。十一歲的女主角安妮對於她認為是侮辱和不尊重的行為非常敏感，不論是來自於成人或同儕。每當她感覺受到傷害，她都會還以顏色。有一次老師要她到黑板前的講台罰站，安妮：

敏感的心靈彷彿遭受鞭打般顫抖著。她板著一張蒼白的臉聽從命令。菲利普老師拿粉筆在安妮頭上的黑板寫下：「安．雪莉的脾氣很壞。安．雪莉必須學會控制脾氣」，接著他大聲念出來，好讓那些還不會讀寫的初級生也能明白那段文字的意思。安妮一整個下午就頂著頭上那幾個字站著，她沒有哭也沒有把頭垂下來。怒火在她心頭持續燃燒著，使她能夠在屈辱的痛苦中支撐下去。[30]

讀者該作何感想？他們是站在安妮那一邊，一起討厭試圖羞辱她的老師嗎？他們會佩服她勇敢面對成人權威並捍衛自己的尊嚴與自尊心嗎？還是說他們其實不贊成安妮的「激情憤慨」[31]以及拒絕接受羞辱呢？由於讀者的反應通常沒有留下紀錄或監測，所以我們無從得知。儘管如此，還是有些細微的跡象可循。整體而言，敘述者將女主角介紹為正向的角色，她生氣蓬勃、靈敏、快樂又富有想像力。除此之外，安妮通常是受到其他人侵犯自己名譽才做出防衛動作的。不過，從傳達給讀者的故事寓意來看，控制好自己的脾氣肯定不是壞事，即使這點在蒙哥馬利的作品中並不如在羅登《馴服野丫頭》裡那麼明顯：隨著年紀愈來愈大，安妮也變得愈來愈成熟，她意識到不寬恕的態度是有問題的，並因此成功地改掉了這種態度。

在此，「羞恥」的另一個重要主題出現了：驕傲、自愛與傲慢的感覺。雖然捉弄安妮的同學很快就向她道歉了，但她拒絕忘卻此事：「吉魯伯特．布萊斯已經**深深傷害**了我。」[32]可是「道歉」代表了加害者的懊悔，因此通常必須得接受才行，該訊息反覆由宗教與教育小冊子以及兒童文學所傳播，其中最主要的還是宗教色彩。就如同罪人一旦懺悔上帝就會寬恕他們一樣，兒童也應當寬恕他人。回絕真誠的道歉是無禮的表現，並且傳達了傲慢，而傲慢本身就能夠成為一個羞恥的理由。

當童書討論到羞恥與羞辱時，驕傲、傲慢與自憐便起了關鍵作用。弗雷德里克・馬里亞特歷久不衰的《馬斯特曼・雷迪》（一八四一～二，全三卷）訴說一名六歲男孩湯米的故事，每當他受到責備或懲罰時總是會為自己感到委屈，於是一直避免懊悔，直到後來他才明白慚愧感與懺悔其實是邁向救贖的第一步。[33]在童書裡，「驕傲」常常會阻擋羞恥。在葛拉罕《柳林中的風聲》裡，儘管蛤蟆總是很快地「用那種老是能夠讓他的朋友們卸下批評，並站回到他身邊的自己屈從態度」道歉，但其實蛤蟆從來沒有真心為自己做錯的事感到慚愧過。直到故事最後，他才終於想通自己最好停止獾所說的那些他應該感到「慚愧」的「自負、誇耀又虛榮」等行為，並將他「自吹自擂」的態度轉變為「謙遜的」幽默態度。[34]就如野丫頭芬尼費了很大功夫才發現真誠的道歉實在很困難，馬克・吐溫筆下桀驁不馴的哈克・芬也躊躇了十五分鐘才向被他嚴重冒犯的朋友吉姆道歉。而吉姆是個「黑鬼」以及前奴隸身分讓道歉這件事變得更難，但哈克最終還是道歉了，而且他「一點也不覺得後悔」。[35]

承認自己的過錯、對失敗與劣行負責、向受到傷害的人道歉，這些都是道德修養與成熟必不可少的要件。這從來都不是件容易的事，對於那些已經建立起強烈驕傲感的兒童來說尤其如此。驕傲倒也不完全是可鄙的，為了發展出被愈來愈多人視為健康、可取的自主獨立型人格，兒童顯然需要某種程度的自我伸張才行。[36]只不過與此同時，他們也得好好思考自己的驕傲對他人的影響。在諾埃爾・史塔菲爾德一九三七年的小說《芭蕾舞鞋》裡，由於十二歲的寶琳在首次芭蕾舞劇表演時傲慢地對待配角群，於是導演將她撤換下來。剛開始時她只感到委屈，但慢慢地學到了教訓。在她的內心深處，她知道自己出於自愛與驕傲而一直對其他人無禮又傲慢，「接著她開始感到慚愧，儘管獨自一人仍羞紅了臉」。[37]

每當「驕傲」與公民道德對立並且傷害到他人時，眾人就必須對驕傲開戰並制伏之。當哈克為當初阻止他承認自己過失行為的種族優越感而感到掙扎時，哈麗葉・比奇爾－史托《湯姆叔叔的小屋》（一八五二）裡參議員伯德的太太則罵他恬不知恥的投票支持一條禁止幫助逃亡奴隸的法令：「約翰啊，你可真不害臊！……這是一條可恥、可惡、可恨的惡法。」[38]同樣地，在霍夫曼《披頭散髮的彼得》裡，路維、賈伯與威廉看到一個摩爾人「黑如墨」而對著他大叫大笑時，結果就受到巨人尼可拉斯修理。[39]在瑪麗亞・埃奇沃思的《通俗故事集》裡，文明且有教養的人應該為持有反愛爾蘭偏見和共享誤導人心的國族或民族自豪感，而感到「慚愧」。[40]他們也應該避免社會或階級自豪，而不是「把商人與製造商視為一種對上流社會而言，是不光彩的階級」。[41]

這些書中的寓意皆認為社會傲慢是羞恥而非榮譽的來源。表現自負的人必須得到教訓並感到慚愧。這正是特奧多爾・狄爾斯筆下某篇故事的情況，在這故事裡一名英國貴族用高高在上的態度對待一名高山嚮導，後來當這名嚮導救了傲慢男子的女兒一命之後，他感到十分慚愧。[42]與此類似的還有奧蒂莉・維爾德穆特的一篇故事：當卡爾這個紈褲子弟不得不向一位貧窮的老男人借錢時飽受「嚴厲羞辱」。[43]只要貧窮不是出於個人惡癖或懶惰所導致，那麼貧窮就不會被當作是可恥的。恥於被人瞧見和窮親戚來往的兒童學習了解到自己的行為本身就是可恥的，並且被教導要避免傷害窮人的自尊心。[44]「貧窮不是不光彩的事，我們應該尊敬清貧。」在伊迪絲・內斯比特的《尋寶奇謀》（一八九九）裡，朵蘭・白斯特布爾如是說道。「而且我們都同意就是這樣」。[45]

不過當某些人反應過度時，妄自尊大也是一個問題。在路易斯・卡洛爾《愛麗絲漫遊奇境》裡，當愛麗絲因為問了一些傻問題而傷害到動物的感覺時，她並不介意道歉；儘管如此，對於那些動不動就覺得自己被冒犯的動物，她確實也失去了耐心。比如說，老是覺得自己被侮辱的老鼠總是掉頭就走，必須得常常哀求他回頭。這種行為就像一下子就被玩伴的玩笑給惹惱的兒童一樣不恰當。[46]一般而言，當兒童受到來自同儕的戲弄或質疑時不能太過敏感。他們應該要像《綠野仙蹤》（一九〇〇）裡的桃樂絲和稻草人一樣，稻草人會拿自己的不幸來自嘲[47]，不然就該像朱爾・凡爾納的《十五少年漂流記》（一八八八法語原版；一八八九英譯版）裡的伯里安一樣保持冷靜。伯里安一開始不接受德諾班的單挑，在他看來那是既不公平又極具侵略性的挑釁，直到對方稱他是懦夫並瞧不起他才逼得伯里安開打。「膽小」是男孩們所能想到最糟糕也最可恥的侮辱，不計一切代價都得避免這種恥辱。[48]

在整個十九、二十世紀的兒童文學裡，「膽小」是個一說再說、反覆出現的主題，其故事情節變化無窮。路易・佩爾戈出版於一九一二年的《鈕扣戰爭》（一九一二法語原版；一九六八英譯版）是個特別突出的例子，這本小說出版了三十多版，在翻拍成幾部電影以後受到更多法、德、英語觀眾的歡迎。在故事裡，兩群來自相鄰村莊的男孩投入集體戰爭的儀式當中。他們一開始是用最卑劣（有時是曲解）的誹謗與惡言謾罵來侮辱彼此，而侮辱必須透過武力抵制以免被人冠上可恥的懦弱之名。一波又一波的羞辱、一次又一次的攻擊使得儀式化的衝突最終失控。當其中一組人馬將對手身上的鈕扣、皮帶扣與勾釦給割斷，讓他們褲子掉下來、內褲被人看光光時，羞恥與毀譽達到了極限。對勒布拉克來說，「一種嶄新的羞恥或是暴怒讓他氣得臉色發紫」。[49]

權威的轉移

在佩爾戈的小說中明顯可見羞辱的行為是如何開始轉變的。在十九世紀大部分的兒童文學裡，羞辱是上對下垂直執行的。從埃奇沃思到霍夫曼、從休斯到羅登等作者都告訴讀者，不論是家裡或學校裡的不服從都是羞恥的主要來源，而父母、親戚與教師施加在兒童身上的羞辱則提醒兒童自己的弱點，並抑制他們的驕傲感與自我伸張的感覺。

不過，這樣的模式在二十世紀改變了。羞恥現在愈來愈往水平發展，是由同儕所施加或在同儕間體驗到的。在佩爾戈的小說中，羞辱發生在一群男孩之間，他們證明了自己非常擅長發明拿來羞辱人的新詞語與行為。同樣地，在耶里希．凱斯特納《會飛的教室》（一九三三年德語原版、英文版）裡，成人也沒有涉及到這類行為，他們在故事情節上的表現無足輕重。為自己的恐懼感到慚愧而且在同學眼中也沒有膽子的鄔理，為了強出頭而從天梯上往下跳。他對於其他男孩不相信他能夠迎接挑戰感到相當氣惱，因此採取這個差點害死自己的冒險舉動。這讓他的朋友們震驚與敬畏，他們開始討論羞恥的好處。機靈的賽巴修坦承他也覺得自己缺乏勇氣，只是他一直隱瞞著這件事：「我的膽怯不太困擾我。我也不為此而感到慚愧，因為，你們瞧，我還有點常識，我知道每個人都有自己的毛病和缺點，最重要的不過就是別讓人發現。」一個年紀較大的學生反對他說：「我覺得引以為恥會比較好。」賽巴修默默同意。[50]

這場討論邀請讀者思考羞恥的雙重性質：儘管羞恥在那些能夠羞辱別人的人手裡是一種權力工具，但羞恥也表明了一個人的真實感受與誠摯的心聲。羞恥能夠顯現出一個人最好的一面，並促使人做出了不起的意志力行為；但羞恥也可能導致愚蠢與自我毀滅的行為。至少鄔理的例子還有個好結果，也就是促使男孩們公開討論諸如恐懼這種往往躲藏在「男子氣概」面罩下的情緒。[51]就這方面而言，《會飛的教室》顯然超越了一般的寄宿學校小說。在一八五七年的時候，休斯筆下的湯姆·布朗起初深怕自己公開禱告會被其他男孩恥笑，但最後他還是跟著小亞瑟的榜樣，跪在自己床邊禱告，然後「感到安慰又謙遜的站起身來，準備好面對全世界」。於是湯姆學會了堅持自己的原則，而不是因畏於羞恥而採取主流態度。[52]至於鄔理，在他的情形裡則沒有「我」與「他們」之間的衝突：使鄔理感到羞恥的是他自己的恐懼，而他試圖以有勇無謀的一跳來克服恐懼。

羞恥就這樣從外部的強加變成內在的執行。這反映了朋友與同儕的威勢愈來愈大，他們是個人認同、尋求認可的對象，其原則也是個人全心全意共同遵守的。在這種情形之下，這些故事裡的主角一旦行為與態度偏離了團體接受的規範就會感到羞恥，而這種羞恥是個人與自我施加的狀態。這就是史塔菲爾德的小說《馬戲團來了》（一九三八）裡的情況，當彼得與桑塔這兩位主角發現自己「遠遠不及」馬戲團孩子所辦得到的事情時「慚愧到無地自容」。[53]在伊妮·布萊敦的《克莉亞風雲》（一九四一）裡，底層階級出身的希拉試圖用傲慢這種「障眼法」來隱藏她的

「自卑感」，結果被直言不諱的珍妮特揭底而當眾出醜。[54]同樣地，在布萊敦的《五小冒險：海島・地牢・黃金》（一九四二）裡，當喬治／喬琪娜向堂兄妹坦承她也想跟他們一樣善良、熱心助人又從容自在，而不是像現在這樣孤獨、匱乏又不受人歡迎時，她滿臉通紅。[55]

許多書也清楚表明了同儕間的羞辱權力是能夠被爭奪與協商的。不論有多渴望得到團體的認可，主角對某些事物的容忍度還是有限度的。在《五小冒險：海島・地牢・黃金》裡，年紀最小的安妮拒絕被其他年長的孩子侮辱，笑稱她是還在玩洋娃娃的小女娃。雖然很受傷，但玩玩偶是她所喜愛也很享受的事，因此拒絕受辱。她有足以抵抗團體期望並捍衛自己的興趣與熱情的自信，這使她最後獲得了其他人的尊敬。[56]相反地，在朱蒂・布倫的《鯨脂》（一九七四）裡，由於琳達一直沒有起身反抗班上同學接連不斷的霸凌而失去了別人對她的尊重，就連看不下去，最後終於出聲反對這些殘忍行為的吉爾也無法同情琳達：「有些人就是這樣，會讓你好奇他們到底能忍到什麼程度。」琳達之所以不值得同情又不討人喜歡，就是因為她任由「別人決定要對她幹嘛」並允許「所有人都踩在她頭上」。反觀吉爾，她被以前的小圈子遺棄後，不僅反擊回去還順利交到新朋友。[57]

這裡的故事寓意很明確：儘管同儕團體對兒童來說無比重要，並持有接納與排斥的龐大權力，但他們並非一切。兒童可以表達他們的異議而不用完全遵守團體的規則與標準，要是這樣子行不通的話，就和他們保持距離。那些接受霸凌與羞辱、不做任何反抗的人則會帶給自己真正的羞恥。小豬正是抱著這種心情上前與在其他孩子面前羞辱他的拉爾夫對峙，而拉爾夫也做了正確的事，那就是向對方道歉（雖然有些滿不在乎的樣子）。

二十世紀的兒童文學試著藉由像這樣子勇於發聲反對他人的要求和期望，使兒童能夠遵循自己的人生軌跡並抵抗「假羞恥」。這些書將男女主角描繪得很容易受同儕壓力與羞辱的影響，不過這些書也鼓勵他們別隱藏自己的感覺，而要在團體裡攤開來協商。與此同時，他們也被勸告不要太過敏感，就像愛麗絲遇到的那隻老鼠，或艾伯塔・隆美爾《金色面紗》（一九五五）裡的瑪麗安那樣。瑪麗安是會不斷感到慚愧的人，時不時就滿臉通紅，最後終於惹惱她的朋友（也是未來的情人）：「你是被侮辱到了嗎？天哪，小姐，不要這麼敏感！」[58]要是沒有一定程度的互相包容，社會互動顯然就無法正常運作。一個人要是過度敏感會引發另一個人侷促不安，接著使溝通變得既尷尬又困難。許多書籍的建議是，與其小題大作地過度認真看待侮辱或令人難堪的事，不如一笑置之比較有幫助。[59]

另一個注意到的有趣趨勢，是觀察羞恥與羞辱如何逐漸進入成人領域。法蘭西斯・柏內特的經典小說《小公子》裡的多林寇特伯爵是一個早期的例子。孫子的善良與信任使這位高傲的貴族深感慚愧：「他枯槁的肌膚浮現黯淡的紅暈，接著他突然轉移了視線。」小公子塞卓克的愛心與溫柔讓他感到害臊，他反省起以前的自己，最後「糾正了一切」。[60]在凱斯特納的《冰淇淋的滋味》（一九三〇德語原版；一九三二英譯版）裡，安東讓一位斥責他半夜還在外頭賣火柴和鞋帶的傲慢紳士感到羞愧：「『你應該要躺在床上準備睡覺了，而不是站在那裡叫賣。』一名男子說道。安東瞪著對方咕噥道：『但沿街乞討叫賣實在是太好玩了嘛。』男子有些慚愧……『別生氣。』然後給了他一枚硬幣。」[61]這種變化在庫爾特・黑爾德的《紅髮卓拉》（一九四一德語原版；一九六七英譯版）裡更加明顯。故事背景設定在一九三〇年代的克羅埃西亞，小說敘述的是紅髮卓拉與其孤兒朋友優雅且勇敢地在充滿敵意的環境中求生存，捉弄自滿的鎮民並對抗他們可恥的恐懼與懦弱。這群孩子也從老漁夫戈里安口中清楚了解到，他們與鎮民之間的反覆衝突其實是大人的過錯，因為他們厚顏無恥地假裝看不見社區裡的孤兒，並且拒絕照顧他們。[62]

類似的作品還有凱斯特納的《雙胞胎麗莎與羅蒂》（一九四九德語原版；一九五〇英譯版），尤其是《動物會議》（一九四九德語原版、英文版），在後面這本小說裡，政府官員被聰明的動物羞辱，並且被迫談判出一個沒有戰爭、飢餓與生態破壞的世界。在布萊敦的《六個壞男孩》（一九五一）裡，家長們也因為以輕率、自私的方式虐兒童而令人不齒。這樣的情形在戰後兒童文學裡更常見，比如說克麗絲汀．諾斯特林格備受歡迎的小說《小黃瓜國王》（一九七二德語原版；一九七五英譯版）以及《人造娃娃歷險記》（一九七五德語原版；一九七六英譯版）。這個時期愈來愈常將成人描繪為力有未逮的人，他們缺乏基本社交技巧，像是同理心、自我反省和承認自己的缺點與道歉的能力。成人再也不是從前那個能夠教導兒童重要道德教訓的完美榜樣了。

不過，愈來愈多父母與其他成人完全缺席並放任兒童主角不管，有時這會以道德瓦解為告終，就像在高汀的《蒼蠅王》裡，羞辱小豬正是踏上災難之路的第一步。儘管如此，成人力量的缺席也可能讓兒童發明屬於他們自己的團結與榮譽法則，就像《紅髮卓拉》裡的孩子小心翼翼地不去傷害或羞辱彼此以及他們的朋友；或者，也有可能體現出的是像阿思緹．林格倫筆下的孤兒長襪皮皮這樣的人物形象，長襪皮皮已故的母親是個天使、已故的父親是個船長，孑然一身的九歲皮皮自由自在地建立起屬於她自己的行為準則。當這些行為準則與常人認為恰當的準則發生牴觸時，皮皮也只會難過一下下。她不曾因此感到慚愧過，因為她不理解也不接受為什麼別人（幾乎都是大人）要因為覺得她某些行為不好而排斥她。皮皮同時對較弱小的兒童與被羞辱的成人非常敏感，而多虧她的力大無窮與道德力量，她會毫不畏縮的插手維護他們的利益。在一個重要場景裡，她反抗了羅森布老師的羞辱並且讓對方自食惡果。羅森布老師是一位有錢的老太太，她發起了每年兩次選擇性獎賞她認為值得獎勵的學生之慣例。孩子們必須排隊站好等著被評估，而回答不出羅森布太太問題的孩子會被叫去角落罰站，直到活動結束才能兩手空空、滿懷羞愧的回家。皮皮在測驗失敗時拒絕感到羞愧，相反地，她也提出二十道問題來修改這個慣例，設法恢復孩子的自尊，並且用令人感到開心又自豪的禮物獎勵他們（見圖7.2）。雖然（或者應該說正因為）皮皮經常違反標準的道德規範，另外兩個主角湯米和安妮卡卻深深欽佩皮皮，而他們只是平凡人家的乖小孩。[63]

以文學角色來說的話，皮皮扮演了一種新榜樣，對於那些從小就被培養成嚴格遵守禮儀與謙遜規則的女孩子來說尤其如此。當然，這並不是兒童文學初次描述一位會違抗社會期望的女主角，不過皮皮這個角色力大無窮、獨立自主，其行為動機也比較多是出自於憤怒，這使她遠遠超越了從前的芬尼、安妮和凱蒂。林格倫用這名無畏的女主角來譴責學校裡羞辱兒童的做法，這些慣例在當時由於會令人顏面盡失且破壞個人尊嚴而受到愈來愈多的批評。由於成人的道德優勢與權威開始遭受質疑，因此兒童受邀來制定他們自己的道德準則，並嘗試那些不符合成人意願的感覺。

同時，這些準則和感覺也會受到同儕群體的挑戰，因為自我伸張可能會與其他兒童的自豪感

圖 7.2　阿思緹・林格倫，《皮皮在南海》（*Pippi in the South Seas*, New York: Viking, 1959），第 47 頁。

起衝突。縱使大家認為保護兒童免於過度羞恥（其定義是會到「自我厭惡」和「劇烈自貶」的地步）很重要，但兒童也不應該沉迷於二十世紀心理學所認定的「自戀」裡。[64]以犧牲他人為代價換來的充足「自愛」就和完全缺乏「自愛」一樣有害自我，這將產生「無恥社會」，而這種社會在一九七〇年代確實被診斷為當代西方生活的一項危險特徵。面對愈來愈多渴望並設法從羞恥的「癱瘓枷鎖」中脫身的人，文明看來正在衰退。「喪失羞恥」最終會威脅到「我們賴以生存的文明社會」，在這個社會中「道德標準」應當持續以惠及所有人。[65]

＊　＊　＊

這個分析（與告誡）似乎與諾伯特・艾里亞斯關於「文明的進程」*自近代早期以來有多麼依賴羞恥、尷尬與厭惡感的提升門檻之論點頗一致。源自宮廷社會與國家機構如軍隊與公家機關的自我約束新標準，已經逐漸透過家庭、學校、教會與民間社團等社會機構而普及化。眾人期望在社會禮儀與互動上表現得愈是更加克制，他們在不符合那些規範與期望的情況下就愈會感到羞愧。在此脈絡下，不論是內在化或由外部因素所加諸的羞恥便成為了社會化與平息動亂的強力機制。[66]

---

*指其作品《文明的進程》（*Über den Prozess der Zivilisation*），認為文明是個人與社會互相激盪下，長時間逐漸演變之結果。除研究社會經濟，也考察人的情緒氣質和思維方式的變遷，將各學科熔於一爐。

從很早以前，兒童文學與教養書就已經在個體發育層面上大力支持這種文明化進程。這些書向讀者介紹許多在任何情況下都得留心注意和必須遵守的道德規則。成人在書中表現為強而有力的合法監護者，有責任與權力強制兒童執行這些道德規則，並在他們選擇不服從時加以羞辱。羞辱可以採取體罰為形式，也可以（並且愈來愈常見）採取更為象徵性暴力的形式：收回情感支持、嚴厲痛斥或當眾侮辱兒童，大家認為這對兒童的心理與順從度會產生更強烈影響。女孩子天生似乎就比較敏感、溫和，因而女孩子是情緒羞辱策略的首要目標；對於固執己見又愛挑釁的男孩子，往往應該拿棍棒當作攸關榮譽最強而有力的處罰方式。

隨著物換星移，這兩套做法與其基本假設愈來愈遭人質疑。第一，體罰在童書當中消失不見了，因為大家認為體罰侵犯兒童尊嚴權並且破壞了他們的自我意識。就跟社會開始重視尊嚴的概念並且將其納入教育、法律和福利制度裡一樣，兒童也受到免於有辱人格以及貶損的保護。如果成人依然訴諸肢體暴力，那麼他們的行為則是被描寫為欠缺正當性與社會認同。第二，同樣地，情緒羞辱的做法受到嚴厲指責，尤其在公開場合執行時更是如此。在一個兒童的同儕前貶低他，進而吸引其他兒童嘲笑他，不再是權威人物應該和被允許做的事情了。

與此同時，那些擁有（道德）權威的成人也受到了質疑。雖然十九世紀有許多書籍都強調服從父母與教師的勸告有多重要，否則就等著忍受羞辱，但後來的作者則強調自我伸張的優點。[67]他們鼓勵兒童反抗被人羞辱，並質疑那些目的在於一旦違規就會引發羞恥的規則。這些作者說明了羞恥如何造成兒童的負擔並貶低他們自尊。在羞恥性別化這方面尤其明顯。十九世紀的文學熱中於強調女孩子天生的謙遜和男孩子天生的勇氣，而二十世紀的敘述者說的故事則有些不同。他們創造出有自信、愛冒險、偏離傳統角色的女孩，這些女孩受邀去擁抱並擴展生命給她們的各種可能性，而不是被自己的身體所困擾和感到慚愧。作者甚至描述他們筆下的女主角對男生感到同情，因為他們被困在用羞恥打造的規範牢籠裡的時間還要更久。對男孩子而言，羞恥仍然與所謂的「無男子氣概」行為有關，比如說哭泣或承認受到驚嚇。就拿維吉妮亞·索利森《楓木丘的奇蹟》（一九五六）來說：瑪莉不介意她的朋友喬表現出恐懼，並且還同情他感受到那麼強烈的羞恥感：「這是瑪莉第一百萬次慶幸自己不是男生……如果有人逮到喬問了一個蠢問題，或甚至只要認為他受到一丁點的驚嚇，他的臉色就會一下變紅、發紫又蒼白。就連爸爸也有點這樣，儘管他都有一把年紀了。」[68]

儘管如此，（出於羞恥而）臉色變紅發紫，以及（出於憤怒而）變蒼白並不是童書要完全捨棄的東西。在與朋友或同學的一對一關係中，羞恥有時是重要和有幫助的，因為羞恥被認為是在為懺悔與糾正做準備。即使社會與社會制度變得愈來愈自由與民主，它們也沒有放棄某些行為準則與模式，只不過這些準則與模式現在不再是由權威人士來強制執行，而是由公民自己來考驗與協商，兒童與青少年也包括在內。後者可以自由地提出他們自己的適當規則與風格，並創造屬於他們的羞辱慣例與儀式。童書非常清楚這個發展，並以各種方式進行了討論。當童書在討論遭人羞辱以及暴露在他人蔑視下的恐懼時，同時也鼓勵兒童挺身而出與之對抗。考慮到兒童（會愈來愈）需要成為同儕團體的成員，這些書提醒兒童要提防涉及羞辱他人權力的內部權力動態。但羞恥並不是注定得被動忍受的命運。相反地，應該將羞恥接納為自我修正的一種必要手段，或者，更常見的是抵制它。

這意味著要同理那些遭受羞辱的人，並因此勿施於人。兒童文學試著教導小讀者擺脫因偏離傳統或同儕團體勢力認為恰當的作風與態度，而產生的社會羞恥。兒童應該對不同意與譏笑一笑置之，而不是感到受傷、冒犯與慚愧。將此付諸實踐的難度是一再出現的主題，儘管如此，為了保護人看作愈來愈重要的東西：尊嚴感、自豪感以及自我價值感，做到這點似乎是非常重要的。

儘管如此，個人自尊備受重視並未完全排除羞恥。作為一種獨立情緒，羞恥在二十世紀後半葉仍然是童書故事的重點項目。不過，駕馭個人羞恥絕對不比抵禦社會羞恥來得輕鬆，這意味著一個人同時要有強健的自我感以及對自身所處環境的綜合評估。駕馭個人羞恥還要求具有靈活的性格，要有能力能夠在複雜多變的環境下順利調整個人情感與行為，同時堅持道德上的正派與正直作為自我的核心覺知。至於如何在沒有強大機構以及成年監護人的情況下實現該目標，還有待討論。高汀的立場在他出版於一九五四年的《蒼蠅王》裡已經很清楚了：沒有制度與監護，文明秩序很快就會分崩離析，而原本作為其主要支撐物的羞恥將會被連根拔除。當拉爾夫、傑克與賽門正準備要下手宰殺他們的第一頭幼豬時，他們突然意識到「這是恐怖的地方」然後「羞愧地笑了笑」。不過，後來羞恥不見而暴力爆發讓小豬變成了犧牲者，拉爾夫也差一點就步上他的後塵。[69]

注釋

1 Golding, *Lord of the Flies*, 29, 33, 80, 157–8.

2 Epstein, 'Afterword', 203–8, quotations 204. 至於這部小說的前文本是如何被逆轉並遭受訊問的，見 Stephens and McCallum, *Retelling Stories, Framing Culture*, 270–8, 291. 在英語系國家中，這本書至今仍然經常出現在九年級的閱讀書單上。

3 本章立足於十九世紀初至一九七〇年間出版於英國、美國、法國與德國一百本以上的童書細讀。除此之外，另有來自相同國家、相同時期的四十多份教養手冊與期刊被選為本章教育規範和論述的主要資料來源。

4 Lewis, 'Shame and the Narcissistic Personality', 110.

5 Tomkins, *Affect, Imagery, Consciousness*, 118; Wurmser, *Mask of Shame*, 3, 97; Scheff and Retzinger, *Emotions and Violence*; Braithwaite, *Crime, Shame, and Reintegration*; Deonna, Rogno, and Teroni, *In Defense of Shame*. 關於羞恥的哲學探討，見 Williams, *Shame and Necessity*; Demmerling and Landweer, *Philosophie der Gefühle*, 219–44.

6 Tomkins, 120, 123, 185.

7 Tangney, 'Self-Conscious Emotions', 542.

8 Donald L. Nathanson ('A Timetable for Shame') 傾向於將時間設定得再更早一些。至於年長一點的兒童（五至十三歲），見 Ferguson, Stegge, and Damhuis, 'Children's Understanding of Guilt and Shame'.

9 這些推薦來自於美國衛理公會，像是 William C. Brown 的 *The Mother's Assistant and Young Lady's Friend* 期刊（例如 'Scene from Real Life', 74）。推薦也來自德國醫生，例如 Hermann Klencke 的 *Die Mutter als Erzieherin ihrer Töchter und Söhne*, 433.

10 Edgeworth and Edgeworth, *Practical Education*, i, 246, 248.

11 Edgeworth, 'Angelina', 215.

12 Edgeworth, 'Rosamond', 19.

13 Edgeworth, 'Frank', 69, 157. 這個關於恐懼與膽小的故事和盧梭於一七六二年的《反思與觀察集》中，愛彌兒的老師所提過的青春往事一模一樣。這本《反思與觀察集》被認為是第一本現代教育手冊；Rousseau, *Emile, or, On Education*, 157 [Preface], 276–7.

14 Edgeworth and Edgeworth, *Practical Education*, i, 253.

15 'Letters to a Younger Brother', 88.（粗體字為原文所加）

16 Maria Edgeworth, 'The Bracelets', 28. 關於這些故事以及它們對兒少讀者的吸引力（包括未來的維多莉亞女王）之討論，見 Vallone, *Becoming Victoria*, 195–8.

17 Wetherell, *Wide, Wide World*, 28. 這本由美國作家 Susan Bogert Warner（筆名為 Elizabeth Wetherell）所寫的書，在兩年內即經歷十四版，並且在德國廣受好評（一八五三年初次翻譯為德語，*Die weite, weite Welt*）；Klencke 推薦此書為適合女生閱讀的讀物，Klencke, *Die Mutter als Erzieherin ihrer Töchter und Söhne*, 67, 510，類似的教養建議，見 532；Foerster, *Lebenskunde*, 120：「不會為自己的髒手和髒指甲感到羞愧的人，也不會為自己的髒口感到害臊，這種人最終會選擇每日都與齷齪的想法打交道。」（作者自譯）至於（女性）清潔與性純潔的等價性，見 Vallone, 'True Meaning of Dirt'.

18 Hoffmann, *Der Struwwelpeter*, 2. 這是德語版韻文的開頭。英文版的比較溫和，結尾較文雅一些：「瞧瞧這個髒『玩意兒』—噁！是披頭散髮的彼得！」；Hoffmann, *Slovenly Peter*, 2. 這本書被翻譯成好幾種語言，直到二十世紀都還持續受人歡迎。關於公開羞辱，見 Nash and Kilday, *Cultures of Shame*, chapter 2.

19 Wetherell, *Wide, Wide World*, 67.

20 Dyer, 'Virtue'.

21 Blackwell, *Counsel to Parents*, 2, 23. 更多證據見 Klencke, *Die Mutter als Erzieherin ihrer Töchter und Söhne*, 535–6; Foerster, *Lebensführung*, 149.

22 'Scene from Real Life', 82; Blackwell, *Counsel to Parents*, 18–22, 36–8. Blackwell 認為在傳播惡行和縱欲一事上，男人要負的責任比女人多。Klencke, *Die Mutter als Erzieherin ihrer Söhne und Töchter*, 571; Matthias, *Wie erziehen wir unsern Sohn Benjamin*, 198–203; Faßbinder, *Am Wege des Kindes*, 292.

23 Brink, *Caddie Woodlawn*, 240, 246, 14（粗體字為原文所加）。這本小說贏得了一九三六年紐伯瑞文學獎以及一九五八年的路易斯・卡洛爾書架獎，並且翻譯成多國語言出版。

24 Brink, 216.

25 Rhoden, *Taming a Tomboy*, 100–21, quotations 101, 102, 119.

26 在休斯《湯姆求學記》第八章裡，受惡霸欺負的學弟將惡霸的名字「佐以侮辱的綽號寫滿在整片牆上」；在法勒的《愈走愈偏的艾瑞克》裡，被校長鞭打的艾瑞克感到深深被羞辱與憤怒，61–2, 113；在 Ottilie Wildermuth 受人歡迎的故事 *Aus Nord und Süd*（來自北方與南方）裡，128，有個男孩被罰戴上灰色的紙帽和巨大的驢耳朵。這種「舊時的羞辱處罰」引來班上同學嘲笑，這「遠遠比最痛的懲罰」還要讓他更加感到受辱；在布瑞克的《紅髮少女》裡，學校的拼字比賽上：「最擅長拼字的人馬上就被人搶光，而拼得最差的人則在羞愧的煎熬中等待選人結束。」*Caddie Woodlawn*，72。

27 Klencke, *Die Mutter als Erzieherin ihrer Töchter und Söhne*, 531–2, 555–6. 另見 *Mother's Assistant and Young Lady's Friend* 期刊上的文章。Newcomb, 'For Maternal Associations'; Newcomb, 'Rewards and Punishments', 30–31; Ackermann, *Häusliche Erziehung*, 184–5; Schreiber, *Das Buch vom Kinde*, i, part II, 194–5; Schnell, *Ich und meine Jungens*, 137–8. 整個十九與二十世紀下來，「羞辱」在教育學百科全書裡還有自己的詞目，由此可見羞辱的價值與無所不在。參見 Reuter, *Pädagogisches Real-Lexicon*, 11–13; *Encyklopädie der Pädagogik*, i, 60; Lindner, *Encyklopädisches Handbuch der Erziehungskunde*, 110; Monroe, *Cyclopedia of Education*, 89–91.

28 Kooistra, *Sittliche Erziehung*, 78; Matthias, *Wie erziehen wir unsern Sohn Benjamin*, 103.

29 Weber, 'Marie und die beiden Sperlinge', 12; 'Kirschenmütterchen', 28; Sautier, 'Ein Unglückstag', 59; Schwahn, 'Die kleinen Freundinnen', 73; Petzel, 'Wie Hänschen das Lesen lernt', 93; Gockel, 'Warum', 37.

30 Montgomery, *Anne of Green Gables*, 157–8.

31 Montgomery, 92.

32 Montgomery, 159.

33 Marryat, *Masterman Ready.* 德語翻譯於同年出版，直到二十世紀仍然暢銷。

34 Grahame, *Wind in the Willows*, 259, 295, 265, 295, 299.

35 Twain, *Adventures of Huckleberry Finn*, 133.

36 見 Hetzer, *Seelische Hygiene*, 53; Haarer, *Unsere kleinen Kinder*, 240.

37 Streatfeild, *Ballet Shoes*, 174.

38 Beecher-Stowe, *Uncle Tom's Cabin*, i, 121.

39 Hoffmann, 'Tale of the Young Black Chap' in *Slovenly Peter*, 無頁碼。

40 Edgeworth, 'Rosanna', 172.

41 Edgeworth, 'The Manufacturers', 284.

42 Dielitz, 'Alpen-Wanderung', 83.

43 Wildermuth, *Aus Nord und Süd*, 73.

44 Edgeworth, 'Rosanna', 126; A., 'Julia Litchfield and Helen May', 42–6.

45 Nesbit, *Story of the Treasure Seekers*, 268. 另見 Nesbit, *Railway Children*, 187.

46 Carroll, *Alice's Adventures in Wonderland*, 38, 68, 142. 另見 Klencke, *Die Mutter als Erzieherin ihrer Töchter und Söhne*, 491.

47 Baum, *Wonderful Wizard of Oz*, 43.

48 Verne, *Adrift in the Pacific*, 120–1.

49 Pergaud, *War of the Buttons*, 50. 見第八章〈勒布拉克的痛〉。

50 Kästner, *Flying Classroom*, 112–13. 另見 Sperry, *Call it Courage*.

51 見第九章〈吉姆・波坦的恐懼〉。

52 Hughes, *Tom Brown's School Days*, 252. 湯姆也學會了起身反抗「這種在所有學校都很常見的迫害心靈的霸凌行為」，Edward Huntingford 批評霸凌行為是「許多校園男孩身上最討人厭的性格特徵」，見 Edward Huntingford, *Advice to School-Boys*, 123；另見 *Boys and their Ways*, 111–18.

53 Streatfeild, *Circus is Coming*, 129.

54 Blyton, *Twins at St. Clare's*, 152–3.

55 Blyton, *Five on a Treasure Island*, 113.

56 Blyton, 19–20.

57 Blume, *Blubber*, 89, 148, 62.

58 Rommel, *Der goldene Schleier*, 194；一九五六年榮獲「女孩子最美麗的書」讚譽。

59 例如 Blume, *Blubber*, 62; Wölfel, *Tim Fireshoe*, 5.

60 Burnett, *Little Lord Fauntleroy*, 109, 139.

61 Kästner, *Annaluise and Anton*, 95–6.

62 Held, *Outsiders of Uskoken Castle.*

63 Lindgren, *Pippi in the South Seas*, 40–52.

64 Lewis, 'Shame and the Narcissistic Personality', 95–6.

65 Lowenfeld, 'Notes on Shamelessness', 69; 另見 Hoffer, 'Long Live Shame'.

66 Norbert Elias, *Civilizing Process*, i.

67 教養手冊也有類似的變化出現，除了 Johanna Haarer 極具影響力的書籍刻意牴觸了二十世紀初的「質疑絕對與無條件的服從原則」之趨勢以外；Haarer, *Unsere kleinen Kinder*, 236; 另見 Haarer, *Deutsche Mutter und ihr erstes Kind*, 259–60.

68 Sorensen, *Miracles on Maple Hill*, 99.

69 Golding, *Lord of the Flies*, 40.

第八章　勒布拉克的痛

安雅．勞科特

路易．佩爾戈的《鈕扣戰爭》講的是小伙子勒布拉克與他那幫朗維村同伴的冒險故事。小說詳細描述了朗維村孩子與來自鄰村學校的敵對幫派，偉恆村孩子，兩群人馬之間無數場疼痛的打鬥。在某一次混戰中，主角落入了敵人手裡：

在他來得及爬起來前就有十二個人將他壓倒在地，他甚至來不及說聲：「哎喲！」接著，砰！乒！乓！啪！他們抓住他的四肢並搜走他口袋裡的刀子。他們拿他的手帕塞住他嘴巴……由於勒布拉克不是逆來順受的人，所以屁股很快就被打得又青又紫的，讓他別無選擇只得乖乖地躺好……勒布拉克被徹底擊敗、剝光衣服並抽打一頓後才被釋放，就跟大屁股歪眼五天前的慘狀一樣。[1]

這兩派少年之間的打鬥沒有受到成人任何干涉，成人甚至一無所知。他們天真的父母在教育方面付出的努力僅限於施予類似的痛打，這點勒布拉克甚至在回到家以前就已經預料到了：

他盡力將自己打理好以後，憂心忡忡地檢查自己的服裝儀容，心裡評估著這副模樣等等會害他被踹多少下。他用一句話總結他的憂慮，這句話可叫他的手下心如刀剉：「天啊！回家以後可有得慘了！」[2]

回到家以後，勒布拉克被父親打得可慘了，他痛得直打滾，哀號聲大到連窗戶為之顫動。夜裡他不斷思索著自己的痛苦與悲慘，久久無法入眠。[3]

學習如何感受痛苦

就和許多十九世紀晚期至二十世紀末的童書一樣，「痛苦」是《鈕扣戰爭》的核心內容。其書名中的「戰爭」諷刺地暗示了這種痛苦不是由疾病引起的，而是肢體衝突所帶來的，其定義為一個主體對另一個主體施加傷害的行為，不論該行為是發生在個人或團體之間。原則上，人假設不只身體傷害會引發痛覺，心靈受到傷害也會，比如說失落、渴望以及在別人面前出糗都能夠視為痛苦體驗。這種「痛苦」概念的擴大對應到情緒史與醫學的新方法，因此本章務實的決定將重點放在與肢體衝突相關的疼痛上。[4]前述朗維村與偉恆村孩子間的衝突場面，提供了痛苦的感覺在這種對峙下不同表現形式之範例，從而凸顯本章重點。[5]

《鈕扣戰爭》裡的痛苦出現在兩種意義不同的關係中，第一種是兒童與父母或與師長的關係，第二則是兒童彼此之間的同儕關係。當勒布拉克因為打完架以後弄髒衣服而再次遭到父親毒打時，故事創造出痛苦與父親的教育無能（缺乏教育原則、不必要的批評）的關聯。[6]「痛苦」（pain）一詞的法文是*peine*、德文是*Pein*、拉丁文則是*poena*，它們在詞源學上都意指「懲罰」（punishment），而在這個故事裡，「痛苦」的用途正符合它的原初意義，是拿來處罰或責備人的方式。[7]勒布拉克父母的教育方式建立在痛苦之上，目的在於培養出服從、謙遜、有信用和雄心壯志的孩子，但這看起來似乎注定失敗。不過，在故事中，勒布拉克的朋友並非只是無助地困在父母魔掌裡受苦受難，相反地，他們將真正的日間活動保留在祕密的雙重生活裡，以此來違抗監護人。雖然經常會感受到劇烈痛苦，但孩子們不會揭露同伴的活動，從而扭轉了他們與成人之間不對稱的權力關係。儘管他們苦不堪言，但在這種情況下他們是「贏家」，而他們的父母對此一無所知。

整體而言，兒童與成人（父母與老師）的關係在這故事中是次要的，故事的重點是朗維幫與偉恆幫之間的打鬥，雙方都是由差不多年紀的男孩子所組成。[8]在涉及到情緒方面的時候，這些同儕團體的關係以相當矛盾的方式來描述，包括痛苦的感覺也是。尤為明顯的是，在這些衝突中「痛苦」並非呈現為單一情緒，反之，伴隨痛苦而來的情緒取決於涉及到的情境與行為者，範圍可以從恐懼到憤怒與絕望。除此之外，「加害者」與「受害者」的界限也不是涇渭分明：勒布拉克一度淪為偉恆幫階下囚並經歷巨大的肉體痛苦，但由於他對偉恆幫的憤怒、輕蔑及憎惡使他對此變得麻木。還有一次，朗維幫的人俘獲了外號叫大屁股歪眼的偉恆幫成員並對他痛毆，他逼自己強忍嗚咽。最後震懾效果最強的是他們恐嚇說要剪掉他一隻耳朵，預期會產生的痛苦讓大屁股歪眼嚇得直發抖。[9]在這些打鬥中，攻擊者與被攻擊者的界限是模糊的，因為榮譽而戰的戰鬥會在受到沉重打擊後要求反擊回去。這些打鬥除了有無數叫罵以外，其規律性、嚴重性和嚴肅性也很令人吃驚：掐脖子、咬人、扯頭髮、流鼻血等等，都是稀鬆平常的事。[10]不過，隨著故事的進展，可以明顯看出這些打鬥都發生在雙方通常都能夠接受的範圍內。痛苦的體驗被描述為敵我之間的協商過程，故此是他們學習過程中的一個重要部分。

此外，各式各樣對於痛苦本身的解釋是顯而易見的。十九世紀的論述經常強調的是痛苦與愉悅之間的緊密關係。按照今日的詮釋，打架所引起的痛苦是和霸凌等其他方面的東西放在一起討論的，至於《鈕扣戰爭》描述的朗維幫那激烈、戰略性的打鬥，強調的則是愉悅。[11]痛苦不僅與打架所產生的折磨有關，痛苦也是將情況理解為令人愉快的先決條件。在這樣的脈絡下，痛苦的經驗不但是男孩子的團體認同與歸屬感的重要組成部分，也可能作為入會儀式或測膽的一個環節而有建立共同體的功能。在這裡，痛苦不只被理解為一種強烈的主觀體驗[12]，痛苦也透過其表現而作為一種互為主體的現實（inter-subjective reality）。[13]因此，內在情緒狀態和執行動作是一個相互過程。[14]而後一個元素，包括其姿態、態度和表情，使我們能夠把痛苦當作一種情緒來觀察、研究與評估。[15]痛苦是由社會現實所形成，並且由性別、社會階級與宗教等文化因素所塑造。從這層意義上來講，痛苦的情緒與其相關意義是必須要學習的。[16]

在調查我們學習如何感覺痛苦的方式中，童書與教養手冊是西方社會建構意義過程的重要文獻來源。《鈕扣戰爭》以及其他許多童書不僅描述了在肢體衝突的情況下痛苦如何以各種形式產生，也提供了痛苦在特定情境下的不同情緒表現，並賦予這些表現意義。除此之外，這些書也透過「彷彿」等短語及隱喻提供痛苦的語義描述資料庫，比如說勒布拉克痛苦的尖叫聲造成窗戶咯咯作響。[17]這些書籍還提供了關於主角和其他人物如何經歷肢體衝突，以及伴隨而來的感受又為何等實用知識，換句話說，它們提供關於痛苦的意義以及如何理解痛苦的知識，這使它們成為模仿學習的重要工具。同樣地，寫給父母的兒童發展教養手冊也是非常有用的研究文獻來源，因為教養手冊不僅具有強烈的規範性，同時也著重於給予社會**實踐**明確的指導方針。教養手冊旨在闡明「痛苦」是否應該為兒童教育的一部分，以及該以何種方式與強度作為兒童教育的一部分。[18]

佩爾戈的小說於一九一二年在法國首次出版，很快就一炮而紅並印刷了三十多個版次。等過了半個世紀之後，這本小說終於也成功擴展到法國以外的地區。[19]有鑑於此，這裡所調查的十九世紀中葉到二十世紀末的童書與教養手冊，是將痛苦納為跨國情境下的情緒來探討它的多重層面，其中包含了德國、法國與英語系國家。

本章將調查「痛苦」是以什麼方式、在什麼情境之下被描述的，以及痛苦是如何被體驗、感知與處理的。首先討論的是代間關係，接著再談同儕團體，本文將分析痛苦在何時以及基於何種理由而會被解釋為一種威脅、一種懲戒方法、一種解放，或是形成團體的手段。此外，本章也將探索這些不同的痛苦概念如何以及為何會隨著時間的推移，從十九世紀中葉到二十世紀末發生改變。本章也將調查「無痛教育」的方式是在何種關係下出現的，以及它的出現是否為人道社會的願景之一，又或者是人道主義運動的結果。[20]

代間關係中的痛——從教育實踐到感知威脅

在代間關係中，與疼痛感有關的主要動機是對不守規矩、不聽話的孩子進行教育，這些孩子有時會給別人甚或給動物帶來痛苦。《披頭散髮的彼得》（一八四五）是其中一種情緒評估為「給人帶來痛苦的兒童」的典範。這本書不僅有許多版本和翻譯，在二十世紀裡還有諸多改編，甚至有地方方言的改編版，以及各式各樣的敘事，包括針對政治制度所做的敘事調整，以及以教育與性別的替代概念來迎合不同讀者群的興趣。[21]在原始版本中，對於兩位故事主角弗德里克與康納的偏差行為所判的肉體制裁有著明確描述，並且還明顯地誇張化了。[22]當頑劣的弗德里克因為虐待動物而自作自受讓自己的腿遭受痛苦時，康納則因為不聽話被剪掉大拇指而淚流滿面、傷心欲絕。在《馬克斯和莫里茨》（一八七一）這本舉世聞名的繪本裡，威廉．布施提供了更複雜的敘事。對於不聽話的孩子，他同樣也提出了以痛苦（甚至死亡）為解決方法。[23]他用諷刺的語調描述一群資產階級成人對兩名無父無母、無法無天的主角感到畏懼，這兩名主角不論是對人類或對動物所做的鬼把戲都帶來極大的痛苦（悲傷欲絕、差點溺斃、炸傷別人）。如此行徑導致農夫與磨坊主人為了恢復成人權威而做出強烈反擊：他們將這兩名小鬼頭丟進石磨裡磨碎（見圖8.1）。這裡的故事寓意是，造成別人痛苦的行為得承擔更加痛苦的後果，而書中插圖揭露了成人的行動是受強烈的報復感與快感所驅使。在一個明顯的階級體系裡，「痛苦」在這種故事裡是用於強制執行服從與訓誡的。痛苦是一種由父母或教育者所控制的教育工具，因此與兒童的學習歷程直接相關。

圖8.1 威廉・布施，《馬克斯和莫里茨》（1871），頁54。

哈麗葉・比奇爾－史托的《湯姆叔叔的小屋》（一八五二）也是設定在一個極其暴力的世界裡。這種反對種族主義與奴隸制度的呼籲在二十世紀持續廣為傳閱。甚至連佛洛伊德也討論了這本小說對讀者所造成的影響，他認為書中所描述的大量虐待事件加深了兒童對於挨打的幻想。[24]就兒童教育方面而言，暴力在《湯姆叔叔的小屋》的主要發揮場景發生在一名受虐小女奴托普西，以及收養她的監護人奧菲利亞小姐，一名沒有孩子的基督徒與資產階級分子身上。[25]奧菲利亞按照基督教指南文學中概述的情緒調節，遵循著明確的規則來教育女孩：托普西得遵守、並且更重要的是要學習教義問答，如果她說謊，那麼這個過程就算失敗了。這些教育規範最終面臨到了考驗。當奧菲利亞發現托普西不僅會撒謊甚至還會偷東西時，托普西主動要求被挨打，就像她曾在同是奴隸的父母身上目睹過的懲罰一樣。此時，不相信體罰對托普西的指導是適當工具的奧菲利亞困惑了：「那麼，該拿她怎麼辦呢？」[26]她的姪子＊提醒她說，如果想要讓這孩子留下深刻的印象，就必須狠狠地打她一頓才行。最後，她終於在惱怒的情況下打了托普西一頓，但沒有很用力。奧菲利亞小姐懷疑將痛苦作為一種教育工具的效果，她的懷疑嵌進書中對暴力的全面批評，其批評重點放在對於那些被剝奪一切權利的奴隸的虐待行徑。這本書描述他們如何被羞辱、毆打（甚至致死）、剝削、販賣、妻離子散，而且還被視為低劣的非人類生物。其描述延伸至他們對恐懼與痛苦的惡性循環之反應，包括逃亡、以暴制暴、酗酒以及自殺。比奇爾－史托的小說因此被形容為是批評前殖民地對殖民地人民施加痛苦惡習的關鍵聲音。[27]

奧菲利亞小姐對自己的行為感到懷疑，也反映了美國、英國、法國與德國等國家更廣泛的爭論，即痛苦作為教育工具的適當性，這個爭論從十九世紀末一直延續到二十世紀初。這場辯論在一八七五年創立的紐約防止虐待兒童協會（NYSPCC）找到了制度性的表達方式。這個新創立的協會具有廣大的國際號召力，並且激發其他幾個國家成立類似的基金會。[28]除此之外，著名作者所著的教養手冊，像是愛倫凱《兒童的世紀》（一九〇〇）、海因里希・羅茨基的《孩子的靈魂》（一九〇八）以及費利克斯・伊蒙的《懲罰與獎勵簡論》（一八九〇），全都譴責虐待兒童的行為，並主張廢除當時仍盛行的體罰。[29]兒童現在被視為與成人平起平坐了，在他們身上施加痛苦便是在破壞他們的人格，因此是令人髮指的行為。[30]相反地，這些作者傾向於信任兒童的自我調節過程。[31]

這種方法可在諸如賽爾瑪・拉格洛夫的冒險小說《騎鵝歷險記》（一九〇六、一九〇七）裡見到。[32]和《披頭散髮的彼得》以及《馬克斯和莫里茨》一樣，本書的主角尼爾斯是個情緒化又自我為中心的兒童，會蓄意帶給周遭的人痛苦。尼爾斯後來洗心革面，但不是因為父母的嚴厲與痛罰等行為，而是由於與他人共同體驗。他虐待動物以及忤逆父母等行為給自己帶來了一定的有形後果，也就是被魔法縮小。尼爾斯與大雁一起踏上旅程，和動物一同生活讓他得以體驗友情與信任的感覺。他學會同理他者，並且這麼做使他能夠克服自己的攻擊性傾向。[33]到結局時，他獲得的獎勵是變回原本的大小，以及幸福快樂的人生前景。與此相類似的，法蘭西絲・霍森・柏內特《祕密花園》裡的女主角瑪莉也必須學習控制憤怒，不對新僕人「打耳光」，就像她過去常做的那樣。[34]透過和宅邸員工一起生活，以及他們在鄉村的一次次郊遊，她擺脫了自己的攻擊性行為與孤獨感，對生活獲得新的熱情，同時還幫助表哥在個性上也達到類似的變化。兩本小說因此都以文以載道的方式說明了控制個人偏差、使人痛苦的態度與情感如何能通往成功人生。從這一方面來說，克服造成別人痛苦的行為，而非體驗痛苦，才是正向人格變化的有效起點。

這種立足於知名指南作家的作品中關於痛苦的全新詮釋，並非只會遇上特別正面的回應。反對者認為，成人施行會帶給兒童痛苦的懲罰，是從小就革除兒童頑固、不聽話與不誠實的一種適當且必要的手段。[35]有鑑於基督教傳統，他們主張父母所施加的痛苦是一種基於身體與靈魂關係的教育手段，如此一來痛苦就被建構成教育學不可分割的一部分了。[36]因此法國諺語「愛之深，責之切」不僅在法國為人熟知，在德國以及整個英語世界皆然。[37]在《鈕扣戰爭》裡，勒布拉克

---

*原文如此。St. Clare 應該是奧菲利亞的堂弟而非姪子、外甥。

父親的行為就是在堅守這個傳統（見圖8.2）。除了愛倫凱以外，其他作者也強調了「暴君般的」體罰影響。父母親應該要能夠控制好自己的激情，尤其是暴怒，並以冷靜的方式行事。[38]「暴怒的父母」在童書中關於疼痛的面向也是一個重點主題。在馬克・吐溫於一八八四年首次出版並立即翻譯成德文、法文的《頑童歷險記》中，書中暗示著當時與哈克一起生活的寡婦會因為他蹺課而打他。[39]不過，故事更加側重在哈克父親的教育方式，故事對他的描述是具攻擊性、粗暴、完全無法控制自己情緒的人，他強迫哈克陪在他身邊，並且會因為哈克去學校而打他、當哈克拿不出錢時也打他，甚至會毫無理由的打他。哈克用機巧的方式面對他父親，並且通常設法避免肢體衝突，但是當父親一連將他鎖在小木屋裡三天時，他構想出一個聰明的逃亡計畫，最終與同伴吉姆一起經歷了無數冒險。故事中的暴力凸顯了哈克的父親沒有勝任家長或監護人的能力。當時的指南文學明確地在設法處理這種對個人情緒缺乏控制力的問題，不過對於哈克・芬來說，他所忍受過的痛苦是他逃向自由與冒險的主要催化劑。換句話說，「痛苦」讓父親失去身為家長的資格，並且驅使必須忍受痛苦、恐懼與羞恥的主角成為一名英雄，為更美好的生活做好準備。[40]

另一本沿著同樣套路並且與《波琪》系列（一九三五～四一）類似[41]、但故事有著明顯納粹背景的小說是《希特勒青年克韋斯》（一九三二）。[42]此一政治轉化敘事說的是海尼的故事，海尼在他失業又酗酒的共產主義父親手中飽受伴隨著恐懼與憤怒的皮肉之苦。在這種絕望處境下，加上為了尋找友情與歸屬感，他成為希特勒青年團的一員，在那裡他感受到同志情誼與安全感，直到壯烈犧牲為止。[43]雖然這本書在納粹德國時期曾翻拍成電影，但不曾翻譯成其他語言。[44]儘管政治觀點相反，但《希特勒青年克韋斯》與《頑童歷險記》共用著一種敘事結構：家長的失敗

圖8.2 路易·佩爾戈，《鈕扣戰爭》（*Der Krieg der Knöpfe*, Hamburg: Dressler, 1997），71 頁，譯者 Gerda von Uslar（Fre. orig. *La guerre des boutons*,1912）。

與痛苦的體驗都變成了促使主角行動的主要催化劑。

像這種在寫實主義參考框架下寫出來的書，與諸如耶里希．凱斯特納以及安東尼．聖修伯里等作家所創造的奇幻世界形成鮮明對比，後者公然反抗階級體制並創造一種平行世界。凱斯特納在《五月三十五日》（一九三三年德語原版、英譯版）這本於德國、美國、英國與法國迅速走紅的小說中，同樣描述了一名用痛苦懲罰使自己的兒子變得更具適應力的父親。[45]當這名職業為屠夫的父親登上一片由兒童統治的少年樂土時，他的所作所為讓他受到迎頭痛擊的懲罰。因此，在《馬克斯和莫里茨》裡所展示的原則，即痛苦會帶來更大的痛苦，已經轉移並擴展到了成人的世界裡。這個反轉的目的是要讓家長親身體驗痛苦，學會去同理施加痛苦的行為會帶來什麼樣的感受。故事中的「家長學校」＊是設計用來幫助預防未來的暴力與痛苦。莫里斯．圖翁從聖修伯里著名的《小王子》（一九四三法語原版、英譯版）獲得靈感而寫的《綠拇指男孩》（一九五七法語原版；一九五八英譯版），故事也是發生在幻想世界裡，在那裡成人與兒童的關係以及痛苦的作用都被重新定義了。[46]在此，故事主角弟嘟能夠在慘痛的戰爭中毫髮無傷地生存下來，就像《納尼亞傳奇：獅子．女巫．魔衣櫥》裡的獅子能夠殺死女巫一樣。[47]

班傑明．史波克在擁有眾多讀者的《嬰幼兒保健常識》裡提出了他對於將疼痛運用在教育中的看法。[48]儘管他允許一些例外情況（「沒有父母……總是快樂又講理的」），但整體而言他譴責肉體上的痛苦，因為這會讓兒童變得陰鬱和軟弱，經常會引起更糟糕的行為。如果任何形式的處罰都用愛、尊敬與信任來取代，那麼不僅可以防止兒童行竊與說謊，還可以讓他們去做一般說來正確的事。根據史波克的看法，兒童會經由學習去控制他們的情感。[49]比史波克還要無法容忍在育兒中對尊重稍有疏忽的是尼爾的《夏山學校》，這本書出版於一九六〇年並在隨後幾年被廣泛地譯介，書中強烈支持「沒有恐懼的教育」方式。[50]父母務必要為兒童營造愛與尊重的氛圍，因為訓誡與懲罰會產生恐懼，恐懼則產生敵意。[51]因此在尼爾的觀點裡，把痛苦作為教育與紀律手段是一種仇恨的行為。[52]他形容虐待是扭曲的愛，而極端的施虐為性變態。[53]雖然支持將痛苦當作最後手段的教養手冊依然流通於書市，但史波克與尼爾的教育模式激發出了新的學校概念，最著名的是立基在自由以及由兒童自治的英國學校——夏山學校。這些新觀念與新制度相當有影響力，強化了對於廢除體罰的要求。[54]這對童書有什麼影響呢？痛苦的用途在二十世紀下半葉的代間關係中消失了嗎？

乍看之下，像洛伊絲・倫斯基的《草莓女孩》（一九四五）這樣的童書似乎還是建立在熟悉的敘事上。[55]故事描述美國兩戶農場家庭之間的衝突。嫉妒與怨恨標示著這兩家的關係，而在社會與經濟不平等的刺激下更導致了無數次肢體衝突。和《頑童歷險記》一樣，由於比較窮困的那戶家庭的父親山姆・史拉特的酗酒問題加劇了這些衝突，他常無法控制的爆發情緒，這似乎又讓兩戶家庭之間引發痛楚的爭鬥加劇。直到一場導致危機的疾病出現，才帶來了化解紛爭的改變。這本小說有別於《騎鵝歷險記》與《祕密花園》，必須學習改變與控制好行為與情緒的不只是孩子，父母也一樣。《草莓女孩》裡的正面結果只能透過故事角色們對他們自己所做的情緒功課來

＊這裡指的是《五月三十五日》裡有個「安樂鄉」，裡面的規則一切顛倒，大人會被兒童送去學校，所以叫家長學校。

取得。除此之外，該故事描述痛苦的方式還讓痛苦獲得一個新面向：雖然造成疼痛的攻擊充斥整部小說，但它們並沒有被直接詳述，而是隱含在特定的社會實踐描述當中。換句話說，展演如何感覺痛苦的部分已經從直接模寫的領域裡被移除，轉移到讀者的想像領域裡了。

在羅素・霍本的《法蘭西斯要睡覺》（一九六〇）裡，疼痛同樣也被當作社會現實的一部分來討論，但帶有著細微的差別。這本給幼兒看的睡前書開場為一對獾父母，與牠們那提出許多要求來拖延上床睡覺的女兒法蘭西斯（要求晚安吻、喝牛奶、安撫她對老虎的恐懼等等）。剛開始她所有的需求都被溫柔地處理，直到她被飄動的窗簾嚇到而吵醒父親。父親跟她解釋「每個人都有各自的工作要做」，並且一定要照此行動，否則他們就會失去工作。而法蘭西斯的工作就是去睡覺：

「而如果你現在不去睡覺，你知道接下來將會發生什麼事嗎？」

「我會失去工作？」法蘭西斯說道。

「不是。」父親答道。

「我會被打屁股？」法蘭西斯說道。

父親答道：「對！」56

換句話說，放縱個人情緒是有限度的。當談到履行職責時，法蘭西斯被期望與要求管理好自己的情緒（在此指的是恐懼），否則她就會被打屁股。因此她克服了自己的恐懼並且一覺睡到天亮。[57]必須要強調說明的是，儘管體罰的畫面在書裡實際上不曾出現，但體罰無疑是作為一種威脅手段，而且也是法蘭西斯社會的部分現實，其被引入故事當中，就是因為這種威脅連結著非常可能發生的實際挨打，所以才會有效。這種未落實的威脅也出現在阿思緹・林格倫的《小搗蛋艾米爾》（瑞典原版全十二冊，一九六三～九七；一九七〇～八六英譯版，全七冊）裡，書中主角經常得逃離氣急敗壞的父親以免被打屁股。[58]除了有一回艾米爾被父親用力抓住胳膊並大力搖晃外，實際上刻意施加的肉體傷害並沒有出現過。[59]

雖然是未曾實現的威脅，痛苦在《小搗蛋艾米爾》以及《法蘭西斯要睡覺》顯然都是有效的，但這兩本書所呈現的道德結果卻有所不同。對法蘭西斯來說，父親威脅要打她幫助她克服了恐懼，但這種情緒上的進步並未發生在艾米爾身上，他仍然繼續被迫躲避他那既絕望又過度緊張的父親。不過，後來他在藏身之處雕刻的木偶讓他成為村子裡的名人時，他的困境也獲得了補償。[60]

雖然艾米爾這角色在阿思緹・林格倫筆下被描述得較為脆弱，但在他之後的《長襪皮皮》裡女主角似乎是天下無敵。[61]在皮皮的世界裡，疼痛的體驗看來一點也不危險，這都多虧了她的力大無比和詭計多端，讓她既能夠避開成人企圖對她進行「適當」的教養，以及在與成人的衝突中捍衛自己。她能夠規避兒童護理員、在遊樂園中打一場勝仗，甚至還能阻止竊賊。可能會有人說，恰好是對痛苦的否定才使得痛苦總是存在著，但是對皮皮的情感教育來說，痛苦的否定或存在也變成多餘的。就這層意義上來說，林格倫所創造的長襪皮皮這個人物不僅超越了當代性別模式和教育制度（家庭與學校），也超越了代間關係中以痛苦來學習如何感受。

這並不代表痛苦完全消失不見了。在一些童書裡，比如說勒內．戈西尼的《小淘氣尼古拉》（一九六〇法語原版；一九六一英譯版）以及一九六〇年代被翻譯成德語和英語的《鈕扣戰爭》，疼痛仍然是教育過程中常見的行為（由父母與教師）。[62]不過，在這些小說中，痛苦作為教育手段變得比較邊緣化，反而是同儕團體間肢體衝突引起的疼痛站到了舞台前。

同儕團體中的痛苦——從受苦到享受

一般說來，童書中同儕團體間的肢體衝突通常發生在下述兩個特定場景裡：要不是在寄宿學校，就是在主要獨立於成人而運作、但又經常指涉學校的「自由」幫派。直到二十世紀為止，學校一直被小說描繪為透過暴力取得紀律的機構。因此在這些書當中，老師對學生施加痛苦並不少見，但這些都不是故事重點。至於幫派，幫派的形成往往是暫時性的，但校園男孩小說卻包含著更長期的遠景，也就是從公學的少年時代走向成年男子，而這個過渡時期會處理有關成長的問題與麻煩。[63]無論是在哪一個場景設定裡，團體的組成通常都取決於兒童的年齡與性別。[64]

托馬斯．休斯的《湯姆求學記》（一八五七）雖然是典型英國校園男孩小說的典範，但出版後很快就翻譯成多國語言，在德國與法國尤其大受歡迎。[65]同屬這種類型的小說，還有弗雷德里克．法勒筆下具強烈宗教色彩的《愈走愈偏的艾瑞克》（一八五八），在英國也是享負盛名。[66]關於痛苦方面，這些小說雖然都有描述到老師所施加的疼痛，但主要的故事焦點則在於同儕團體間的霸凌行為。在《湯姆求學記》裡，這些行為包括學長對學弟的日常羞辱與傷害。[67]故事主角湯姆起初在面臨「拋高高」的慣例時還感到相當無助，但後來由於他面無懼色的通過考驗而風光十足：「他不哭也不鬧的被拋高三次，後來他所挨的苦頭讓他被人稱為小王牌。」[68]甚至早在入學以前，湯姆的父親就已經警告過他可能會在那裡面臨到「許多殘忍又渾球的事」，並勸告湯姆不該有也不能表露出任何一絲恐懼。[69]儘管湯姆遵循這個勸告，但鬥毆仍愈演愈烈。在一次靠著爐火「火烤」其他男孩的霸凌儀式中，湯姆甚至還一度失去意識。當湯姆與朋友哈利拒絕屈服於學長的要求以後，更加痛苦的衝突也隨之而來。但是湯姆又再次取得了勝利，因為他既不哭鬧甚至還反擊回去。[70]最後，他經歷了一段改變，湯姆和一名飽受恐嚇的基督徒同學，喬治・亞瑟・阿諾德，發展出真摯情誼並且成為對方的保護者。[71]當亞瑟受到一名粗魯的學生攻擊時，湯姆向對方提出以拳擊單挑。儘管被打得鼻青臉腫，但湯姆是為了榮譽和美德而戰。[72]他傷痕累累的身體從而成為了道德的載具。若有必要的話，道德紀律可以透過身體的訓誡來強制執行，此原則反映了伴隨著十九世紀後半葉而來的教育理念。[73]因此在小說的第二部分，托馬斯・休斯用一種令人聯想到教養手冊的方式寫道，為了榮譽與正義而戰時，應該要不畏懼肉體上的疼痛。男孩子當然可以拒絕戰鬥，但他們應該說明清楚拒絕的理由：

> 若拒絕的理由出自於真正的基督教動機，那就證明了最高尚的勇敢。若拒絕的理由單純是出自於對身體疼痛與危險的厭惡，那也是合情合理。但不要因為害怕掛彩而說「不」，然後還推說或想說這是因為你害怕觸怒上帝，因為這既不是基督徒該有的行為也不誠實。[74]

在吉卜林的《斯托基與其同伴》裡，對於痛苦的恐懼所占的地位更是微不足道了。為了榮譽而打架的情況中，男孩子之間肢體衝突與羞辱對手等行為司空見慣，但不同於《湯姆求學記》的湯姆，斯托基並不是那種具有崇高理想的男主角（就和《愈走愈偏的艾瑞克》的艾瑞克一樣）。正相反，他對打架樂在其中，還會運用狡猾的騙人伎倆。當斯托基與其同伴出手替庫魯爾這名被學長霸凌的學弟復仇時，衝突達到了最高潮。他們用了和對手相同的霸凌手段，訴諸肢體暴力、羞辱和恐懼戰術，以及要求對方回答各種問題的審問，最後受害者終於在徹底的絕望中投降。[75]和《湯姆求學記》一樣，《斯托基與其同伴》也包含了不知節制的大量應用痛苦的描述。除此之外，小說裡的成人還從正面的角度來看待這些行為，在《斯托基與其同伴》便是由牧師宣稱，比起成人諄諄教悔，這種慘痛的經驗對兒童教育有用多了。[76]這種立場和斯坦利．霍爾在《青春期》一書裡所聲明的相一致：「一名四肢健全卻無法跟人打架的少年，幾乎沒有什麼高尚的或真正的榮譽感可言，基本上他要不是懦夫、娘娘腔，要不就是個偷雞摸狗的人。這種人缺乏男性特點，他的男子氣概不是真的，他的誠信不能完全當真。」[77]這符合了當時對於男孩子教育的流行概念，另一位教養手冊作者約翰．威利斯．斯勞特形容男孩子的打架就亞里斯多德學派的淨化論（catharsis）而言，是一種「有益健康的角力」形式：「肉體所受的幾許瘀傷，是為了道德裨益而付出的小小代價。」[78]和《湯姆求學記》一樣，痛苦被明確地建構為成長過程中不可或缺的一部分，尤其他還屬於兒童一個重要的自我調節過程。

在佩爾戈的《鈕扣戰爭》裡，兩群男孩間的霸凌行為（雖然書中並沒有明確地稱之為霸凌）也是本書的強烈特色。在這裡，打架也是和榮譽有關，就某種意義上來說也和正義有關。不過，有別於前面討論過的校園男孩小說，前文那些故事發生在由成人主導的教育環境底下，設有成人所立下的界限；反觀在勒布拉克沒有成人的世界裡，痛苦攻擊的限制是男孩們自己默默約定好的。除此之外，小說也特別強調了勒布拉克和同伴在一起的時光，以及他們與成人的距離。教育兒童的人不是暴力的父母或教師，而是孩子們自己。在打架中釋出情緒（包括痛苦）不單只是自我調節的一種形式，而且也在他們暴力的教育環境底下建構了（唯一的）「自由」空間。這也就不難理解，朗維幫與偉恆幫打鬥中所產生的痛苦，就其形成團體認同感而言，反而可以被詮釋為是一種滿足的快樂。

在十九世紀末的法國、德國與英國，兒童與青少年的自由空間（或者說父母干預的權力）變成了重要的教育議題。[79]在享譽國際的法國小說《十五少年漂流記》裡，凡爾納對這種沒有大人管束的歡樂時光提出了負面寫照，故事是關於一群校風自由的寄宿學校學生被困在無人島上，試圖在沒有大人的情況下組織他們的生活。其首領阻止了一場一觸即發的鬥毆，他再三強調造成疼痛的衝突會產生動盪效應，並勸告挑釁者用不同的方式去發洩怒氣，藉此喚起對方的責任感。[80]在這脈絡之下，痛苦是由孩子們自己抵消掉的。

耶里希．凱斯特納的《會飛的教室》（一九三三）提供了另一種觀點來看待兒童的環境、行為與情緒之間的關聯性。在值得信賴又友善的培克老師陪伴下，這間寄宿學校的故事發生在一個支持為更大利益而奮鬥的自由環境裡。[81]有意思的是，在主角鄔理的一場痛苦決鬥當中，除了勇氣、憤怒與愉悅以外，恐懼也涉及在其中。透過鄔理與最強壯也最勇敢的男孩馬提斯的友情，恐懼獲得了積極正面的涵義。在《湯姆求學記》裡，對於痛苦的恐懼主要是用來表現戲劇性功能，而《會飛的教室》探討的不僅是克服恐懼，還包括遭逢痛苦時感受到恐懼的正當性。[82]其敘事讓人可以在支持與諒解的環境下獨自感受痛苦：換句話說，它為情感體驗提供了選項。庫爾特・黑爾德的《紅髮卓拉》（一九四一）也遵循了類似的敘事模式。和布萊敦的《五小冒險：海島・地牢・黃金》（一九四二）一樣，黑爾德在這本廣為流傳的小說中描述了由四個男孩子與一個女孩子組成的無法無天小團體的生活。跟凱斯特納《會飛的教室》一樣，這個小團體從來不會出於自私或卑鄙的理由而出手傷人，他們只會在進行自我防衛或為了替朋友（不論老少）爭取權利，以及對抗（暴力的）統治制度時這麼做，換句話說，痛苦只用在為了爭取自由與正義的利益之時。兒童的肢體衝突不是出自於天性暴力，而是體制決定了他們的行為，是體制讓他們除此之外別無選擇。[83]《紅髮卓拉》因此預示了班傑明・史波克的育兒法。

史波克認為父母有責任把關兒童的非暴力行為。在他看來，父母必須提供友善的環境，促使兒童願意去做正確的事。[84]根據史波克的觀點，兒童並非單純只是**空有**「侵略性」或「過激情感」，兒童還能夠「透過展現他的天性，以及與父母之間的良好關係」來學習控制它們。[85]一九三八年，尼爾在他的小說《活到最後的人》序言裡就已經談到將情緒表現出來對於兒童發展的重要性：「可以這麼說，如果兒童在九歲時能夠實踐他們的侵略性幻想，那麼等他們到了四十歲時就不大可能會是好鬥的人。」[86]除此之外，他還認為兒童在適當的環境中知道他們的極限在哪裡。尼爾斷言道（或許指涉對象就是《十五少年漂流記》）：「任何一群自由的孩子在島上遇難時，都不可能彼此殘殺。」[87]據此，由同儕團體爭鬥所導致的痛苦而體現的「過激情感」，形成了兒童發展中某個特定階段的重要成分。「壓抑」這些情感可能會導致惡化，因此將它們宣洩出來是克服它們的一個重要先決條件。[88]在一九五〇年代的青年衝突背景下，自由主義教育者支持這種對「過激情感」與自覺的發展必然性之假設，但也延伸包含進治療上的細微差別：給別人帶來痛苦的攻擊，現在被詮釋為個人在「青春期情感危機」時對於無聊、挫折與憤怒的一種表達方式。[89]

在這方面，小說《蒼蠅王》可看作是和班傑明．史波克對過激情感自我控制的信任相反。故事再次圍繞在一群困在荒島上的孩子身上，但這次當身兼首領的主角拉爾夫試著在有規則、權利、服從與自律的框架中建立新世界時，他的敵手傑克卻不斷挑戰他，發起惡性循環的攻擊，甚至導致兩次兇殺。儘管拉爾夫並未參與這兩次殺人事件，但小說描述了對暴力的渴望多麼具有「感染力」，就連拉爾夫也不例外。[90]在此，有別於《十五少年漂流記》，一個缺乏成人監管的世界不會引領兒童主角們邁向無痛無苦的自我組織與情緒管理，而是衰退為釋放暴力與恐怖的地獄。拉爾夫擔心自己的生命有危險而逃亡，並且在一艘軍艦的成人幫助下得救。這本書原本並非童書，但其痛苦的現象學讓這本小說變成了特例。

除了這個特例，實際上主宰了二十世紀下半葉書籍市場的是另外兩種兒童小說模式：一種是不會起衝突（或任何爭論皆得以和平落幕）的同儕團體，另一種則是以遊戲形式引進痛苦。第一種模式的典範就像羅伯特．亞瑟的《阿爾弗雷德．希區考克與三個小神探》（一九六四～一九〇），以及阿思緹．林格倫《強盜的女兒》（一九八一瑞典原文版；一九八三英譯版）裡的那一夥人，兩者都屬於一種敘事傳統，其相關作品包括更早期的《少年神探》（一九二九德語原版；一九三〇英譯版）與《五小冒險：海島．地牢．黃金》。[91]在這些書裡，痛苦的經驗在學習如何

圖 8.3　勒內・戈西尼，《小淘氣尼古拉》（*Der kleine Nick und seine Bande*, Zürich: Diogenes, 2001），68 頁，譯者 Hans Georg Lenzen（Fre. orig. *Le petit Nicolas*, 1960）。

感覺的資料庫中並不起重要作用。至於第二種模式，最具代表性的小說是戈西尼的《小淘氣尼古拉》。在這裡，拳打腳踢打耳光等行為是每天都發生在以尼古拉為首的團體成員身上的事，故事背景則是在學校情境中（見圖 8.3）。雖然看起來每一次的衝突都是在疼痛中結束，但是與《湯姆求學記》或《斯托基與其同伴》對比之下，《小淘氣尼古拉》裡永無止境的打架與榮譽或正義這類問題無關：他們的目的不在於羞辱別人，更重要的是，在這故事裡似乎沒有人因此而承受痛苦。相反的，這些嬉鬧般的打打鬧鬧似乎是孩子間唯一的交流形式。尼古拉特別會在這些互相製造痛苦的行為中描述他所感受到的樂趣，而這些故事透過他的雙眼來看具有幽默特色。這強調了附屬於疼痛感的無害、嬉鬧性質。同樣地，芭芭拉・羅賓森大受好評的小說《史上最棒的聖誕劇》（一九七二）也以幽默的方式描述赫德曼一家非常暴力的孩子們（有男孩有女孩）。[92]同時，他們對其他孩子的那些難以捉摸又往往非常疼痛的攻擊，解釋為是父母失職的後果。因此，在他們得到了來自成人的適當關注以後，這些孩子的行為就產生了改變。最後，他們被描述為愛好和平的孩子，並有同理的能力。該故事中的社會批判面呼籲著一種理解，即理解在學習如何感覺的過程中某些行為會導致的後果，以及這些行為的起因。除此之外，這篇敘事也可以解讀為是對其預期的資產階級讀者的一種階級批判。

❋ ❋ ❋

本章的跨國面向強調了痛苦情緒的兩個互補觀點。雖然在十九世紀末時痛苦仍然被視為教育實踐上不可或缺的一部分，但這套方法在二十世紀的過程中逐漸改變了。醫學上的突破（如麻醉的發展、藥物的使用等等）、新興科學學科的興起（如實驗心理學和教育科學），以及人道主義機構的建立，都有助於對痛苦展開新的評估以減少苦痛。[93]在一個愈來愈被認為是人道的社會裡，於親子關係中使用會帶來痛苦的教養手段便逐漸不被看作是正當的行為了，儘管這種做法也沒有完全消失不見。事實上，即使在二十世紀下半葉裡痛苦被當作威脅手段來使用，也象徵與標誌著一種過渡期，這個過渡期被描述為從命令型家庭轉成協商型家庭的改變。[94]

從十九世紀中葉起進入到二十世紀，同儕團體關係裡的痛苦不只被形容為合情合理的，而且還是溝通與自我調節過程中必不可少的一部分。與代間關係相較下，同儕團體的特定性別組成意味深遠。女孩子只有偶爾才會出現在涉及肢體衝突的團體裡，但對男孩子來說，體驗與施加痛苦則被描述為構成男性身分認同與發展，以及團體聯繫過程的主要成分。[95]不過，大家認為合理的痛苦強度在程度上發生了變化（比如說，從鼻青臉腫到失去意識），變化也出現在如何感覺痛苦的差異化和個體化傾向上。一如在《鈕扣戰爭》裡勒布拉克一夥人的體驗所示，痛苦也許愈來愈被當作一種折磨的形式，但痛苦同時也與歡樂和自由的感覺緊密相連。這些「情感選項」以及「宣洩情感」的範例都建立在童年與教育的新認識上，而這種新認識展示了從十九世紀末到整個二十世紀中，「痛苦」在學習如何感覺這過程中的重要性。

注釋

1 Pergaud, *War of the Buttons*, 37–8. 在法語原版裡，Big-Assed Squinty（大屁股歪眼）的原名是 Migue-la-Lune。
2 Pergaud, 43.
3 Pergaud, 48.
4 見 Biro, 'Is There Such a Thing as Psychological Pain'; Morris, *Cultures of Pain*, 9. 激烈的肢體衝突之定義，另見 Trotha, 'Violence', 5194.
5 Reimer, 'Introduction', 104; Lindenberger and Lüdtke, 'Einleitung', 7. 關於「結構性暴力」（特權、社會壓力、有限的機會）方面，見 Bourdieu, *Logic of Practice*.
6 Pergaud, *War of the Buttons*, 44–5.
7 Scarry, *Body in Pain*, 31; Morris, *Cultures of Pain*, 15.

8 Heywood, *History of Childhood*, 110.

9 Pergaud, *War of the Buttons*, 28–9.

10 Pergaud.

11 尤見 Dumont, *Théorie scientifique de la sensibilité*（1875）暗示著痛苦與歡愉的關係。至於現代的看法可見 MacDonald and Jensen-Campbell, *Social Pain*.

12 Arendt, *Human Condition*; Scarry, *Body in Pain*. 另見 Biro, *Listening to Pain*; Le Breton, *Anthropologie de la douleur*.

13 Moscoso, *Pain*, 7–8.

14 Reddy, *Navigation of Feeling*; Scheer, 'Are Emotions a Kind of Practice'.

15 Mantegazza 是第一位努力描繪各種痛苦表達方式的人，見 Mantegazza, *L'Atlante delle espressioni del dolore* (1876).

16 Scarry, *Body in Pain*, 89–90; Moscoso, *Pain*, 5, 9; Biro, *Listening to Pain*, 89–90; Morris, *Cultures of Pain*, 20.

17 Scarry, *Body in Pain*, 14; Biro, *Listening to Pain*, 89.

18 Höffer-Mehlmer, 'Erziehungsratgeber', 671. 本章立足於一百多本童書與四十本教養手冊之上。

19 有個很重要的原因可能是 Yves Robert 一九六一年將這本小說翻拍成電影。除了一九六八年推出英文譯本以外，一九六四年也發行了德語版 *Der Krieg der Knöpfe*。這部小說另外還翻譯成以下幾種語言：捷克語、義大利語、加泰羅尼亞語、世界語、日語、韓語、斯洛文尼亞語、西班牙語、塞爾維亞語和越南語。

20 Abruzzo, *Polemical Pain*, 2; Jakob Tanner, 'Körpererfahrung, Schmerz und die Konstruktion des Kulturellen'.

21 例如 *Struwwelliese* (c.1890); Robert and Philip Spence, *Struwwelhitler* (c.1941); Hansgeorg Stengel and Karl Schrader, *So ein Struwwelpeter* (1970); Friedrich Karl Waechter, *Der Anti-Struwwelpeter* (1970). 另見 Freeman, 'Heinrich Hoffmann's Struwwelpeter'.

22 Hoffmann, *Slovenly Peter*, 無頁碼。

23 Busch, *Max and Maurice*. 見 Jones and Brown, 'Wilhelm Busch's Merry Thoughts', 167.

24 Freud, 'Child Is Being Beaten'.

25 Beecher-Stowe, *Uncle Tom's Cabin,* ii, 第二十章。

26 Beecher-Stowe, ii, 45.

27 Moscoso, *Pain*, 81.

28 見 Flegel, *Conceptualizing Cruelty to Children*; Cunningham, *Children and Childhood in Western Society since 1500.*

29 Key, *Century of the Child*; Lhotzky, *Soul of Your Child*; Hément, *Petit traité des punitions et des récompenses*; Höffer-Mehlmer, 'Sozialisation und Erziehungsratschlag'.

30 Lhotzky, 49–52.

31 見 Borchardt, *Wie sollen wir unsere Kinder ohne Prügel erziehen*, 尤其是第二章關於信任的部分。

32 Lagerlöf, *Wonderful Adventures of Nils.*

33 見第五章〈杜立德醫生的同理心〉。

34 Burnett, *Secret Garden*, 31–2.

35 Pollock, *Forgotten Children*, 特別是第五章；Pleck, *Domestic Tyranny*; Matthias, *Wie erziehen wir unsern Sohn Benjamin.*

36 Heitefuß, *Mutter und Kind*, 44.

37 Heywood, *Growing Up in France*, 164; 'Pädagogische Schläge sind Schläge des Liebhabers'; Heitefuß, *Mutter und Kind*, 21.

38 Vallès, *The Child*; Matthias, *Wie erziehen wir unsern Sohn Benjamin*; Schreiber, *Kindesmißhandlung*, 72–3.

39 Twain, *Adventures of Huckleberry Finn*, 34.

40 Kokorski, 'Invisible Threat', 201. 另見第七章〈小豬的羞恥〉。

41 除了此系列以外，另可參見 Trott, *Puckis erster Schritt ins Leben* (1937)。

42 Schenzinger, *Der Hitlerjunge Quex.*

43 這本特別的小說因其明確的政治立場，使得它有別於本章所提到的童書。見 Lyons, *History of Reading and Writing*.

44 *Hitlerjunge Quex: Ein Film vom Opfergeist der deutschen Jugend*, Hans Steinhoff , dir.（UFA, 1933, banned）[film].

45 Kästner, *35th of May*.

46 Druon, *Tistou of the Green Fingers*; Saint-Exupéry, *Little Prince*.

47 Lewis, *Lion, the Witch and the Wardrobe*.

48 Spock, *Common Sense Book of Baby and Child Care*. 另見 Gebhardt, 'Haarer Meets Spock'.

49 Spock, 269–72, quotation 270.

50 Gebhardt, 'Haarer Meets Spock', 94.

51 Neill, *Summerhill*, xiii.

52 Neill, 157.

53 Neill, 269. 與 Spock 看法一致的，尤見 Petri and Lauterbach, *Gewalt in der Erziehung*.

54 例如 Haarer, *Deutsche Mutter und ihr erstes Kind*, 260. 另見 Brockhaus, 'Lockung und Drohung'.

55 Lenski, *Strawberry Girl*.

56 Hoban, *Bedtime for Frances*, 無頁碼。

57 Hoban, 無頁碼。

58 比如 Lindgren, *Emil in the Soup Tureen*.

59 Lindgren, 56.

60 見第九章〈吉姆．波坦的恐懼〉。

61 Lindgren, *Pippi Longstocking*.

62 Goscinny, *Young Nicolas*.

63 此設定也啟發了成人文學，例如 Musil 的小說 *Young Törleß*。

64 Heywood, *History of Childhood.*

65 一八七五年初次翻譯成法語 *Tom Brown: Scènes de la vie de collége en Angleterre*；一八六七年翻譯為德語 *Tom Brown's Schuljahre*。

66 Farrar, *Eric.*

67 Martin, 'Boys Who Will Be Men', 488.

68 Hughes, *Tom Brown's School Days*, 148.

69 Hughes, 78.

70 Hughes, 194.

71 Nelson, 'Sex and the Single Boy', 538.

72 Hughes, *Tom Brown's School Days*, 347.

73 Galbraith, *Reading Lives*, 95.

74 Hughes, *Tom Brown's School Days*, 334.

75 Kipling, *Stalky & Co.*, 尤其是 'The Moral Reformers' 這一章。

76 Kipling, 157.

77 Hall, *Youth*, 94. 見第一章〈蓋斯凱爾夫人的焦慮〉。

78 Slaughter, *The Adolescent*, 75.

79 Giloi, 'Socialization and the City', 99.

80 Verne, *Adrift in the Pacific*, 120–1.

81 Kokorski, 'Invisible Threat', 201.

82 Kästner, *Flying Classroom*, 115.

83 Held, *Outsiders of Uskoken Castle*, 331.

84 Spock, *Common Sense Book of Baby and Child Care*, 270.

85 Spock, 252.

86 Neill, *Last Man Alive*, 5.

87 Neill, 191.

88 Neill, *Summerhill*, 271.

89 Schumann, 'School Violence and its Control', 242; Kurme, *Halbstarke*. 另見第十二章〈英格麗的無聊〉。

90 Golding, *Lord of the Flies*, 142.

91 Arthur and others, *Alfred Hitchcock and The Three Investigators*; Lindgren, *Ronia, the Robber's Daughter*; Kästner, *Emil and the Detectives*; Blyton, *Five on a Treasure Island.*

92 Robinson, *Best Christmas Pageant Ever.*

93 Moscoso, *Pain*, 82–4, 194.

94 Höffer-Mehlmer, 'Sozialisation und Erziehungsratschlag', 79.

95 關於成年男性與情緒的討論，參見 Borutta and Verheyen, *Präsenz der Gefühle.*

第九章 吉姆·波坦的恐懼

貝提娜·希策爾

一九六〇年，當時西德戰後最成功的其中一本童書出版了：麥可·安迪的《吉姆·波坦火車頭大旅行》（一九六〇德語原版；一九六三英譯版）。在故事的一個重要片段中，兩名男主角遇見了一名巨人。八歲大的吉姆嚇得渾身顫抖，而他的成人朋友魯卡斯則決定前去面對巨人，魯卡斯向吉姆解釋說：「恐懼只會讓人裹足不前。如果你怕了，事情看起來就會比原本的樣子還要更糟糕。」接著他們發現，他們愈是接近巨人，巨人就變得愈小，到了面對面時對方已經變成了正常人的大小。原來他是所謂的「看似巨人」。意識到這點之後，吉姆對自己發誓，以後在仔細看清楚令他焦慮的東西之前絕不再感到害怕。[1]

就在同一年，另一本戰後經典也出版了：由尼爾的舊作匯編而成的暢銷書《夏山學校：養育兒童的根本方法》（一九六〇），這本書重新燃起了英國、美國與西德對於一九二〇年代的改革教育學的興趣。這本書由衷地反對恐懼：「恐懼在兒童的生活中是一件很糟糕的事情。恐懼必須完全消滅掉才行——對成人的恐懼、對懲罰的恐懼、對非難的恐懼、對上帝的恐懼。在恐懼的氛圍下還能夠繁榮的只有仇恨。」[2]

這兩個文本證明了現代兒童世界裡一個雖短暫卻很重要的恐懼概念化轉變。到了一九六〇年代時，兒童心理學家、教育專家與哲學家已經將恐懼視為從根本上來說就有問題的東西。一方面，大家認為恐懼既虛假又不理性，另一方面，恐懼對於兒童脆弱的心靈可能帶來潛在的傷害與削弱身心作用。學習如何處理恐懼不再被視為性格培養中具挑戰性的必要過程，而是在大多數情況下都會順利過關的過程。相反地，到了戰後時期結束時*，恐懼似乎變成了一種更加複雜的感覺。當談到恐懼時，兒童該如何面對恐懼，這問題就跟如何定義恐懼、如何感受恐懼一樣重要。在童書的領域裡，對於「恐懼」這情緒的問題化與爭論早在半個世紀以前就已經開始，而現在終於有了結果。童書毫不含糊地讓恐懼自長久以來與羞恥以及道德汙衊的聯想中獲得解放。[3]這件事非常清楚：恐懼再也不是什麼讓人羞恥的事情了。

這個特殊時刻是如何在學習感受害怕的漫長歷史中留下一席之地的呢？至今僅有少數歷史學家特別注意到童年有可能是教育恐懼的形成期，即使如此，他們主要側重的也是寫給父母的指南文學，而未對兒童文學有深入分析。[4]因此，關於兒童過去一百五十年來透過閱讀與聆聽兒童故事而接觸到的恐懼之模式、設定與概念化的調查相對較少。[5]

本章主要關注的是十九世紀末至二十世紀末的（西）德國與英國兒童文學。[6]調查這些書激發兒童讀者什麼樣的恐懼，以及這些書如何建議讀者處理恐懼、感到害怕時又該找誰來依靠。雖然恐懼的教育曾經明顯是（現在多少還是）性別分化的，但在這方面本章並未系統性地加以探討。相反，本文致力於分析「恐懼的」與「無畏的」主角之間的多面向關係。儘管如此，本文到了某些點上還是會觸及到性別議題，因為本文的主張之一是該時期有個明顯的趨勢，即朝向去性別化的恐懼模式。另外，此處也未有系統地探討這些故事本身是否有意要激起小讀者的恐懼這問題。雖然這問題關係到兒童學習情緒的過程，也涉及到成人對於某些特定情感的價值與使用等考量，比如說用恐懼來教育或塑造孩子等等，但意圖問題已經是不同概念架構下的內容了。[7]相較之下，本文立足在這樣的假設之上：兒童至少有一部分透過模仿所閱讀之內容此一過程來學習如何感覺的。他們會用他們讀過的東西當作遊戲的「素材」來玩（不論是真的遊戲或只是在腦中想像），並且還會「測試」某個特定角色會在他們的情緒上引起哪些反應或影響。[8]

本章將由兩派主角領銜主演。首先登場並且占據掉較多篇幅的，是獨領風騷幾乎整個二十世紀的人物：膽小、害怕與驚慌的主角。而後半場將探討其命運的人物則是在十九世紀表現傑出，但是到了二十世紀後逐漸被打入冷宮的：無所畏懼的主角。

膽小、害怕、驚慌——二十世紀初的兒童新主角

邁向十九世紀末，恐懼爬進兒童故事裡，俘虜了一些主角的內心，並且在敘事裡頭獲得愈來愈多影響力。從前的故事主角也得面對恐懼，但他們並不會被恐懼糾纏，要駕馭恐懼也不算太難。[9]透過克制情緒來駕馭恐懼，這在當時仍然是男孩子日常道德教育的一部分，並且就如故事

---

*戰後時期（post-war period），一般指涉二戰之後的一段時期，不同國家定義不同，有些是指一九四五到一九六〇，在英國則以柴契爾夫人開始擔任首相的一九七九為終點。

所描述的，駕馭恐懼對男孩子來說應該不算什麼太大的挑戰，沒什麼失敗的餘地。雖然自我控制對女孩子而言也有風險，但在駕馭恐懼方面則否，因為女孩子感到害怕並表達恐懼是比較為人所接受的。無論如何，十九世紀末時另一種角色登場了，而且在二十世紀期間都不曾離場，那就是：恐懼不安但「積極正面」的主角（大多是男主角），儘管恐懼不安，他們還是會安然度過這個時期所帶來的各種改變。

在第一批亮相的膽小主角當中，其中一位是包姆出版於一九〇〇年的長銷經典《綠野仙蹤》的膽小獅子。雖然不是以值得稱道的模範角色之姿登場，但被人稱作「膽小鬼」的獅子並沒有受到任何嘲謔譏笑。牠是女主角桃樂絲最可靠的朋友之一，在遇上危險時絕不會背棄她。當然，故事諷刺之處就在於牠是故事裡最強大的動物，幾乎所有角色第一眼看到牠都會感到害怕，牠自己卻很膽小。從牠對於自己辜負了萬獸之王的形象與天職而深感羞愧來看，膽小的獅子多少也有意識到這種矛盾。美國與歐洲國家的標準教育課程皆提倡駕馭恐懼是身為男孩子的一個主要特徵，就這方面而言，正努力駕馭恐懼的男生讀者可以將獅子看作是他們的榜樣。[10]膽小的獅子從未能完全駕馭牠身上的焦慮與恐懼，直到喝下巫師說服牠相信具有魔力的藥水為止。儘管牠一直焦慮、心驚膽顫，但獅子不曾用膽怯的態度行事過。正如偉大的巫師奧茲在接近故事尾聲時向牠解釋的：「所有生物在面臨危險時都會害怕。真正的勇氣是當你害怕時還能夠面對危險，而那種勇氣你身上多得很。」[11]不過對獅子來說，這種領悟並不足以平息牠的擔憂，所以牠表明：「除非你給我那種會讓人忘記自己害怕的勇氣，否則我真的會很不開心。」[12]

因此，膽小的獅子是他那個年代中最早將自己作為男孩子榜樣的主角之一，尤其是那些不易克服恐懼、甚至在勇敢行動時也容易飽受焦慮之苦的男孩子。這種模式並沒有「降低」作為男孩子的道德標準，因為此模式從未質疑過人應該要勇敢的念頭，它只是尋求更多細節來描繪為了實現這個目標所需的奮鬥。此模式承認一些協助或許是必要的，並且動搖了恐懼是一件羞恥的事情這種假設——只要這個人不是以膽怯的態度行事的話。如此一來，膽小的獅子證明了十九世紀晚期社會逐漸意識到孩子氣與青少年的焦慮不是芝麻小事，恐懼可能會纏住兒童並且使他們變得脆弱，因此他們的焦慮不安應該要以明智且同情的方法來處理才好。[13]於是乎，一些暢銷的教養手冊開始鼓勵父母不要給孩子施加壓力，不要故意為了測試他（或她）的膽量而將他（偶爾是「她」）置於恐怖的情境下，只為了強迫他面對自己的焦慮。[14]

雖然十九世紀的兒童故事一般不會深入刻畫恐懼，往往只保留一兩句話來描述受驚嚇的狀態以便說明成功駕馭焦慮的姿態，到了世紀之交時，兒童才終於能夠見到有關恐懼與恐慌的強力描述。童年的恐懼不再被視為簡單或不成問題的小事，而是可能近乎恐怖的大事——在極端的情況下，甚至有可能危及兒童的心靈與終生幸福。[15]在葛拉罕大受歡迎的《柳林中的風聲》（一九〇八）裡，當四位動物主角之一的鼴鼠徒步穿越野森林時，小讀者在一處迷人的長段敘述中親眼目睹了鼴鼠身上不斷滋長的恐怖感。在沒有直接表達或言明鼴鼠內心感受的情況下，牠不斷增加的恐慌感是以兩種方式來描繪的：一方面，讀者讀到鼴鼠所聽見、看見、感覺到的，那一連串愈來愈急促的不祥之聲、景象與身體的感覺。另一方面，葛拉罕詳細描繪了恐懼對鼴鼠的身體所造成的影響：恐懼如何讓牠開始狂奔、絆倒、失控、顫抖與流淚。透過生動的敘述，故事這兩個部分都能夠輕易地將鼴鼠的恐懼體驗化為有形體驗轉達給小讀者。當鼴鼠終於在樹洞中找到庇護時，牠才開始意識到在剛剛的經歷裡最可怕的是什麼：不是「危險」本身，而是「田裡和灌木叢裡的其他小居民碰過的可怕事……被稱為牠們最黑暗的時刻……也就是野森林的恐怖！」[16]與不時感到害怕但總是英勇行事的膽小獅子相反，鼴鼠不僅驚慌失措，甚至到最後還是搞不清楚究竟是野森林裡的生物真的在恐嚇牠，或者這一切其實都只是牠的想像。無論如何，野森林的威脅已經用很有氣勢的方式描述並轉達給讀者了，而當牠的朋友水鼠全副武裝、帶著手槍與棍棒出現在牠身邊以後，鼴鼠心中立即充滿了勇氣。因此，牠並未被描述為「娘娘腔」，相反地，牠呈現的是一個獨自面對危險而沒有適當準備、手無寸鐵無法反擊的個體。小讀者從中能夠學到他們無須為了感到恐慌而覺得羞愧。相反地，這無非是一個意識到周遭危險的問題而已，意思就是叫他們不要有勇無謀，並要適當地準備好面對危險。就某方面來說，這與鼴鼠同時代但身處在另一本書中的人物所感受到的焦慮相呼應，即法蘭西絲・霍森・柏內特《祕密花園》（一九一一）裡的男主角：柯林。他焦躁不安的認定自己注定會變成一個駝子並因此而早逝。他的焦慮讓他完全與世隔絕，因為他不敢擁抱生命。當他從表妹瑪莉身上得知他的恐懼是大過於現實的憑空想像（或瑪莉說的「歇斯底里」）後，柯林終於開始投入生活並學會變得更勇敢。[17]

雖然像《綠野仙蹤》、《柳林中的風聲》和《祕密花園》這樣的故事給小讀者一種「恐懼」可能是令人尷尬甚或使人變脆弱的感覺，不過這些故事同時也透過某種較無疑問的方式向他們展現如何逃離或解決焦慮恐慌的狀態。相較之下，對於處理永無休止的恐懼，呈現給一九三〇年代德國小讀者的是較嚴酷的立場。在耶里希・凱斯特納《會飛的教室》（一九三三）這本在德國廣為流傳的小說中，小讀者認識了鄔理這名寄宿學校的學生。[18]他聰明、謹慎、脆弱又想家，他就像德國兒童心理學家所形容的特別像綿羊般羞怯的人。[19] 有別於美國三十年前和他相對應的膽小獅子，鄔理不僅為膽小所苦，也為自己的行為舉止同樣膽小所苦。儘管如此，他仍然被描繪成討喜的，而且敘述者也不是用居高臨下的口吻來描述他與他的擔憂，小讀者因此能夠認同他。鄔理那位強壯、勇敢但腦袋不太靈光的朋友馬提斯建議道，恐懼唯一的補救辦法就是做一些大膽的事。這背後的邏輯令人聯想起《綠野仙蹤》裡的膽小獅子，也就是說膽小的人缺乏的不是勇氣而是自信。不過，膽小的獅子是藉由吞下「魔法」藥水變得有自信，而鄔理得到的建議則是去做一件大膽的行為來獲得自信。他鋌而走險選擇拿一把雨傘當成降落傘，從很高的梯子上往下跳。儘管鄔理受了很嚴重（但不致命）的傷害，不過當校長得知為何鄔理要這麼做後卻認同他的行為。對於校長來說，一輩子過著因恐懼而癱瘓的生活，似乎遠比可能導致鄔理殘廢甚至喪命的大膽、或者說魯莽的行為嚴重多了。這種克服恐懼的存在特質是德國所特有的，它將恐懼定義為幸福人生的障礙，最重要的是，恐懼也攔阻一個人成為對社會有用之人。從這個角度來看，最大的問題不是兒童會被他個人的恐懼糾纏，就如當時美國的兒童心理學家定義的那樣，最大的問題是這孩子會因為意識到自己的膽小與缺乏勇氣而備受折磨，並因此缺乏面對未知與危險處境的應變能力。[20]

一九二〇年代時，德國出現另一種以恐懼為特徵的角色，這種角色有別於美國或英國小說為其少年讀者所呈現的主角。這些「新」德國小說並不描繪故事主人公努力著手於駕馭、面對或克服焦慮與恐懼，或因為勇於行動而發展出一種更具安全感、更加道德的情緒性格。這些故事根本不探討恐懼、勇敢與膽小之間的三角關係。相反地，它們完全將「恐懼」本身視為面對這險惡世界的普遍感覺：這種感覺標記在全身上下，而他們的雙眼透露出「這世界充滿驚駭」的模樣。[21]

恐懼占據了身體，且不受主角意志左右而清楚地顯現出來，這樣的恐懼削弱了情緒文化中的主流趨勢，而這趨勢在美國可能是更為明顯可見的。這種恐懼不能和其他歷史學家在分析二〇年代時所描述的「冷漠行為」（cool conduct）相提並論，也不能與「反情感強度」（anti-intensity）的趨勢相比，更別說與外表冷漠的「後資產階級白領」相匹配。[22]這個趨勢比較符合歷史學家所說的情感動員，例如二十世紀上半葉隱含在暴力事件以及種族屠殺中的恐懼。[23]比起成人的職場領域，這些兒童故事似乎更接近日常的街頭暴力，前者或許還比較像「冷漠行為」。[24]

雖然這種普遍的恐懼感起初被描述為一種由屈辱、暴力、苦惱以及徹底絕望的經驗中，所產生的可憐、軟弱、次等與無力等性格特徵[25]，不過兒童在晚期威瑪共和國和早期國家社會主義的右翼文學裡也遇見了一連串被嚇壞的主角。舒辛格的小說《希特勒青年克韋斯》（一九三二）在一九三三年翻拍為首部納粹宣傳電影，主角海尼*深受中產階級與勞工階級兒童的喜愛。海尼反覆經歷一種根深柢固的恐懼，那種恐懼占據他的身體，到了難以控制外在跡象的地步。他一直害怕粗暴的父親，對父親的共產主義朋友施托佩爾的懼怕更是直抵內心深處，施托佩爾以暴力威脅他留在共產主義者身邊。恐懼、威脅與暴力是海尼日常生活的一部分。這種恐懼與膽小的獅子、鼴鼠和鄔理所體驗到的恐懼是非常不同的。海尼並不是因為膽小或行為表現懦弱而受苦，而是受到長期焦慮的破壞力所折磨。這種無盡恐懼在比較脆弱的人物身上所展現的折磨性質可以在海尼母親身上見到，她是如此渴望逃離自己的恐懼，以至於最後自殺身亡。[26]像海尼這樣的少年主角是無法靠自己克服這種恐懼的。獨自一人的話，只會落得跟海尼母親一樣的下場。為了使他們免於最可怕的恐懼，他們獲得加入納粹黨青年組織的機會——即使如此，黨內同志也無法完全保護他們不受共產主義者的威脅，就如海尼最終還是被共產主義者給殺害。[27]而當國家社會主義在現實世界中確立了以後，這些飽受驚嚇的主角們也從敘事套路中消失得無影無蹤了。

人之所以為人——恐懼與脆弱感

與此同時，另一種類型的主角誕生了，這角色一開始主要出現在英國小說某條分支裡。雖然本章到目前為止已經概述了像是動物、兒童與青少年等充滿恐懼的角色之演變，不過在許多寫給較年長孩子的故事中也有提到成年男性的行為。在十九世紀與二十世紀初期裡，這些男人大多以男子氣概為特徵，意味著某種大無畏與英勇。不過從十九世紀末起，當他們在回顧自己的冒險經歷時，有些人確實開始提到了恐懼。通常他們不會提到太多細節，所以這些描述一般只是用來說明他們面對的危險有多麼巨大。[28]儘管如此，他們還是證明了曇花一現的恐懼感融進了男子氣概的概念裡。[29]同樣提及恐懼的還有無數以男女兒童為主角的通俗冒險、偵探和（寄宿）學校故事。恐懼在這裡的功能比較多是用來加強讀者的刺激感與懸疑感，而不是表現為一種個人感受或帶有任何一絲嚴肅意味的情感。[30]

自一九三〇年代起所出版的奇幻小說則說起不一樣的故事。一九三四年，哈比人比爾博・巴金斯被介紹給青少年與成年讀者群。這故事始於巫師甘道夫和一群矮人要求他幫忙從惡龍身邊討

＊克韋斯是主角海尼的綽號。

回他們的寶藏。要是從前的話，一名有男子氣概的主角會毫無畏懼的接受這場冒險遠征——但比爾博則否。當一塊柴火迸出的烈焰讓他腦中浮現惡龍的畫面時，他的好奇心與冒險精神立即褪逝，還試圖將自己藏起來。但由於躲不掉，於是他開始恐慌、尖叫並全身顫抖。這種突如其來的恐慌在矮人眼裡看來相當荒謬可笑，或許在讀者看來也是如此。恢復了哈比人所謂勇猛精神的，是矮人葛羅音斷定比爾博如此像隻驚弓之鳥將會辜負他們的期望。[31]於是，羞恥感與憤怒戰勝了比爾博的恐懼。但《哈比人》（一九三四）這故事說的不只是一個類似人類的矮小生物，經別人提醒何為理想的男子氣概後進而克服自己「天性」中的恐懼而已。他屈服於恐懼的傾向也被呈現為實現他所承擔任務的一個先決條件。無論是從惡龍身邊討回寶藏，或是找回後來在托爾金的《魔戒》（一九五四～五）三部曲裡占據故事中心的至尊魔戒，比爾博需要的都不只是勇氣，還必須具備能夠對令人厭惡又陰險的魔戒守護者咕嚕這種生物感到同情的能力，以及無法「冷酷」地英勇行事才行。[32]

對較年長的讀者來說，像比爾博．巴金斯這樣的故事對於恐懼在冒險小說的進程中帶來了根本性的改變。「恐懼」不再是人類天性中純然不幸、有問題且令人不安的一部分，為了能夠英勇行事而必須駕馭它才行。「恐懼」本質上是一種極富人性的東西，是以自己的感覺和他人的脆弱性來平衡純粹的、甚至可能是殘暴的「勇敢」之必要先決條件。不過，即使恐懼的意義已經改變了，但是對於通俗小說裡的男主角（以及後來的女主角）來說，感到恐懼與面對恐懼仍然是重要的道德考驗。這與一般的假設相反：自一九二〇年代起的童書要不是傾向於描繪「沒有恐懼」的環境，要不就是都在描繪無所畏懼的主角（如科幻小說）。[33]就這方面而言，許多寫給兒童的故事顯然沒有遵守那個給父母的勸告，也就是要避免讓可能會灌輸恐懼的情境出現。相反地，青少年小說反而深切關注那段時期裡所有孩子多少都會經歷到的戰爭與政治鬥爭。

此元素在二戰結束後復興並增強了。一九五四年時，托爾金創造了比爾博的繼承者，也就是他的姪子佛羅多·巴金斯，並派給他更艱難的任務，要他從黑魔王索倫的邪惡勢力中拯救整個中土大陸。雖然佛羅多與比爾博有許多不同之處，但他就像比爾博一樣經歷了一次又一次的強烈恐懼，這些恐懼使他變成富有同情心、不求名聲與權力的謙卑之人，同時也成為不畏恐懼的人。[34]不過，有別於比爾博，讓他克服恐懼的不只是他的任務以及理想的男子氣概，還有徹底絕望的力量。[35]

不是只有托爾金將恐懼描繪成如此具有深刻人性。讀者也能在C·S·路易斯的《納尼亞傳奇》（一九五〇～六）這部英國戰後奇幻巨作裡見到類似的恐懼概念，即使恐懼與能夠感到同情的能力之間的連結，或是恐懼與人性化的行動之間的關聯，都比較不那麼明顯。[36]《納尼亞傳奇》就和《魔戒》或稍晚出版的麥德琳·蘭歌的《時間的皺摺》（一九六二）一樣，這些作品對於掌握恐懼的處理已經脫離了簡單的勇敢概念。這是一種十分攸關存有形式的絕望，一種根深柢固的身體知識，深知除了反擊以外，沒有其他辦法能夠自徹底的被征服或死亡中掙脫，這使得男孩與男人們（以及隨後的女孩與女人們）能夠克服恐懼並做出回應。[37]

從恐懼的主角到恐懼就是主角

雖然在這些故事裡，「恐懼」是主角性格的一項重要元素，但在五〇年代的英國奇幻巨作中，恐懼並非敘事的核心要素。至於在西德，倒是有一本以恐懼為主要特色的兒童奇幻小說獲得了一九五六年德國青少年文學獎（從屬特別獎類別）：阿思緹．林格倫的《米歐王子》（一九五四瑞典原版；一九五六英譯版）精準地將重點放在《魔戒》與《納尼亞傳奇》所觸及到的問題上。[38]恐懼是這個故事的主樂調，由於「害怕、非常地害怕」而猶如祈靈般的一再重複說著恐懼。就和《魔戒》與《納尼亞傳奇》一樣，米歐那田園詩般的世界，即他敬愛的父親的國度陷入了危機，因為邪惡的卡托爵士將國土中的兒童抓到自己的黑暗國度，把他們變成籠中鳥。當米歐得知自己是唯一能夠解救他們的人時，他既害怕又絕望、恐懼且顫抖，確信自己辦不到。在小說中一個震撼力十足的場景裡，他意識到他必須獨自面對恐懼，而不能依賴父親或他的摯友阿傑，於是他完全擁抱自己的恐懼。雖然直到故事結束為止恐懼始終沒有離開過他，但那些因為卡托而失去親友之人的深切悲傷激起他一股平靜的憤怒，這股憤怒給了他啟程的力量。[39]米歐必須一次次克服無力感和恐懼感，直到最終他能夠與卡托對決。手裡握著寶劍的米歐，在此刻終於變成諺語中的白馬王子。[40]

米歐的故事銷售量並不亮眼。主角一再聲明自己感到「害怕、非常地害怕」牴觸了戰後德國（與英國）的情緒文化，其情緒文化要求公開否認一個人的政治行動之動機（不論是部分或完全）是出於恐懼。[41]但《米歐王子》獲得具有聲望的德國青少年文學獎此一事實，指出了存在於公共論述中的潛在恐懼，而這種潛在的恐懼很快將成為備受爭議的個人與政治情緒。大家也許會將米歐的故事解讀為一種「情緒避難所」，開放讓人討論先前戰爭時與戰後的恐懼，因為這種討論很難在其他場合，尤其是在成人的公共領域裡進行闡述。[42]從這個意義上來說，米歐對卡托爵士的恐懼鬥爭可理解為「恐懼」在隨後的數十年裡，即將獲得中心地位的前奏曲。

在六〇與七〇年代間，小讀者碰到大量有關於「恐懼」的敘事。有三個不同但時而交錯的恐懼面向主導了這二十年。首先是重述了本質上具人性且富有同情心的恐懼的主角的故事，並在很大程度上移除了性別差異。這類主角最終難以被人超越的力量，來自不再害怕焦慮，以及隨著承認他或（現在也有）她在情緒上表現出的坦率與脆弱性，而擁有的孤注一擲的、同理的憤怒。以這樣的再現視角來看，「恐懼」不僅不會拆散人類，而且還跟「同情心」與「愛」（兩種和恐懼息息相關的情緒）一樣是使人團結起來的基礎。[43]在奧飛·普思樂的《鬼磨坊》（一九七一德語原版；一九七二英譯版）中，於磨坊當學徒的克拉巴特與其女友康朵卡之所以能夠一起成功破除邪惡、致命的魔咒，原因就在於康朵卡能夠從被施法變形的克拉巴特為了她的性命而產生的強烈恐懼感中辨識出他。[44]在阿思緹·林格倫的《獅心兄弟》（一九七三瑞典原版；一九七五英譯版）裡，弟弟卡爾無時不刻都在害怕，而他所崇拜的哥哥總是能運用想像力與勇氣來安撫他。不過當哥哥的性命處於險境時，恐懼並沒有阻止卡爾上戰場。到了最後，當他為了保住他們的性命而必須從懸崖上往下跳時，他承認道：「不……對啦，我很害怕！但不管怎樣我一定會跳！」[45]跟卡爾一樣，德國作家麥克·安迪的《默默》（一九七三德語原版；一九七四英譯版）女主角默默，在遇見以誘騙人可以變得更有效率進而奪走人的時間、人性與快樂的灰色男人時，她大方地承認自己的恐懼。有別於那些落入灰色男人陷阱的人，默默感到恐懼是因為她感受到他們內在的冷漠。恐懼是用來了解什麼是具有人性的一種啟發工具，也是幫助默默辨識生活危險的理性工具。這種對恐懼的描繪呼應了理察・亞當斯的《瓦特希普高原》（一九七二），這故事說的是一群兔子在原本居住的兔場被毀之後，踏上探索新的安身之地的旅程。[46]這種恐懼的概念，對於從八〇年代到現今一些最受歡迎的童書來說仍然是必不可少的，比如說安迪《說不完的故事》中的巴斯提安・巴爾沙札・巴克斯，或是J・K・羅琳的《哈利波特》系列（一九九七～二〇〇七）裡各式各樣的人物角色。[47]

如何面對恐懼的根本矛盾

《默默》點出了一九七〇年代兒童文學愈來愈急迫描繪的第二個恐懼面向：恐懼具有蒙蔽人，使之看不見真正危險的能力。[48]乍看之下，這似乎與剛才說過的恐懼具有啟發能力相矛盾。不過，相較於二十世紀上半葉對恐懼的理解，此時恐懼的意義顯然已經發生了根本改變。六〇與七〇年代的兒童文學在描述恐懼時，已不再關心什麼程度的恐懼算是「自然的」這種問題，更重要的是，也不再關心什麼程度的恐懼會變成勇敢的阻礙。恐懼已經完全不再代表勇敢的對立面，相反地，它被視為一種雙面刃現象。恐懼的積極面，其特徵在於：它是作為明理、善解人意之人的一個必備要素，這樣的人才能夠覺察到自己與他人的弱點。要是沒有這種覺察的話也就不會有愛或友誼。因此，感到恐懼被詮釋為邁向真誠以及深具人性的勇敢之必要步驟。恐懼的消極面定義則是：它令人退化到非理性，並為操控人心、情感孤立甚至為仇恨奠定了基礎。本章開頭提到吉姆·波坦與疑似巨人的相遇便證明了恐懼的這一面。吉姆的恐懼是基於誤解之上，他對巨人之龐大的畏怯使他看不見對方性格友好的種種跡象，身為成年人的魯卡斯則不為恐懼所影響而能夠輕易地辨認出來。[49]因此，吉姆的故事並不是關於駕馭恐懼，而是關於以公正的態度來更仔細地看待世界與其他人的必要性，即使面對那些剛開始會激發恐懼的人事物也不要迴避。

對於恐懼，這種新的「公正無私」態度也出現在兒童故事的主題裡，因而呈現了恐懼的第三個面向。一些寫給年紀較大孩子閱讀的新故事呈現了充滿恐懼與敵意的世界，但是與二〇年代恐懼同樣無所不在的故事相比，這些新故事所懼怕的不是像日常暴力那種「簡單」而有形的事物。兒童現在認識到那些恐懼已成為書中主角生活態度之一部分，而且其生活中沒有太多希望，且肯定沒有地方是安全的。這些不祥的世界要不是被核戰蒙上了一層陰影，要不就是籠罩在一種普遍化的青春期焦慮感中，也就是質疑所有的人際往來。另外，在這些世界裡絕大多數的成人既無法提供安全感，也不是能夠求助指引的榜樣，因為成人也同樣飽受恐懼與個人危機的困擾。[50]恐懼在這些敘事裡超越了並且最終也模糊了內在與外在世界間的界限，個人也表現得愈來愈由裡到外被恐懼所滲透。[51]

即使當世界看起來既黑暗又令人卻步時，這個時期的童書也毫不猶豫地認為一個人不應該迴避恐懼。所有主角的唯一希望就是承擔起他們信以為真的恐懼，並審視他們的焦慮，而非反擊回去。這種信念在大量寫給兒童與青少年讀者的小說中表達得十分清楚，這也反映出一個更普遍的轉向，即往心理學角度去探索情緒，使其得以受到各種不同的治療性干預。這是七〇年代西德與英國的共同特徵。[52]「坦率」以及「運用想像力」是故事主角選擇用來應付焦慮的兩種不同方式。「坦率」被應用於兒童文學一個相當顯眼的新主題上：心愛的人死亡。雖然過去偶爾也有童書交代父母或兒童的死亡，但這種死亡要不是前塵往事，對現在還在世之人的情緒影響不大，要不就是敘述將死之人如何面對死亡。[53]從七〇年代起，兒童與青少年比以往更常在特別寫給他們的故事中見到死亡的主題，而故事通常是描述那些失去摯愛之人的感受。恐懼在這裡是最主要的情緒，不僅對於死亡為確切事實來說如此，甚至單單只是提到即將來臨的死亡時更是如此。面對後者，坦率的討論死亡在小說的呈現中是情感上最能夠承受的方式。[54]

大約在同一時間，其他故事則更明確指出兒童與青少年最後如何才能夠接受恐懼。「幻想」在這種恐懼的處理中發揮了很重要的作用：將恐懼化為一場夢魘、一個象徵，或最終化為一種克服焦慮的手段。雖然到目前為止我們一直以肢體動作或表情來描述恐懼，但七〇年代的兒童與青少年故事則見證恐懼轉向了象徵。「鳥類」就是其中一種最強而有力的象徵。在菲黎思・侯嫚的《地鐵求生121》（一九七四）裡，鳥是恐懼壓迫的永恆象徵；至於在挪威作家托爾莫德・豪根的《夜鳥》（一九七五挪威原版；一九八五英譯版）裡，鳥同時是恐懼的象徵，也是處理恐懼的方法。《夜鳥》的男主角約阿希姆每晚重複經歷同一場噩夢，夢裡一群鳥會從他的衣櫥中飛撲出來將他撕成碎塊，這場噩夢為他開啟了向父母談心並為他那幾乎無形的焦慮做點什麼事的機會。而當他的父母證明他們無法給他一個情感穩定的家以後，他最終創造了一個似乎能夠幫助他度過重重難關的想像朋友，儘管那個想像朋友並不是一隻鳥。[55]給更年幼孩子的故事會將恐怖的幻想與噩夢處理得像「真實的」一樣。不論是依琳娜・柯修諾筆下的小亞當，為了克服自己害羞與膽小的性格而為自己畫了一條龍增添自信心[56]，或是基爾絲汀·波伊筆下害怕廁所裡有怪物的朱利[57]，這些故事的寓意皆相同：只有對這些幻想嚴肅以待，並且將這些幻想當作真實存在般處理，恐懼才能夠被驅散。

無畏的主角——二十世紀兒童文學的轉向

雖然二十世紀期間的兒童認識了許多提心吊膽或膽小的主角，不過他們也會遇見幾個無所畏懼或有勇無謀的主角，其中一些來自於十九世紀時尚未劃清界線的青少年文學或成人文學。這些故事在二十世紀期間為了青少年而繼續重新編輯、縮減篇幅，並且銷售量極大。它們的故事主角要不是身處在西部荒原，要不就是環遊世界的探險家或發明家。

詹姆斯·費尼莫爾·庫珀的《皮襪子故事集》（一八二三~四一）是這些長銷作品中最受歡迎的作品之一。主角納提·邦波與他的美洲原住民朋友，欽卡奇可酋長，兩人都被賦予可謂為強身派基督教意義上的男子氣概（不過後者在程度上不及前者）。[58]按照這個理想，男人必須勇敢但不能野蠻；他們不以殺戮證明自己的英勇；他們能夠完全掌控自己的情緒；即使被人指控為懦夫，也不會意氣用事。[59]就算遭受威脅時，邦波也不曾露出任何一絲害怕的跡象，就連一滴汗或一點顫抖都沒有。除此之外，讀者從來沒有得到過哪怕是一點點提示說明他是否會感到恐懼，也沒有任何一絲線索說明他如何保持無畏，而非沒有情緒。邦波從來不用為了克服焦慮而掙扎；他似乎就是無所畏懼。讀者只能假設他在美洲原住民部落裡所受的教育，是使他一勞永逸地駕馭恐懼的原因。同樣的道理也適用於另外一對十九世紀末「西部荒原」的主角身上：美洲原住民酋長溫內圖與其德國朋友老破手。在德國，這兩人直到近代都還繼續大受歡迎——甚至包括那些來自底層階級、不太可能會讀《會飛的教室》或《綠野仙蹤》的年輕讀者在內。[60]和邦波不同的是，後起之秀的溫內圖看起來比較不強硬、較敏感，而且儘管他也從來沒有明確地表現出或提及恐懼過，他並不迴避談論自己的感覺。在一幕真情流露的場景中，他向老破手透露自己有預感即將面臨死亡。這是他第一次顯露出較無安全感、充滿悲傷的樣子，讀者不禁好奇他是否感到害怕了？不過無論是敘述者或他的好友都不曾對此說過半句話。但是當老破手勸他遠離一場近在眼前的戰鬥時，溫內圖拒絕聽勸，因為不管別人怎麼想，他都會因此覺得自己是懦夫。[61]

在二十世紀的童書裡，溫內圖的後繼者繼續堅守著一種理想的體魄與道德勇氣，不過這些主角不再是無所畏懼的了。一九三〇年代時，德國作家弗里茨·施托伊本文思泉湧地寫下並出版超過八冊的美洲原住民特庫姆賽酋長傳記。與邦波及溫內圖相反，施托伊本筆下的主角時常充滿著不可言狀的恐懼，「但他的意志力遠比他靈魂裡的恐懼、比他打顫的身體都還要強大」。[62]恐懼悄悄溜進了小說所虛構的美洲原住民心中，就跟它悄悄溜進哈比人的靈魂一樣，然而恐懼不再將勇氣排除在外了。

許多關於探險家與發明家的故事，將另一種同樣大無畏又富有情緒的角色呈現在兒童與青少年讀者面前，這些故事同樣延續起源於十九世紀的故事情節。法國作家凡爾納的小說便是此文類的一種原型，即使到了二十世紀期間的法國、英國與德國仍有絕佳的銷售量。在《環遊世界八十天》（一八七三法語原版、英譯版）裡，讀者認識了性情有點古怪的主角費雷斯·福格，這名英國人全心全意投入在他的八十天環遊世界冒險裡，以至於他似乎看不到任何危險也感覺不到任何恐懼。但有別於邦波與溫內圖，防止他感到害怕的並不是英雄氣概。正好相反，他被塑造成典型的英國紳士，除了某種保持距離的同理心之外，不曾流露任何一絲強烈情緒的跡象，更別說是恐懼了。此外，他是受到自己對類科學的奉獻使命所驅使的，而這份使命並不容許恐懼出現。這種「無所畏懼」的態度再加上有些不帶感情的性格，甚至讓「愛」看起來都有點「無情」。[63]五十幾年後，他那位備受許多世代的英國與德國兒童愛戴的同胞杜立德醫生，在啟航前往非洲時也不曾失去過冷靜。就像費雷斯·福格一樣，杜立德似乎不把危險看在眼裡，而且大多數時候都能豁免畏懼。他的行動皆出自於同理動物的堅定情感，儘管如此，這種情感卻永遠不會近似激情，那種超出紳士恰當的情感約束。[64]在整個二十世紀期間，費雷斯·福格和杜立德醫生也有一些備受歡迎的接班人，但那些後來出現的大無畏角色在兒少文學裡扮演的多半是配角。[65]這些研究結果修改了過去的假設，舊假設認為二十世紀中葉的兒童文學為了有利於「不會讓人情緒緊繃的高度動作冒險故事」而使得恐懼衰退。這個錯誤的假設幾乎只建立在科幻小說的閱讀上，但這些小說並不能代表二〇年代以後大部分的兒童文學，至少不能代表這段期間的德國與英國兒童文學，並且完全忽略了像是《納尼亞傳奇》等奇幻巨作，以及其他有來自「現實世界」主角的小說。[66]

一九四五年以後，其他富有同理心**並且**「無所畏懼」的主角以相當不同的面貌再度出現，乍看之下很難察覺到相似之處。這些主角既非英國紳士也不前往其他世界，但就某種程度上來說他們也不是循規蹈矩的人。而且令人意外的是，這些新的大無畏角色主要是女性。在二戰的種種暴行中，目睹了男人同時扮演極端暴力的「加害者」，以及遭受無助、絕望與屈辱感的「受害者」

以後，眾人懷疑是否還能夠想像「無所畏懼」的男主角出現，更別說在道德上能否接受了。阿思緹．林格倫的《長襪皮皮》（一九四五）在德國擁有這種類型中最早且迄今仍最受歡迎的女主角之一，從一九五七年起，奧飛．普思樂的《小巫婆》（一九五七德語原版；一九六一英譯版）也加入行列。[67]兩名女主角都不把恐懼放在眼裡：她們不用駕馭或克服恐懼，雖然原因稍有不同，但她們就是不會感到恐懼。皮皮有超人般的體魄，並且也習慣了依靠自己；至於小巫婆呢，即使當她和成年女巫為了是否只施展好魔法而爭執時，也和皮皮一樣沒有人可以依靠，但她還可以仰賴自己的機智與創造力。

儘管這兩位女主角直到今天仍備受兒童（大多是德國兒童）喜愛且一再被扮演，但某方面而言她們是來自一個不復存在的世界。首先，是因為沒有成人可以依靠的她們反映了一種後來咸認已落伍的心理學思考模式。根據該模式，兒童的恐懼大部分都不是天生的，而是由於縱容孩子的不明智母親（或雙親）用錯誤的教育方式讓他們後天習得的。第二，這種小說也許是烏托邦計畫中的一部分，其預想是透過教育方法打造沒有恐懼的世界。比如前文提到的，這就是尼爾在創辦夏山學校時的意圖。是希望，而不是恐懼的感覺在主導這種烏托邦計畫。正如恩斯特．布洛赫在《希望的原則》（一九五四～九）裡所說的，若論及五〇和六〇年代初的左派思想，那麼希望是一種霸權。[68]《吉姆．波坦》的故事開啟了對恐懼的歷史調查，而這故事是把恐懼去神祕化的做法中的生動例子。不過，這種對恐懼的「不敬」在歷史上只占了短暫時間。

❄ ❄ ❄

恐懼經常被形容為普遍穩定的，而且原則上從古至今未曾改變過，簡言之：恐懼本身就是一種基本情緒。然而，在十九世紀末至二十世紀末的兒童文學裡，恐懼卻出現驚人的起伏變化。將此過程描述為從只藏匿一些具體焦慮、或多或少還算樂觀的十九世紀，轉變成被焦慮不安所驅策的二十世紀，這僅僅只捕捉到近百年來兒童在閱讀中所接觸以及學習到的一丁點恐懼。[69]

在十九世紀中葉至末葉的童書裡，恐懼不是主要議題。在閱讀的時候，兒童追隨的大多是基本上無所畏懼的男主角的事跡。雖然這些主角必須面對各式各樣的危險，並且經常也感到害怕，但基本上他們在駕馭恐懼方面沒有任何的困難，這都歸功於他們在情緒克制以及自我控制方面的長期訓練；至於女主角則幾乎不會面臨會引起恐懼的危險情況。這種「性格培養」的敘事多半未受到太大挑戰，因為當時的人認為兒童的靈魂在情緒上是強健的。[70]一種對恐懼有著複雜許多且抱持懷疑的態度從十九世紀末開始緊咬著兒童文學不放，並在第一次世界大戰過後不斷得到加強。感到害怕、恐慌或因恐懼而陷入癱瘓如今開始在故事裡被詳盡地描述，這些描述對小讀者來說可能既揮之不去卻引人入勝。二〇年代期間，有些作品向青少年讀者呈現了一個充滿恐懼、絕望與暴力的世界。對於恐懼會緊抓住人類靈魂這種意識的提升（人的靈魂無法一勞永逸地抵抗恐懼與其破壞力），以及對於兒童與成人其情感的脆弱這點予以明確承認，這兩件事找到了進入兒童與青少年讀物的方式。儘管如此，變得無所畏懼仍然是道德目標，而感到害怕則會不停地喚來羞恥感。

這種現象直到三〇年代末才隨著英國的奇幻史詩文類而開始轉變，這似乎是二十世紀恐懼教育中最重大的突破。感到害怕現在愈來愈意味著主角（與日漸頻繁的女主角）對於人之脆弱性的自覺。恐懼現在伴隨著個人的極限感，因此也就等同於謙遜和同情心。就這方面而言，恐懼防止主角變得冷酷與殘忍。但同情心與絕望也是恐懼的重要敵手，因為它們帶給故事主角一種急迫感，賦予他們儘管感到害怕還是能夠戰鬥的力量。

這種改變也可能與其他重大進程有關：成功童年的主要發展路徑從培養性格轉變到發展人格以邁向幸福；或者是發生在家庭結構與其大小的變化；還有（兒童）心理學、精神分析與身心醫學等新興學科裡的新發現。

戰後文學見證了對恐懼的矛盾評價，它在理性與非理性、本質上具人性與潛在的非人道的門檻間徘徊，就如《吉姆．波坦》恰如其分的展現那樣。不過，最好將盛行於五〇年代與六〇年代初期對於恐懼的概念化理解為過渡期，因為自七〇年代起，恐懼的內在化程度愈來愈高，對它的評價也愈來愈正面。恐懼被理解為重要而非不理性的刺激，一種對主流社會與其弊端抱持著批判與預期態度的刺激。[71]在八〇年代的童書裡，感到害怕連同面臨疾病、死亡和環境危害，不論對男孩或女孩來說都是重要的議題。這時承認並談論個人的恐懼已經是毫無爭議的了。不過，在那些專注於恐懼的作用以及存在於人生中無止境的恐懼故事裡，有關個人如何應付、駕馭、克服恐懼或與恐懼共存的模仿學習模式，就遠不那麼明顯了。

注釋

1 Ende, *Jim Button and Luke the Engine Driver*, 116–22, quotation 121.

2 Neill, *Summerhill*, 124.

3 關於兒童文學的羞恥之探討，見第七章〈小豬的羞恥〉。

4 Stearns and Haggerty, 'Role of Fear', 89; Bakker, 'Meaning of Fear'.

5 有少數幾個例外，尤其是 Stallcup, 'Power, Fear, and Children's Picture Books'.

6 本章立足於（西）德國（即二戰時期的德國與之後的西德）與英國出版的八十本左右兒童小說上。所有作品都是以德語或英語所寫成／翻譯，出版日期平均分布在本章所聚焦的一百年間。另外還包括了十五本在英國與（西）德國頗富影響力的親子教養手冊。經常有人主張說現代德國文化（尤其是一九四五年後）特別容易產生恐懼，甚至到了有「德國焦慮」的說法。因此調查德國兒童如何學習恐懼將提供重要的洞見。為了涵蓋更廣的視角，本篇分析也加入了英國的兒童文學。雖然英國的兒童文學獨樹一格，不過跟美國的兒童文學比起來，還是與德國的文學傳統有較多共同之處。這做法讓人得以描述對兩國來說皆為真實的普遍趨勢，同時還能強調某些面向的顯著差異。

7 例如 Watanabe-O'Kelly, 'Angstapparat aus Kalkül'.

8 關於模仿概念的詳細討論，見本書導論。

9 Stearns and Haggerty, 'Role of Fear', 70–2. 至於英國的具體情形，另見 Roper, 'Between Manliness and Masculinity', 347; Boyd, *Manliness and the Boys' Story Paper in Britain.*

10 Stearns and Haggerty, 70. 關於二十世紀初的俄國如何學習勇氣與恐懼，見第十章〈伊凡的勇敢〉。

11 Baum, *Wonderful Wizard of Oz*, 189–90.

12 Baum, 190.

13 Stearns and Haggerty, 'Role of Fear', 71. 童年的恐懼可在一些著名的維多莉亞時期成人文學裡見到生動的描繪，例如 Charlotte Brontë 的 *Jane Eyre*（1847）。另見 Shuttleworth, *Mind of the Child*, 42–59.

14 Faßbinder, *Am Wege des Kindes*, 205–14; 總體趨勢見 Dekker and Rölling, 'Fear', 355.

15 Stearns and Haggerty, 'Role of Fear', 77.

16 Grahame, *Wind in the Willows*, 55.

17 Burnett, *Secret Garden.*

18 Kästner, *Flying Classroom.* 關於納粹時期的凱斯特納，見 Doderer, *Erich Kästner*, 77–91.

19 見 Hetzer, *Seelische Hygiene*, 31. 關於鄔理的思鄉病以及思鄉病本身，見第十一章〈海蒂的思鄉病〉。

20 Haarer, *Unsere kleinen Kinder*, 186.

21 Kurt Faber, *Rund um die Erde*, 213.（作者自譯）

22 Lethen, *Cool Conduct*; Stearns, *American Cool*; Reckwitz, *Das hybride Subjekt*, 416–19.

23 Peterson, *Understanding Ethnic Violence.* 另見 Biess, 'Feelings in the Aftermath', 31–2.

24 肢體暴力與痛苦的關係，見第八章〈勒布拉克的痛〉討論。

25 例如 Werner Chomton, *Weltbrand von Morgen* (1934).

26 Schenzinger, *Der Hitlerjunge Quex*, 124–8.

27 另見 Weidenmann, *Jungzug 2.*

28 Kloss, *In der wilden Klamm.*

29 Tosh, *Manliness and Masculinities in Nineteenth-Century Britain*; Roper, 'Between Manliness and Masculinity'; Levsen, *Elite, Männlichkeit und Krieg.*

30 比如說 Wolf Durian, *Kai aus der Kiste* (1926); Franklin W. Dixon, *The Tower Treasure* (1927); Karin Michaelis, *Bibi und die Verschworenen* (1932; Dan. orig., *Bibi og de Sammensvorne*, 1932); Enid Blyton, *The Twins at St. Clare's* (1941); Enid Blyton, *Five on a Treasure Island* (1942).

31 Tolkien, *The Hobbit*, 15–17.

32 Tolkien, *The Hobbit*, 82; Tolkien, *Lord of the Rings.*

33 Stearns and Haggerty, 'Role of Fear', 88–91.

34 類似的還有 L'Engle, *Wrinkle in Time*, 40.

35 Tolkien, *Fellowship of the Ring*, 185. 二〇〇三年，BBC 訪問了七十五萬名英國讀者他們最喜愛的小說。《魔戒》排行第一名，《納尼亞傳奇：獅子・女巫・魔衣櫥》排行第九名，《哈比人》排行第二十五名。《獅子・女巫・魔衣櫥》同時也出現在《衛報》二〇一〇年的最佳童書（每十歲為一組）以及《電訊報》同年公布的「二十五本最佳童書」（其中包括《魔戒》）書單上。二〇〇四年時，《魔戒》在德國電視二台匯編二十五萬名讀者票選「我們最好的」書單上票選為史上最棒的小說。

36 Lewis, *Lion, the Witch and the Wardrobe*, 122–3.

37 在《時間的皺摺》裡，儘管恐懼但仍然選擇戰鬥的是女主角梅格。這本小說在美國獲得許多文學獎（一九六三年紐伯瑞文學獎、一九六四年路易斯・卡洛爾書架獎，以及一九六四年塞闊雅童書獎）。

38 Lindgren, *Mio, My Son.*

39 Lindgren, 80–3. 在瑞典原文版裡，阿傑（Pompoo）的原名叫栂栂（Jum-Jum）。

40 Lindgren, 156.

41 Nehring, 'British and West German Protests against Nuclear Weapons'.

42 「情緒避難所」為 Reddy 所鑄造的詞，見 Reddy, *Navigation of Feeling*, 129. 另見 Biess, 'Feelings in the Aftermath', 38–9.

43 見第五章〈杜立德醫生的同理心〉與第六章〈溫蒂的愛〉。

44 Preußler, *Satanic Mill*, 261–2. 根據德國圖書庫索引上的實際銷售數量來看，這本小說出版當年排行第三十一名。隔年獲得德國青少年圖書獎，一九七三年榮獲荷蘭銀筆獎。在二〇〇四年德國電視二台的「我們最好的」書單上排行第五十八名。

45 Lindgren, *Brothers Lionheart*, 238. 一九七九年贏得德國威廉・豪夫文學獎，以及一九七五年荷蘭銀筆獎。

46 Ende, *Grey Gentlemen*, 83–5. 德語原版在一九七四年獲得德國青少年圖書獎，在德國電視二台於二〇〇四年「我們最好的」書單上排行第五十三名。亞當斯的《瓦特希普高原》在一九七五年首次翻譯為德語，二〇〇四年發行德語第二十五版。英語版獲得一九七二年卡內基文學獎章以及一九七三年衛報兒童小說獎。

47 Ende, *Neverending Story*; Rowling, *Harry Potter* series.

48 Ende, *Grey Gentlemen*, 142.

49 Ende, *Jim Button and Luke the Engine Driver*, 126–7. 一九六一年德國青少年圖書獎。

50 例如 Bruckner, *Day of the Bomb*; Pausewang, *Last Children*; Coerr, *Sadako and the Thousand Paper Cranes*, Holman, *Slake's Limbo*; Haugen, *Night Birds*.

51 這與 Biess 的文章 'Sensibilisierung des Subjekts' 相反，他主張恐懼在一九七〇年代期間從外部焦慮轉向了內心焦慮。

52 這種治療趨勢在美國早就開始了，但直到一九七〇年代西德才開始重視。見 Herrman, *Romance of American Psychology*; Moskowitz, *In Therapy We Trust*. 關於西德的討論，見 Maasen et al., *Das beratene Selbst*.

53 例如 Held, *Outsiders of Uskoken Castle*; Lindgren, *Pippi Longstocking*. 關於主角自身的死亡，見 Spyri, *Gritli's Children* 或 May, *Winnetou III*. 從一九二〇年代起至六〇年代為止，童書很少描繪「好」主角身亡。不過在處理戰爭題材的青少年文學裡可以見到一些例外，例如 Westecker, *Grita wächst heran*. 一九四五年以後一個早期的例子是 White, *Charlotte's Web*（懷特，《夏綠蒂的網》）。

54 例如 Elfie Donnelly, *So long, Grandpa* (1980; Ger. orig. *Servus Opa, sagte ich leise*, 1977)，這本書在一九七八年獲得德國青少年文學獎，以及幸運漢斯文學獎（*Hans-im-Glück-Preis*）；Gudrun Mebs, *Birgit*（1982）以及 Susan Varley, *Badger's Parting Gifts*（1984）。關於一九七〇年代對於談論感覺的重視，見第十二章〈英格麗的無聊〉。

55 Haugen, *The Night Birds*.

56 Korschunow, *Adam Draws Himself a Dragon*.

57 Boie, *Juli und das Monster*.

58 Roper, 'Between Manliness and Masculinity', 347. 關於強身派基督教與信任的關係，見第二章〈狄肯的信任〉。

59 Cooper, *The Deerslayer*, 6–7. 於一八四一年翻譯成德語。庫珀的《皮襪子故事集》是十九世紀德國青少年最愛閱讀的作品之一。見 Budde, *Auf dem Weg ins Bürgerleben.* 一九六一年，皮襪子故事集《獵鹿人》（*The Deerslayer*）改編版獲得了德國青少年圖書獎。

60 有許多檔案支持卡爾麥的小說受大量（男性）青少年以及勞工階級成年人喜愛的假設。一九二八年，有筆數據顯示卡爾麥作品的購買者大多數是青少年（40.05%）以及成年工人與工匠（14.95%），見 Volck, 'Begleiterscheinungen zur Absatzstatistik'. 一九三〇年，一所公共圖書館（通常是底層階級的人民在光顧圖書館的）職員抱怨租借卡爾麥小說的人潮「像流行病爆發似的」，見 Prüfer and Schmid, 'Karl May in den Volksbüchereien', 340. 關於德國人對於卡爾麥小說的長期迷戀，見 Michaels, 'Fantasies of Native Americans'. 關於卡爾麥在殖民脈絡下的重要性，見第四章〈拉爾夫的同情心〉。

61 May, *Winnetou III*, 260–2.

62 Steuben, *Der Sohn des Manitu*, 297.

63 Verne, *Around the World in Eighty Days*, 53–4. 英語、德語版和原版法語小說都在同一年發行。

64 Lofting, *Story of Doctor Dolittle.*

65 Max Kruse 的《小恐龍》（*Urmel*）系列主角之一，Habakuk Tibatong 教授，令人不禁聯想到杜立德醫生。當奧格斯堡木偶劇院以木偶劇在電視上演《小恐龍》系列時很受德國兒童歡迎。第一冊也是最受歡迎的一冊為 *Urmel aus dem Eis*（1969）。

66 見 Stearns and Haggerty, 'Role of Fear', 90.

67 Preußler, *Little Witch.*《長襪皮皮》英語版於一九四五年發行，和瑞典原文版同一年，德語版則是一九四九年發行。另外也出現一九五八年《星期日泰晤士報》的「百大童書」書單上。在一九七一年的德國圖書庫索引上，《長襪皮皮》排行第一，而《小巫婆》排行第十八名。《長襪皮皮》到了二〇〇四年仍出現在德國電視二台「我們最好的」書單上。

68 Bloch, *Principle of Hope.* 另見 Gaddis, *Cold War.*

69 見 Bourke, *Fear*; Stearns, *American Fear.*

70 Stearns and Haggerty, 'Role of Fear'; Bakker, 'Meaning of Fear'.

71 Biess, 'Sensibilisierung des Subjekts', 54, 62–7.

第十章　伊凡的勇敢

楊・普蘭佩爾

謝爾蓋・奧斯倫德的《戰鬥的日子》（一九二六）是一本兒童中篇小說，故事背景設置在一九一八至二一年的俄國內戰期間，內容說的是一名十歲男孩伊凡・卡爾圖佐夫，在一座受保皇派勢力控制的城市裡，加入了布爾什維克的地下組織並幫助紅軍*取得勝利。[1]《戰鬥的日子》是本提供了多種模式的小說：它的故事是關於如何在反動勢力與進步勢力之間史詩般的鬥爭中，選擇對的一方、如何犧牲個人利益（以及小我）來完成大我、如何成為一名有男子氣概的布爾什維克，以及最重要的——如何成為一名男人。這也是一部教導小讀者如何感覺像一名典型的布爾什維克的故事，在這故事裡，沒有比「勇敢」來得更重要的感覺了。

小說開頭首先描述了一所防空洞裡的人，這群人來自各個社會背景，因為紅軍砲擊他們的城市而聚在一起。在這座防空洞裡讀者見到了伊凡與他的母親。這兩人並沒有因為砲擊而受到驚嚇，他們擔心的是還沒有從工廠安全返家的父親阿列克謝・卡爾圖佐夫，一名左翼工人。伊凡是

---

*在俄國共產革命後，蘇維埃的武裝力量為紅軍，擁護皇室、反布爾什維克的一派稱為白軍。

唯一敢冒險出外打水的人，而與此相反的則是一名支持沙皇的退役將軍，當第一枚砲彈響起時，他便「怯懦地」雙膝跪地瑟縮在角落。而砲擊一停，將軍就「立即變得莊嚴又勇敢，對在場所有人大吼大叫」，不久後，他「拄著枴杖（在院子裡）漫步，胸口裝飾著徽章和十字勳章，肩膀上還有閃耀的肩章，彷彿他是城鎮的征服者與大英雄似的」。[2]

接著，一名祕密的布爾什維克招募伊凡加入紅軍，他參與了洗劫並暗殺這名將軍的行動。加入地下運動的伊凡在某次夜訪母親時被抓到，母子倆都被逮捕入獄。伊凡再度證明了他超乎常人的勇敢，但母親在他接受審問時死於獄中。後來伊凡為紅軍一支分遣隊所救並與父親重聚，這才發現原來父親是一名有影響力的布爾什維克分子，而且還是紅軍分遣隊的隊長。他們一起加入軍隊，同心協力奪回城鎮。不過紅軍的勝利很快又受到即將進攻的白軍威脅，但阿列克謝·卡爾圖佐夫沒有馬上發動攻擊，反而毫不畏懼地上前與那些單純的白軍談和，希望能夠友好來往。他確實說動了那些大多是工人與農民出身的士兵，並逮捕了他們資產階級的軍官。這部中篇小說在老卡爾圖佐夫於城鎮主廣場上發表的演講中結束。在隆重的埋葬那些為了紅軍而獻身的人，其中包括他的妻子、伊凡的母親時，他說道：「我們不會哭泣。我們能夠度過這場逆境。我們能夠度過任何難關，因為我們知道眼淚和鮮血是沒有白流的！」[3]

奧斯倫德《戰鬥的日子》引來了多種詮釋。比如說，可能會有人指向那些幾乎不加掩飾的基督犧牲敘事元素，在其中個人的苦難會因拯救了更大的集體而獲得更高層次的意義。[4]或者，可能有人會認為「勇敢」是自我與他者的分界線，在此矩陣中，「自我」是「勇敢」與「紅軍」的同義詞，而「他者」則意味著「恐懼」與「白軍」。又或者，可能有人會問更廣泛的問題，比如說：像這種早期蘇聯中篇小說的兒童文學如何在一般的情緒學習過程中起作用？特別是，在生產未來的勇敢士兵過程中又是如何起作用的？正是最後的問題成了本章探討的主題。首先，本章將調查革命前的教師指導手冊，這些手冊談論了什麼可以讀（以及如何讀）；接著，調查兒童文學本身；最後則是一個案例研究，研究敘事學、延伸心智理論（Extended Mind theory）與保羅・維希留論媒體技術的著作如何結合起來，使一個更加通用的模式或許能夠在兒童身上產生勇敢。本章將著重在早期蘇聯，不過首先以十九世紀中葉帝俄末期為開場序曲。

教師學習教導勇敢：論兒童閱讀的指導手冊

帝俄末期出現了幾本談論該閱讀什麼讀物的手冊與指南。[5]有一些是將過去已發表的兒童閱讀評論做成摘要，有一些則是原創作品，這些手冊的作用猶如一扇進入邏輯管理閱讀的窗口，因為它們是由教師們組織、監督或策劃的，不論校內校外都適用。它們也提供了更多關於閱讀行為的一般線索與情感學習成果的可貴情報（這裡指的是重複、習慣性的閱讀），比如說：「克羅克特的小說《克萊格・凱利》是孩子們讀了一遍又一遍的其中一本書。」[6]

《兒童應該讀什麼？》是一本一九〇〇年的摘錄集，摘錄了出現在教育學或一般文學文化雜誌（也就是所謂的「厚雜誌」*）上的兒童文學評論。它鎖定的讀者群是教育大量學童的正規

*厚雜誌（thick journals），十九世紀的俄國雜誌主要混合了各種文類的文學作品以及評論，通常最少兩百頁起跳，所以稱為厚雜誌。

教師，文本結構圍繞著年齡層走，特色是依照「年紀小」、「年紀中」和「年紀大」的兒童來推薦文學作品；與此相反的是一九一三年的《學生軍訓隊教育閱讀指南》，學生軍訓隊是專門培訓高階軍官的菁英機構，同時也是保守主義的一個大本營，具有培訓高效率士兵的工具性目的。這本書按照一年級至七年級的順序安排，每個年級都有像是「對帝皇與祖國的愛與奉獻」、「日常軍事生活與服務」、「宗教虔誠」等章節，不過也有像「善待動物」的章節。[7]每個章節都會討論與其相關的散文與詩歌，或者更具體地說，是某個相關文本的「簡短摘要」以及與課堂討論相關的建議話題，最後列出的是「教師評注」。

事實上，由於所有的手冊都充滿一種「情感語言」而顯得一致，儘管「情感」在十九與二十世紀之交仍有著更為廣泛的意義，包含道德、宗教信仰以及一般認為對或錯的行為；要再過個二十年，「情感」的語義才逐漸縮小到比較科學性的理解，即「情緒」，一種對外界刺激所做出的反應。[8]這本為軍校學生而寫的手冊在導論中表示，希望該手冊有助於教師完成他們的任務——在此它引用一條法律公文（一則皇家「指令」）——促進「那些有根有據的理念與抱負，為真誠地奉獻於皇座、為服從國家與法律，也為榮譽、良善與真實的情感奠定結實基礎」。[9]對兒童文本的個別評論也一樣充滿了情緒字眼，因此「札塞汀明斯基的童話與故事」被形容為「對人與其周圍世界布滿了愛的溫暖感情」。[10]

至於在情緒的細目列表上，「勇敢」最為普遍，而「恐懼」在情感光譜上則顯然缺席。不過這種缺席實際上也意味著存在，因為其實大部分的情緒討論都暗中圍繞在軍人最危險的情緒上打轉——也就是「恐懼」。因此，在費奧多爾．丘特切夫所寫的《同志》（一八八八）這篇推薦給一年級生的故事裡，「教師評注」特別提到：「這故事讓軍校生聽得津津有味，並讚頌主角的勇敢與捨己為人。」[11]書裡也建議教師們讀讀伊凡．謝格洛夫（本名：伊凡．L．列昂季耶夫）出版於一八八一年的小說《第一場戰役》：「十分傑出的描繪一名初次上戰場的年輕軍官在戰前與戰爭中的心境，這故事可能會讓學生提出許多問題。」除此之外，「如果班上有些悲觀情緒出現的話，跳過二十六至二十八頁」——因為這段故事重點在於年輕軍官的初次實戰體驗，也包括初次見到屍體和「我快死定了」的想法，以及「膽小」、「羞恥」與「絕望」等感覺。[12]

關於教師指導手冊隨著時間流動而有何變化，這問題很重要，但由於缺乏一九一七年以後的指導手冊所以也很難回答。不過，從革命後的兒童文學來推斷的話，俄國革命以後改變最劇烈的是宗教的角色。一九一三年，軍校生指導手冊對施密特的《歌利亞》（一八八六）介紹為「從異教俄羅斯時代流傳下來的兒童故事」，是關於「信仰深厚的基督徒歌利亞與安努什卡的英雄犧牲事蹟與苦難」。其道德寓意是「深厚信仰給予人完成英雄事蹟的力量」，並且「許多軍校生在聽這故事的時候都感動得流下眼淚」。[13]在全世界第一個社會主義國家建立起來以後，儘管出現了各式各樣的宗教演變與改向，但還是很難想像俄國東正教是勇敢行為的主要來源。可以確定的是，有些宗教的新作用元素在一九一七年以前就已經存在了。舉例來說，我們知道比較支持自由主義，並且大致上都期盼公民自由、法制、共和政體或至少君主立憲制的是一般教師而非軍校教師，而《兒童應該讀什麼？》這本寫給一般教師的手冊推薦了一本譯自英語的兒童動物故事書。這本書值得一讀，因為「作者宣導大自然也賦予了動物智慧的想法，由此可見動物天性上就是足智多謀、勇敢、心存感激等等」。[14]換句話說，這篇評論稱讚這本英語童書的地方，在於這本書將積極情緒（比如勇敢）追溯回理性，而非形而上的存在，例如上帝。[15]

兒童透過文學學習勇敢

「勇敢」在兒童文學中很少是獨立出現的情緒。勇敢通常是包含在其他情緒領域中的一部分，首當其衝的是恐懼與膽小，還有仇恨、憤怒與羞恥。從最基本的層面上來說，勇敢戰勝恐懼，而仇恨、憤怒與羞恥則在克服恐懼並獲得勇敢的過程中擔任輔助情緒。在兒童文學裡，勇敢的領域隨著時間變化而有著各種各樣的樣貌與形式。下文接著將研究其中一些從帝俄末期跨到早期蘇聯的勇敢形式。

通常會期望讀者（或聽眾）要效法英雄，不論這名英雄是來自歷史（比如說一八一二年戰爭的蘇沃洛夫將軍*）、來自純幻想世界（比如說一名騎士，或一六〇五至一六一八年間俄波戰爭的虛構人物波雅爾·尤里·米羅斯拉夫斯基），或是其他任何的無名英雄（比如說「小士兵」）。[16]英雄的事蹟、勇敢、無所畏懼或克服恐懼的經驗，這些都是必須從他們身上學習的。

其中一種變異版本是不用踏上找尋勇敢之路，與生俱來就勇氣過人的年輕主角。在俄國革命以前，這種故事有時會採取一種可稱之為「幻魅陌生化」的形式出現。〈無畏的士兵〉是其中一例，收錄於一九一五年第一次世界大戰期間出版的《士兵童話》故事集裡。[17]故事中有一名士兵在軍中服役了二十五年，但「從不知恐懼為何物」，於是他出發「浪跡天涯要去尋找恐懼」（但與原始出處的格林童話《傻大膽學害怕》相反，我們的俄國士兵最後沒有找到恐懼）。在經歷漫長的一天後，他和戰友無意間在森林裡找到一間可以過夜的小屋，但他們卻在屋裡發現一具裝著屍體的棺材。另一名士兵嚇得想拔腿就跑，但那名天生勇敢的士兵說服他留下來。到了午夜時分，那具屍體醒了過來，試圖將無畏的士兵拉進棺材裡；無畏的士兵生氣地擋住了（活）死人並將他趕出屋外。兩名士兵跟著這個活死人繼續穿越森林，直到他們撞見一群圍坐在火堆旁吃東西的強盜。兩名士兵很快就制服了強盜並準備切下其中一名強盜的腿，此舉讓他們嚇得落荒而逃。[18]在這個故事裡，陪在無畏的主角身旁的士兵，其恐懼被反轉成一種陌生、異己的客體。活過來的屍體、跟屍體在森林裡行進、切斷強盜的腿就像是從家畜身上切一塊肉下來一樣，這些全都近乎荒謬而奇幻。因此，透過幻魅陌生化的文學技巧，恐懼從士兵的自我中分離出來。這是管理恐懼的一個例子。

在蘇聯時代的例子裡，格羅莫夫一九二六年的中篇小說《為了共同的目標》，主角佩特卡的勇敢也是一種已存在的狀態，而非一種要去達成的目標。[19]故事背景設置在蘇聯內戰（一九一八至二一年）期間的西伯利亞，小說圍繞在一支小游擊隊與白軍海軍上將高爾察克領導的分遣隊所發生的戰鬥上。佩特卡自己主動加入游擊隊，但由於他的年紀太小，他還得先克服他們的不信任：「『我想成為一名游擊隊員。』史帝契克聽到以後哈哈大笑：『就憑你？哈哈哈……』在他看來佩特卡實在太小，甚至都要替他感到可憐了。『別笑，指揮官同志！我嚴肅的再說一

＊蘇沃洛夫將軍（Suvorov），亞歷山大．蘇沃洛夫，俄帝最後一位大元帥，為俄國史上最優秀的軍事將領，一生中從未打過敗戰。

遍……』這男孩板著臉說道，『我想和白衛軍戰鬥。』」一問之下，佩特卡解釋說他的父親是一名工程師，也是一名布爾什維克，他父親已被白軍所殺害，母親也遭到逮捕，「你不知道我對白軍有多麼恨之入骨。」[20]

「仇恨」讓佩特卡變得無所畏懼。並且如同奧斯倫德《戰鬥的日子》以及許多其他童書一樣，這是一種基督徒轉變成共產主義者的犧牲模式，該模式賦予了佩特卡勇氣的意義，讓他願意為了共同利益而獻出個人生命。當佩特卡提出一個混入白軍分遣隊然後誘導對方踏入埋伏的詭計時，游擊隊指揮官問他若身分曝光了他會如何反應：

「那我便死了罷。」佩特卡不加思索地回答。隨之而來的是一片沉寂。「得了吧，同志們，別擔心我了。你們不也是準備好隨時捐軀了嗎？……再說，我不也和你們一樣是名游擊隊員嗎？我可有比你們差勁嗎？為啥我不能也為了共同的目標捐軀？……咱們老的少的全都活在得盡快同心協力擰斷高爾察克脖子的時局裡，但要是咱們花太多時間在思考上，就不會有什麼好下場的！」[21]

接著佩特卡出發前往白軍分遣隊正大肆破壞的村莊，他們放火燒屋、殺害婦孺（這番鮮明描述的用意看來是為了激起讀者的怒火）。佩特卡設法混入了分遣隊並勸服他們進入森林去他假裝出賣的游擊隊藏身處進行襲擊。當佩特卡帶領白軍分遣隊一步步踏入埋伏時，小說透過描述馬兒如何感到害怕來創造逐漸升高的緊張感：「令人感到可怕……馬兒驚恐地抽動著鼻子」，但佩特卡面無懼色。當白軍開始懷疑他們被耍了以後便開始毆打起佩特卡，他被打得頭破血流還掉了幾顆牙齒，但幾乎不吭一聲，表現出超乎常人的勇氣：「他們會殺了我嗎？哼，我才不在乎呢！」[22]

最後在一場淨化人心的場景中，白軍被困在高高的草叢與灌木叢中遭到紅軍射擊，而佩特卡則趴在地上逃脫。在這裡，就在故事尾聲，當危險都已經過去了以後，佩特卡的故事才首次出現與恐懼相關的字眼：「佩特卡躺著，冷笑著。『好了，你們這些白色惡魔，你們想開槍就開槍吧。我現在已經……不再害怕了……哎喲！』」小說最後幾行文字是佩特卡在這時唱的歌。對清晰可辨的敵人懷抱仇恨、志願主義、行動主義和為了更崇高的集體利益而將個人苦難昇華，這種特殊組合將恐懼牽制住，呈現出一名面無懼色的兒童英雄。[23]

不過比起這兩個天性勇猛的變異角色，對於我們更常會遇見的主角而言，「勇敢」是一種「形成」而非「存有」的東西。這點不論在帝俄末期或蘇聯初期皆然，儘管革命前的作家可能出於對自由主義的偏好，而將勇敢的終極目的淡化到讓他們的主角變成了喪膽英雄的程度也一樣。[24]

毫無疑問地，俄國革命以前也有自由主義者質疑勇敢的倫理問題。這些作家都是繼托爾斯泰的《塞瓦斯托波爾紀事》（一八五五俄羅斯原版；一八八七英譯版）之後開始動筆的，一般普遍將這本書視為第一本俄國寫實主義的實戰經驗紀事，其中包括了恐懼的經驗以及《戰爭與和平》的藍圖。其中一位自由主義者是弗謝沃洛德．迦爾洵，其《四日》（一八七七俄羅斯原版；一九五九英譯版）描述一位初次上戰場的列兵，伊凡諾夫，勇猛地殺死了一名驚恐的土耳其士兵，但由於負傷的關係，他在這名土耳其士兵的屍體旁躺了三天半並陷入道德疑慮中。伊凡諾夫以第一人稱敘述者的身分自問道：「我殺掉的人就躺在我眼前。為什麼我要殺他呢？」一開始人性化土耳其士兵以後，他最後提出關於戰爭的目的以及個人罪過等更大的道德問題：

為什麼命運將他帶到這裡？他是誰？或許他也和我一樣有個老母親？她會痴痴地坐在她那可憐兮兮的土屋門口望著北方等待著：她的心肝肉兒、她的支柱、她那養家餬口的孩兒要回來了嗎？……但我的刺刀刺穿了他的心臟。他的胸膛上有塊又大又黑的洞，周圍布滿了血。**是我下的手。**25

伊凡諾夫被描繪為一名無畏的列兵，不過他大無畏的根據為何則不明確。天生無畏並非這名人物的特色，而且他負傷所受的劇痛在故事也占有突出地位。事實上，在十九世紀末的俄國心理寫實主義小說中，以及繼托爾斯泰與其他作家對於士兵的恐懼經驗與其身體症狀的生動描述來看，列兵伊凡諾夫的勇敢顯得有些天真，甚至令人難以置信。他的這種勇敢與其敵人（土耳其士兵）的恐懼並列在一起：

雖然他是一名又大又肥的土耳其士兵，而我則又瘦又弱不禁風，但我還是筆直地朝他衝過去……他發出恐怖的叫聲，試著返回灌木叢裡。他原本可以繞過去的，但他嚇得什麼都忘了，一頭栽進荊棘叢裡。26

後來當伊凡諾夫躺在他殺死的土耳其士兵身旁時，他再度站到敵人的角度上去想：

他是奉命上戰場（指一八七七至七八年的俄土戰爭），而他確實來了。如果他拒絕的話就會被亂棍毆打，或者被帕夏（pasha）用左輪手槍射殺。他一路從斯坦布爾*跋山涉水來到魯塞。我們進攻，他們防衛。但見到我們這群恐怖的敵人絲毫不怕他的英國專利皮博迪與馬提尼步槍、見到我們繼續進攻，他怕了起來。當他想轉身逃跑時，一個矮小的男人，小到他原本可以用他黝黑的拳頭一拳打死的男人撲到他身上，將刺刀插進他的心臟。[27]

是否有可能，迦爾洵希望讀者將土耳其士兵身上的一些恐懼轉移到伊凡諾夫身上？也許將他者，也就是將身為敵人的土耳其士兵賦予人性化，亦說明了伊凡諾夫的自我已感染上恐懼？士兵的自我究竟是否有和敵人的他者在《四日》裡融合？

故事最後，伊凡諾夫必須截肢一條腿（醫生說道：「嗯，感謝上帝給你的好運吧。你會活得好好的。雖然我們得切除你一條腿，但那不算什麼。你能夠說話嗎？」），也許這能夠解讀為士兵的自我在隱喻上和超人的勇氣最終分離了。[28]或許可以說，隨著伊凡諾夫失去一條腿，他的情感才變得完整。

＊斯坦布爾（Stamboul），西方國家在一九三〇年代以前對伊斯坦堡的舊稱。

比起革命前的先例，蘇聯的兒童文學更符合「成長小說」這派文類，其特色是敘事會往新的、更高階段的人格邁進，而勇敢在這當中扮演著關鍵角色。首先以阿爾卡季．蓋達爾為例，他與他的中篇小說《第四座避難室》（一九三六）或許是共產主義集團＊裡最著名的童書作家與童書作品了。[29]在《第四座避難室》這故事裡，一群在俄國鄉間別墅達恰安置所的孩子從遠方觀察一名紅軍指揮官如何準備大砲射擊。孩子們被出乎意料的巨響給嚇到，還用整整一頁否認有受到驚嚇。[30]原來大砲射擊是軍事演習的一部分，而紅軍士兵正在砲擊的是示範村莊——但孩子們並不知情。他們冒險闖入示範村莊，而當砲擊再度開始時，有幾個人被困在一座地下室裡。雖然砲彈是在他們的上方爆炸，孩子們還是體驗到了死亡的恐懼。「『柯爾卡（男生名）』，」紐兒卡（女生名）嘆著氣叫道，並在黑暗中尋找他的手，『你停著不要動哦，不然我會更害怕。』柯爾卡坦承道：『我自己也很害怕。』接著陷入一片沉默。」[31]在這種勇敢拮据的情形下，紐兒卡這女孩是必不可少的：正是因為她，男孩子才壯起膽子來。他們為了治癒她的恐懼而開始說起笑話，接著又提議用不同的聲音來唱一首輪唱曲般的歌曲。這兩招都有效，尤其是唱歌，他們的聲音愈唱愈有自信。

後來紅軍士兵發現了這群孩子，並將他們帶到指揮官面前。原來那座避難室，第四座避難室，正好就是被挑出來要在那一天接受砲擊。他們被釋放後，其中一名孩子還得到一片彈殼作為紀念品。他們回到達恰安置所後，安置所裡一名叫伊塞卡的男孩開始向他們說起紅軍士兵的種種，但這群孩子對他傻裡傻氣的「幼稚」玩笑話一笑置之。在地下室經歷砲轟過後使他們有別於其他的孩子了；事實上，這件事讓他們準備好從童年啟程通往成年。獲得勇氣也就是成為大人的同義詞。或許可以說，這場砲擊也預示著戰爭時的真實砲擊。這種閱讀是一種對防空洞的預先演習。

體現閱讀與生產勇敢的「認知感受」

有諸多例子可以說明兒童文學積極地讓身體參與閱讀過程。在蓋達爾的小說《革命軍事委員會》（一九二六）裡，男主角迪姆卡「表現得很勇敢」，因此提供了兒童一個透過模仿角色扮演學習如何勇往直前的榜樣。《革命軍事委員會》後來改拍成《勇敢學校》（一九五四），一部片名揭示許多涵義的電影，影片中一組孩子在河上戰勝另一組孩子，打勝仗的這群孩子搭的小船名稱很引人注目就叫「勇敢號」。[32]除了模仿遊戲以外，許多童書角色也以唱歌壯膽來抵抗生理上的恐懼反應，像是蓋達爾《第四座避難室》裡躲在地下室的孩子們，或是《為了共同的目標》的主角佩特卡，當子彈在他頭上呼嘯而過時也是在唱歌。

在引申這些例子的時候，可能會有人問，如果閱讀被視作一種傳授「實踐性知識」的身體實踐，能夠在未來「構成……社會行動」的話，那麼閱讀是如何造就潛在的未來勇敢士兵。[33]換句話說，年少時期的閱讀行為怎麼能夠在成年士兵身上產生勇氣？讓我們來細讀、闡釋一個文本。

＊共產主義集團（Communist Bloc），又稱「東方集團」或「蘇聯集團」，廣義上指的是社會主義國家。

康斯坦丁・勃茲恩柯《小號手的冒險》（一九二七）是一本只有十九頁的故事，其中還有六頁全頁插圖。[34]這本平裝書出版於一九二七年，是《學生圖書館》系列作品之一，初版印刷量為一萬本。這是美國羅斯福總統新經濟政策時期所生產的典型大眾兒童文學，此時期介於俄國內戰尾聲（一九一八年）與史達林執行第一個五年計畫（一九二八年）之間，當時布爾什維克正在對市場經濟要素進行實驗。故事圍繞在凱夏・魯迪克身上，他是一名十二歲的農家子弟，與父母一同住在針葉林中空地上的唯一一棟小屋裡（從正文以及三個腳注的解釋性文字中所出現的當地西伯利亞語便能看出，這個故事的目標讀者是蘇聯其他地區的兒童）。凱夏在附近村莊的一所職業學校就讀，他是一名充滿熱情的小號手，這個嗜好承襲自他的父親，他過去從軍時就是軍團樂隊裡的小號手。

故事一開始就隱約地為讀者或聽眾做好了將小號與針葉林特有的危險，野狼，連結在一起的心理準備。故事開頭第七至第九行就寫道：「針葉林裡有各種各樣的動物：熊、野豬、山貓，尤其野狼特別多。凱夏是很棒的小號手。」[35]這些提前暗示非常重要，因為要想像凱夏與狼群之間會發生恐怖的事，這種幻想需要時間來建立。

故事接著敘述凱夏如何從父親那兒傳承到演奏小號的才華（以及一只小號）。接下來描述的是十月革命慶祝活動的事前準備，凱夏將在一場音樂會上與其他孩子一同演奏。在準備音樂會的日常練習期間，凱夏沒有回家和父母一起住，而是和住在村子裡的爺爺與叔叔住在一塊兒。直到十月革命慶典即將開始前，他才為了換上新洗過的最好的衣服而回家一趟。當他準備動身前往村莊參加正式的音樂會時，父親告訴他：「『音樂會結束以後千萬不要走路回家！現在外面有一大群野狼。昨晚就有二十多隻圍坐在我們的小屋外，我開槍打了其中一隻才把牠們給趕跑。』『好，我會在爺爺家過夜的。』凱夏承諾道。」[36]

十月革命慶典的音樂會非常成功。到了深夜時（「滿月高掛在村子上照耀著」），凱夏才和其他孩子一起離開學校，他們一群人一路演奏音樂、跳舞並尋歡作樂，然後凱夏突然意識到他已經離爺爺家和村子太遠了。因為身邊有一群狂歡的伙伴，所以他習慣性地踏上了平常回家的路。讀者至此已經多次收到狼群會出現在森林裡的暗示了。接著，首先是增加懸疑的句子開始出現：「直到遠離村莊以後，凱夏才突然回神：『我這是要去哪兒呀？我得回頭才行，必須返回村子裡。父親堅持要我別走夜路回家的。』」然後這股懸疑感又被延緩時間的經典文學策略增強，讓不知情的主角一步一步邁向危險：當幾個女孩子向凱夏哀求說：「表演一下嘛，凱夏，請為我們演奏一下你的小號！你演奏得實在太好了。」他馬上就忘了剛剛下定的決心。[37]於是他開始吹奏，並且「離村子愈來愈遠，他的心情也很沉重，不斷想著：『走路回家是不對的。爸爸已經告訴過我不要這麼做了。要是真的出現……狼群的話該怎麼辦？』」[38]

但滿月讓這夜晚如此明亮，而一群狂歡的同伴又令人心情這麼好，於是凱夏將他的疑慮一掃而空：「這麼亮的夜晚有什麼好怕的呢？再說，我們人這麼多；我們可是一大群人呢。我們這麼大聲吵鬧，狼群聽到都會被嚇跑的。」[39]他決定跟著人群繼續走下去，直到必須跟他們分道揚鑣的路段，然後最後一段距離再用跑的跑回家。凱夏的內心獨白，或者說內心對話，不，更適切的說法是兩個在互相拔河的聲音浮現了出來。讀者實在很難不支持理性的聲音，那聲音力勸凱夏停下腳步返回村子裡的爺爺家，因為這時讀者知道的比凱夏還要多，並有大難臨頭的一切警告訊息。凱夏演奏完最後一次的《國際歌》＊後離開了這群人，接著往回家的方向一路奔跑。

故事在這裡中斷，接下來是新的章節，而在此之前大多數朗讀故事的人可能會先停下來深呼吸一下，進一步營造懸疑感。第三部分第一段話寫道：「凱夏是名勇敢的男孩，也是一名好跑者。他跑得飛快，儘量不去想野狼的事情，但偶爾還是會瞄一下側邊。」在這個時候稱凱夏「勇敢」讓讀者警覺到他的勇敢就快要受到考驗了。故事這時開始用擬聲手法來創造凱夏在明亮的午夜裡，於白雪覆蓋的西伯利亞森林中奔跑時的孤立感：「針葉林裡寂靜無聲，唯一的聲音來自凱夏靴子底下踩過的白雪：啪嗒、啪嗒、啪嗒、啪嗒。」凱夏跑得愈來愈接近家，給予讀者一種他終究會否極泰來的希望。[40]

「突然間，在他前方不遠處出現一聲響亮且漫長的狼嗥：啊嗚——嗚——啊嗚——嗚——嗚——啊嗚！」凱夏凍住了，他的心臟跳得十分劇烈。其他狼群將他包圍了起來，一股恐怖感油然而生，而狼群的嗥叫與眼睛的描述更加強了這股恐怖感，野狼的眼睛「像兩盞綠燈般燃燒，似一對螢火蟲的螢光。」凱夏試著嚇跑狼群：

> 他大喊：「走開！否則我會給你們好看！」但沒有效。凱夏的聲音又抖又啞；反而讓他面前的野狼豎起耳朵，齜牙裂嘴的咆哮起來。他背後的狼則不斷嗥叫，而且聲音愈來愈近……這下子凱夏真的是嚇壞了。出於恐懼，他手裡的小號掉到了腳邊。

全身僵住、聲音發顫以及無意識的行為（小喇叭掉下）都表示了恐懼的生理症狀；除此之外，這是首次出現與恐懼明確相關的句子，如「真的是嚇壞了」以及「出於恐懼」等等。一張強而有力的全頁插圖補足了這一切（見下頁圖10.1）。[41]

掉到腳邊的小號給了凱夏主意，他開始吹奏起小號，一開始還真的對嚇唬狼群很有效。他一邊吹奏一邊改變行進方向，前往爺爺在這附近的一棟獵人小屋。那棟小屋雖然又空又小，但距離只有五十步之遙。作者在凱夏快要被狼嗥嚇到前就已經相當突兀地介紹過這個安全港了。這棟憑空出現的小屋表明了在這個故事裡，空間與距離是用於情緒敘事而不具有地理功能：它們是用來緩和或增強恐懼體驗的工具。

凱夏的小號演奏起了一會兒作用，但隨後便失去引發狼群恐懼的保護力：「凱夏受驚得更厲害了，不過他並沒有失去理智。」他朝著小屋移動，然後爬上覆滿白雪的屋頂繼續吹奏小號。七隻野狼圍住小屋，「在月亮的照耀下，牠們將毛茸茸的尾巴攤放到雪地上，用飢渴的眼神注視著月光下的小號手，咯咯作響地磨著牙，每隔一段時間就嗥叫一次。」至於凱夏呢？凱夏站在屋頂上，真可說是為了保命而不斷地吹奏小號，同時後悔著沒有乖乖聽父親的話。「凱夏為了自己的愚蠢與不聽話而咒罵自己是『蠢蛋』、『白痴』。他因為恐懼而發抖，淚水在眼裡打轉，不停地為狼群演奏歡樂的進行曲：《俄羅斯進行曲》（*The Russian*）、《國際歌》……月亮下沉得很快。」[42]

＊《國際歌》（*The Internationale*），國際共產主義運動名曲，在共產主義與社會主義的國家廣為流傳。

圖 10.1　康斯坦丁·勃茲恩柯，《小號手的冒險》（1927，第 13 頁）。

故事在這裡又暫停了一下，接著才進入最後一部分。原來凱夏家已在不遠處，近得足以讓早起準備幹一整天活的父親聽見狼嗥中夾帶著斷斷續續的小號演奏聲。他馬上就明白發生了什麼事，一把抓住獵槍就往外直奔獵人小屋，對著他的兒子大喊：「凱夏！不要怕，我來了！」[43]他開槍射殺了其中一隻狼，其餘的狼群則落荒而逃（見下頁圖10.2）。

「凱夏開心得又吹奏了一遍《俄羅斯進行曲》，他將這首曲子吹得如此歡樂，連父親也哈哈大笑而沒有責備他。德米特里・彼得羅維奇（凱夏的父親）認為他兒子已經為自己的粗心大意受到了足夠的懲罰，而且這次與野狼的冒險對他來說是個很好的教訓。」[44]故事就在這裡搭配一張圖片結束，圖裡是一隻死掉的野狼，在牠的上方有一句用俄語寫下的「THE END」（見頁三四五圖10.3）。

部分道德故事、部分冒險故事、部分蘇聯地區地理學，《小號手的冒險》還可以看作是兒童成為未來士兵的勇敢鍛鍊。首先，讀者或聽眾可以共享凱夏恐懼與勇敢的體驗。對於凱夏離開人群以後勇敢穿越白雪皚皚的針葉林，以及對他身體的恐懼症狀（遇到狼群時整個人僵住、心跳加速）描述，都能夠讓人得到類似感覺的模仿體驗。與此同時，讀者可能會體驗到更多的恐懼和勇敢，而不只是重溫主人公的情緒。故事敘事提供讀者比凱夏所能得到的還要更多關於未來的知識，此資訊使情感想像力得以發展，舉例來說，讀者透過故事開頭第七至第九行的提示就能想像到小號與野狼將有恐怖的連結，或是想像自己比凱夏表現得更英勇（例如獨自一人赤手空拳擊退狼群）。還有許多文學慣例是讀者或聽眾知情，而凱夏卻忽略掉的。比如說，一名孩子要是讀到或聽到類似的兒童故事，會知道這種故事大多都是好結局，凱夏不太可能會被狼群撕成碎片。相

圖 10.2　康斯坦丁 · 勃茲恩柯，《小號手的冒險》（第 17 頁）。

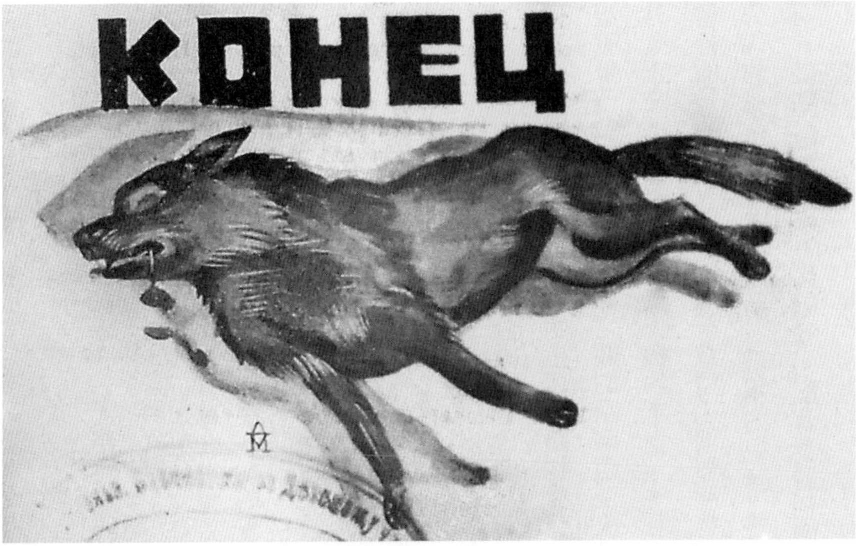

圖 10.3　康斯坦丁·勃茲恩柯，《小號手的冒險》（第 19 頁）。

比之下，凱夏對此則毫不知情，而秉持著一種面臨生死存亡關頭的態度，深怕自己小命不保。

在閱讀或聆聽故事時經歷的種種情緒，也提供了日後能夠回憶的實踐性知識。由於許多兒童讀物會被多次閱讀（或朗讀），這種實踐性知識也會隨著重複而增強。（至於情緒回溯的運作原理已是一個超出本章範圍的問題，目前只需要知道這應該不是一對一的複製，而是持續的覆蓋與重寫就夠了——考慮一下知道故事結局可能產生的影響即可。我們正在處理的就是與「嘗試情緒」相關的差異與多義性。）[45]

閱讀與聽故事的過程不完全僅是認知層面的，而是認知與身體感受的混合體。這個命題需由本書在導論中所闡述過的理論方法來延伸解釋。這裡與兩種假說特別相關，兩者皆打破了關於閱讀的壁壘，其中一方認為閱讀是認知性的，因此是比較內化的（內化於「靈魂」、「心智」或「大腦」），而另一方則認為閱讀是感受性的，因而是比較外顯於肉體的。第一種假說關乎「延伸心智理論」，據此觀點，「認知」是發生在身體外圍部分與心智上。舉例來說，阿爾瓦．諾伊寫道：

> 甚至沒有合乎原則的理由能夠令人相信，我們的身體運作僅止於我們所認為的範圍。部分的我（即我所使用的工具）可以在空間上與我不連續：它們之所以會形成我、或成為我身體一部分的原因，是因為我的動作讓它們動了起來。因此只要我在我延伸的身體裡有所行動、有所感覺，我的心智也就跟著延伸了。[46]

另一種相關假說則來自媒體哲學家保羅．維希留對「觸覺臨場感」（tactile telepresence）的思索，亦即，觸摸螢幕的手指與網路性愛畫面上的裸體之間的距離消失了；觸控螢幕的手指與電腦戰爭遊戲裡的虛擬世界之間的距離也消失了；或許我們還可以再加上：握著搖桿操縱著千里之外、正瞄準著某群人的無人機的手指。[47]基本上，觸覺臨場感是將模擬折疊進現實裡，雖然維希留指的是我們這個時代的智慧型手機與觸控式螢幕等物件，不過他的想法或許也能夠應用到不同時代的兒童文學上。因為，紙本的兒童文學作為媒介的效果是否與現代媒體技術的效果截然不同，這點尚不明確。想想看，配有華麗插圖的童書在一九二〇年代進入蘇聯鄉村地區的農民家裡。這些家庭向來以口述傳統為主，他們沒有能媲美收音機或電視機的聽覺（或視覺）媒體，大多數家長（尤其是母親）仍然是文盲，而他們的孩子則剛剛開始學習識字。在這樣的情況下，就變得比較容易理解兒童文學的威力與影響力了。將此與一些閱讀技巧相結合，比如說朗讀、在頁面上移動手指、觸碰插圖（或出於恐懼而不去觸碰插圖，比如說蛇的圖像）、在閱讀的過程中移動身體各個部位，這便接近了維希留所說的觸覺臨場感。

現在看來，認為兒童的閱讀不是某種被動或完全的認知行為，而是一種全面體現並且確實是「認知感受」（cogaffective）的實踐似乎說得通。在此所提出的這個術語，比巴奈特與拉特納的「認知情感」（cogmotive）還要來得恰當，因為這個詞的詞幹「感受的」（affective）捕捉了閱讀體驗中不那麼蓄意、較少被意指出與較少被意識到的層面。[48]身體在閱讀期間會有所動作，反之閱讀也會造成身體產生動作，其跡象包括心悸、皮膚電流反應與吸氣，還有因為感到無聊而抖腳、嘴巴不由自主的張開，或是說到特別緊張之處時會打斷故事開始塗鴉。這種「認知感受」的閱讀／聽故事體驗能夠同時被儲存為認知與體驗的實踐性知識，而這種實踐性知識能夠在不同情境下回想起來（這是本章的論點），包括戰爭情境。如此一來，當《小號手的冒險》的讀者或聽眾未來在真實的戰鬥情況下面臨外部威脅時，便能夠回想起恐懼與應對恐懼的經驗，因而表現得比他原本可能採取的行動還要更勇敢。我們可以假設，好的讀者同時也是更好、更勇敢的士兵，他們更能夠處理戰場上的事——殺戮和死亡。

事實上，前文所述的內容用的都是一些試探性措詞（「**可以**共享」、「**可能**會體驗到恐懼」、「**能夠**被儲存」、「**能夠**回想起來」），這與若干因素相關，這些因素導致其因果關係不若其他歷史寫作領域那麼直接。僅舉兩例來說：首先，雖然不是絕對地，但現實生活中的恐懼以及勇敢和小說中的人造恐懼以及人造勇敢多半還是有差距的。[49]我們沒必要具備在西伯利亞針葉林中遇到一頭飢餓野狼的先行經驗，但也知道這會跟閱讀兒童小說中面對相同威脅的主角經驗是相當不同的。第二，仍舊是「嘗試情緒」的老問題。與閱讀相關的情緒過程就和現實生活中的情緒過程一樣是開放性的，可能會出現變數與失靈。

然而，這裡所做的分析就是為了推斷出，可普遍應用於讓人在閱讀中認知感受到恐懼體驗的元素。如果重述凱夏的故事有在本章讀者身上重現某些感覺，那麼就有了第一個支持這些元素可以普及化的論據。更重要的是，當我們將鏡頭從一九二〇與三〇年代的蘇聯往前繼續推進時，任何懷疑閱讀與產生勇敢士兵有何關係的態度似乎就變得不那麼合理了。比如說，美國從二戰開始就將電影用於戰鬥訓練，「以降低新兵對戰場上的噪音與血腥場面的敏感」。[50]給一般民眾觀賞的戰爭電影也有類似的效果。在今天，電腦遊戲，尤其是第一人稱視角的射擊遊戲已被應用在士兵訓練上。事實上，為市場以及為軍事所設計的遊戲，這兩者之間的界限有多麼鬆散，諸如此類的評論已淪為陳腔濫調了。

＊　＊　＊

謝爾蓋．奧斯倫德《戰鬥的日子》的男主角「伊凡」，在整部小說中其實一直都被人喚作「萬卡」，這是「伊凡」這個名字的小名，主要是用在兒童身上（見圖10.4）。年輕的「萬卡」是在對剛奪回的城鎮可能再度落入白軍手中，而露出恐懼跡象時變成了成年的「伊凡」：「萬卡躲在沙發角落想著：『有沒有可能我們又會經歷一次戰敗？我們得再次逃亡然後被俘虜嗎？』」這

圖 10.4 謝爾蓋．奧斯倫德，《戰鬥的日子》，第 167 頁。

時萬卡的父親，紅軍分遣隊的隊長阿列克謝．卡爾圖佐夫出現了：「萬卡苦苦思索這個問題，當一個宏亮的聲音喊道：『伊凡！』時，他甚至還瑟縮了一下。」[51] 父親首次稱呼他的兒子為「伊凡」而非「萬卡」，這標示的不只是「成長小說」模式裡從童年到成年（也因而達到更高階的人格）的進程，也是一種情感成長的敘事，而這種敘事總是與必須從資本主義走向社會主義階段的宏大歷史密切結合。「伊凡」這個名字最終代表了一個暗號、一個烏托邦時代的終結：這名字囊括著「成為」一名布爾什維克、一名男人、一個集體，以及一個社會主義的社會。沒有勇敢，就沒有伊凡。沒有情感的社會化，就沒有社會主義。結論是：這些可都是與情感學習所能達到的高度密切相關。

注釋

1 見 Auslender, *Dni boevye.*

2 Auslender, 36, 13, 14.（作者自譯）

3 Auslender, 167.

4 關於這些基督教的弦外之音，見 Halfin, 'From Darkness to Light'。

5 我找到的有 Kurnin, *Chto chitat' detiam?* (1900); Flerov, *Ukazatel' knig dlia detskogo chteniia* (1905); Zotov, *Ukazatel' knig dlia vospitatel'skogo chteniia kadetam* (1913). 蘇聯時期沒有出現這樣的手冊。至於兒童文學的樣本，可分為三十八本革命前的文本（重點在於一八七〇年代至一九一〇年代），以及五十六本革命後的文本（主要是一九二〇至三〇年代）。童話故事與圖畫書不算在內。

6 Kurnin, *Chto chitat' detiam?*, 130.

7 關於蘇聯時期學校對所有兒童（而不只是像學生軍訓隊那樣的團體）的「軍事愛國主義教育」（*voenno-patrioticheskoe vospitanie*）之討論，見 Aspatore, 'Military-Patriotic theme in Soviet Textbooks and Children's Literature'。關於對動物的同理心，見第五章〈杜立德醫生的同理心〉。

8 整體的轉變詳見 Frevert et al., *Emotional Lexicons.*

9 Zotov, *Ukazatel' knig dlia vospitatel'skogo chteniia kadetam*, viii.

10 Review of P. V. Zasodimskii's *Dedushkiny rasskazy i skazki.*

11 Zotov, *Ukazatel' knig dlia vospitatel'skogo chteniia kadetam*, 14.

12 Zotov, 66. Shcheglov, 'Pervoe srazhenie', 94, 96. 在「跳過二十六至二十八頁」這邊，這本手冊引用的很可能是這故事的其他版本，而不是原先刊登在 *Novoe obozrenie*（1881）期刊上的原版故事。我猜想這是原版第九十四與九十六頁，因為㈠九十四至九十六頁的故事劇情符合前者所說的二十六至二十八頁，㈡另外這也是文章第一次出現對實戰體驗抱持不太樂觀以及士氣低落的態度。

13 Zotov, 27.

14 Review of *Sto rasskazov iz zhizni zhivotnykh*, 53. 與此相類似的脈絡見第五章〈杜立德醫生的同理心〉。

15 另見第三章〈阿斯嘉禮的虔誠〉。

16 例如 Pogoskii, *Aleksandr Vasil'evich Suvorov, Generalissimus russkikh voisk*; Furman, *Aleksandr Vasil'evich Suvorov*; Zagoskin, *Iurii Miroslavskii ili Russkie v 1612 godu.*

17 關於第一次世界大戰期間的兒童士兵之探討，見 Kelly, *Children's World*, 11. 關於第二次世界大戰兒童戰鬥員的討論，見 Kucherenko, *Little Soldiers*。

18 Kozyrev, *Soldatskie skazki*, 204–5.

19 見 Gromov, *Za 'obchee delo'*.

20 Gromov, 6.

21 Gromov, 10–11.

22 Gromov, 14, 22, 27.

23 在其他情況下，主角內在的勇敢則源自於人物配置關係，比方說「親情」被視為是自然本能。在 Dorokhov 的 *Syn bol'shevika*（《布爾什維克之子》，一九二八）裡，故事背景也是設定在俄國內戰期間的西伯利亞，一名布爾什維克地下分子的兒子，小米沙，在白軍進行公寓搜索並且在嘴上吃他母親豆腐時也出面捍衛母親。這是一種「自然的」防衛機制，讓他取代父親的位置並英勇地出面保護母親。見 Dorokhov, 4, 7。

24 另見第九章〈吉姆・波坦的恐懼〉。

25 Garshin, *Four Days*, 480.（粗體字為原文所加）

26 Garshin, 476. 伊凡諾夫在同一頁前半段描述他親眼看著隊友垂死的恐怖感：「我還記得我們如何穿越樹林、子彈如何呼嘯而過、被打斷的樹枝如何掉落，你推我擠的穿越山楂樹叢……西德羅夫是第一個……他突然跪倒在地上，張大眼睛驚恐的看著我。鮮血從他嘴裡湧出。是的，一切都歷歷在目。」

27 Garshin, 481.

28 Garshin, 489（我用「腿」代替了「腳」；雖然俄語 *noga* 同時可指「腿」與「腳」，但根據故事脈絡以及就當時軍事外科手術的整體知識來看，要截肢就截整條腿而不會只有腳）。

29 蓋達爾為何一再回到恐懼與勇敢的主題上，原因或許可從其孫的自傳裡找到解釋。在俄國內戰期間，蓋達爾被診斷出俄國版的砲彈休克症，即創傷性精神官能症，並因此在精神病院接受過治療。見蓋達爾孫子的回憶錄，Gaidar, *Days of Defeat and Victory*, 4. 另見第十一章〈海蒂的思鄉病〉。

30 Gaidar, *Chetvertyi blindazh*, 8.

31 Gaidar, 22.

32 *Shkola muzhestva*, Vladimir Basov and Mstislav Korchagin, dirs. (Mosfilm, 1954) [film].

33 見 Wulf, 'Mimetic Learning', 56.

34 Bozhenko, *Prikliuchenie malen'kogo trubacha.*

35 Bozhenko, 3.

36 Bozhenko, 6.

37 Bozhenko, 6, 8. 關於此文學策略可參見敘事學論述，例如 Shklovsky, *Theory of Prose*, 101–16; Carroll, *Theorizing the Moving Image*, 94–117; Ricoeur, *Ricoeur Reader*, 99–116.

38 Bozhenko, 10.

39 Bozhenko, 10.

40 Bozhenko, 10, 11.

41 Bozhenko, 11, 12.

42 Bozhenko, 16, 18.

43 Bozhenko, 19.

44 Bozhenko, 19.

45 見本書導論；另見 Eitler and Scheer, 'Emotionengeschichte als Körpergeschichte'; Reddy, *Navigation of Feeling*, 32, 322.

46 Noë, *Out of Our Heads*, 80. 另見 Scheer, 'Are Emotions a Kind of Practice'.

47 見 Virilio, *Open Sky*, 105.（「觸覺臨場感」在該書脈絡中確實是在談網路性愛）

48「認知情感」是根據 Barnett 與 Ratner 的「認知情緒」（cogmotion）衍生而來的詞彙，見 Barnett and Ratner, 'Organization and Integration of Cognition and Emotion in Development'. 關於「感受」，見 Leys 對感受的描述：「感受」為「一種獨立於並先於意識形態而存在的重要感覺（也就是先於意圖、意義、理性和信仰），因為感受是無意指、發生在意識與意義閾值以下的自發過程。」Leys, 'Turn to Affect', 437.

49 我借用了 Mieszkowski 的「人造恐懼」。Mieszkowski, 'Fear of a Safe Place', 102.

50 Bourke, *Intimate History of Killing*, 96. 另見 Bourke, *Fear*, chapter 7.

51 Auslender, *Dni boevye*, 151.

第十一章 海蒂的思鄉病

茱莉安・布勞爾

在約翰娜・施皮里的經典名著《海蒂》*（一八八〇、一八八一德國原版；一八八四、一八八五英譯版）裡，年輕、天真、沒受過什麼教育、在瑞士阿爾卑斯山上貼近大自然成長的海蒂，現在正飽受著思鄉之苦。她在被迫離開心愛的高山並前往法蘭克福以後，身上出現了所謂的「瑞士病」所有病狀，這種病也可稱呼為「鄉愁」。[1] 海蒂滔滔不絕滿腹懷鄉心思向新朋友克拉拉說著她在阿爾卑斯山上的生活，「一直說到那股渴望愈來愈強大，讓她補上一句：『我現在就得回家，明天就動身。』」平時歡樂、臉頰紅潤的女孩現在變得蒼白、憔悴，「默然無聲」。她失眠、夢見家鄉、暗中落淚，這些都是生病的症狀，他們家族朋友裡有一位醫生準確地診斷她罹患了「思鄉病」。[2] 此病的特徵為：對某個地方感到渴望，而這地方必然與熟悉、被保護以及被呵護、快樂、歸屬[3]和認同等種種感覺有關，思鄉病顯然還能引起嚴重的身體痛苦。海蒂完全束手無策地只能被這種感覺壓垮，唯有回到阿爾卑斯山才能夠拯救垂死的她。與此同時，她的病也

＊或譯《阿爾卑斯山的少女海蒂》、《小天使海蒂》或動畫《飄零燕》，這裡統一稱為《海蒂》。

是促進她對上帝的信任以及鼓勵她學習識字所不可或缺的。[4]有了她在遙遠的法蘭克福所習得的技能、深根柢固的歸屬感與認同感，再加上對上帝屹立不搖的信仰，海蒂在續集《海蒂學以致用》裡成為了故事中的道德權威。[5]她對彼得失明的奶奶朗讀宗教經文與詩歌，幫助她熬過黑暗的冬天；因為女兒去世而一直深陷在悲傷裡的醫生，也從海蒂身上學會順服上帝的旨意並信任山的療癒力；至於在法蘭克福那邊，蒼白地坐在輪椅上的克拉拉則渴望見到海蒂、山羊群以及海蒂口中瑞士阿爾卑斯山脈的療癒力。她的渴望是以追尋幸福和滿足為特徵，這名脆弱的女孩期盼能夠在阿爾卑斯山找到這些感覺。最後她終於獲准去拜訪山上的閨友，當夏天結束時，克拉拉也在海蒂的幫助下克服了自己的疾病。思鄉病的經驗將海蒂從一名無知、不知所措的小女孩，轉變成為一名道德信念健全的成熟孩子。

《海蒂》翻譯成五十多種語言在全球熱賣了近五千萬本，還有二十部左右的改編版電影與電視影集。要研究十九與二十世紀的德國、英國與北美兒童文學中學習如何感受與應付「思鄉病」和「旅行癖」的時勢與連續性的話，《海蒂》是一個絕佳的起點。[6]

施皮里在《海蒂》以及同年出版的另一本小說《在家不在家》（一八八〇德語版；一九三一英譯版）[7]裡都將典型的思鄉病描述為一種潛在的不治之症。就這樣，儘管比醫學文獻還要慢一步，但她將「想家的孩子」這個典範引進了兒童文學的領域。[8]早在她下筆的二、三十年前，關於思鄉病的論述就已經從醫學轉向心理學文獻了。思鄉病逐漸被解釋為與分離的痛苦、悲傷、寂寞相關的情緒折磨之表現。根據當時的教養手冊看法，思鄉病會造成像是憂鬱症之類的嚴重精神疾病，甚至會出於徹底的絕望而導致犯罪。[9]

不過，如前所述，海蒂的思鄉病不只出現了潛在的危險，同時也有潛在的正面效果。施皮里根據自己對大眾心理學讀物的詮釋，在這故事中強調了因著海蒂在情緒超載情況下原始而無助的反應，而展開的教育努力，以培養這個純潔、教育不足的孩子。因此，正如本章即將在第一節詳細考察的，海蒂的故事是一則啟示，說明思鄉病這種現象是兒童社會化過程中一個合理且十分重要的階段，而且能夠透過正確的教育環境來加以管理；接著在第二節主要以英國校園小說為例，分析另一種關於分離與思鄉病的典型情境。當思鄉病在過去數十年來顯現為一種女性情感時，旅行癖則主要是男孩子的冒險小說主題。這是相當典型的看法，用一種正面態度將旅行癖看作是男孩子發展的必要階段，因此旅行癖與「男性」特性相關，比如說勇氣、自力更生、剛毅以及靜不下來；至於在《海蒂》故事續集中，克拉拉對於遠在他方的朋友、阿爾卑斯山以及身體康復的渴望，是以不同的方式表現了思鄉病與旅行癖的一個共同特徵：兩者都嚮往一塊有歸屬感與熟悉感的地方，那裡還結合了快樂、保護、信任與愛的感覺。[10]對於這塊真實或想像之地的渴望——這個統稱為家，或說「家鄉」[11]的地方——人出生的地方、有連繫感的地方，以及他們度過了社會化形成經驗的地方，這些都標示出了這種渴望的特性。第三節探討的便是旅行癖和思鄉病的糾纏與互補性質。

雖然旅行癖在整個二十世紀期間維持其正當性，但思鄉病在五〇年代左右的德國兒童文學中卻消失無蹤。最後第四節要主張的是，實際上這種情緒在七〇年代帶著不同涵義與不同脈絡重新出現在富社會批判的童書裡。除此之外，將思鄉病勾勒為女性、旅行癖勾勒為男性的傳統性別界限在七〇年代左右開始變模糊，在這之後，不論男孩女孩都被勾勒為會體驗到思鄉病，也會渴望冒險，不過這是作為他們面對現代生活的負面副產品——疏離感——之批判反應。

教育馴化——通俗少女小說中的思鄉病[12]

一如《海蒂》所顯示的，當眾人還認為思鄉病對兒童來說是一種合理的問題時，故事將思鄉病描述為一種衰弱病。大家相信在最糟的情況下思鄉病會引起生理疾病，唯有返回家鄉才能夠治癒垂死的女主角。[13]故事認為家鄉具有療癒力的想法起源於十七、十八世紀的醫學論述，當時就連士兵也會送回家鄉以免因思鄉病造成死亡，此療法在一九〇〇年以前十分普遍，並且完全排除他們可能是軟弱或膽小的想法。[14]

不過除了少數的例外，這種將思鄉病看作在醫學上會壓垮身體的強烈情緒的敘事，很快就被更加心理學的觀念所取代，將兒童的思鄉病當作嚴重的適應問題，要透過適當的教育方法來處理。正如在十九與二十世紀之交寫給父母的教養手冊所表達的，思鄉病被重新定義為不僅會對身體造成致命威脅，也會對兒童發展過程中合理的過渡情緒造成威脅。教養書除了提供意見給教師與父母以外，也提供支援兒童應付思鄉病的實踐措施。大部分的指導方針集中在預防與治療兩方面，其中又以前者為優先：

> 預防確實比教育的療效還要好……它增強了學生的性格與道德力量，從而使一種對自然與人那獨特的愛的形式，對家的感覺，得以透過理性來抑制，並預防這種感覺演變成一

種心理病態現象。[15]

教育措施應著重在「針對想家的孩子他們盤環不去的想法」，將注意力從「一面倒的想像與情感生活」轉移成促進「開發有益的新想法與情感圈」[16]，為此教育者需要有愛與耐心。[17]

通俗少女小說四處瀰漫著教育論述。許多廣為流傳的小說經常描述所謂的「野丫頭」是如何透過教育，從無父無母、男孩子氣、狂野、不順從、率性而為、情緒激烈的女孩過渡為成熟的女人與賢妻良母。在世紀之交，身處於社會化過程的中間階段，介於童年與成年之間的年輕女孩在德國被稱之為「黃毛丫頭」，在英國則稱之為「尷尬的年紀」。[18] 而所謂的「黃毛丫頭文學」＊探討的就是這個發展階段。[19]

過去有許多寫給女孩子看的書籍是長篇系列，讀者因此能夠隨著小說中女主角的成熟逐年逐冊地認識自己的發展階段。如此長期的親密關係意味著讀者對那些女主角、對她們的親朋好友，以及對她們思考與行為的方式都變得相當熟悉。年輕的讀者可以透過想像自己身處在故事中，以模仿與適應的方式和她們心愛的女主角一同體驗情緒。無數故事提供了寬廣的學習空間給讀者，讓她們從旁或和這些女主角一起嘗試、複製或回應各個情緒階段。有鑑於閱讀習慣、同儕間的書籍流通、書中大量的個人筆記與題詞等等，文學專家認為少女讀者有可能與這些書籍和故事發展出很強烈的情感連結。[20] 原則上，系列叢書這種出版形式為年輕書迷提供了理想的條件，傳授他

＊黃毛丫頭文學或譯作「德國少女文學」。

們隸屬於特定成長階段的恰當情緒，並且讓他們學習如何認識自己的感受以及如何處理這些情緒。讀者在「尷尬的年紀」所遭遇到的強烈情感，在故事中找到了一些表達與解釋。我們可以假定說，這種通俗少女小說之所以成功，是因為這些小說陳述了在一九〇〇年左右出現的「新女孩」世代的興趣以及她們心理和情感上的需求。[21]

在四種常見的故事背景設定中可看出主角對於熟悉、歸屬與認同的渴望，並且鬆散地對應到四種不同的改變人生的事件：父母的死亡、由於進入療養院或拜訪遠親而早早便與父母分離、就讀女子寄宿學校，最後，是進入勞動市場。

艾格尼絲．薩珀在她的時代對於以德語為母語的兒童來說是最重要的作家之一，在她的一篇〈住在教母家〉（一九〇四）裡，小克拉拉哀悼著她雙亡的父母。[22]她的監護人將她送去教母家住，但也因此把她與僅存的家人、她的兩位哥哥拆散了。雖然教母的態度十分體貼，但負責照顧克拉拉的保母為了擺脫這個孩子並避免負上任何責任，總會聊一些讓克拉拉感覺既想家又不自在的事情。克拉拉拒絕適應新環境和新「母親」的行為，隨後就被說成是忘恩負義和固執己見。無論如何，保母最後被解僱了，而克拉拉也能夠在她找到的這塊熟悉、保護與愛的新地方產生感激和幸福洋溢之情，她在此解開心結、敞開心扉，期待再次受人保護的生活。類似的敘事結構也出現在弗麗達．亨寧的《法達摩加納的新家與舊家》（一九二二）裡，在這故事裡，惹人愛憐的小女孩摩根勒短時間內父母陸續雙亡。[23]雪上加霜的是，她的監護人不僅將她居住的破舊小房子給拍賣掉，甚至連她也被賣掉了。跟有教母幫助的克拉拉不一樣，幾乎沒有人在乎摩根勒的幸福。現在她是無家可歸的孤兒，她的動力來自於對歸屬與安穩的渴望，最後她找到一隻山羊陪伴她克服悲傷與寂寞。[24]身為如此討人喜歡的小女孩，她贏得一位住在附近的孤獨女男爵芳心，女男爵在觀察了摩根勒與山羊幾次以後終於收養了她。出現在這幾個無依無靠又赤貧如洗的小女孩命運裡的神奇轉折，教導年輕讀者思鄉病會阻礙潛在的積極發展，因此必須要克服之。

另一個比較常見的情況是女主角與家園、家人暫時分離。書中介紹這些離別情景的方式則取決於女孩子的年紀。一般來說女主角會在童年早期經歷短暫的分離，例如瑪格達·特羅特的系列作品《小金頭》（一九二八～五三）中去城裡拜訪爺爺奶奶的五歲女娃貝波兒。她會犯思鄉病毫不令人意外，但由於她無法獨自克服悲傷而必須求助於人，接著姑姑很快地便送她回家了。[25]到了後面幾卷，讀者會發現變成青少女的貝波兒從那次事件以及其他童年早期經驗中受益良多。她長大後變成性格堅強、有自信的年輕女子，從此不受思鄉病所苦。

埃爾絲·烏拉伊的系列作品《家有寵兒》第三集《寵兒在兒童療養院》（一九一五）則是不同的情形。在這一集裡，十歲的女主角安瑪麗第一次與父母分離。[26]不過，在這個例子中，思鄉病跟「無聊」比較有關。活潑、樂觀、可愛的安瑪麗為了從猩紅熱中康復而必須在北海海島阿姆魯姆上的兒童療養院待一年才行。為了防止可怕的思鄉病出現，母親一開始還陪在她身邊，敘述者將母親化為家的象徵：「孩子的眼淚乾得很快……尤其是當他們窩在母親身邊，被母親抱在懷裡安撫著。然後就沒有任何一個孩子覺得自己正前往未知的地方，因為他們的家、他們的媽媽確確實實就在身邊。」[27]安瑪麗的父母遵循當時的育兒建議，對十歲大的孩子訴諸理性並同時仰賴分散注意力的策略。一只裝滿新玩意兒的手提箱幫她熬過了突如其來的第一次悲痛，尤其是一件新泳衣特別有幫助，和其他的孩子玩也一樣很有幫助。結果別說思鄉病，連無聊與寂寞也因此不見了。安瑪麗比預期的還快就對這所療養院開始產生家的感覺，而這所療養院正意味深長地叫做「家園別墅」，最後她是抱著依依不捨的心情離開那裡的。《寵兒在兒童療養院》反映了當時的教育樂觀主義*。不論是父母或年輕的讀者都從安瑪麗身上學會一件事，那就是思鄉病並非是無法解決的問題，更別說是什麼「精神疾病」，只要避免無聊與寂寞就會有所幫助了。[28]

寄宿學校的故事在少女小說中也有很突出的地位，好比說像是艾美．馮．羅登著名的德語小說《馴服野丫頭》（一八八五；一八九八英譯版）。[29]在小說敘述裡，十五歲的芬尼是個狂野、男孩子氣的女孩，她的成長過程中沒有母親，但父親對她十分寵愛。後來在繼母的建議下，芬尼被送去一間女子寄宿學校接受馴服與社會化：「嚴格的校規不利於她肆無忌憚的本性；幸運的是，她將會在那裡學會服從、拋下她的恣意妄行，變成一位溫柔的女孩。」[30]由於芬尼的不成熟，她缺乏教育學家古斯塔夫．西格特認定為反抗思鄉病的關鍵預防手段所需要的性格與道德力量。[31]在她寫給心愛的父親第一封信裡，她的思鄉之情夾雜著自憐，也對自己被剝奪了從前自由自在的生活表示憤怒。不過故事發展到後來證明繼母的看法是對的，克服思鄉病是女孩子成熟過程中的重要一步。

芬尼完全按照父母的期望學會了必要的技能與美德。因此，儘管剛開始由於性格軟弱而注定會飽受思鄉病的折磨，芬尼最終還是透過承擔起更大的責任克服了思鄉病。距離《海蒂》出版僅僅五年，這種對思鄉病的理解已經沒有身體或疾病相關的涵義了，而只被看作是一道教育難題。思鄉病就跟不成熟一樣，現在被視為一種必須得克服的**道德**缺失。透過芬尼為例，讀者也許會意識到最好要克服思鄉病與憤怒。到了故事結尾，現在社會調適已經完成的芬尼遇見了未來的丈夫。

加布里埃爾．斯科特的《卡里》（一九一三挪威原版；一九三一英譯版）同名女主角可以說和野丫頭芬尼剛好相反。卡里所面臨的考驗是為了接受更好的教育而必須搬到附近的城市。對她來說，決定離開是一件很艱苦的決定。就跟海蒂一樣，她與家鄉熟悉的風景有著身體上的連結。但她的年紀比海蒂還來得大，而且不同於芬尼，卡里已經具備獨自面對考驗的性格成熟度與力量。從寄宿學校的第一晚起，她就在新環境裡感到「輕鬆自如」像是在自己家一樣，她的感覺符合了當時的教育敘事，其敘事假定正確的環境能夠克服思鄉病。卡里對於生活的好奇心與熱愛幫助她調適得很好，她很快就覺得住在大城市裡就像住在家裡一樣，但是到了最後她也很開心能夠返回家鄉。故事結局以一段將家作為身分認同與歸屬之地的愛的宣言收尾：「來到草地上，溪流正翻騰著……既舒適又自在……有時卡里來到小溪時總想著許多奇思怪想的事情，因為小溪象徵了她的生活。那是她的命運之輪。」[32]由此可見，生活在寄宿學校是這些故事中特別突出的主題，對於稍後將討論的英國校園故事來說也是如此。[33]

青少女為了謀生而離鄉背井，這是年輕女孩社會化過程的最後一步。在三〇年代的德國少女小說中，女主角經常離開家鄉選擇職業培訓或開始新工作。她們在職期間經歷了最後的教育。絕大多數的女主角在先前的幾年就已經處理完思鄉病的問題，因而形成了成熟與堅強的性格，只有少數幾位女主角在這個過渡時期還會想家。瑪格達．特羅特筆下綽號叫「波琪」（Pucki）的海

＊教育樂觀主義（educational optimism），認為只要用對教育方法，所有的教育、教養問題都能迎刃而解。

迪就是一個例外，波琪同時也是這部系列小說的名稱。這個綽號來自於神話中的淘氣精靈「帕克」（Puck），因為海迪就是如此孩子氣、不成熟的女孩。[34]在《波琪初次步入生活》（一九三七）裡，她第一次離開家到外面尋找家庭幫傭或保母之類的工作。她的主要動機出自於旅行癖，波琪夢想著將自己賺到的第一筆錢拿來旅遊義大利。雖然與父母離別是一件不容易的事，但她仍然試著勇敢打起精神並保持樂觀。後來她在艾森納赫*一戶陌生工匠家庭裡感到非常孤單與迷惘，保母的工作職責令她不堪重負，但「她勇敢地戰勝了想要回家的渴望」。[35]波琪最怕的是因為失敗而太早返回家鄉。最後當她回到家時，她已經不再是以前的波琪了，而是一名適應力強、掌握著自己命運的成熟女子。

在北美的兒童文學裡，思鄉病也一樣是成熟度的衡量標準。[36]直到七〇年代為止，為了讓兒童從思鄉病的經驗中學到東西，兒童還是會被有系統的安排要遭逢分離的處境。夏令營特別適合這個目的，[37]而小說以及圖畫書則在青少年讀者的學習過程中提供支援。以幾位主角為例，像是《祕密的語言》（一九六〇）裡的維多莉亞，兒童學會將思鄉病視為「最糟糕的夢魘」。[38]對女主角其悲傷與孤獨的情感描述強烈的敘事，會引起讀者的同理心。但故事也提供策略來處理這些孤立與焦慮的淹沒感。舉例來說，維多莉亞與另外一名也不開心的女孩成為好友，她們一起夢想著美好的虛構他方。而在《凱蒂去露營》（一九六八）裡，小凱蒂選擇用另一種方式來應對。她帶上她的娃娃柯里去夏令營，並且起初怎樣都不肯離手，因為娃娃代替她承受了思鄉病之苦。而在露營第一天的過程中，娃娃（也就是凱蒂）學會了將露營看作是結交新朋友的大好機會，因此克服了她的焦慮。[39]

少女小說說明了各式各樣應付思鄉病的方法，把思鄉病視為與父母分離並邁向成熟過程中的一種過渡性情緒。思鄉病的嚴重性取決於思鄉的原因、預期的分離時間以及相關的情緒。在為了教育兒童學會獨立自主而「必須」分離的情形下，無聊、憤怒與焦慮是可以預期得到的情緒。這類感覺很容易提前處理，而孩子的年紀愈小，家長與教育者對於適應過程成敗與否的責任就愈大。至於從此失去家園的孩子身上的孤獨、悲痛與絕望感，則需要輔以更密集的情緒性引導才能重新建立信任、信念、幸福以及熟悉感和歸屬感。以上所探討的故事表明了，主角是能夠成功地學會處理思鄉病的，就算她們的方式有所不同也一樣。女主角擺脫思鄉病的危機以後成為了堅強性格的可靠年輕女性，能夠獨立地繼續追求成功與幸福的旅程。

到了五〇年代時，思鄉病在少女小說裡已經失去了過渡性情緒的意義。話雖如此，輕微的思鄉病是為人所接受的，它被看作是一種自然的渴望、一種與父母親密關係的標記。能夠藉由教育手段所馴服的思鄉病是短暫且強度可承受的，或如耶里希．凱斯特納在《雙胞胎麗莎與羅蒂》（一九四九）將此擬人化的，「有時在某個傍晚……灰色的小矮人鄉愁會坐在宿舍的床旁邊，從他的口袋裡拿出灰色的筆記本和灰色的鉛筆，用一張悶悶不樂的臉數著他周圍的眼淚有幾滴，不論是有流出來的或沒流出來的」。[40]

＊艾森納赫（Eisenach），位於德國圖林根州，音樂家巴哈的出生地、馬丁．路德實施宗教改革的地點。

英國校園故事中的思鄉病

英國校園類型故事特別適合用來檢視在分離處境當中的男孩與女孩。從十九世紀中葉起，沒有其他學校比寄宿公學更常出現在英國的兒童文學裡了。[41]而在德國童書裡，以女子寄宿學校為背景設定的故事比男子寄宿學校還要常見。[42]

校園故事描繪出一幅誘人的公學風景，其特色是同儕間的生活、嘗試新事物、反抗權威，以及在沒人注意到的情況下惡作劇的魅力。以寄宿學校作為故事背景設定的作者，經常借用個人經驗將日常生活的情形描述得很逼真。透過模仿學習的方法，與小說角色年齡通常相同的小讀者便能夠體驗生活在寄宿學校裡、在那裡結交朋友或是和討人厭的同學打交道等感覺。他們可以在情緒上模擬一下離開父母、遷入新環境可能是什麼樣的感覺，以及對冒險的好奇心與熱愛會如何與想要窩在家裡的欲望起衝突。有鑑於類似的敘事在此文類中一再重複出現，校園故事提供了絕佳的機會向小讀者傳達對於適當的行為與情感的看法，就如弗雷德里克·威利斯在他的回憶錄裡追憶道：「我們真是一群熱愛校園故事的讀者，從中我們得知上流寄宿學校的男孩子都很勇敢、高尚和騎士精神……我們試著以此公式來塑造我們的生活。」[43]

十九世紀最早有關於男孩的英國校園小說，諸如《湯姆求學記》（一八五七）是地位最重要也最有影響力的。[44]令人驚訝的是，雖然強調分離的情景是構成這些故事的一部分，但思鄉病只扮演次要的角色。在《湯姆求學記》裡，後來才入學的亞瑟既害羞又溫柔並感覺惘然若失，他體現了男孩子的思鄉病。湯姆保護這個還在哀悼最近去世的父親的脆弱男孩。他給亞瑟的第一個忠告是，別讓其他男孩知道他的思鄉病和悲痛，「否則他們會笑你戀家或叫你媽寶」。[45]「媽寶」這句話的特性說明了思鄉病被看作是一種會被同儕加以羞辱與排斥作為處罰的軟弱。有趣的是，在這些故事裡往往就是這種「憂慮型男主角」[46]最可能患思鄉病之苦，比如說《會飛的教室》裡的鄔理。他的同學嘲笑他缺乏勇氣並聲稱他想家了，而鄔理也羞愧地承認了。不過，儘管亞瑟和鄔理都焦慮不安，但他們都成為了無名英雄：亞瑟憑的是他的宗教與道德信仰，而鄔理則是透過注定沒有好下場的勇氣考驗贏得了同學們的好感，並因此變成了最勇敢的男生。

《在聖多米尼克的第五學年》（一八八七）裡的史蒂芬也對自己的思鄉病感到慚愧並試圖淡化這種感覺。身為寄宿學校一年級新生，和母親在火車站告別對他而言是很困難的一件事，但他「想要逞英雄」，所以很快地就克服了這一剎那的軟弱，然後專注在自己未來的計畫上。然而當他寫信給母親時，思鄉之情竟排山倒海而來：「他一邊寫著，思緒一邊飛回老家以及昨天才道別的母親身上，他情緒變得低落，想家的感覺排山倒海而來，比以往更甚。他願意拿一切來和這封信交換位置，換自己回家去！」[47]無聊與寂寞也出現在這裡為他的思鄉病火上添油。班上同學們嘲笑他是剛離開「媽咪」的「愛哭鬼」，這件事刺激史蒂芬趕緊克服思鄉病，兩個禮拜過後，他不但安頓了下來，甚至還因為更大膽的離經叛道行為贏得其他同學的尊重與認可。

這些故事所發送的寓意很清楚，那就是思鄉病是一種會令男孩子感到羞愧、或男孩子應該要為此感到羞愧並因此遭人笑話的事情。[48]個中道理似乎可歸於軟弱與羞怯，但如果主角能夠在其他方面展現優勢的話，便能夠彌補這些弱點。這些想法與當時相關的指南文學相一致，這些作品假定紀律、活力與勇氣為可取的陽剛美德。[49]反之，思鄉病則會產生令人不安的阻礙影響。這種情緒在男孩子的社會化過程中沒有地位，它比較適合標記成一種憂慮、猶豫不決、不活潑的性格。這些故事教導廣大的讀者，克服思鄉病並將其迅速轉化成精神優勢、勇氣與勇敢有多麼重要，畢竟，有誰會願意被自己的同學當成局外人暴露在他們的嘲笑之中呢？

英國第一批少女校園小說大約出現在一八八〇年左右。[50]此一趨勢可置於維多莉亞時代末期與愛德華時代中女子教育方法有所改變的背景下檢視。這改變見證了培養「現代少女」的新努力，也就是說，對那些想逃開家庭領域、想變得堅強且獨立的女孩展開的「非傳統女性特質」概念教育，從而使其成為有用的帝國子民。[51]根據「現代少女」的敘事，這些校園故事裡的女主角只需要符合傳統女性特質一小段時間就好，並且她們要不是完全不受思鄉病所苦，要不就是很快便能克服這種感覺並融入學生群體當中，就像《女生世界》（一八八六）裡的海絲特一樣。和許多女主角一樣，海絲特不僅失去了母親，同時也是「情感最強烈的孩子」。父親將她送去一所公學就讀，要她成為一名「乖女孩」並「抑制……狂野的精神」。和妹妹小蘭分離對海絲特來說比什麼都還難熬，當她在火車上時幾乎無法控制自己的眼淚。就跟德國的《馴服野丫頭》裡的芬尼一樣，海絲特覺得和以前自由自在的生活相比，在寄宿學校的生活將會像是在坐牢。在抵達了薰衣草之屋以後，她才發現自己的偏見錯得多離譜，她將在那裡度過「人生中最美好、最歡快的時光」。[52]

伊妮．布萊敦的《克莉亞風雲》（一九四一～四五）以及《馬洛禮塔》（一九四六～五一）是德國二十世紀最暢銷的英國少女系列小說之二。[53]除了英文原版的翻譯文本以外，還有許多由德語版衍生的續集是用布萊敦的筆調書寫同一批女主角出版的。[54]令人驚訝的是，在布萊敦的原書裡，思鄉病幾乎沒有什麼作用可言。事實上，女主角達蕾爾以及雙胞胎姐妹帕特里夏和伊莎貝爾都等不及要去馬洛禮塔或聖克莉亞寄宿學校。這些英國上層中產階級的女孩子都是堅強、有自信且機智的個體，她們抱著開放與冒險精神來面對寄宿學校。在這些系列作品中只有次要角色才會受思鄉病所苦，不過就連這種角色也很罕見，比方說《在馬洛禮塔的第一學期》（一九四六）裡的關朵琳。達蕾爾和朋友們甚至還沒離開車站前往學校，就已經遇見這個令人不悅的女孩。關朵琳「緊抱著媽媽放聲大哭」，母女倆難分難捨：「那位母親簡直和女兒一樣糟糕。」女孩們對關朵琳的行為嘲笑了一番（「可憐的小媽寶！」），認為她母親要為把女兒變「傻瓜」負起責任。[55]關朵琳不只是想家而已──她也是一個被寵壞了、固執又嬌生慣養的女孩，無法融入寄宿學校的群體裡，經常淪為他人笑柄。

這個敘事有雙重寓意。第一，以主角為例子來說明，顯然離開家庭不僅是成長過程中很自然的一步，同時也很可取，而且不一定是痛苦的，反而有充滿友誼、多采多姿與冒險生活的前景；第二，它斷言會想家的孩子是受到差勁、不適當的教養。和男孩子的校園故事一樣明顯，「媽寶」和「愛哭鬼」等侮辱反映了當時對於過度的母愛、關注與縱容的流行假設，認為這些都是「真正有害的邪惡行為」，就如同華生夫婦在他們暢銷的教養書裡警告過的一樣。[56]

在後來以布萊敦的筆調寫給德語讀者的衍生續集裡偶爾還會提到思鄉病，不過和關朵琳的情形相反，思鄉病在書中描繪成合理且正常的感覺。在《漢妮與南妮陷入無數次困境》*（一九

* 《漢妮與南妮陷入無數次困境》，這是《克莉亞風雲》的德語衍生版（也就是同人小說），雙胞胎的名字在德語版中譯為漢妮與南妮。

七四）裡，菲律賓總督的女兒格里特和《漢妮與南妮組了俱樂部》（一九七一）裡的義大利女孩吉娜·加里波第，當她們初次來到林登霍夫（這是德語版的校名）時，她們都還是格格不入而想念家鄉的外人。雖然思鄉病只是兩名女孩適應不良的其中一個原因，不過這幾個故事的主要重點是，在此情況下，這對雙胞胎的體貼、關心與友誼幫助了這些新生克服她們對家鄉的渴望。德國與英國的少女校園小說之間最引人注目的差異就在於：思鄉病在英國小說裡明顯被視為不合理的，並且是教養不當的指標。至於在德國小說裡，思鄉病則為一種過渡情緒而被賦予了相當程度的合理性。

沉浸在充滿各種冒險、體驗與情緒的校園故事中，彌補了小讀者無感的日常生活。[57]透過這些稜鏡般的校園故事，讀者應該認識到享受寄宿學校生活的樂趣，也學到了和同學分享幸福與歡樂。在這些故事裡，開心、好奇心、勇氣、開放以及勤奮與聽話是成功人格的基礎，而這些特質主要都是在童年時獲得。[58]好奇心、興趣、開放以及一般說來渴望體驗的情緒與冒險，同時驅使著男孩與女孩離家以便學習獨立。不過，如下文所說明的，旅行的欲望最初是以男性為主的情緒。

糾結的情感——旅行癖和思鄉病

魯賓遜式小說（Robinsonades，此文類顧名思義來自《魯賓遜漂流記》）中最廣為人知的一部作品就是《珊瑚島》（一八五八），說的是三名男孩在太平洋一座小島遭到船難的故事。故事開頭是一段對「流浪」充滿熱情的描述，這段描述可解釋為旅行癖之愛的宣言：

> 四處流浪一直是我的主要興趣、我心中的喜悅、生命中的陽光，從過去到現在都是如此。不論童年、少年或成年，我一直都是名流浪者；我可不是一個只會在自己家鄉的林木幽谷與山頂間徘徊的漫步者，而是滿腔熱血走遍天下大江南北的流浪者。[59]

《金銀島》（一八八三）裡的吉姆也是「充滿了對大海的夢想，一心沉醉並盼望著陌生島嶼與冒險」。[60]儘管維多莉亞時代晚期許多寫給女孩子的魯賓遜式小說再次肯定了「現代少女」的風格[61]，不過和十九世紀大英帝國擴張成正比的最著名冒險小說主要還是以男性為主角。有別於思鄉病，旅行癖並未顯示為一種需要被馴服或改變的感覺。相反地，在冒險小說文類裡，旅行癖和渴望冒險對於絕大多數的少年男主角來說似乎是「自然的」，甚至是**必要**的。男孩子不僅被允許，事實上還受鼓勵要為旅行癖癡迷，且屈服於他們「遠走高飛的傾向」。[62]追隨著那位永不安分、幾乎不曾思念家鄉的魯賓遜腳步，旅行癖是驅動這些書中年輕主角朝向冒險、讓自己變得堅強又獨立的引擎。因此，旅行癖被視為一種極適合於要求不斷提升流動性之現代社會的情緒。

許多經典冒險小說完全沒有提到思鄉病。正相反，這些故事說的是那些不滿意生活現狀的主角受啟發而離開老家以尋求遙遠的地方，然後將找到的地方定義為新家。在兒童奇幻小說裡，男女主角也受到相同的衝動所刺激，但有別於冒險小說裡的堅強男主角，奇幻故事會在旅行癖和思鄉病之間來回擺盪，比如說《海豚的夏天》（一九六三德語原版；一九六六英譯版）。[63]在這部一九六四年獲得德國青少年文學獎項的作品裡，貧困的安朵拉在成長過程中沒有父親、孤立於其他小孩，與勤勞工作的母親住在一座希臘小島上。後來安朵拉跟著一隻海豚逃到附近另一座島嶼

——許里亞島。在島上她感到備受歡迎、被人需要，也很快樂。神話生物成了她的新家人，而滿足所有人欲望的傳說之島許里亞則成為了她的新家。隨著夏天結束、學校開學，她實在捨不得離開這座她還未離開就已經開始極度思念的夢幻島嶼，尤其是一旦離開就再也回不來了。換句話說，她對許里亞產生了思鄉病。讀者和安朵拉都明白，唯一能讓她擺脫這股渴望與絕望的方法就是改變她的真實生活，在真實的家中重新建立起歸屬感，而最後她也成功地辦到了。

不論是許里亞島、《頑童歷險記》（一八八四）的木筏、《彼得潘》（一九一一）的永無島、《祕密花園》（一九一一）的花園，或是《長襪皮皮》（一九四五）的維拉·維洛古拉莊園全都是新家園，這些地方都被描繪成是一處與安全感、幸福感與熟悉感相連結的避難空間，每個小主角在那裡都能找到知心的朋友。這些故事個個都描述了主角的身心力量有多強大，因為力量是一種與他們的新家息息相關的正面特質。這些故事的描述還包含了主角為了將這些避難所變成新家園而努力運用想像力；與新家園情感融合的相關過程；自家中產生或發生在家裡的麻煩事；最後也描述了主角對於新家園的嚮往。在整個敘事過程中，這些主角因此認識了自己、整理並重構了自己的身分認同，而這反過來也反映在他們新建造的家園上。

思鄉病與旅行癖在《小蜜蜂瑪雅歷險記》（一九一二）的故事裡也同樣糾結在一塊，這本書的故事情節主要就是由這兩種情緒所主導。故事一開始，瑪雅的動機就是受到心神不寧、焦躁與好奇心所驅使。[64]她決定要滿足自己的好奇心和想要見識見識這個世界的渴望，但是在經歷過許多次冒險以後，她對新事物的好奇心與欲望被突如其來的悲傷與孤獨感所取代。故事末尾出現了戲劇性轉折，就在她的蜂窩老家即將被大黃蜂攻擊之際，瑪雅突然對老家與家人感到有一股責任感和渴望。瑪雅的旅行癖與思鄉病對故事劇情來說是很重要也很必要的元素，因為唯有經歷過冒險，瑪雅才具備了知識、勇氣與智慧可以拯救受思鄉病引領而回去的蜂窩。

關於旅行癖、思鄉病以及重新發現老家園的類似敘事也是其他幾本得獎作品的核心主題，比如說亞諾士的《噢，巴拿馬》（一九七八）：一箱標示著「巴拿馬」的香蕉集裝箱散發出異國情調的誘人香氣，成為了小熊和小老虎的夢幻國度。他們倆出發去尋找這塊奇境，卻沒意識到他們繞了一大圈以後最後找到的其實是自己的房子、自家的河流與他們的老家，但這一切都符合他們想像中的夢幻國度。在肯尼斯．葛拉罕的《柳林中的風聲》（一九〇八）裡，害羞而內向的鼴鼠一開始也是為了逃離乏味的春季大掃除而逃離家門，加入水鼠那好奇又樂觀進取的生活裡。在水鼠的陪伴下，他認識了新動物以及附近的河岸與森林。但某一天，當他們路過他家附近時，鼴鼠想起了他的老家，對那個地方的強烈渴望讓他不能自已：「家！那些如愛撫般的呼喚，從空中飄來的輕柔撫摸，那些拉著他、牽引著他的隱形小手指的就是這個，全都指向回家的路！」[65]唯有經歷過「逃離」，鼴鼠才痛苦地意識到他究竟拋下了些什麼：熟悉的氣味、藕斷絲連的親密感、強烈的歸屬感。而同時間，這些歸屬感又給了鼴鼠再次離家進行另一場冒險的勇氣。

在安諾蘭．克拉克的得獎作品《安第斯山脈的祕密》*（一九五二）裡，一名身世成謎的印加男孩，庫西，在隱蔽的幽谷裡長大，他的身世之謎使他心生不安，嚮往著歸屬感與熟悉感。他的導師屈服於男孩的願望，允許他前往別的城鎮，但庫西不久就懷念起高山上的老山谷。他的

---

*《安第斯山脈的祕密》，本書獲得一九五三年的紐伯瑞獎。

渴望引領他回到隱幽谷以後，他才發覺原來他的導師楚托代表著他的家與家人。庫西允諾再也不會遠走他鄉，並將他的餘生奉獻給隱幽谷居民的儀式與傳統。因此對於庫西來說，要將他已有的家內化成有感覺的家，旅行癖與思鄉病兩者都是必須的。同樣的情緒指引著《寇朵拉第一次出遊》（一八六七）[66]的寇朵拉以及《帶我走，船長》（一九六一荷蘭原版；一九七〇德語版）裡九歲的皮諾。後者若有所思的想著：「或許真的有旅行癖這回事——旅行癖會讓人生病，讓他們做出不謹慎與不理性的行為來。」[67]寇朵拉和皮諾都嚮往著離家鄉愈遙遠愈好的遠方。好奇心與冒險精神讓這兩人踏上旅程，而思鄉病又驅使他們返回老家，並了解到「擁有一個家、一個屬於你的地方真是美好」。[68]

從這些文學作品中的主角身上，小讀者能夠學習到旅行癖是一種基本且正常的欲望。主角發展並強化了重要的性格特徵，如勇氣、自力更生以及堅忍不拔。而在遠離家鄉的同時，他們也明白了家的意義是一個有歸屬感與身分認同的所在，而能夠日益喜愛上家鄉。透過想像體驗，讀者可藉由參與這些主角的幻想冒險來滿足他們自己對冒險的渴望，同時也共享了主角們的矛盾情感，以及那再度回到家時如釋重負的感覺。在麥克．安迪《說不完的故事》（一九七九）裡，巴斯提安不僅藉由閱讀時所發揮的想像力逃離了悲慘的日常生活，甚至還變成故事裡的英雄，在書中實踐了想被帶往遠方的渴望。這故事強調了閱讀的情緒力量，孩子們在閱讀時會以模擬、仿效與能適應的方式學習。

現代性的批判——戰後德國的思鄉病

到了五〇年代，將兒童思鄉病視為教育問題的概念幾乎從有意識的社會化過程中消失不見了。現在大多數小說中的年輕主角，比如漢斯．亨佩的《一點兒也不想家》（一九六九）裡五歲大的莫妮卡根本就不理會這種感覺，反而是他們的父母還在擔憂自己的孩子會如他們預期的害思鄉病。關於該主題的最後一篇討論出現在一本一九五二年的德國教育手冊裡。[69]

不過到了七〇年代左右，思鄉病在不同的脈絡背景之下帶著不同意義再度出現了。隨著二戰帶來的遷徙、流離失所與無家可歸，思鄉病在德國國家社會主義時期重新出現在兒童文學裡，比如麗莎．泰茲納筆下被人稱為「兒童奧德賽」的系列作品。這部系列作品是她在一九三二至一九四九年間與丈夫庫爾特．黑爾德流亡於瑞士時所寫的九本書，內容是關於三個來自柏林、一起在六十七號公寓大樓後院長大的孩子的命運。該部系列作品直到七〇年代，隨著德國的兒童文學轉向社會批判以後才在德國廣為人知。[70]泰茲納筆下的年輕流浪主角都有流離失所與無家可歸的共同經驗，但真正讓他們團結在一起的是他們對柏林那棟六十七號房的想望，那個他們共同成長的地方。歐文是當中最想家的人，在他和父親從巴黎逃亡到拉普蘭以後，快樂的童年就沒了。他非常想念母親，在給她的信中他寫道：「我的內心裡也是漫長的黑夜，因為媽媽不在這裡……或許當你孤獨一人、被人遺棄時，這股黑暗就無處不在，即使太陽也幫不上忙。」[71]

因為戰爭時期的緣故，「家」不再是一個固定的地方，而是坐落於家人身上，尤其是小主角們思念的母親，或是可以治癒他們思鄉病的人身上。在朱迪絲．克爾獲獎連連的《希特勒偷走了粉紅兔》（一九七一）裡，安娜與哥哥馬克思跟著父母一起逃離歐洲時不曾有過思鄉病。安娜坦承說只要有父母陪在身邊，她就忍受得了逃亡：「如果你沒有家，那就一定要跟你的家人在一起才行。」[72]在古德隆．鮑瑟汪《漫長的道路》（一九七八）裡，阿希姆和維爾納．阿達梅克兩兄弟在戰爭結束前幾個月中，一邊想念著他們的母親一邊忍耐地向西方逃亡。他們的故鄉，包括他們從小到大住的房子都沒了，但他們並不為此感傷，因為現在母親就是唯一的家。他們和母親在一場轟炸中分散了，現在兄弟倆要出發去尋找母親：「沒錯，我們要回家了……回到媽媽身邊！」[73]在彼得．赫爾德林的《阿湯的枴杖》（一九八六德語原版；一九八八英譯版）裡，主角阿湯也在尋找為了躲避俄軍而走散的母親。他在尋找的過程中認識了一名因戰爭致殘而自嘲為「枴子」的退役軍人，和枴子在一起讓阿湯找到了一種新的熟悉感、安全感以及家的感覺。枴子就像父親般照料著阿湯，但男孩仍然想念他的母親。在有關於流離失所的戰後文學裡，家具有參照點的作用。不過，思鄉病的意義已經轉變了，成為戰爭中失去家鄉的懷舊渴望，但不再與返鄉的心願有所關聯。[74]於是乎，在這些童書裡，驅動小主角的是對母親的渴望，而非對一塊已消失之地的渴望。關於無家可歸以及尋找代表「家」的父母的類似敘事，也支撐著俄國小說《學校》（一九三〇俄語原版；一九六七英譯版）中鮑里斯的故事，這本書在東德時期是學校的指定閱讀作品。[75]

在早期的東德兒童文學裡，劇情中同樣也很少出現思鄉病。也許可以假定說在戰爭、流亡、流離失所、毀滅的餘波中，並且在納粹的意識形態背景下，家鄉的概念需要重新定義。舉例來說，在安娜莉絲．楊克的《新家》（一九四九）這本批准給幼兒讀者學習德語的書裡，鄔理和麗塔帶著家當跟著媽媽抵達了里諾村。故事裡沒有提到父親，也沒說明這家人從哪兒來，更沒解釋為什麼他們必須尋找一處新家。這故事旨在幫助年幼的東德學生了解，這對孩子和他們的母親很容易地就融入了農村集體中，不但感到快樂而且對未來也充滿了信心。

五、六〇年代社會主義下的兒童文學主流敘事將「集體」認定為一個「家」。[76]直到七〇年代以前，思鄉病或旅行癖的感覺鮮少出現在社會主義底下的童書裡。在歐文．施特里馬特的《汀柯》（一九五四）以及阿爾弗雷德．威廉姆的《考勒》（一九六二）這兩本最具影響力的書裡，故事主角都是失去父母或家園以後尋找新的歸屬與身分認同的孩子。「家鄉」在此是個陷入困境的概念，無法為小主角提供明確的歸屬感或身分認同感。在歷經種種衝突協商以後，主角們最終接受了將集體視為家園的現代理念，讓自己融入學校班級裡並成為社會主義青年團的少年先鋒隊一員。

德國童書在七〇年代經歷了相當重大的轉變。東、西德作家都個別化他們的主角，並賦予主角們自身獨特的欲望、願望與問題。「家庭」不再是幸福感、歸屬感與安全感的同義詞，反而經常是不安全的所在，兄弟姊妹之間懷有心結、父母離異，甚至出現家庭暴力。男女主角開始質疑起以「家庭」作為「家」的標準觀念，雖然這些男女主角並不常見並且心存疑慮。旅行癖變成了將沒有愛的家與其他地方做交換的欲望。諸如克莉絲塔．柯齊克筆下《廣告柱裡面的莫里茨》（一九八〇）裡的東德主角莫里茨，或是彼得．赫爾德林《提歐跑走了》（一九七七德語原版；一九七八英譯版）的西德主角提歐對家都沒有歸屬感與身分認同感，反而感覺陌生與排斥。

德國童書於七〇年代的另一個改變是性別界限變得模糊：無論男女主角都會體驗到思鄉病並

且也同樣渴望冒險，不過方式有所不同。除此之外，思鄉病成為一種對現代性的批判開始出現在東德作家彼得・布洛克的著名童書裡，包括《我是奈樂》（一九七五）以及《賓娜與公園奶奶》（一九七八），同行的還有本諾・普盧德拉的《天鵝島》（一九八〇）。這些故事全都始於一家大小搬進陌生的城市裡，而三名主角：奈樂、薩賓娜、史蒂芬都不贊成他們父母的決定，即為了靠近工作地點的現代舒適城市公寓而將熟悉的童年家鄉拋在腦後。他們懷念被留在另一頭的爺爺奶奶或朋友，拒絕安頓於新住宅區那不具名的隱匿之中：「這些房子直達天際，光滑得像是陡峭的岩面……成千上百扇小窗戶，多得令人數不清。孩子們仰頭張大眼瞪著，像石頭般沉默不語。」[77]這幾本故事的核心重點在於將他們從前住在鄉村地區時的快樂與充實感，拿來對比他們在城市中感到的疏離、冷漠與無聊[78]，這點在兩德統一前十年間東德最重要的童書之一：《天鵝島》中尤其明顯。當史蒂芬和父母從奧得河西岸附近的奧得布魯赫這鄉下地方搬到柏林以後，他開始懷念起他的好友、爺爺奶奶和鄉村。他批評父親為了所謂的家庭進步而搬家是不可原諒的，而城市的冷漠反映了他內心孤立無助與寂寞的感覺。這些故事裡的父母總是忙忙碌碌，抽不出時間陪陪孩子，這賦予了主角犯思鄉病新的正當性。思鄉病不再被視為一種過渡情緒，而是孩子對於硬是被拉進去的新環境以及對於讓他們感到孤立的父母所表達的合理批評。與此同時，這種批評也意味著兒童有了更多的獨立性：他們自己的能動力。這些書中所提供的解決方法是讓兒童有一個自主空間，以及終結孤獨與寂寞的新友誼。主角們與新朋友一同尋找他們已然離棄的家鄉類似物：他們一起發現河流、公園，然後在經過緩慢又問題重重的過程以後，將這些新空間變成他們的家園。

＊＊＊

就和近百年前的海蒂一樣，一九七〇年代兒童文學裡的主角受到他們對童年場所的渴望所驅使，那裡是由自然景觀與一小群熟識面孔所組成的場域。這些作品斷定，兒童要的無非就是一塊能讓他們形成或已經形成這種強烈連結的特定地方才會快樂。結果是，《海蒂》將家的感覺和感知與鄉下、大自然、鄉間生活連結在一起，並且將城市生活定義為疏離的趨勢都以新的形式重返了。特別是一九七〇年代，都市環境被視為不友善、冷漠又隱匿，只會讓兒童遠離這種親密關係、疏離這種確定的歸屬感與身分認同感。

不過，許多事情也改變了：海蒂還可以獲准回老家，但史蒂芬、薩賓娜和奈樂則必須學會跟上現代社會的流動性需求；從前童書裡想家的女主角無能為力、只能被自己的情緒淹沒，而從前的男主角必須屈服於他們天性中對遠方的渴望，至於一九七〇年代的思鄉病與旅行癖看來則是關於更有自信、更有自主能力的兒童努力應付現代的需求，並界定他們自己的能動力。

在早期的童書裡，思鄉病強調的是主角的不成熟之處，以及他們對家庭結構難分難捨的依賴。作為情緒客體，他們不得不習慣分離的場景，學習認識到思鄉病是既擾人又不必要的，並因此學會抑制這種感覺。不過，由於家可用來衡量親子關係的情感品質，所以對家鄉感到有一點懷舊仍然是允許的。由此可見，對於兒童思鄉病的觀點經歷了重大轉變。在後來的兒童小說中，主角不僅渴望擁有一個有歸屬感與身分認同的地方，他們的情緒還反映了他們對於生活條件的批評。故事主角將這些情緒表現出來，將這些情緒用來清楚地表達他們對於父母以及對於現代化要求之抗議。因此，思鄉病與旅行癖標示了主角身上一種新的獨立與情緒力量。而今思鄉病甚至比旅行癖更涉及到賦權的過程。小說人物超越了被僅僅當作是教育客體的階段，成為了擁有與生俱來的權利與力量的情緒主體。順利地適應新的生活條件已經不再是他們成熟度的指標，而是他們能夠為了自己的福祉挺身而出，並為此目的而採取旅行癖或思鄉病，從而加強並鞏固他們自己的歸屬感、熟悉感與身分認同感的能力。

注釋

1 最早描述此病的是瑞士醫生 Hofer，見 Hofer, *Dissertatio medica de nostalgia.* 詳見 Bunke, *Heimweh*, 14 n. 1, 25–44; Matt, 'You Can't Go Home Again'.

2 Spyri, *Heidi*, 123–4, 127, 163.

3 關於歸屬感的概念討論，見 Pfaff-Czarnecka, *Multiple Belonging and the Challenges to Biographic Navigation*, 13：「歸屬是一個充滿感情與活力的社會地點——即社會結構中經歷了認同、鑲嵌、連接與依附的地方」。

4 見第二章〈狄肯的信任〉。

5 英語版將上下兩集合併為一集出版。

6 本章建立在近一百五十本童書之上，直接引述內文的有近六十本，除此之外，同時代的教養手冊與百科全書也納入考量當中。

7 在 Spyri 的 *Renz and Margritli* 裡，小孤兒倫茨受到極度渴望某個特定歸屬地的折磨。在一九三〇年代時，德語版將這故事的書名改成意味深長的「懷鄉」（Heimweh）重新出版。

8 Bunke, *Heimweh*, 572.

9 關於女僕出於思鄉病而犯罪的詳細討論，見 Jaspers, *Heimweh und Verbrechen.*

10 見 Duyvendak, *Politics of Home*, 38–42.

11 在德語國家中，「家鄉」（*Heimat*）是個複雜難解的詞語，它具有高度個人化以及情感上的連結。見 Blickle, *Heimat*; Applegate, *Nation of Provincials.*「家鄉」的概念在文學研究中研究得特別徹底，可參見 Heinze, Quadflieg, and Bührig, *Utopie Heimat*; Gunther, Geisler, and Schröter, *Heimat*。

12 見 Grenz, 'Zeitgenössische Mädchenliteratur', 243; Bilston, *Awkward Age in Women's Popular Fiction*；另見第六章〈溫蒂的愛〉。

13 在現代改編版的《海蒂》裡也可看到相同的敘述，見 Hassebrauk, *Heimweh nach dem Rosenhof*（1962）。

14 Matt, *Homesickness*, 92–101.

15 Siegert, 'Heimweh', 186.（作者自譯）

16 Siegert, 185–6.

17 Widmann, 'Heimweh', 705.

18 James, *Awkward Age*; Bilston, *Awkward Age in Women's Popular Fiction.*

19 Grenz, 'Das eine sein'.

20 Romalov, 'Unearthing the Historical Reader', 93：「年輕女性在表現上確實很喜歡將生活與小說相連結，連行為舉止也會表現得像小說人物」。

21 Mitchell, *New Girl.*

22 Sapper, 'Bei der Patin'.

23 Henning, *Fata Morganas alte und neue Heimat.*

24 關於兒童與動物的關係之討論，見第五章〈杜立德醫生的同理心〉。

25 見 Trott, *Goldköpfchen.*

26 見 Redmann, 'Nostalgia and Optimism in Else Ury's Nesthäkchen Books'.

27 Ury, *Nesthäkchen im Kinderheim*, chapter 'Nesthäkchens Seereise'.

28 關於 *Nesthäkchen* 現代改編版，見 Hildegard Diessel, *Resi hat Heimweh*（1971）。

29 Rhoden, *Taming a Tomboy.* 另見 Grenz, 'Der Trotzkopf: Bestseller'.

30 Rhoden, *Der Trotzkopf*, 71.（Oswald 的英語翻譯中少了這一段）

31 Siegert, 'Heimweh', 185.

32 Scott, *Kari*, 241.

33 見第二章〈狄肯的信任〉。

34 該系列作品寫於一九三〇年代，而到了八〇年代時，其中有幾本已經達到第四十版。

35 Trott, *Puckis erster Schritt ins Leben*, 30.

36 Matt, *Homesickness*, 6：「那些無法適應新環境並飽受懷舊之情折磨的人，注定會在生活與事業上失敗，甚至走向滅亡」。

37 Matt, *Homesickness*, 198–9.

38 Nordstrom, *Secret Language*, 15.

39 Schick, *Katie Goes to Camp*. 另見 Marilyn Sachs, *Laura's Luck* (1965); Marc Brown, *Arthur Goes to Camp* (1982); David McPhail, *Pig Goes to Camp* (1983).

40 Kästner, *Lisa and Lottie*, 3–4.

41 見 Richards, *Happiest Days*, 3. 另見 Kirkpatrick, *Encyclopaedia of Boys' School Stories.*

42 即使就成人讀者來看，這些小說也是有將青少年危機與寄宿學校的經驗相結合。見 Hesse, *The Prodigy* 或 Musil, *Young Törless*, 3. 後面這本的少年特爾勒斯終將在「強忍著的啜泣中」爆發「可怕又折磨人的思鄉之情」。另見第二章〈狄肯的信任〉；第七章〈小豬的羞恥〉。

43 Willis, *Book of London Yesterdays*, 49.

44 見 Richards, *Happiest Days*, 18.

45 Hughes, *Tom Brown's School Days*, 246. 見第二章〈狄肯的信任〉。

46 見第九章〈吉姆・波坦的恐懼〉。

47 Reed, *Fifth Form at St. Dominic's*, 22, 30.

48 見第七章〈小豬的羞恥〉。

49 Baden-Powell, *Rovering to Success.*

50 見 Humphrey, *English Girls' School Story*; Sims and Clare, *Encyclopaedia of Girl's School Stories*; Mitchell, *New Girl.*

51 Smith, *Empire in British Girls' Literature and Culture*, 2–3, 15.

52 Meade, *World of Girls*, 7, 5, 20.

53《克莉亞風雲》系列在德語中譯為《漢妮與南妮》；《馬洛禮塔》則譯為《多莉》（*Dolly*）。

54 兩部系列的英語原著都只出版了六卷。而德語版《多莉》卻多達十八卷，《漢妮與南妮》系列更是多達二十四卷。另見 Rudd, *Enid Blyton and The Mystery of Children's Literature*; Prieger, *Werk Enid Blytons.*

55 Blyton, *First Term at Malory Towers*, 5.

56 Watson and Watson, *Psychological Care of the Infant and Child*, 76. 見第一章〈蓋斯凱爾夫人的焦慮〉。

57 見 Mitchell, *New Girl*, 139–40.

58 Stearns, 'Defining Happy Childhoods', 171.

59 Ballantyne, *Coral Island*, 1. 一九六五年的德語翻譯版更直白：「從我有記憶以來，我就無法抵抗遠方的吸引。去旅行，去見那遙遠的國土就是我最熱愛的事，我唯一的歡樂，我存在的理由」：Ballantyne, *Im Banne der Koralleninsel*, 7.

60 Stevenson, *Treasure Island*, 54. 另見 Butts, 'Birth of the Boys' Stories'.

61 Smith, *Empire in British Girls' Literature and Culture*, 84–106.

62 Tebbutt, *Being Boys*, 245.

63 Allfrey, *Golden Island*. 梅休因（Methuen）出版社於一九六七年也出版同一本英語譯本，但書名改成《海豚的背上》（*On a Dolphin's Back*）。

64 Bonsels, *Adventures of Maya the Bee*, 3–4. 這部作品在德國一九一二年至一九三八年間就賣了七十七萬本；Adam, *Lesen unter Hitler*, 52. 有鑑於他在納粹德國時期的人際交往與活動，二戰結束後 Waldemar Bonsels 的作品一度被禁止出版。

65 Grahame, *Wind in the Willows*, 98.

66 Wildermuth, *Cordulas erste Reise*. 這故事首次出版於一八六七年 Wildermuth 的故事集 *Jugendgabe: Erzählungen für die Jugend* 裡頭。改編版發行於一九五四年。

67 Marcke, *Nimm mich mit, Kapitän*, 64.

68 Wildermuth, *Cordulas erste Reise*, 23.

69 Müller, 'Heimweh'. 直到一九六四年的版本為止。經三十本左右的樣本檢查後，一九五〇年代起的其他德語百科全書都不復見 *Heimweh*（懷鄉）一詞。

70 見 Bolius, *Lisa Tetzner*, 187–222; Ernst, 'World is my Country'.

71 Tetzner, *Die Kinder aus Nr. 67*, 82.

72 Kerr, *When Hitler Stole Pink Rabbit*, 179.

73 Pausewang, *Auf einem langen Weg*, 126.

74 Faehndrich, *Eine endliche Geschichte*.

75 Gaidar, *School*；見第十章〈伊凡的勇敢〉。

76 Nelke, *Kind im Buch*, 21.

77 Pludra, *Insel der Schwäne*, 12.

78 見第十二章〈英格麗的無聊〉。

第十二章　英格麗的無聊

約阿希姆．哈伯勒

英格麗．沃爾克，這位來自艾琳．羅德里安少年小說《祝你好運，我的孩子》（一九七五）中的十六歲女主角剛過完既刺激又複雜的一年。這是她有生以來第一次談戀愛。她的男朋友兼學長諾伯特一下子就把她的肚子弄大了，接著他卻變成了一個無聊的老古板，夢想組個小資產階級的家庭生活、扮演慈父般的保護者角色，這也就是為什麼左傾的英格麗立即和他分手的原因。雖然英格麗想要保住寶寶，但和她同樣左派的父母勸服她跟諾伯特一起飛往倫敦做人工流產手術。抵達倫敦以後，她對愈來愈保護她的諾伯特不理不睬，並且很快就認識了另外兩名德國人，魯迪和沃爾夫，英格麗最後與後者相戀。回到慕尼黑後她搬進沃爾夫的公寓，看來總算是滿意了。但問題依舊存在。英格麗首先被學校開除學籍，接著兒童保護機構威脅要來帶走她，於是英格麗被迫搬回去和父母住。直到小說結尾英格麗才回過頭來反思她所經歷的一切，其實都是為了尋找到某樣東西。「可是，」她向新男友沃爾夫坦承，「我不知道那到底是什麼，只知道我沒有找到。」「是愛情嗎？」沃爾夫試問道。

但她搖搖頭。「不只是愛情。人們口中的愛情只是空洞字眼……總之，光是有愛情對我而言還不夠。我想這就是為什麼我當初真想有個寶寶。我以為我可以透過寶寶找到那東西，我是說**感動**、**柔情**、**強烈感覺**之類……那就是我一直在尋尋覓覓的東西。但我其實不是想透過一個小嬰兒得到那樣的感受，而是透過一個大人、一個伴侶。」……接著她一頭鑽進他懷裡說道：「我好怕。」[1]

找到情緒——除了愛情之外，也包括羅德里安的小說封底所陳述的「憎惡」與一般的「感情」——在七〇與八〇年代期間許多寫給兒童與青少年的書籍裡是一個關鍵主題，尤其是（但絕不僅止於）那些在新左派背景脈絡下寫出來的書籍。[2]因為都市資本主義的世界令人深感無聊與挫折，所以像這種「追尋情緒」是必要的。表面上來看，這些書試著教導讀者如何克服這種「無聊感」。[3]不過與此同時，這些書也創造並傳授了關於無聊是什麼、無聊的感覺為何以及無聊的來源是什麼等實踐知識。因此，本章將著重於書籍創造出來的知識，而非作者的意圖。本章第一節即將說明，雖然作者們可能會認為讀者早就很熟悉無聊的感覺了，但實際上他們的作品反而告訴了兒童與青少年什麼時候會感到無聊以及如何感到無聊。儘管困難重重，但克服這些無聊是做得到的。第二節將說明，雖然「找到」感覺的「錯誤」方式有許多，不過最後一節也將討論，成功的方式也一樣多。就某層面而言，這些故事具有相當明確的指示性，它們準確地告訴讀者該怎麼做才能克服無聊。不過就在這麼做的同時，這些書也解釋了（雖然解釋得不太明確）情緒是什麼以及情緒是如何「起作用」的。最後，本章將分析這些超越無聊與挫折的「無聊的替代選項」。

與本書其他章節相反，本章聚焦在一段相當短暫的時期裡，主要是一九七〇年代，地理位置上則主要是西德。這麼做的原因與效益是什麼？雖然主張新左派是最早批評資本主義社會製造了所謂的負面情緒這種說法言過其實，不過只有在七〇年代期間，資本主義中的「無聊」這個主題才從一個明確為左派的觀點中獲得重視。[4]在「舊」左派時期，即德國十九世紀末至二十世紀中葉的勞工階級運動背景脈絡下所寫出來的童書，圍繞在壓迫或社會正義等議題上展開它們的社會批評，而不是圍繞在情緒基礎上。[5]即使是以改革為導向的教育學者，如六〇與七〇年代期間在德國新左派裡具有影響力的英國教育學者尼爾，主要關注的也是成人灌輸給兒童的恐懼，很少關心無聊與挫折。[6]除此之外，聚焦在七〇年代將凸顯賦權與民主化的過程有多麼矛盾，就如前幾章所描述過的那樣：一方面，大家鼓勵兒童坦率地接受並擁抱恐懼、擺脫社會性羞恥，或接受思鄉病為一種合情合理的感覺。[7]然而另一方面，正如導論強調過的，這種情感賦權的過程也給兒童與青少年帶來了新的責任重擔。[8]在七〇年代，兒童與青少年閱讀過本文所分析的書籍後，除了從中學到現代城市生活既無聊又令人挫折以外，也得知儘管克服無聊最終是有可能的，卻仍然是一件既困難又充滿挑戰的任務。

對現代都市生活中的「無聊」關注最多的，是在新左派背景脈絡下出版的西德書籍，這就是本章將特別關注這些書籍的原因。[9]這些書大部分是由小型左翼出版社所出版，最著名的是慕尼黑的魏斯曼出版社。有些書的讀者群有限，有些書則發行了好幾版，短短幾年內讀者群就達到成千上萬人，但接著就被世人遺忘了。還有許多書是屬於羅沃特出版社旗下更加通俗的、針對年輕讀者出版的「紅狐狸平裝童書」系列。至於就本章討論的主題而言，最知名的一本書大概就屬麥可・安迪的《默默》（一九七三）了。[10]這本書的成功表明了現代都市生活中的「無聊」是個廣受各界關注的問題，已經超越了狹隘的政治環境範圍。[11]雖然本章聚焦的時期較窄，但也因此能夠更詳細地探討出版這些書籍並產生其意義的政治與社會文化背景。

將重點擺在相對有限的時期上，意味著此分析將不會去追溯時間上的變化；相反地，本章將詳細探討這些書籍在此時期所創造與傳達的關於無聊與其相關感受的知識。下文將分析被這些故事所呈現的無聊、挫折和無趣感等行為表現與問題，以及這些故事提供給兒少讀者作為克服無聊的各種做法。這些書籍裡有兩個基本特徵跟以模仿的方式學習如何感受的過程有關。第一，大多數書籍說的是多少具寫實性的「平凡」青少年的故事，儘管有些作品如《默默》也包含了奇幻元素於其中。這種敘事策略能夠讓青少年讀者想像自己處於主角的情況中，並與他們的感覺有所共鳴。有時作者與出版商甚至會下功夫讓青少年讀者參與出版過程，以確保故事讀起來是合理的。舉例來說，羅德里安《祝你好運，我的孩子》的編輯曾說過，他們在決定出版這本小說之前先找了幾名青少年來試閱，問他們是否喜歡這本書以及是否認為英格麗的故事夠真實。根據編輯的說法，大部分的女孩子喜歡這本小說，至於男孩子則有所分歧，但他們全都相信這個故事是有可能發生的。[12]像這樣的軼事性證據，至少表明了這些書籍並非無人問津，而是找到了對它們所提供的知識會感興趣的讀者群。第二，許多故事描述的是或可稱之為「情緒轉化」的故事：雖然少年主角在故事開頭既無聊又沮喪，但他們就是有辦法「找到」他們所追尋的感覺並成功克服無聊。由於這些書中所描述的敘事細節以及具體行為（不論是那些應該會令人感到無聊與無趣，或是會產生強烈情感的細節與行為）都與理解書籍所創造與傳授的情緒知識有關，儘管許多其他新左派的童書已經處理過類似的主題（但並沒有很明確），本章將側重幾本精挑細選的作品。[13]

資本主義下的無聊都市生活

雖然大多數書籍的目標明顯是要指導讀者如何克服無聊，不過這些書籍同時也創造了有關於「無聊」的知識。為了了解這些書籍所提出來的擺脫無聊的建議（這些建議將在本章後半段討論），有必要先仔細探究這個關於「無聊」的知識，除此之外，這麼做也能夠使我們了解兒童與青少年是如何學習感受到無聊，以及無聊的根源是什麼。

根據這些書籍的呈現，簡單地說，感覺無聊的最主要特徵是缺乏任何其他「強烈的」感覺。以英格麗為例，這就是為什麼她一直尋尋覓覓**任何的**感覺，而不單單只是愛情。麥克・安迪的《默默》在「無聊」一事上提供了類似的觀點。代表著「時間竊賊」的灰色男人，一望即知象徵著資本主義，他們利用數學能力騙取人給出時間。結果就是一個統一、高效率，但沒有情感的無聊世界。在這詮釋之下，善於運算的理性是反情緒的，因而令人感到無聊。[14]格特古斯特爾・繆勒的小說《工作》（一九七七）將類似的情緒空洞描述為「挫折」而非「無聊」。比如說，當書中的少年主角曼恩意外撞見女朋友比內與他朋友西克正在做愛的時候，他只是轉身離開。「他等著痛苦、失望或憤怒，但什麼也沒有」，只有「挫折」而已。在那之後，曼恩也沒採取任何行動，他沒有找其中哪一個人來對質，也沒有和比內談過這件事。唯一一次是西克「隨口」提到他是如何「上」她的。[15]正如這些例子所表明的，「無聊」與「挫折」的問題在於一種普遍的情緒空虛。當然，這並不是無聊為何物在根本上的重新詮釋，不過令人驚訝的是，時間感與時間那折煞人的緩慢流逝這兩招手法，在其他文學與哲學對「無聊」的處理上發揮著關鍵作用，但它們在這些故事裡卻未扮演什麼顯著的角色。

為了進一步了解這些作品所傳達的關於無聊的實踐知識，有必要去分析那些被描述為令人感到無聊的行徑。第一個要納入考量的行徑是居住在現代都市叢林裡，這強調了居住環境對情感的重要性。一般來說，形成故事背景的城市空間往往被描述為既單調又千篇一律。舉例來說，《默默》裡的虛構城市被灰色男人占領之後就開始改變了：老舊的社區被拆除，取而代之的是看起來全都一樣的新建築——「井然有序的不毛之地」。住在這些建築物裡的住戶也變得「更冷漠」了，連他們的生活也變得跟這些建築物一樣單調。[16]而在《工作》裡，曼恩所住的西柏林無名街區也往相同的方向迅速改變中：「用灰粉刷裝飾過的老房子」轉眼「不到幾分鐘就變成了一堆堆垃圾」。[17]艾琳・羅德里安在小說中所描述的城市看上去和感覺起來也是如此。比如說，英格麗觀察到慕尼黑「灰色的鋼筋水泥叢林間只透出幾絲光的小隙縫」，她評論道：「如果必須住在那種地方的話，那就太可怕了。」[18]對於這些故事，其中一種解讀就會是現代都市的居住環境**造成**了無聊與挫折。不過，透過人類行為學的視角來看，這些故事則傳遞著稍有不同的知識：是慣常住在這樣的地方而使人變得百無聊賴。

類似論點在兒童與青少年從事的其他常規活動中也能夠成立，像是玩耍、工作或上學。比如說《默默》裡為了節省時間的父母，他們的行程表裡沒有陪孩子玩耍的時間，因此用昂貴的玩具來彌補孩子。但這些全自動的玩具機器人與卡車設計得太完美了，「完全沒有發揮想像力的空間」，孩子們能做的就只是盯著這些玩具看，「看得入迷卻很無聊」。[19]儘管如此，在這個故事裡，孩子對於努力想竊走他們的時間並且把他們變得高效率的灰色男人是免疫的，因此孩子們最終被禁止在街上或在公園裡玩耍，然後被送進「孩子之家」，在那裡他們只准玩一些會教給他們某些有用知識的東西的遊戲。「他們同時也開始遺忘了某些東西——如何開心、如何關心每件事情、如何夢想……悶悶不樂、無趣、心懷敵意，這些他們都照單全收了」。[20]這故事很清楚地告訴了兒童某種有關什麼是感覺無聊的知識：無聊就是玩昂貴又完美無瑕的玩具，或單純地遵守規矩。除此之外，安迪的小說也告訴小讀者「做」什麼意味著無聊，那就是：**沒有**想像力、**沒有**興奮感、**沒有**夢想。[21]

另一件被認為是青少年無聊來源的常規活動是「工作」。同樣，重要的問題正是：是什麼讓工作變成一種無聊的體驗？曼恩是個很好的例子，繆勒的小說開頭便寫道，曼恩代表的是「無數站在一旁，垂頭喪氣、沒有工作的年輕人」。[22]在失業了幾個星期之後，曼恩總算在一間生產櫥櫃把手與毛巾架的公司找到一份短期工作。只不過這份工作實在無聊透頂，「就連大腦被切掉的人都做得來」，曼恩抱怨道：「屁股、肚子、腦袋瓜、老二或雙腳，這些全都用不到，準備拿去切掉吧！你只要有大拇指再加兩根手指就好了。」[23]這裡的關鍵在於曼恩的工作既不需要動用到全身的氣力，也不需要他全神貫注。

在古德隆·鮑瑟汪的《可成之事：和平運動小說》（一九八四）裡，工作也同樣被形容為無聊的事情。主角羅伯特剛從中學畢業。為了能在學業上有優異表現，他承受了極大的「挫折、緊張與壓力」，因此他渴望即將伴隨畢業而來的自由。然而完成學業以後，他感受到的只有「巨大的空虛」，部分原因是他缺乏對未來的展望。羅伯特的父母希望他進入父親的油漆事業，但他不想「在油漆、絕緣漆和壁紙……損益平衡表、計算收益和損失中窒息而死。不，不要這樣的生活！」[24]這個故事的讀者也會了解到，「挫折」主要是一種缺乏任何其他感覺的感覺。他對父親的事業、等待著他去做的工作的描述還進一步表示了，（數學）理性與缺乏多樣性是導致他無感的原因。[25]

成年人角色，尤其是父母，在這類文學作品裡代表的是資本主義的理性，使得兒童不得不努力「尋覓」自己的感覺。[26]與「理性」對抗的年輕主角，最突出的例子是年幼的默默，她擊退了灰色男人，讓歡樂與幸福回到陰沉、單調、無聊的世界裡。其他的作品將青少年父母描述成只在乎以理服人，有時甚至敵視情感。比如說羅伯特的父親起初就無法理解兒子對「感覺」的渴望。羅伯特與一名和平主義者經過激烈爭執過後加入了附近的和平營地，他希望在那裡可以擺脫挫折感。當他的父母前來看他時，羅伯特向他們解釋他喜歡待在那裡的理由：「在這裡，你可以表現你的感受。」他父親回答道：「但你在家裡什麼也不缺啊。」他父親指的是物質上的無缺，而且羅伯特還應該慶幸他不必吃他們在戰後吃過的苦。但羅伯特斥責他們創造了「另一種痛苦」，也就是「實用、安全、表現」至上的世界，這番話的言外之意是情感沒有立足之地也無關緊要。[27]在赫爾瑪・費爾曼與彼得・魏斯曼合著的通俗愛情小說《你突然想要更多》（一九七九）裡，當其中一名主角寶拉在討論一則關於大量花椰菜被倒進海裡的新聞時，她父親也敦促她要「現實地思考」。寶拉爭論說那些花椰菜原本可以給貧苦的人，而她父親則向她解釋在這背後的資本主義邏輯：「如果他們把太多花椰菜放到市場上，那麼價格就會下跌⋯⋯如果不這麼做就會影響到國外市場、股市和貨幣。這些都是重要的考量。」[28]從資本主義的理性角度來看，只有效率和利潤是重要的，而窮人（肉體上）的感覺則否——同樣地，寶拉的情緒也不重要。即使是英格麗那對平常都很支持她的左翼父母，在試著說服她去做人工流產手術時也呼籲她要理性。[29]

就這樣，這些故事向兒童與青少年解釋了「無聊」是什麼，以及那是什麼樣的感覺。最重要的是，無聊的特徵是各式各樣的不足與缺乏。感到無聊或挫敗意味著根本沒有感覺到任何東西——就像許多書所說的那樣，感覺「空蕩蕩的」。常規之所以被描述為枯燥無味的，是因為常規缺乏某些特質，像是多樣性、想像力、身體或感官體驗，以及與少年主角生活的相關性。這些書不僅告訴讀者無聊是什麼，也告訴讀者其社會根源，使得這些書帶有銳利的批判性。正是現代城市的建造方式、資本主義的勞動組織，最重要的是資本主義理性本身的邏輯導致了無聊與挫折感。這些書宣稱，事實上，無聊與挫折的情感缺陷同時也定義了精確與效率至上的資本主義理性，因此後者被描述成在本質上是反情緒與極度枯燥無趣的。

閱讀著有關於用昂貴的玩具玩無聊的遊戲，或是讀到曼恩不得不做的令人感到挫折的工作，兒少讀者也從中學習到他們生活中有哪些活動會令人或應該會令人感到無聊。換句話說，當一個人在閱讀拿破崙戰爭史時會跟《你突然想要更多》裡的保羅一樣感到無聊，這絕非**自然**的反應，因為無聊是習得的。不過，這意味著雖然旨在批評資本主義的無聊，但恰好正是透過創造並傳授關於資本主義社會裡哪些活動是會令人感覺到無聊的知識，這些書籍事實上可能也參與了這種感覺的生產。

嘗試與失敗——如何不逃避無聊

生活在枯燥無味世界裡的小說少年主角千方百計想要逃避無聊，但並非所有擺脫無聊的嘗試都是可行並且令人如願以償的。在描述這些擺脫無聊的「錯誤」嘗試之際，童書傳達了更多有關於無聊、挫折和其他更普遍的感覺之認識。首先，童書批判性地討論了資本主義消費社會所提出的幸福快樂和振奮人心的承諾。一如《默默》所主張的，昂貴的玩具不會產生它們所承諾的感覺，像《你突然想要更多》的瑪琳娜那樣大量使用化妝品也不會。[30]相同道理亦適用於明星的絢麗世界，就如《好啊，女孩！》（一九七五）這齣戲所指出的那樣。這齣戲改編自真人真事，故事描述一名紡織女工英奇，她每天都把時間花在閱讀戲中虛構出來的青少年雜誌《Hallo》——一望而知這本雜誌暗指的是現實世界的德國流行雜誌《Bravo》，英奇一直嚮往著被雜誌所美化的明星與消費世界。由於希望進入這樣的世界，英奇參加了《Hallo》雜誌所舉辦的選美比賽，並且在希望利用她促進生意的老闆幫助之下贏得了比賽。她的獎賞是巡迴美國，在這場巡迴中她必須沒完沒了地擔任公司的時裝模特兒。沒多久這場理應振奮人心的旅行變成了英奇的噩夢。當她開始抱怨時，攝影師只是告訴她：「你的工作就是微笑。」她還被告知說雜誌社對於她和她的同事所感受到的真實情緒，即紡織廠裡的壓力與挫折，一點興趣也沒有。[31]新左派批評消費主義或許不足為奇，更有意思的是這齣戲劇批評消費主義的理由，以及兒童會因此而學到什麼關於情感的事：明星與消費世界無法給人快樂與興奮的感覺，原因正是出在它們無視於**真誠的**感覺，不論是英奇抱怨某一塊布料穿起來體感有多不舒服，或是工作場所裡的挫折與壓力。

根據左派書籍的看法，在消費主義的世界裡尋求刺激是白費功夫，因為消費主義世界生產的只是感覺的表象而非貨真價實的情緒。即使是某些能夠激發真正強烈感覺的做法也是有問題的。由於無聊的首要特徵是缺乏強烈情緒，任何能夠擺脫日常單調生活的感覺都是逃離無聊的出路，但這也甚至包括了所謂「負面的」感覺，諸如肉體上的疼痛或恐懼所帶來的刺激感，就像艾琳・羅德里安備受歡迎的小說《真糟糕，他一敗塗地》（一九七六）所描繪的那樣。主角伯特在目睹了附近一幫青少年破門盜竊以後跑去找他們，結果被對方痛毆一頓。但不顧一切想結交新朋友的伯特還是極力懇求讓他加入幫派，這幫青少年欣賞他的勇氣，因此同意讓他加入。隔天伯特疼得要命，但這股疼痛給了他「活著的感覺」。望向窗外，他看見了以前從未注意到的細節。不論是在情緒上或感官上伯特都感受到一股「新的激烈感」。但隨著他加入幫派參與犯罪活動，在破門盜竊一家電器行而導致一名警衛死亡以後，那股「活著的感覺」馬上就消失不見了。當伯特感到懊悔不已時，他幫派裡的成員（他拒絕稱他們為朋友）卻沒什麼感覺。[32]小說暗示著暴力與犯罪行為或許能夠讓人暫時擺脫無聊，但要作為長久之計是行不通的。

要擺脫無聊與挫折，最有希望但也很困難的方法就是談戀愛。例如當伯特愛上伊薩時，他為自己沉悶的生活找到了出路，儘管這件事是在搶劫命案後才發生的。[33]其他書籍也討論了青少年在愛情關係裡所面臨的種種問題。換句話說，愛的行為被描述為一種嘗試、失敗並且有時會成功的過程。[34]因此這些故事的年輕讀者也可以與主角們一起「嘗試」這些感覺。很多時候，這些關係的主要問題都是青少年彼此之間無法溝通。回想一下本章開頭提過的一直在尋找感覺的英格麗。她第一次嘗試找到這些感覺是在與諾伯特的短暫戀情中、當他們在湖邊做愛時開始的。諾伯特在做愛時輕聲細語說了兩遍「我愛你」，但英格麗幾乎聽不到他說的話。當他們躺在湖邊時，她「覺得赤裸裸的，既孤獨又迷惘」。她對自己承認，要是他開口問她是不是真的喜歡他才和他發生關係的，那麼她將不得不說謊。不過幸好他沒問，相反地，他只是和她閒聊而沒有進行任何真誠的對話。[35]

曼恩與女朋友比內的故事也提供了類似的訓示。這對情侶在當地的青少年俱樂部裡逗留，彼此卻互不交談。一開始比內還責備曼恩太過沉默，但後來當曼恩想談談他們之間的感情時，當他開口問：「你愛我嗎，還是怎樣？」她的反應卻是勃然大怒。[36]當曼恩和他的朋友們搬進一棟已經有其他擅自居住者的廢屋時，這種情況仍然沒有改變。作者寫道：「他們沒有變得更親近。」甚至就連分手時也是一句話都沒說。後來曼恩去了一間迪斯可舞廳，向一名來自西德的女孩搭訕，但他們的「對話並不順利」，當曼恩試著想要親吻她時，對方拒絕了他。[37]年輕的讀者會從中得知，無法溝通是令人感到無聊和挫折的一種方式，或至少可說是一個令人無法擺脫這些感覺的理由。「溝通」將會是能夠產生超越無聊情緒的關鍵，這點稍後將在最後一節繼續說明。

性行為也一樣，若缺乏溝通最終也會變得枯燥無味，就像愛情故事《有翅膀的豬》＊（一九七六）裡年約十五、六歲的男女主角羅科與安東妮亞那樣。這對戀人只有一小段時間找到類似愛情的東西，而關鍵就在於溝通。尤其是當他們在談論未來的家庭計畫時，安東妮亞就特別享受這樣的親密時刻。[38]但很快地，他們的戀情就淪落到羅科以令她感到屈辱的方式和她做愛。這種情況在她被動地忍受和羅科肛交時更加惡化。[39]後來，安東妮亞準備好要分手了：「這樣下去是不行的。」她對羅科說，「一下子之後沒意思了，這沒有給我活著的感受，只有體力活動跟要達到高潮的感覺。」她接著說，剛開始的時候不是這樣的，當時「每個吻都帶著話語——有著千言萬語」。[40]讀者也許能從中了解到，缺乏多樣性和想像力的性愛將會變得與其他同樣缺乏這些特性的活動一樣無聊。

很明顯地，這些作品鼓勵年輕讀者多談論他們的感受，從而改變他們的行為。這些作品也讓讀者知道，他們之所以無能進行交談的原因至少有一個社會根源：他們的父母。在大多數情況下，父母都沒能好好教導孩子如何坦率地與人溝通。言下之意就是說這種情感行為，即不說話，就是從諸如父母這樣的榜樣身上學來的，一旦兒童與青少年明白了他們是從哪裡學來這種行為，他們就能夠克服它。保羅與寶拉的父母就是最好的例子。保羅的父母總是告訴他們的兒子說，任何事都可以找他們談論。可是當保羅向父親質問他為何對母親不忠、平時又待她不好時，父親卻大吼說那是他們夫妻之間的事，不用他操心。[41]至於寶拉的父母甚至更不太願意和他們的女兒談話，只會告訴她該做什麼事。另一方面，寶拉卻渴望與母親多交談，尤其是討論有關性方面的事情。但她母親甚至連「小妹妹」[†]都說不出口，只會說「下面」應該要保持清潔、是身體拿來生小孩用的部分，而不是快感的來源。[42]在寶拉終於和保羅發生性關係以後，她很想說：「媽，我

＊《有翅膀的豬》，這是一九七六年的義大利小說兼電影劇本，跟英國作家伍德豪斯一九五二年的《長翅膀的豬》無關，也跟二〇一一年的法－德－比利時跨國電影《天外飛來一隻豬》無關，這三部是各自獨立的同名作品。

† 「小妹妹」（fanny），跟dick一樣，fanny的意思是指女性的性器官。

做愛了！」但她當然無法說出口。[43]其他人的父母表現也一樣。當羅伯特與和平主義者在外野營時，羅伯特的父親明明非常想念他，但是對於歸來的兒子卻只說大老遠就聞到他的臭味了。羅伯特知道他父親其實很高興看到他回家，只是無法表達他的情感，於是羅伯特跟自己說：「嗯，爸爸就是這樣的人，不會表露情緒。」[44]曼恩的父親在曼恩失去學徒資格並且長期找不到工作時不斷吼他，卻無法和他好好談他的挫折感。[45]

嘗試與成功——如何擺脫無聊

對故事主角來說，擺脫無聊與找到感覺是一件既困難又充滿挑戰的過程，需要付出努力而且還可能失敗。但還是有成功的可能，就像大多數故事裡的兒童與青少年都克服了他們的無聊、挫折以及一般常見的情緒空虛一樣。指導讀者如何達成這個目標，大概就是這些書最重要的目標。因此，本章的總結部分將分析兒童與青少年應該要做些什麼以發展出更良好的感覺——說明他們應該如何愛人、並且如何在工作或學習中找到快樂與幸福。這些故事為讀者提供了有關無聊的「徹底他者」的實踐知識，包括：它不是一種特定的情緒，而是任何強烈的感覺，以及關於它是什麼、它可能是如何發生的。除此之外，這些書還創造了感覺的社會動態學相關知識，尤其強調與人溝通感覺這件事如何能成就感覺體驗；或者換句話說，同理他人與其感受的能力——哪怕它們是挫折與壓力的感覺——如何成為一種擺脫情感空虛的方式。有許多種做法被建議用來克服無聊，其中有個方法特別有意思，因為這與模仿學習的論點有關：甚至閱讀書籍也能夠令人感到刺激，就像羅德里安在《真糟糕，他一敗塗地》所寫的那樣。當伯特看著一幫孩子破門盜竊時，有一股「刺激感出現，就像閱讀或看電影時一樣」。就某方面而言，這本書因此暗示了讀者在閱讀該書時要如何感覺，也就是要如同書中主角在當下那一刻的感覺一樣。[46]這些書籍所建議的其他活動，可以說是構成了對都市資本主義特徵下的無聊活動的回應：如果說住在現代都市裡單調的灰暗建築物中會令人深感無聊、沮喪，並且還會在兒童身上灌輸攻擊性的話，那麼去到鄉下地方、住在大自然裡或許能激發出更好的感覺。就拿羅伯特來說，在搭公車前往鄰村和平營地的路上，他享受著沿途觀察到的「寧靜風光」和景色如畫的小村莊。大自然和小村莊能提供整齊劃一的城市所沒有的：一種能夠產生安寧感的多樣感官體驗。[47]更籠統一點的說法是，需要動用到想像力或者是會提供豐沛感官體驗的活動，都被視為產生強烈感覺的方法。以寶拉為例，她深入研究自己的陰道。她看著它、感受它的溫熱與潮濕，然後聞一聞它，接著她說：「這全都是我。」寶拉對於自己的身體處在自然狀態下感到很滿意，而她的同學瑪琳娜則相反，瑪琳娜在身上塗滿了各式各樣的化妝品。保羅同樣也對自己的身體感興趣。他讀德皇威廉二世的歷史讀得很無聊，無聊到他開始自慰，然後將精液放到顯微鏡底下仔細查看，這讓他留下十分深刻的印象，因為他意識到：「這些東西都能夠變成人類。」[48]

另一方面，曼恩和羅伯特的故事則說明了工作如何有可能令人在情緒上得到滿足。曼恩失業以後大部分時間都待在家裡聽音樂。他用幾台老舊的收音機造了一架擴音器，並且對這件事樂在其中：硬焊，「熱錫的味道與笨手笨腳地摸索鉗子」。後來他在一間被霸占的房屋裡舉行的音樂會上修好了一組喇叭，並為父親教給他的技術感到自豪。重要的是，這項工作同時需要他技術上的知識與身體力行的技巧，而這給了他充實愉快的感官體驗。[49]羅伯特也在勞動中找到樂趣，一開始先是在和平營地裡用木頭雕刻惡魔，後來則是在一座苗圃裡栽培植物。[50]他的父母對木雕惡魔的反應呈現了鮮明對比，母親的反應是驚喜的，而父親則納悶問道：「做這些東西有什麼好處？」「如果你想問的是有沒有用，那我沒有答案。」羅伯特回答，「但我很享受雕刻。」[51]這樣的故事不僅為讀者提供了某種避免感到無聊的知識，同時也說明了「不無聊」的感覺可能是什麼樣的。那是一種多樣的感官與肉體的感覺，而那種感覺使他們能夠與自己的身體以及他們創造並關心的物體連結在一起。這些書籍表示諸如此類的體驗將促進超越無聊的強烈感受。

擾亂日常生活的情境是其他會令人感受到強烈情緒的時刻，就好比羅科與安東妮亞的故事那樣。這兩名青少年透過他們的政治青年團體已經相互認識了好一陣子，但從來沒有對彼此表現出真正的興趣——直到一名與他們沒有私人交情的青年同志在一場示威遊行中遭暴力致死為止。耐人尋味的是，羅科將這場死亡看作是感覺的徹底終結。他思索著：「警察沒有給他（那名同志）時間……去感受美好或難過。」在這個例子裡，可以說由國家導致的暴力死亡象徵著最戲劇化的情緒缺席。然而，正是在紀念這場死亡的時刻讓羅科體驗到強烈情緒。他感到怒火中燒，長久以來第一次「真正有想要參加示威遊行的衝動」。[52]正如這些例子所表明的，「不覺得無聊」可能的形式不拘一格。以上所提到的歡樂、悲傷、憤怒甚或痛苦都能夠令人感到「不無聊」——重點在於感覺的強烈程度與特殊性，哪怕是「負面的」也無妨。

羅科與安東妮亞的故事值得再探究一下，因為這故事也創造了關於如何在這些激烈局勢下轉化情緒的知識。羅科通常羞於詠唱，但這一天他加入了人群。安東妮亞也一樣。當羅科看見她時，發現她看起來不一樣了。她不再擺著「小苦瓜臉」，那張像是想說「『這是什麼狗屁人生』的臉完全不見了。總之，她看起來很美。」當他們相遇時，羅科出乎意料地牽起了她的手，她想著：「或許這就是冬雪遇到春天時的感覺——就是融化了，然後快樂地流下山丘。」當她伸出雙臂摟住他，將頭靠在他肩上時，她的「淚水變成啜泣，啜泣變成顫抖，像是一場地震般搖晃著我們。」[53]這段情節表示著在特殊情況下，例如歌詠或牽起朋友的手，也都有可能克服典型的孤立感並表達情感。小說暗示這種逾越行為本身就是一種（強烈的）情緒，因為它使人互相連結。換句話說，讀者在這段情節中也許會學到「不無聊」的感覺就是人與人（兩人）之間跨過界限的舉措（而非慣習化的行為）。

羅科的故事為討論情感溝通的情緒意義提供了絕佳例子。如前文所述，由於羅科無法或不願意和安東妮亞多交談，他們的關係很快就退燒了。後來當他在一場派對上見到安東妮亞和另一名較年長的同志做愛時，他叫他的朋友羅伯托假裝腹瀉好讓他們可以離開派對，結果這個舉動反而讓希望能引起羅科怒火的安東妮亞更加沮喪。回到家以後，羅科開始向羅伯托訴說心事，接著他們就發生了性關係。當晚羅科寫信給另一位朋友盧卡，他寫道：「我終於哭得出來了，我允許自己得到慰藉、放任自己，諸如此類，你知道的。」他強調，這和跟一個女孩子在一起的感覺是完全不同的。[54]這個故事橋段顯然是含蓄地鼓勵讀者公開表達自己的情感。不過這同時也向讀者暗示了，像這樣的情感流露本身就是一種強烈的情緒行為，不論是否透過言說的方式，其強烈程度甚至可能像羅科的情形那樣導致性關係。換句話說，談論感覺本身就會產生正面的感受。

另一方面，保羅和寶拉的愛情故事則表明了，談論負面的感覺（像是對性愛的恐懼等等），就是一種經由建立信任與親密關係來克服這些感覺的方法。在他們初次做愛之前，保羅問寶拉：「你會害怕嗎？」「會。」寶拉心裡這麼想，但嘴巴上卻說了「不會。」她反問：「那你呢？」保羅也回答說：「不會。」但是當他們脫下彼此的衣服時，寶拉承認了她不敢脫下自己的褲子。而當保羅堅持要戴保險套時，也坦承了他的恐懼。[55]小說最後一個場景加強了這個寓意：保羅很擔心寶拉會跟他分手，因為她和另外一名男性友人去參加了一場派對。但寶拉在書中最後一句話是對他說：「我愛著你呢。」[56]這個橋段展示了用言語表達以及情感溝通，不只是克服如恐懼等情緒的方法，也是相互理解與信任這種更佳情緒的表現。[57]

情感上的相互理解也可能改變親子之間的感情狀態。有些書將成人描述為純理性的，甚至對兒童的情感懷有敵意，與此相反，有些書旨在向兒童解釋成人的感受，因為唯有在兒童能夠理解並同理父母的感受以後，親子之間才有齊心一力的可能。例如在《特倫米的零星故事》（一九七三）裡，一群孩子出發去探索為何他們勞工階級的父母總是如此愛生氣又神經兮兮，最後孩子們發現原來問題出在他們的工作上。[58]另一本書《你好過分！》（一九七四）完全是以一名兒子離家出走的單身母親的視角所寫成，目的是要讓年輕讀者明白身為這名母親的感受為何。很明顯地，這些書試著向孩子解釋成人的感受，尤其是因為工作壓力和難以找到摯愛而產生的挫折感。不過這些書也傳達了這種理解本身會產生情感，就這裡所舉的例子而言，情感指的是一體感。另一方面，青少年讀物也暗示著，一旦青少年克服了自己的情緒空虛，他們便能夠教導別人去感受，屆時將成為父母的榜樣，向父母展示他們也可以擺脫無聊與理性的生活，並擁抱夢想和情感。[59]

有一個教導兒童（如何）去感受的實踐嘗試特別有意思，儘管已經超出了童書的研究範圍，但很值得介紹並稍微分析一下，那就是：活動於西柏林的業餘劇團「紅果羹」與其表演給小學生欣賞的《別提那檔事！！一齣性教育戲劇》（一九七三）。[60]這齣戲試著將左派童書以及指南文學提供的訊息搬到舞台上，透過實踐與視覺教學來教導兒童如何感受。儘管這齣戲在西柏林受到保守派政治人物的嚴厲批評，參議院仍正式推薦到小學課堂上，巴伐利亞邦的教師不得安排與學生一同前往觀戲的行程。[61]魏斯曼出版社於一九七三年出版了這齣戲劇的文字版本，內容還包括了兒童對觀賞該劇的手寫心得。此文本直到一九八四年為止出版了六個版本，總印量只有一萬九千本，不過由於該劇直到今日都還在舞台上上演，所以實際接觸到的受眾遠多於這個數字。

西柏林教育中心的性教育顧問諾伯特．布爾克特在該劇文本序言裡寫道，這齣戲劇的目的在於傳達「性」不只是「一種生物學上的事實」，同時也是「一種情緒與社會經驗」。兒童，還有一同參與戲劇的教師和家長，將意識到他們生活在一個「缺少或缺乏情緒的社會世界」裡，不過也會「體驗到碰觸與輕撫彼此可以是多美好的一件事，再看看孩子們對此的反應又是多麼的有趣。」[62]從這個視角來看，由於情感具有基本的肉體成分，那麼情感教育自然也就需要身體力行的實踐。因此這齣戲不僅傳達了關於身體感覺的知識，也傳達了兒童要用他們的身體來學習的知識，亦即實行和嘗試情緒。[63]

這齣戲劇的一個關鍵部分是教導孩子不要因自己的身體與生理功能感到難為情。為此，該劇團開發了許多大人小孩在舞台上都能夠主動參與的「遊戲」。兒童在這些遊戲過程中能夠練習如何克服羞恥感，以及如何欣賞自己的身體。第一步是公開討論身體，尤其是那些通常被認為可恥的部位與功能，比如說陰莖、陰道和排尿之類的。如此一來，兒童就會明白並沒有「合理的」理由要為自己的身體感到羞愧，畢竟，所有人類都是要尿尿的。為了確保孩子不但有將此訊息聽進去，而且還能夠實際體驗克服羞恥感，演員會邀請孩子為他們自己的陰莖或陰道以及身體其他部位取名字。接下來他們會集體唱歌[64]：

好丟臉，好丟臉，
我在尿尿的時候覺得好丟臉，
好丟臉，
真丟臉，
為什麼我會覺得丟人又現眼？
人就是人，
而且是快活尿尿的人。
所以別害羞、別慚愧，
請別覺得自己羞羞臉。

後面幾節同樣是討論兒童對於流汗、屁股與裸體所感到的羞愧。集體高唱著他們不會感到難為情，兒童有了實地練習。在克服羞恥以及有關於自慰的恐懼感之後，兒童便能學會享受自己的身體。為了這個目的，他們會玩「磨蹭擂台」。首先一名成人演員會宣布說：「互相觸摸跟撫摸好棒！」接著舞台上的演員開始相互摟抱、彼此搔癢，讓大家看他們玩得有多開心。很快地兒童就會加入這場遊戲，最後他們的父母和老師也會加入他們。這齣戲積極地讓兒童參與舞台，該劇不僅傳授關於感覺方面的實踐知識，並且還讓孩子透過實踐來真正體現這方面的知識。[65]這齣戲劇暗示著，感覺，是身體的實踐。這就是為什麼感覺不僅是可以習得的，還應該要加以練習和訓練，無論是公開談論或是實際去擁抱與撫摸。

這齣戲最後以翻轉親子關係的明確社會批判作為收尾。舞台上的演員分別扮演兩個剛參加完這齣戲的孩子，以及想對他們進行性教育卻又過於拘謹的父母。由於這對父母實在無法向他們的孩子開口談論這件事，於是就只是在孩子的房間裡留下一本以庫爾特・澤爾曼的書為範本的保守性教育手冊。[66]但兩個孩子已經在這齣戲裡明白什麼是性了，不論是生物學上的事實或性所涉及的情感愉悅都明白了，因此他們只是對這本書哈哈大笑了一番。他們沒有讀這本書，反而是把父母請到房間裡為父母上了一課。接著他們開始指示父母在床上表演親熱地摟抱，然後孩子們再突然闖進門來。但他們的父母並沒有驚慌失措，反而坦率地說他們是在擁吻。在做完孩子們吩咐他們做的事以後，這對父母能夠承認他們有多喜歡肌膚之親了。但是扮演母親的演員坦承說道，由於他們通常疲於工作，這種時刻實在是太罕見了。她悲傷地說，他們只學會如何工作，卻沒有學會「如何好好地愛對方與了解彼此」。這對父母抱怨道，他們的父母只會讓他們對異性感到恐懼。雖然劇中沒有詳盡談論這個問題，不過與本文分析過的其他童書一樣，這齣戲也表明了人對於（肉體上的）感覺的敵意最終還是得歸咎於資本主義的勞動制度。在他們承認不合理的恐懼與其來源，並且也承認他們在性愛過程中確實體驗到的喜悅以後，在這齣戲劇最後一首集體合唱裡，歡樂總算取代了恐懼。[67]

＊ ＊ ＊

本章所討論的書籍傳授了關於無聊與其「徹底他者」（即「強烈的」感覺）的多方面實踐知識，也傳授了關於一般情緒是如何「運作」的。年輕讀者了解到他們生活在一個枯燥無趣、容不下真情的世界。他們學會了無聊的感覺是什麼、哪些活動是無聊的，以及他們為何會有這種感覺的原因。最重要的是，無聊的特徵是多種缺乏：普遍缺乏強烈的感覺，也缺乏想像力與多種感官體驗，這些全都是（資本主義的）理性的特徵。不過，讀者也學會了如何克服無聊與挫折，最重要的就是公開談論他們的感覺，這種行為本身就會「產生」感覺，還有就是做一些身體力行的活動，像是有意義的工作或是令人愉悅的肢體接觸。就某個明確（且重要）層面上來說，這些書為如何找到這些感覺提供了實用的指導方針。閱讀這些書籍，兒童與青少年也將學到某些一般的感覺知識、這些感覺是什麼、是如何發生的等等。特別是，他們將學習到感覺的社會動態學。在某些書籍裡，要找到這些感覺似乎相當容易又可行；然而在其他書裡，就如本章開頭的英格麗所說的：「我們的機會其實不大。」[68]換句話說，尋找能夠擺脫無聊的感覺是一個反覆試驗的過程、一個可能失敗的過程。如本書導論所指出：以「對」的方式來感覺是一件困難、複雜又矛盾的任務。

注釋

1 Rodrian, *Viel Glück*, 98.（粗體字為原文所加；作者自譯）

2 關於德國非傳統與非教條主義的新左派，參見 Reichardt, *Authentizität und Gemeinschaft*; Reichardt and Siegfried, *Das Alternative Milieu*. 更廣泛的討論請見 Davis, 'What's Left'. 本章在討論兒童文學的情緒政治化取向上十分符合新左派對城市、資本主義社會的情感主張，一如新左派期刊雜誌的研究所顯示那樣，比如說 *Das Blatt*（慕尼黑）、*Pflasterstrand*（法蘭克福）或 *Carlo Sponti*（海德堡）。

3「無聊」對於情緒歷史學家來說並不是特別突出的主題，一個例外是 Kessel, *Langeweile*. 文學學者、心理學家與哲學家比較重視這種感覺，例如 Heidegger, *Grundbegriffe der Metaphysik*; Große, *Philosophie der Langeweile*; Goodstein, *Experience without Qualities*. 本章不會用到哲學或心理學對於無聊為何物的見解，而是重建童書傳授的關於無聊的知識。

4 不同政治背景下的無聊，見 Kessel, *Langeweile*, 257–78. 另見 Midgley, 'Los von Berlin'; Rohkrämer, *Eine andere Moderne*，尤其是第二部分。

5 例如 Herminia zur Mühlen, *Was Peterchens Freunde erzählen* (1921); Herminia zur Mühlen, *Ali, der Teppichweber* (1923); Alex Wedding, *Eddie and the Gypsy* (1935; Ger. orig., *Ede und Unku: Ein Roman für Jungen und Mädchen*, 1931); Walter Schönstedt, *Kämpfende Jugend* (1932). 另見 Leutheuser, *Freie, geführte und verführte Jugend*, 68–81; Altner, *Das proletarische Kinderbuch*.

6 見 Neill, *Summerhill*. 另見第一章〈蓋斯凱爾夫人的焦慮〉；第八章〈勒布拉克的痛〉；第九章〈吉姆．波坦的恐懼〉。

7 見第七章〈小豬的羞恥〉；第九章〈吉姆．波坦的恐懼〉；第十一章〈海蒂的思鄉病〉。

8 見本書導論；另見第六章〈溫蒂的愛〉。

9 關於德國兒童文學中的新左派以及「反威權主義」，見 Leutheuser, *Freie, geführte und verführte Jugend*, 190–212; Steinlein, 'Neubeginn, Restauration, antiautoritäre Wende'; Kaminski, *Jugendliteratur und Revolte*; Dahrendorf,

Jugendliteratur und Politik, 108–63.

10 Ende, *Grey Gentlemen*.

11 關於兒少群體與其情緒的當代觀點，見 Ilsemann, *Jugend zwischen Anpassung und Ausstieg* 的文章。

12 Rodrian, *Viel Glück*, 100.

13 雖然本章討論的書籍數量不多，但這些書是立足於近七十本小說的閱讀之上。並非每一本都像本章所引用的文本一樣強調「感覺」。另外應該補充說明，新左派兒童讀物的「經典」主題，像是資本主義裡的壓迫與剝削絕不會消失。像 *Martin, der Mars-Mensch*（火星人馬丁，1970）這樣的書試圖教育讀者關於資本主義社會階級關係的基本原則，而 *Fünf Finger sind eine Faust*（五指握拳，1969）則試圖灌輸兒童團結感。

14 Ende, *Grey Gentlemen*, 51–65.

15 Müller, *Der Job*, 36–7.

16 Ende, *Grey Gentlemen*, 64.

17 Müller, *Der Job*, 10.

18 Rodrian, *Viel Glück*, 15–17, quotation 15. 類似的還有 Rodrian, *Blöd, wenn der Typ draufgeht*, 8, 13–14; Ludwig and Friesel, *Geschichte von Trummi kaputt*, 8. 東德兒童文學中類似的觀點，見 Pludra, *Insel der Schwäne*. 另見第十一章〈海蒂的思鄉病〉。

19 Ende, *Grey Gentlemen*, 67–8.

20 Ende, 162–4.

21 關於實踐夢想，另見 Pausewang, *Etwas lässt sich doch bewirken*, 68–9.

22 Müller, *Der Job*, [2] (half-title verso).

23 Müller, 74.

24 Pausewang, *Etwas lässt sich doch bewirken*, 5–6.

25 學校之所以無聊的類似觀點，見 Fehrmann and Weismann, *Und plötzlich willste mehr*, 8–9, 49, 75–6.

26 關於成人的「理性與疏遠」與兒童的「情感與感官」之爭的理論概述，見 Röttgen, 'Kinderrevolution'. Röttgen 的一個主要依據是法國作家 Rochefort, *Encore heureux qu'on va vers l'été.*

27 Pausewang, *Etwas lässt sich doch bewirken*, 42.

28 Fehrmann and Weismann, *Und plötzlich willste mehr*, 15. 這本書改編自新左派劇團「紅果囊」的一齣戲，這齣戲是 Helma Fehrmann、Jürgen Flügge 和 Holger Franke 所寫的 *Was heisst hier Liebe?*（1977）。該戲於一九七七年獲得柏林格林童話獎，並於一九七八年改編成電影。這部電影如慕尼黑期刊 *Das Blatt* 所寫的表明了「情感」是可以學習的，而這些感覺，不論是「恐懼、壓抑或喜悅」都應該要積極地表達出來。見 'Was heißt hier Liebe?'。

29 Rodrian, *Viel Glück*, 59–63.

30 Fehrmann and Weismann, *Und plötzlich willste mehr*, 26–7. 關於看電視的無聊，以及無聊和憤怒如何表徵了十三歲女孩的生活，見 Hornschuh, *Ich bin 13*, 13, 47–50。

31 Geifrig, *Bravo, Girl!*, 46. 在寫該劇時，Geifrig 訪問了幾名該雜誌麾下的女孩，談論該事業曾對她們允諾的一切。Cornelia Greiner 的經驗談對他格外有幫助，該訪談發表在左派工會青年雜誌 *ran*，一九七三年九月刊。Geifrig, 79 重新刊登。關於這本有三百萬名讀者的青少年雜誌深度報導，詳見 Sauerteig, 'Herstellung des sexuellen und erotischen Körpers'; Archiv der Jugendkulturen, *50 Jahre BRAVO*; Nothelle, *Zwischen Pop und Politik.*

32 Rodrian, *Blöd, wenn der Typ draufgeht*, 21–35, 69–72, quotations 35.

33 Rodrian, 80–3.

34 另見第六章〈溫蒂的愛〉。

35 Rodrain, *Viel Glück*, 22–4, 28, quotations 24.

36 Müller, *Der Job*, 13–14, 22–5, quotation 23.

37 Müller, 70–2.

38 Ravera and Lombardo-Radice, *Pigs Have Wings*, 91–3. 這本小說暢銷全球。德語版書名為 *Schweine mit Flügeln:*

Rocco und Antonia, Sex und Politik, Ein Tagebuch（1977），一九八〇年初就賣出了近十萬本。

39 Ravera and Lombardo-Radice, 101–9.

40 Ravera and Lombardo-Radice, 118. 類似的觀點見 Fehrmann and Weismann, *Und plötzlich willste mehr*, 28–9, 60–5.

41 Fehrmann and Weismann, 99–106.

42 Fehrmann and Weismann, 20–1.

43 Fehrmann and Weismann, 131.

44 Pausewang, *Etwas lässt sich doch bewirken*, 57.

45 Müller, *Der Job*, 16–17, 44–5, 60–1.

46 Rodrian, *Blöd, wenn der Typ draufgeht*, 15–16.

47 Pausewang, *Etwas lässt sich doch bewirken*, 12–13, 另見 96–7, 101, 164.

48 Fehrmann and Weissmann, *Und plötzlich willste mehr*, 20–1, 49.

49 Müller, *Der Job*, 19, 33–5.

50 Pausewang, *Etwas lässt sich doch bewirken*, 79.

51 Pausewang, 43.

52 Ravera and Lombardo-Radice, *Pigs Have Wings*, 53, 55.

53 Ravera and Lombardo-Radice, 56, 60.

54 Ravera and Lombardo-Radice, 130–7, 167–71, quotation 169. 有趣的是，當安東妮亞遇見一名女同性戀時，並沒有出現類似的反應，163–6。

55 Fehrmann and Weismann, *Und plötzlich willste mehr*, 124–30, quotation 126.

56 Fehrmann and Weismann, 139. 關於愛與性，另見丹麥作家 Maria Marcus *Ein starkes Frühjahr*（1981; Dan. orig. *Alle tiders forår*, 1977）和 *Das Himmelbett*（1982, Dan. orig. *Himmelsengen*, 1979），無英譯本。另見 Dahrendorf, *Jugendliteratur und Politik*, 133–63。

57 與此相類似的還有 Müller, *Der Job*, 96–104; Hornschuh, *Ich bin 13*, 56–7. 指南文學中的例子，見 Kunstmann, *Mädchen*, 25, 33。另見第二章〈狄肯的信任〉；第九章〈吉姆・波坦的恐懼〉。

58 Ludwig and Friesel, *Geschichte von Trummi kaputt*, 14, 21, 24; Ladiges, *Mann, du bist gemein*, 5, 9, 15. 另見小說封底文案。

59 見 Pausewang, *Etwas lässt sich doch bewirken*, 71, 167

60 Kinder- und Jugendtheater Rote Grütze, *Darüber spricht man nicht.* 該戲為 Fehrmann、Flügge 和 Franke 的 *Was heißt hier Liebe?* 前身，見注28。關於德國一九六八年以後的左派劇場，見 Schneider, *Kindertheater nach 1968.* 關於性，兒童與反權威教育，見 Herzog, 'Antifaschistische Körper'。

61 'Theater Rote Grütze'; Oppodeldok, 'Theater'.

62 Kinder-und Jugendtheater Rote Grütze, *Darüber spricht man nicht* 序言。另見文本末尾關於如何活用該戲的詳細建議，例如善加借助角色扮演遊戲。像這種建議指南通常會出現在劇本附錄裡，例如 Amendt, *Sexfront*; Kunstmann, *Mädchen*; Kentler, *Sexualerziehung*.

63 關於身體之於情緒史的重要性，請見 Eitler and Scheer, 'Emotionengeschichte als Körpergeschichte'。

64 Kinder- und Jugendtheater Rote Grütze, *Darüber spricht man nicht*, 14–21, quotation 20. 另見第七章〈小豬的羞恥〉。

65 Kinder- und Jugendtheater Rote Grütze, 69–73, quotation 70.

66 Seelmann, *Wie soll ich mein Kind aufklären.*

67 Kinder- und Jugendtheater Rote Grütze, *Darüber spricht man nicht*, 75–89, quotation 87.

68 Rodrian, *Viel Glück*, 99.

結語 翻譯書籍，翻譯情緒

瑪格麗特·佩爾瑙

前面幾章探索了童書與教養手冊的廣闊視野。我們討論了多種情緒，僅舉幾例來說，有愛與恐懼、羞恥與信任、思鄉病與同理心等等，時間框架從十八世紀延伸至近當代，地理位置則從美國移動到印度，路經西歐與俄國。一如本書導論所提過的，童年的概念經歷了戲劇性轉變，這種轉變導致要學習的情緒與其學習方式也因而有所改變。閱讀實踐與其文化嵌入也顯示了不少多樣性：至少直到二十世紀中葉為止，許多印度故事還位於口頭文化與書面文化的間隙，而在西方，電視和電影已經開始在兒童讀故事的方式上留下了痕跡。

貫穿前面所有章節的不僅是豐富的多樣性，同時也是不同國家發展的相互關聯性。童書與教養手冊不僅跨越語言，也穿越歷史時代，它們被大量地翻譯、改編與重寫。本結語將進一步探討這部分在學習過程中的作用，並探索有待我們著手處理的新問題。正如在導論中解釋過的，情緒是社會建構的此一假設是本書背後的動機。這意味著兒童必須學習他們的社會與文化情緒。這個學習過程不僅涉及規範和表達，也涉及到理解他人與自我情緒的能力，並發展其社會文化所要求的情感。這裡要提出來的一個核心問題是：如果這些學習過程是文化特定的，那麼翻譯文本的效果為何會這麼好？兒童何以能夠正確地解譯來自不同文化的情緒描述，甚至還能用模仿的方式來參與並感受這些情緒？

在更基本的層面上，這帶領我們進入了如何將跨文化情緒交流概念化的問題，而不必是人類身上具有普同的情緒與表達方式之觀念。跨文化的情緒交流所涵蓋的複雜情緒可比保羅．艾克曼所說的「普遍基本情緒」[1]範圍大上許多。情緒可以同時既深植於文化，但在跨文化之間又有一定程度的易讀性嗎？這問題對於我們的情緒觀與文化觀有什麼影響嗎？構想文化差異的新方式出現了嗎？最後，這些問題對於克服相對主義和普遍主義、先天與後天這些長期標記著情緒研究的二分法有什麼影響？[2]

童書與教養手冊——文化嵌入與跨國易讀性

情緒的知識——即是說，了解情緒是什麼、明白情緒是如何產生的、知道情緒是否能夠以及如何受誘發或控制等等，這方面的知識就和其他知識一樣很容易傳播。這並不是說情緒知識不受文化約束，也不是說情緒知識在傳播的過程中都不會受到阻力，也不會出現什麼深刻的變化。雖然說數個世紀以來情緒知識都是交付給倫理學與神學，這點是不爭的事實，但十九世紀走向醫學與心理學的事實也愈來愈重要。[3]這些學科的普遍主張日益豐富教育方法，不論是學校教育或透過教養手冊來幫助並指導父母如何教育孩子，又或者是透過直接寫給青少年的手冊。在經由殖民主義而全球化的世界裡，這種知識比以往傳播得更加迅速。也就是說，對於殖民地與半殖民地而言，這種新的情緒知識被賦予了參與進步的承諾。以科學原理為基礎的教育與自我教育，將創造出為拯救社會與國家所需要的男男女女與其該有的情緒。[4]而二十世紀初期的改革教育學歷史則表明，這些轉移、翻譯和改編的過程已變得愈來愈複雜、愈來愈多方位，無法說完全是源自西方的知識然後再傳播到殖民地了。[5]

兒童讀物的翻譯歷史是與兒童文學發展成為一種文類同時開始的——甚至有可能更早，因為之前的兒童就已經在閱讀翻譯文本了，例如在學校讀的伊索寓言或是閱讀廉價小書*版本的《一千零一夜》。[6]關於自十九世紀起不同國家翻譯了哪些書籍，我們仍缺乏廣泛與比較基礎上的實證知識，除此之外，什麼過程影響了決定要翻譯這本書而非另外一本書、甚至連到底要不要翻譯都還不夠清楚。即使是在歐洲國家，翻譯扮演的角色也是大相逕庭：在英國，翻譯作品只占了所有出版書籍的百分之一至三；至於在歐洲大陸，翻譯作品的比率則高達百分之七十。[7]

翻譯自英語的故事經常包括了當代故事，向外輸送當代生活的形象，不過長期以來從非歐洲語言被翻譯成英語（和其他少數歐洲語言）的故事，則來自童話和民間故事。[8]如果故事的目的是為了向孩子介紹其他國家，那麼所採取的策略經常是從頭開始寫起，提供為此而打造的翻譯與解說。大部分的少年帝國冒險小說都屬於此類別[9]，同屬此類別的還有德國於一九七〇年代起為了提升兒童對文化差異的敏感度，而發展的描繪生活在「第三世界」的兒童之類型小說。還有一

*廉價小書（chapbook），約十五、十六世紀出現在歐洲街頭叫賣的首批廉價印刷品，十九世紀中葉起因為報章雜誌興起而開始沒落。

塊中間地帶屬於語內翻譯*，也就是指某些寫給兒童或成人的老舊文本出於語言上或文化上的理由已經不再適合兒童，因而對舊文本進行的改編。《魯賓遜漂流記》便是一個經常被重新述說與翻譯的例子。[10]根據改編的策略有所不同，面對不同歷史時期的情緒時可能會導致出現類似於異國他鄉的異己體驗，或是相反地透過將文化認同投影到過去而加強了文化認同感。

是否要翻譯或改寫某本書的決定反映了出版商對於什麼書會賣、什麼書不會賣的經驗，除此之外，這些決定也反映了兒童應該接觸些什麼的社會共識：其他文化的知識，以及在不同地方和文化裡情緒會起不同作用的（閱讀）體驗是有價值的嗎？還是說，在兒童牢牢地融入他們所屬社會的價值觀與情緒以前，應該要保護他們，以防他們過早意識到歧異價值觀的可能性？全球權力關係如何影響這些決定？是否有某些兒童被認為比其他兒童更值得受保護，應避免潛在的不穩定異己體驗的影響？相反地，情緒雙語性或情緒的多語現象又在什麼時候、什麼人身上會被視為一種優勢，甚至是力量的泉源？

上述問題的答案不僅決定了是否要翻譯以及何時翻譯某些文本，也直接觸及到翻譯策略。每個翻譯都在「歸化」（domestication）與「異化」（foreignization）這兩極之間滑行：歸化譯法是將文本譯成讀者熟悉親切的模樣，隱藏文本是翻譯作品的事實；異化譯法則引領讀者接收不熟悉的文本與其描述的陌生世界。[11]選擇哪個翻譯策略取決於文本的地位，咸認為是古典文學的正典作品，其協商過程不同於以教學或娛樂為導向的文本。選擇方式也取決於公眾的評估：一般往往假定受過教育的中產階級成人讀者比兒童更具有應付異己的知識與情緒資源。因此，翻譯者往往致力於減輕（但非完全抹除）小讀者與陌生事物的相遇。這可能會使故事主角的姓名與一些陌生的文化標誌物有所改變：像蘇利文這對英國雙胞胎姐妹在德語裡被改名為漢妮與南妮，而她們就讀的寄宿學校則從聖克莉亞變成了林登霍夫。[12]另外也可能涉及部分改寫文本，像阿思緹・林格倫的《長襪皮皮》在法國所產生的影響比在英國和德國晚上許多[13]，即便如此，法國人還是認為有必要讓她的個性收斂些，還要她變得比較不那麼無法無天和勇猛有力——比如說，她只要舉得起一頭驢子就夠了，用不著舉到一匹馬。[14]這種改寫還涉及到透過文本所要提供給兒童的實踐性情緒知識。英國寄宿學校的其中一個重要面向就是阻止學生對家與家人產生過於緊密與不健康的情感關係，因此學習如何克服思鄉病便成了一個貫穿許多英國寄宿校園小說的主題，但這並不是一種毋須修改就可以被譯入德語環境的情緒。[15]

有鑑於這些多方面的轉化過程，只將注意力集中在原文與翻譯的比較上已經不再有意義，而應該要著眼於眾多行動者在兩種或兩種以上語言之間的情緒協商中所扮演的角色才對。這些協商甚至在文本初次以來源語寫下之前就開始了，從而進一步動搖了以「原文」為起點的概念。[16]至少就本書所討論的時期而言，一名作者在本質上就已經是一名譯者了，他未必是翻譯文本的那種譯者，但無疑地是文化與情緒的譯者。[17]協商的下一個階段在於從來源語到目標語的轉移。正如我們所看到的，這可能包含了各種不同的過程——從近乎是逐字直譯到富有創意的文本再造與其為新受眾所做的改編。一般較少注意到的是翻譯過程並非到此為止，像導論與後記等側文本

＊語內翻譯（intralingual translation）：指使用同一種語言的其他符號來解釋該語言，譬如將中文的文言文翻譯成白話文，這就是我們在國文課常學到的翻譯。

（paratext）也提供了閱讀和詮釋書籍的框架。[18]家長與教師也幫助兒童理解那些陌生的事物，不論是在為兒童朗讀一本書的過程中同步解說，或是在兒童自己接觸某一本書之前或之後與他們討論。就另一個層面看來，此過程可以在許多傳教活動的工作中看到。像印度轎夫布西就和他的教師們不一樣，布西既無法透過祈禱也無法透過閱讀聖經來直接解讀上帝的旨意，他需要一個歐洲的基督徒為他翻譯才行，哪怕這個人只是一名小男孩。[19]

最後，同樣重要的是兒童本身在翻譯和適應未知的情緒方面扮演著積極角色，並將這些情緒聯繫到他們已知的世界中。這種翻譯可以是語言上的，但更多時候是將書籍與故事中所描繪的感情文化意義從一個語境轉移到另一個語境。這種翻譯可連結到本書導論所述的模仿學習過程，從而讓兒童能實驗性地採取新情緒，並嘗試這些情緒的感覺。雖然這可能發生在所有書籍上，但在譯著上顯得格外重要，因為翻譯作品描繪了對兒童來說比平時還要陌生的情緒、情境與習慣。在此，模仿在兒童的「旅行癖」中——即他們對未知事物與遠方的嚮往——發揮了作用。不過這並非兒童回應陌生事物的唯一方式。他們也可能完全拒絕接觸某些特定文本：像是，俄國的兒童讀物在一九六〇年代被翻譯成烏爾都語時，儘管這些故事書既便宜又隨手可得，還受到左派的家長所青睞，然而這些書卻經常被它們預期的讀者群一腳踢開。[20]但這種排斥也可能意味著讀者與書中對情緒所賦予的價值觀重新交涉後的結果，因為書本當初在描述這些情緒價值觀時並未顧及不同文化背景的差異。如此作者，甚或是譯者認為值得大家效法的情緒，在兒童看來可能會覺得荒謬可笑，或者相反地，在原始語境下應受譴責的情感，對於新讀者來說卻可能會令他們暗自覺得可取——比如說，今日的少女讀者在讀《馴服野丫頭》（一八八五）時很可能會認同伊爾莎（芬尼的德語原名）的野丫頭行徑、對她的羞愧感到忿忿不平，並覺得她轉變成乖巧的好姑娘實在是令人感到相當沉悶。[21]另一方面，試圖在青春愛戀裡摸索情感以擺脫「無聊」的行徑，在某些文化裡或許不會招來對資本主義的批判，而會被視作不檢點的行為並遭受公然譴責。[22]

因此，關於前文提出的問題：情緒交流與理解如何能夠跨越語言與文化邊界？此問題的一個初步解答需要考慮到對文本的熟悉度，而熟悉文本這件事往往是經由翻譯且發生在譯者、家長和教師給予的解釋裡。同樣也要考慮到，有時兒童既不想也無法成功進入未知情緒的可能性。不過，還有一大片成功模仿的田野可以去考慮與解釋。為此，我們現在要轉到人類學去。

人類學與模仿實踐——懂得他人如何感受

人類學傳統上將自己定位成一門調查差異的學科。有別於社會學，人類學專注於那些盡可能與歐洲文化不同的族群，最好還是未曾接觸過「西方」的族群。在這個派典（paradigm）中，研究目標可能會有很大的差異。當該學門還著重於尋求普遍法則的時期，偏遠村落與部落的實證資料比較取代了自然科學實驗室。[23]近來，人類學的目的被看作是對「擴大人類話語的世界」[24]做出貢獻，這宣告了情緒人類學的開始。對差異的興趣吸引了與普遍主義或相對主義立場上很不一樣的研究，並使它們群聚一堂。值得注意的是，早期的研究利用心理學的知識來理解田野調查時所接觸到的情緒。對它們來說，文化差異可以在情緒的不同表達方式與詮釋中發現，這些不同表達方式與詮釋反過來又導致了不同的行為，至於情緒本身則被視為普同的，或者說至少有個普世核心。[25]更徹底的相對主義立場，尤其是與凱瑟琳．魯茲以及莉拉．阿布．盧格霍德於一九八〇年代著作[26]相關的相對主義者，堅持認為這種差異還要更深入，並且延伸到體驗情緒的方式：體驗不只是被表達的，更是被論述所標記的，因此具有深刻的文化性。這個立場有其政治意涵，一方面，這種說法主張差異的權利，故而旨在戰勝歐洲中心主義[27]；另一方面，這種論點被視為一種對普世價值的威脅，因為普世價值在許多情況下是建立在所有人類都擁有共同情緒來作為他們的人性此一概念上。[28]

如果在田野現場所遇見的情緒有別於人類學家已經社會化過的情緒；如果情緒不僅是由不同的規範所組成的，而且表達的方式也不一樣；如果情緒的意義各不相同，甚至連感覺起來都會不一樣的話，那麼田野現場上的交流怎麼可能成立？人類學家怎樣才能學會解讀行為表現和面部表情所傳達的情緒內容呢？他或她如何在田野現場行動而不冒犯到他人？而這種交流何時會因為其中一方無法忍受另一方的差異而中斷呢？[29]人類學家如何知道某個特定情緒是如何被體驗的？就以凱瑟琳．魯茲的著名例子來說，究竟是什麼使得 *song*（不公之憤）＊這種情緒有別於一般的憤怒呢？[30]人類學家經常比喻在田野現場上他們失去了成人身分，變得就像兒童一樣經歷著基本的社會化過程。如果人類學家就像兒童一樣，那麼就某方面來說，閱讀著陌生情緒的兒童就像是人類學家。既然如此，那麼關於兒童的學習歷程，人類學家的經驗能夠告訴我們什麼呢？

自一九二〇年代開始，獲取人類學知識最重要的方法就已經是參與觀察法。這種方法的好處不僅是個人的實地體驗，而且也不再需要經過篩選的報導人之採訪而能在共同日常生活中收集到的觀察資料。這種參與的目的是希望人類學家能夠學習本身所研究的村落或社會的語言及文化。

該研究策略對情緒人類學來說格外重要，因為這種參與不僅包括觀察研究對象的情緒，還包括了以模仿的方式與其互動的可能——經歷相同的生活、清楚表達按情況所要求的情緒，甚至於複製面部表情都將使人類學家獲取關於情緒如何作用與其意義的詳細知識，並且多少也能知悉這些情緒的感覺為何。[31]因此，人類學家本身的情緒就變成了一項研究工具，這套方法需要高度自我反省，以免研究者過於簡單地把自己的情緒等同於研究對象的情緒。[32]

於是模仿，或者人類學家認為的模仿，都必須不斷地接受測試。這個測試方式涉及到（至少）兩個不同的翻譯過程。第一個過程是符際翻譯†，此過程是將情緒的表達與實踐和當地的情緒詞語連結起來，也就是從非語言到語言符號系統的翻譯。[33]借用貝內蒂特·格里馬的例子來說明：在訴說不幸之事的同時哭泣，指示了*gham*‡的在場。[34]基於符際翻譯的結果，第二個過程便是將當地語言的情緒詞語翻譯成研究者語言的語際翻譯——將*gham*這種情緒翻譯為人類學家本身與她的讀者所熟知的「悲痛」（grief）。和所有的翻譯一樣，對等詞並非信手拈來也不是預

---

* *song* 是伊法利克人（Ifaluk）族語中的「不公之憤」、「無可爭議的憤怒」之意，指當有人不遵守伊法利克體系的資源分配或工作時，因為不公平的感覺而發出的合理性憤怒。

† 符際翻譯（intersemiotic translation）：指不同符號之間的轉譯，包括用非語言符號來解釋語言符號，或用語言符號解釋非語言符號。例如以圖像、手勢、數字、電影或音樂代表語言。

‡ *gham* 是巴基斯坦普什圖婦女在某些特定公開場合應該表達悲傷的一種行為，例如新娘在婚禮上應該要痛哭表示她很*gham*；若某名婦人的親友受重傷，這名婦人會遠離這名親友，與其他婦人聚在其他地方痛哭流涕以示她們的*gham*。

先存在的，而是不斷試誤修正後的結果。無論人類學家能否正確地理解情緒，也無論模仿的努力是否成功，都不能夠拍胸膛保證。失敗與成功都是漸進的：夠好的翻譯是能夠避免溝通破裂的翻譯。千萬要記住，溝通也可以成功地創造權力結構與傳遞指令。即使是對情緒的誤讀也可能是一種成功溝通的形式。[35]

那麼，人類學如何幫助我們理解兒童的閱讀與學習經歷呢？對人類學家來說，模仿是學習新情緒與感覺這些情緒的核心。閱讀提供兒童想像未知體驗的空間，兒童可以藉由認同書中角色來觀察並參與其中——不論他們所模仿的情緒和作者賦予主角的情緒是一樣的，或者他們的模仿是建立在文化誤讀之上。在田野現場，人類學家經常借助於當地報導人的翻譯與現場解說。對童書來說，這種功能則建立在敘事結構裡，它提供了一個或多個主角的想法和感受的內在視角。[36]有時田野現場的活動者也許不願意描述他們的內心世界與感受，人類學家只得透過符際翻譯來推斷活動者的情緒；同理，不是所有童書都會在情緒這塊主題上大費唇舌，兒童只得從故事人物在文字或插圖裡的行為表現或肢體語言中來推斷相關知識。[37]由於非語言符號與特定情緒之間具有強烈的文化編碼關係，如果兒童對文化符碼還不夠熟悉就可能會產生一些誤解。人類學家通常是在面對面的情況下作業，彼此間可以進行對話，然而書籍則是沉默的。真正能夠測試翻譯適切性的是持續不斷的溝通；只要兒童保持閱讀，與未知情緒意義的協商就會在某種程度上一直持續進行。此過程唯有在當差距變得太大致使兒童把書闔上，拒絕繼續閱讀書中所描繪的故事與情緒時才會停止——比起人類學家，兒童更握有掌控權，而且在創造他者及其情緒上，更是不能被反駁或違抗。

人類學與全球視野下的情緒史

人類學家對於在一九八〇和九〇年代初新興的情緒研究貢獻良多。透過在世界各地所做的微觀研究，人類學家挑戰了情緒是「天生的」這個淺薄假設，並開啟了文化差異的領域。這也導致人類學成為了生命科學的對立面：如果生命科學代表的是天生和普遍主義，人類學家則代表了後天與相對主義。雖然這種二分法很隨意武斷，但暫時是有幫助的。

不過，近年來主張該是時候繼續往前並克服分歧的聲音愈來愈大。對生命科學來說，這意味著放棄天性與身體是普同的想法，並轉而調查打從人類出生起文化體驗在人身上尤其是在大腦上留下印記的方式。[38]就情緒研究整體而言，生命科學其所能夠具有的貢獻已經被熱烈的討論。[39]至於此舉對於人類學來說可能意味著什麼的討論，相較之下則顯得沉寂——其實不必如此，因為自一九九〇年代中期以來，人類學作為一門學科的發展與轉變以及它所促成的新研究，也指出了有助於克服二分法的思考文化的新方式。

九〇年代加劇的全球化讓歷史學家開始重新思考「國家」扮演的角色（自從歷史這門學科於現代成立以來，國家就一直是這門學科的核心），並將重點轉移到跨國接觸上。對人類學家來說，全球化不只是一段過程，也是一個愈來愈熱門的研究課題。如果「在地」曾經是人類學的核心，那麼新的重點是對「跨地域」和「遷移」的研究。一如詹姆士．克里弗德的名言，對「路徑」（routes）的興趣取代了對「根」（roots）的興趣。[40]愈來愈多人類學家不再把他們的研究局限於遙遠的偏鄉和部落，而將陣地轉移到快速變化的城市與空間裡。邂逅與流動（早期的人類學家當然早已察覺）不再被視為不重要的甚或是令人困擾的，反而經重新定位後成為研究核心。[41]

這促成了在快速的文化變遷下對情緒的新研究，僅舉最近幾部和南亞有關的著作主題為例：經濟全球化的衝擊；新媒體和塔利班對普什圖人愈發重要的情緒影響；都市暴動的情緒機制；印度城市對西方情人節的慶祝；民族主義狂熱的學校教育；以及透過流行電影傳播的男性特質與男性情緒。[42]愈來愈多研究不是在文化內部進行的（如果「內部」這概念仍有意義的話），而是在不同文化之間、在霍米．巴巴稱之為「第三空間」中進行的。[43]這凸顯了一個概念，即文化已經不再是以差異為主要前提。現今已不再是經由人類學家的工作從而創造出不同文化之間首次的智性連結，而是文化本身，它們的相異與相似之處（並非唯一，但相當程度上）即在最初接觸的那一刻就決定了。

這對於想像他者的方式影響深遠，因而也有了跨差異性交流的可能。情緒仍然可視為文化建構的，但如果文化仰賴偶遇多過於差異，情緒的跨文化易讀性就不再需要一個在文化之外與先於文化的普同體——因為在適應文化體（enculturated body）的形貌中，人類學與生命科學能夠找到共識。

人類學家並不是第一群為文化差距架起橋梁的人，他們也不是唯一可以在不同文化之間進行翻譯的權威。他們做的不只是先前建構的建構，同時也是翻譯的翻譯，要與先前的以及當下的翻譯競爭。而這又反過來以新的方式突出了報導人的作用：翻譯並非在於「找到」對等物，而是對話與協商的結果。就如殖民地的遭遇提醒我們的，對話與協商未必會在權力關係外發生，而且也未必是和平的。不論是翻譯文字、文化或情緒，翻譯都是一個操作過程，不斷地創造與再創造溝通所需要的對等物。這些對等物在開始時既不是正確的也不是錯誤的；它們的有效性在於是否能夠發揮它們被設計出來的作用，可讓言語交流以及交流行為繼續下去。[44]

由邂逅而產生的差異已不再是絕對且不經中介之同一性的對立面。我們發現了差異的漸進，而不是全然的二分法：*song* 不同於憤怒，*gham* 不同於悲痛，但語詞與其翻譯也不是完全無關。[45] 我們得放棄「西方與他方」之本質性與本質化＊的區別，將研究轉向瓦爾特・米尼奧羅和芙蕾雅・史威所謂的「西方於他方」以及「他方於西方」。[46] 此外，這意味著不同文化與不同語言之間的翻譯並非迥異於日常翻譯，就像在同一文化裡的差異之間存在著調解。所有的溝通都涉及到將意義從一個語境轉移到另一個語境，這使得我們能「將翻譯視為……整個社會生活中的一種面向」。[47]

對兒童來說也一樣，這種翻譯是他們在書裡書外所接觸和學習的東西。他們將學習和處理未知情緒的能力帶進他們的閱讀：他們已經在日常生活中獲得了這種能力。反過來說，書籍不僅為他們已經碰到或未來會碰到的情緒提供實踐知識，也許更重要的是還帶給他們面對未知事物、翻譯異己的能力。為此，模仿，這種鸚鵡學舌並與他人感同身受的能力，是一種必須學習和加以發展的重要策略。因此，兒童不僅利用他們的模仿能力來學習並嘗試書中所描繪的情緒，還利用書籍進一步學習模仿和轉譯，於是變得能夠跨越差異並交流情感。雖有形形色色的人，但就如吉

＊本質化（essentialize）：預設所有事物都有一個前提或是背後都存有一個事實。

姆·波坦所呈現的：一名小男孩不僅能夠理解曼達勒國的公主，甚至還能跟虛幻巨人、半龍與火車頭變成朋友。[48]這對兒童與動物之間是有可能的相互同理來說，更是如此。[49]

學習閱讀與翻譯跨文化的情緒，只是兒童已經面臨的眾多狀況中一個較突出的具體例子。童書所提供與教導的翻譯，不僅可以當作全球性接觸的指標，還可以看作是因素，而全球性接觸不只局限於移動的貨物與行動者，也涉及了情緒。和全球化一樣，情緒全球化也比地球村「開心的『混雜』」[50]更複雜，同時帶來了新的界限與差異。如前文所說明的，童書不是一味的提供翻譯，它也會攔阻翻譯：要不完全不與外國文學打交道，要不就是使外國文學歸化來淡化與異己的接觸；童書不僅教導讀者如何同理與翻譯情緒，童書也教導讀者如何避免翻譯以及參與他者的情緒。基於大量預先存在的翻譯過程，跨文化情緒的潛在易讀性並不一定有利於實際的理解。童書可以克服異己，但也可以吸收且強化之。[51]除此之外，理解與溝通也未必像眾人長期以來所認為的一種良性活動。溝通可以創造同理心、跨越權力關係，但溝通也包含了傳遞指令。學習理解他人的情緒可以讓人更有效率地管理他人。迅速學會如何理解與應對全球不同情緒之規則和規範的能力，也許可以促進世界和平，但也可能會以將人從一個地域與文化轉移到他方之可能性為前提，從而助長新自由主義的全球化經濟。

學習（用）情緒交流

如前文所述，情緒易讀性可能較少取決於身體的普同性，這個普同性被認為能夠產生一些獨立於文化的基本情緒與其表達方式；情緒易讀性可能較多仰賴於將情緒從一個語境翻譯至另一個語境的可能性與能力。這種翻譯一般來說是不完美的，但通常足以防止溝通斷裂。

翻譯作為應對異己的答案可能發生在不同文化及語言之間，但在日常生活中也能找到它的蹤跡——它跨越了性別、年齡、階級或出身。本文的論點始終如一，即童書對兒童發展這些「翻譯能力」至關重要。童書培養兒童透過模仿、反思以及獲得實踐知識來發展這些翻譯能力。最後一步，我們現在可以對「模仿」的這個範疇進行歷史性說明。即使模仿可能是與生俱來的能力，模仿也得在特定的歷史條件下學習與發展，而這些不同的歷史條件重視及鼓勵模仿的程度不一。

閱讀童書和指南文學能否讓我們追溯出一些模仿與成功之情緒交流的條件？是否所有的情緒都同樣有助於模仿與翻譯？是否有某些情緒比其他情緒更可譯？人很容易就掉入以下論點的誘惑裡，即：不同文化的兒童都會感受到恐懼、憤怒與痛苦等情緒，因此兒童特別容易能夠和主角的感覺連結在一起。而本書各個章節展示了這些看似普世情緒的歷史演變之廣度與深度。一名從文學作品主角身上學到恐懼是可以也應該要克服的兒童，可能很難同理充滿恐懼的主角。[52] 甚至就連痛覺這種與身體關係緊密的情緒範疇，在不同的時間、地點以及個人層面上也可以有天差地別的感受。[53] 如前文所述，翻譯不是找到對等，而是創造對等。即使是透過同理與模仿來翻譯情緒也是如此——如果我們認真看待兒童讀者的創造力，就會發現模仿不會複製所設定的情緒，而是轉化它們。[54]

本文主張，模仿，是透過童書來學習情緒的核心。不過，情緒的模仿學習絕不局限於此媒介而已。撇開幼兒時期模仿面部表情不談，書裡給了模仿哪些文化空間？有哪些慣常做法會讓模仿規律地上演？在這方面，很值得探討宗教傳統與其教導：比如說天主教或什葉派儀式的通俗受難劇鼓勵參與者在肢體和情緒上重演宗教傳統中的關鍵場景，這些通俗受難劇與前述有所關連嗎？宗教教導和布道是否會放大聖經裡的某些短篇敘事（時而卻又平鋪直述的帶過），並提供介紹去說明如何以模仿來參與其中並增補敘事中所遺漏的情緒？透過這類的實踐活動是否會讓人甚至在儀式外也對模仿有正面的評價？接著進一步來說童書：兒童如何學習參與他們聽到的或自己讀到的故事？兒童是否被鼓勵要認同主角、做白日夢、和朋友遊戲時演出書中的場景？這些不同形式的模仿是否會隨著時間改變其相對價值？這些問題經常被擱置在一旁，因為這些問題構成了尋找資料來源的問題。另一方面，指南書經常包含一些討論正確或錯誤閱讀方式的章節[55]，有時書籍本身就會演出其他書籍內容的細節。舉例來說，儘管湯姆早就知道吉姆已經不是奴隸之身了，但他還是要哈克．芬幫忙他嚴格地按照冒險小說*裡的規則來幫助吉姆逃脫。[56]有系統地跟著這些指示走可能是值得的。還是說正相反，家長與教師會擔心兒童過度沉迷於書中世界，或在今日是沉迷於電影和電腦遊戲裡？書籍和電影的商品化，比如說唾手可得的彼得潘、哈利波特戲服，又有何作用？

跟隨著保羅．呂格爾，我們將模仿與童書的敘事結構聯繫了起來，認為是長篇小說與個人視角的優勢提供了兒童參與書中人物的空間。[57]這將需要更多的研究去調查文本在不同的時間與地點被實際閱讀和吸收消化的方式，以確定這是否為唯一的選項——先前已經提過的受難劇以及反覆閱讀的慣常行為[58]，或者是在日常對話中引用童話故事或道德文學裡的榜樣，這些都顯示了將語境添進故事並嵌入兒童日常生活中的不同方式，從而創造原文本可能沒有的模仿選項。考慮到從需要某種翻譯（理解）的書籍，轉移到可以用更直接（但不是無中介）的方式傳送圖像和圖像行為模式的電影時[59]，模仿參與的重要性是什麼？

最後：如果模仿本身是一種文化與社會的習得能力，那麼模仿的歷史情境與關鍵時刻為何？我們已經見到，不同國家對外國兒童文學的翻譯程度很不一樣——參與語言翻譯的意願以及覺得需要有文化翻譯與模仿，這之間是否有關連？權力差異和文化霸權在模仿中如何發揮？從人類學家以他們的情緒與同理心獲取知識，到殖民者為了維持控制而覺得有需要正確地預測民眾的激情何時會被喚醒，像這一種不論何故而僅針對理解他者的模仿，與另一種我們或可稱之為「轉化性模仿」——同理心旨在基於他者來形塑主體情緒的模仿，這兩種模仿之間是否有明確的二分法？

＊　＊　＊

用問題收尾的書往往令人皺眉。但《說不完的故事》讓我們看到，當成人企圖為一切問題找到答案並將世界簡化到只有因與果的境地時，這種企圖將創造出虛無的黑洞。只有當讀者願意放棄他和書籍的安全距離並使自己成為故事一部分時，幻想國才能夠獲救。最後這一頁並不是冒險的終點而是起點。在接下來的路程中，每位讀者都將找到屬於自己的問題與解答，為永保如新的幻想國創造說不完的故事。

＊這些小說包括《勃拉格隆伯爵》、《基督山恩復仇記》、《畢裘拉》。

注釋

1 Ekman, 'Basic Emotions'.

2 列出這些二分法的主要是 Reddy, *Navigation of Feeling*。Plamper 的 *Geschichte und Gefühl* 批判性意識到需要克服此分裂，並且非常具說服力地說明這種意識如何創造出重新解讀生命科學一些基本假設的需求，以及這些假設的新功能可能為何。本章提供了一些同一過程如何與人類學相關的觀點。

3 Frevert et al., *Emotional Lexicons.*

4 見第一章〈蓋斯凱爾夫人的焦慮〉；Pernau et al., *Civilizing Emotions*。

5 見第三章〈阿斯嘉禮的虔誠〉。

6 Lathey, *Role of Translators in Children's Literature.*

7 Goldsmith, 'Found in Translation', 88.

8 關於童話和民間故事的主導，見 Lathey, *Role of Translators in Children's Literature.*

9 見第四章〈拉爾夫的同情心〉。

10 見第七章〈小豬的羞恥〉。

11 一個贊成異化譯法的有力論據，見 Venuti, *Scandals of Translation*; Venuti, *Translator's Invisibility.*

12 見第十一章〈海蒂的思鄉病〉。

13 英譯版：一九四五年《長襪皮皮》（*Pippi Longstocking*）；德語版：一九四九年《長襪皮皮》（*Pippi Langstrumpf*）；法語版：一九五一年《長襪小姐》（*Mademoiselle Brindacier*，忠於原文的法語全譯版直到一九九〇年代才出現）。

14 Lathey, *Role of Translators in Children's Literature*; Blume, *Pippi Långstrumps Verwandlung zur dame-bien-élevée.*

15 見第十一章〈海蒂的思鄉病〉。

16 不過這裡強調原文已是多元接觸與文化翻譯的成品之概念，和 Walter Benjamin 是不同的，後者概念是建立在「純語言」（pure language）為前提上，而「原文」和「翻譯」只是邁向純語言的過程而已。見 Benjamin,

'Task of the Translator'。

17 對西方讀者來說，默克奇的《花頸鴿》可視為一本網羅了從印度教神話到東方主義與自我東方化的翻譯書籍，其文章卻不見任何原文。見 Dhan Gopal Mukerji 的 *Gay-Neck*，另見第三章〈阿斯嘉禮的虔誠〉。

18 Thomson-Wohlgemuth, 'Flying High'.

19 見第二章〈狄肯的信任〉。

20 Oral communications, Delhi, March 2012. 這種態度與當時俄國成人文學翻譯作品的影響形成對比。另見 Panandiker, 'Soviet Literature for Children and Youth'.

21 見第七章〈小豬的羞恥〉。

22 見第十二章〈英格麗的無聊〉。

23 例如旨在展示從母系社會發展到父系社會的親屬關係研究，見 Maine, *Ancient Law*; Engels, *Origin of the Family.*

24 Geertz, 'Thick Description', 14.

25 Briggs, *Never in Anger*; Lindholm, *Generosity and Jealousy*; Ewing, *Arguing Sainthood.*

26 Lutz, *Unnatural Emotions*; Abu-Lughod, *Veiled Sentiments.*

27 Lutz, 40–7.

28 Reddy, 'Against Constructivism'.

29 著名的例子見 Briggs, *Never in Anger.*

30 Lutz, *Unnatural Emotions*, 155–82.

31 Wikan, 'Managing the Heart to Brighten Face and Soul'.

32 Davies and Spencer, *Emotions in the Field.* 感謝 Monique Scheer 提供這筆資料。

33 Munday, 'Issues in Translation Studies'.

34 Grima, *The Performance of Emotions among Paxtun Women.*

35 Fuchs, 'Soziale Pragmatik des Übersetzens'.
36 見第六章〈溫蒂的愛〉。
37 見第八章〈勒布拉克的痛〉。
38 見 Choudhury and Slaby, *Critical Neuroscience.*
39 尤見 Plamper, *Geschichte und Gefühl*, 177–294，他將這個討論帶入了新的層次。
40 Clifford, *Routes.* 以及 Appadurai, *Modernity at Large* 和 Hannerz, *Transnational Connections*, 後一本書標誌著人類學走向新的文化概念。
41 Markovits, Pouchepadass, and Subrahmanyam, *Society and Circulation.*
42 Marsden, *Living Islam*; Blom, '2006 Anti-Danish Cartoons Riot in Lahore'; Brosius, 'Love in the Age of Valentine and Pink Underwear'; Bénéï, *Schooling Passions*; Osella and Osella, *Men and Masculinities in South India.*
43 Rutherford, 'Third Space'.
44 Fuchs, 'Übersetzen und Übersetzt-Werden'; Buzelin, 'Translation Studies, Ethnography and the Production of Knowledge'.
45 Shimada, 'Zur Asymmetrie in der Übersetzung von Kulturen'.
46 Mignolo and Schiwy, 'Double Translation'.
47 Fuchs, 'Reaching Out', 21.
48 見第九章〈吉姆．波坦的恐懼〉。
49 見第五章〈杜立德醫生的同理心〉。
50 Ahuja, 'Mobility and Containment', 112.
51 關於殖民者與被殖民者之間的溝通，見第二章〈狄肯的信任〉；第四章〈拉爾夫的同情心〉。
52 見第九章〈吉姆．波坦的恐懼〉。
53 見第八章〈勒布拉克的痛〉。

54 見第五章〈杜立德醫生的同理心〉。

55 Bilston, 'It is Not What We Read'.

56 Twain, *Adventures of Huckleberry Finn*, 301–62.

57 見本書導論；另見第六章〈溫蒂的愛〉。

58 見第十章〈伊凡的勇敢〉。

59 見第六章〈溫蒂的愛〉。

參考書目

一手資料

Ackermann, Eduard, *Die häusliche Erziehung* (Langensalza: Beyer, 1888).

Adams, Richard, *Watership Down* (London: Rex Collings, 1972).

Ahmad, Shamsululuma Maulvi Nazir, *The Bride's Mirror: A Tale of Life in Delhi a Hundred Years Ago*, trans. G. E. Ward (London: Frowde, 1903) [Urd. orig., *Mirat ul arus* (1869)] <http://archive.org/details/bridesmirror030546mbp> accessed 27 May 2013.

Aldrich, Charles Anderson, and Mary M. Aldrich, *Babies are Human Beings: An Interpretation of Growth* (New York: Macmillan, 1938).

Allfrey, Katherine, *Golden Island*, trans. Edelgard von Heydekampf Bruehl (Garden City, N.Y.: Doubleday, 1966) [Ger. orig., *Delphinensommer* (1963)].

Amendt, Günter, *Sexfront* (Frankfurt am Main: März, 1970).

Anon., *Biography of a Spaniel* (London: Minerva, 1803).

Anon., *Boys and their Ways: A Book for and about Boys: By One Who Knows Them* (London: Hogg, 1880).

Anon., *Encyklopädie der Pädagogik vom gegenwärtigen Standpunkte der Wissenschaft und nach den Erfahrungen der gefeiertsten Pädagogen aller Zeit bearbeitet von einem Vereine praktischer Lehrer und Erzieher*, i (Leipzig: Schäfer, 1860).

Anon., *Fünf Finger sind eine Faust* (Berlin: Basis, 1969).

Anon., *Girls and Their Ways: A Book For and About Girls. By One Who Knows Them* (London: Hogg, 1881).

Anon., 'Kirschenmütterchen', in Gumpert, Thekla von, ed., *Herzblättchens Zeitvertreib: Unterhaltungen für kleine Knaben und Mädchen zur Herzensbildung und Entwickelung der Begriffe*, xxix (Glogau: Flemming, 1884), 26–9.

Anon., 'Letters to a Younger Brother: No. XIII', *Sunday School Journal & Advocate of Christian Education*, 4/22 (1834), 88.

Anon., *Martin, der Mars-Mensch* (Berlin: Basis, [1970]).

Anon., 'Pädagogische Schläge sind Schläge des Liebhabers (1887)', in Katharina Rutschky, ed., *Schwarze Pädagogik: Quellen zur Naturgeschichte der bürgerlichen Erziehung* (Frankfurt am Main: Ullstein, 1977), 433–7.

Anon., Review of P. V. Zasodimskii, *Dedushkiny rasskazy i skazki*, in S. V. Kurnin, *Chto chitat' detiam? Sbornik retsenzii iz zhurnalov, preimushchestvenno pedagogicheskikh: Posobie pri izuchenii detskoi literatury* (Moscow: Solntsev, 1900), 19.

Anon., Review of *Sto rasskazov iz zhizni zhivotnykh*, in S. V. Kurnin, *Chto chitat' detiam? Sbornik retsenzii iz zhurnalov, preimushchestvenno pedagogicheskikh: Posobie pri izuchenii detskoi literatury* (Moscow: Solntsev, 1900), 53.

Anon., 'A Scene from Real Life: The Book Club', *Mother's Assistant and Young Lady's Friend*, 5/4 (1844), 73–82.

Anon., *Struwwelliese* (n.p., n.d. [c.1890]), <http://www.digibib.tu-bs.de/?docid=00000576> accessed 24 May 2013.

Anon., 'Theater Rote Grütze', *Das Blatt*, 57 (1975), 19.

Anon., 'Tierschutz', in *Brockhaus' Conversations-Lexikon: Allgemeine deutsche Real-Encyklopädie*, xv (13th rev. edn, Leipzig: Brockhaus, 1886), 693.

Anon., 'Was heißt hier Liebe?', *Das Blatt*, 132 (1978), 31.

Arthur, Robert, *The Secret of Terror Castle* (New York: Random House, 1964).

Arthur, Robert, and others, *Alfred Hitchcock and The Three Investigators*, American Series, 55 vols (New York: Random

House, 1964–90).

Atkinson, Eleanor, *Greyfriars Bobby* (New York: Harper, 1912).

Auslender, Sergei, *Dni boevye* (2nd edn, Moscow: Guosudarstvennoe izdatel'stvo, 1926).

Ayodhya Prasad, *Guldastah-e tahzib* (Bareilly: Matba-e Society, 1969).

Baden-Powell, Agnes, *The Handbook for Girl Guides, or, How Girls Can Help to Build Up the Empire* (London: Nelson, 1912).

Baden-Powell, Robert, *Rovering to Success: A Book of Life-Sports for Young Men* (London: Jenkins, 1922).

Baden-Powell, Robert, *Scouting for Boys: A Handbook for Instruction in Good Citizenship* (London: Cox, 1908).

Bahnmaier, Jonathan Friedrich, 'Ein Wort für junge Töchter', *Cäcilia: Ein wöchentliches Familienblatt für Christensinn und Christenfreuden*, 1 (1817), 130–4.

Baker, Stephen, *How to Live with a Neurotic Dog* (Englewood Cliffs, N. J.: Prentice-Hall, 1960).

Ballantyne, R. M., *The Coral Island: A Tale of the Pacific Ocean* (1858; Edinburgh: Chambers, 1870).

Ballantyne, R. M., *Im Banne der Koralleninsel*, trans. Eugen von Beulwitz (Berlin: Deutsche Buch Gemeinschaft, n.d. [c.1965]) [Eng. orig., *The Coral Island: A Tale of the Pacific Ocean* (1858)].

Barrie, J. M., *The Little White Bird* (London: Hodder & Stoughton, 1902).

Barrie, J. M., *Peter and Wendy* (New York: Scribner, 1911).

Barrie, J. M., *Peter Pan*, trans. Ursula von Wiese (Düsseldorf: Hoch, 1964) [Eng. orig., *Peter and Wendy* (1911)].

Barrie, J. M., *Peter Pan in Kensington Gardens: From the Little White Bird* (London: Hodder & Stoughton, 1906).

Barrie, J. M., *Peter Pan oder Das Märchen vom Jungen der nicht gross werden wollte*, trans. Erich Kästner (Berlin: Bloch, n.d. [c.1950]) [Eng. orig., *Peter Pan, or, the Boy Who Wouldn't Grow Up* (1904)].

Barrie, J. M., *Peter Pan, or, the Boy Who Wouldn't Grow Up* (1904; London: Hodder & Stoughton, 1928).

Basu, Girindrasekhar (= Bose, Girindrasekhar), 'Śiśur man', *Prabasi*, 29 (1336 [1929]), 798–808.

Baum, L. Frank, *The Wonderful Wizard of Oz* (Chicago: Hill, 1900).

Becker, Liane, *Die Erziehungskunst der Mutter: Ein Leitfaden der Erziehungslehre* (München-Gladbach: Volksverein, 1908).

Beecher-Stowe, Harriet, *Uncle Tom's Cabin; or, Life Among the Lowly*, 2 vols (Boston: John P. Jewett, 1852).

Bell, Mary Hayley, *Whistle Down the Wind: A Modern Fable* (London: Boardman, 1958; London: Hodder Children's, 1997).

Blackwell, Elizabeth, *Counsel to Parents on the Moral Education of their Children, in Relation to Sex* (2nd rev. edn, London: Hatchards, 1879).

Blume, Judy, *Are You There, God? It's Me, Margaret* (New York: Dell, 1970; London: Macmillan, 2010).

Blume, Judy, *Blubber* (New York: Bradbury, 1974).

Blyton, Enid, *The Famous Five* series, 21 vols (London: Hodder & Stoughton, 1942–62).

Blyton, Enid, *First Term at Malory Towers* (London: Methuen, 1946).

Blyton, Enid, *Five on a Treasure Island* (1942; 6th edn, London: Hodder & Stoughton, 1949).

Blyton, Enid, *Hanni und Nanni gründen einen Klub* (Munich: Schneider, 1971).

Blyton, Enid, *Hanni und Nanni in tausend Nöten* (Munich: Schneider, 1974).

Blyton, Enid, *Malory Towers* series, 6 vols (London: Methuen, 1946–51).

Blyton, Enid, *The Six Bad Boys* (London: Lutterworth, 1951).

Blyton, Enid, *St. Clare's* series, 6 vols (London: Methuen, 1941–45).

Blyton, Enid, *The Twins at St. Clare's: A School Story For Girls* (1941; London: Methuen, 1953).

Boie, Kirsten, *Juli und das Monster* (Weinheim: Beltz & Gelberg, 1995).

Bonsels, Waldemar, *The Adventures of Maya the Bee*, trans. Adele Szold Seltzer and Arthur Guiterman (New York: Seltzer, 1922) [Ger. orig., *Die Biene Maja und ihre Abenteuer* (1912)].

Borchardt, Julian, *Wie sollen wir unsere Kinder ohne Prügel erziehen?* (Berlin: Buchhandlung Vorwärts, 1905).

Bose, Girindrasekhar (= Basu, Girindrasekhar), *Everyday Psychoanalysis* (Calcutta: Mis Susil Gupta, 1945).

Bovet, Theodor, *Von Mann zu Mann: Eine Einführung ins Reifealter für junge Männer* (Bern: Haupt, 1943; Tübingen: Katzmann, 1950).

Bowlby, John, 'The Influence of Early Environment in the Development of Neurosis and Neurotic Character', *International Journal of Psycho-Analysis*, 21 (1940), 154–78.

Bowlby, John, 'Maternal Care and Mental Health', in World Health Organization, ed., *Bulletin of the World Health Organization*, iii-3 (Geneva: WHO, 1951), 355–533.

Bowlby, John, *Child Care and the Growth of Love* (London: Penguin, 1953).

Bozhenko, Konstantin, *Prikliuchenie malen'kogo trubacha* (Moscow: Mirimanov, 1927).

Braun, Joachim, *Schwul und dann? Ein Coming-out-Ratgeber* (Berlin: Querverlag, 2006).

Brehm, Alfred Edmund, *The Animals of the World: Brehm's Life of Animals; A Complete Natural History for Popular Home Instruction and for the Use of Schools: Mammalia, trans. from the 3rd German edition* (Chicago: Marquis, 1895) [Ger. orig., *Brehms Tierleben: Allgemeine Kunde des Tierreichs*, 10 vols, Eduard Pechuel-Loesche, ed. (3rd rev. edn, 1890–3)].

Brehm, Alfred Edmund, *From North Pole to Equator: Studies of Wild Life and Scenes in Many Lands*, ed. J. Arthur Thomson, trans. Margaret R. Thomson (London: Blackie, 1896).

Brehm, Alfred Edmund, *Illustrirtes Thierleben: Eine allgemeine Kunde des Thierreichs*, 6 vols (Hildburghausen: Bibliographisches Institut, 1864–69).

Brink, Carol Ryrie, *Caddie Woodlawn* (New York: Macmillan, 1935).

Brock, Peter, *Bine und die Parkoma* (Berlin: Kinderbuchverlag, 1978).

Brock, Peter, *Ich bin die Nele* (Berlin: Kinderbuchverlag, 1975).

Brontë, Charlotte, *Jane Eyre: An Autobiography* (London: Smith, Elder, and Company, 1847).

Brown, Marc, *Arthur Goes To Camp* (Boston: Little, Brown, 1982).

Brückner, Heinrich, and Ingrid Blauschmidt, *Denkst Du schon an Liebe? Fragen des Reifealters—dargestellt für junge Leser* (Berlin: Kinderbuchverlag, 1976).

Bruckner, Karl, *The Day of the Bomb*, trans. Frances Lobb (London: Burke, 1962) [Ger. orig., *Sadako will leben* (1961)].

Bundesen, Hermann N., *Toward Manhood* (Philadelphia: Lippincott, 1951).

Burnett, Frances Hodgson, *Little Lord Fauntleroy* (New York: Scribner, 1886).

Burnett, Frances Hodgson, *The Secret Garden* (New York: Stokes, 1911).

Busch, Wilhelm, *Max and Maurice: A Juvenile History in Seven Tricks*, trans. Charles T. Brooks (New York: Roberts, 1871) [Ger. orig., *Max und Moritz: Eine Bubengeschichte in sieben Streichen* (1865)].

Campe, Joachim Heinrich, *Ueber Empfindsamkeit und Empfindelei in pädagogischer Hinsicht* (Hamburg: Herold, 1779).

Campe, Joachim Heinrich, *Robinson the Younger*, 2 vols (Hamburg: Bohn, 1781/2) [Ger. orig., *Robinson der Jüngere, zur angenehmen und nützlichen Unterhaltung für Kinder*, 2 vols (1779/80)].

Carroll, Lewis, *Alice's Adventures in Wonderland* (1865; London: Macmillan, 1866).

Caspari, Tina, *Bille und Zottel* series, 21 vols (Munich: Schneider, 1976–2003).

Chamberlain, V. C., *Adolescence to Maturity: A Practical Guide to Personal Development, Fulfilment, and Maturity* (London: Lane, 1952; Harmondsworth: Penguin, 1959).

Chapple, J. A. V., and Anita Wilson, eds., *Private Voices: The Diaries of Elizabeth Gaskell and Sophia Holland* (Keele: KUP, 1996).

Chaturbhuja Sahaya, *Maandan-e akhlaq*, 2 vols (Gujranwala: Matba-e Gyan, 1879).

Chomton, Werner, *Weltbrand von Morgen: Ein Zukunftsbild* (Stuttgart: Thienemann, 1934).

Clark, Ann Nolan, *Secret of the Andes* (New York: Viking, 1952).

Coerr, Eleanor, *Sadako and the Thousand Paper Cranes* (New York: Putnam, 1977).

Collodi, Carlo, *The Story of a Puppet, or, The Adventures of Pinocchio*, trans. M. A. Murray (London: Fisher Unwin, 1892) [Ita. orig., *Le avventure di Pinocchio* (1883)].

Combe, Andrew, *Principles of Physiology Applied to Health and Education: And the Improvement of Physical and Mental Education* (Edinburgh: Black, 1834).

Comfort, Alex, and Jane Comfort, *The Facts of Love: Living, Loving, and Growing Up* (New York: Ballantine, 1979).

Cooper, James Fenimore, *The Deerslayer, or, The First War-Path: A Tale* (Philadelphia: Lea and Blanchard, 1841).

Cooper, James Fenimore, *Leatherstocking Tales*, 5 vols (New York: Wiley/Philadelphia: Lea & Blanchard / Carey & Lea, 1823–41).

Darwin, Charles, 'A Biographical Sketch of an Infant', *Mind*, 2/7 (1877), 285–94.

Darwin, Charles, *The Voyage of the Beagle*, 3 vols, The Harvard Classics 29 (1838–9 as *Voyages of the Adventure and Beagle*; New York: Collier, 1937).

Datta, Arup Kumar, *The Kaziranga Trail* (New Delhi: Children's Book Trust, 1979).

Defoe, Daniel, *Robinson Crusoe* (London: Taylor, 1719 as *The Life and Strange Surprizing Adventures of Robinson Crusoe, of York, Mariner: Who Lived Eight and Twenty Years, All Alone in an Un-Inhabited Island on the Coast of America, Near the Mouth of the Great River Oroonoque; Having Been Cast on Shore by Shipwreck, Wherein All the Men Perished but Himself. With an Account How He Was at Last As Strangely Deliver'd by Pyrates*).

Derwent, Lavinia, *The Story of Peter Pan, retold by Lavinia Derwent, from the original story by J.M. Barrie* (Glasgow: Collins, 1957).

Dickens, Charles, *Bleak House*, 4 vols (Leipzig: Tauchnitz, 1852–3).

Dickens, Charles, *Oliver Twist, or, the Parish Boy's Progress* (London: Bentley, 1838).

Dielitz, Theodor, 'Alpen-Wanderung', in *Lebensbilder: Der Jugend vorgeführt* (Berlin: Winckelmann, n.d. [c.1840]), 64–

86.
Diessel, Hildegard, *Resi hat Heimweh* (Göttingen: Fischer, 1971).
Dixon, Franklin W., *The Tower Treasure* (New York: Grosset & Dunlap, 1927).
Donnelly, Elfie, *So long, Grandpa*, trans. Anthea Bell (London: Anderson, 1980) [Ger. orig., *Servus Opa, sagte ich leise* (1977)].
Donovan, John, *I'll Get There: It Better Be Worth the Trip* (New York: Evanstone, 1969).
Dorokhov, P., *Syn bol'shevika* (Moscow: Gosudarstvennoe izdatel'stvo, 1928).
Druon, Maurice, *Tistou of the Green Fingers*, trans. Humphrey Hare (London: Hart-Davis, 1958) [Fre. orig., *Tistou les pouces verts* (1957)].
Dumont, Léon, *Théorie scientifique de la sensibilité: Le plaisir et la peine* (Paris: Baillière, 1875).
Durian, Wolf, *Kai aus der Kiste: Eine ganz unglaubliche Geschichte* (Leipzig: Schneider, 1926).
Dyer, E. P., 'Virtue', *Mother's Assistant and Young Lady's Friend*, 1 (1853), 191.
Edgeworth, Maria, 'Angelina, or, L'Amie Inconnue', in *Moral Tales for Young People*, ii (1801; 2nd edn, London: Johnson, 1806), 147–255.
Edgeworth, Maria, 'The Bracelets', in *The Parent's Assistant, or, Stories for Children*, iii (3rd edn, London: Johnson, 1800), 3–75.
Edgeworth, Maria, 'Frank', in *Early Lessons: In Four Volumes*, iii (4th edn, London: Hunter, 1821), 1–168.
Edgeworth, Maria, 'The Manufacturers', in *Popular Tales*, ii (London: Johnson, 1804), 283–367.
Edgeworth, Maria, 'Rosamond', in *Early Lessons: In Four Volumes*, ii (9th edn, London: Hunter, 1824), 1–167.
Edgeworth, Maria, 'Rosanna', in *Popular Tales*, ii (London: Johnson, 1804), 81–196.
Edgeworth, Maria, and Robert Lovell Edgeworth, *Practical Education* (London: Johnson, 1798).
Ende, Michael, *The Grey Gentlemen*, trans. Frances Lobb (London: Burke, 1974) [Ger. orig., *Momo: oder, Die seltsame*

Geschichte von den Zeit-Dieben und von dem Kind, das den Menschen die gestohlene Zeit zurückbrachte (1973)].

Ende, Michael, *Jim Button and Luke the Engine Driver*, trans. Renata Symonds (London: Harrap, 1963) [Ger. orig., *Jim Knopf und Lukas der Lokomotivführer* (1960)].

Ende, Michael, *Jim Knopf und die Wilde 13* (Stuttgart: Thienemann, 1962).

Ende, Michael, *The Neverending Story*, trans. Ralph Manheim (London: Penguin, 1983) [Ger. orig., *Die unendliche Geschichte* (1979)].

Faber, Kurt, *Rund um die Erde: Irrfahrten und Abenteuer eines Greenhorns* (Ludwigshafen: Lhotzky, 1924).

Farley, Walter, *The Black Stallion* series, 31 vols (New York: Random House, 1941–).

Farman, John, *Keep Out of the Reach of Parents: A Teenager's Guide to Bringing Them Up* (London: Piccadilly, 1992).

Farningham, Marianne, *Girlhood* (London: Clarke, 1869).

Farrar, Frederic W., *Eric, or, Little by Little* (2nd edn, Edinburgh: Black, 1858).

Faßbinder, Nikolaus, *Am Wege des Kindes: Ein Buch für unsere Mütter* (Freiburg im Breisgau: Herdersche Verlagshandlung, 1916).

Fehrmann, Helma, and Peter Weismann, *Und plötzlich willste mehr: Die Geschichte von Paul und Paulas erster Liebe* (Munich: Weismann, 1979).

Fehrmann, Helma, Jürgen Flügge, and Holger Franke, *Was heisst hier Liebe? Ein Spiel um Liebe und Sexualität für Leute in und nach der Pubertät* (Munich: Weismann, 1977).

Finding Neverland, Marc Forster, dir. (Miramax, 2004) [film].

Fischer, Jochen, *Nicht Sex sondern Liebe: Eine Orientierungshilfe für junge Menschen* (Hamburg: Furche, 1966).

Flerov, A. E., *Ukazatel' knig dlia detskogo chteniia: V vozraste 7–14 let* (Moscow: Tikhomirov, 1905).

Foerster, Friedrich Wilhelm, *Jugendlehre: Ein Buch für Eltern, Lehrer und Geistliche* (51–55 Thousand edn, Berlin: Reimer, 1911).

Foerster, Friedrich Wilhelm, *Lebensführung* (Berlin: Reimer, 1909; 123–32 Thousand edn, Erlenbach-Zürich: Rotapfel, 1924).

Foerster, Friedrich Wilhelm, *Lebenskunde: Ein Buch für Knaben und Mädchen* (Berlin: Reimer, 1904).

Frenssen, Gustav, *Peter Moors Fahrt nach Südwest: Ein Feldzugsbericht* (New York: Holt, 1914).

Frenssen, Gustav, *Peter Moor's Journey to Southwest Africa: A Narrative of the German Campaign*, trans. Margaret May Ward (Boston: Houghton & Mifflin, 1908) [Ger. orig., *Peter Moors Fahrt nach Südwest: Ein Feldzugsbericht* (1906)].

Freud, Anna, *Introduction to the Technique of Child Analysis*, trans. L. Pierce Clark (New York: Nervous and Mental Disease Publishing, 1928) [Ger. orig., *Einführung in die Technik der Kinderanalyse: Vier Vorträge am Lehrinstitut der Wiener Psychoanalytischen Vereinigung* (1927)].

Freud, Sigmund, ' "A Child is Being Beaten": A Contribution to the Study of the Origin of Sexual Perversions', in James Strachey, ed., *The Standard Edition of the Complete Psychological Works of Sigmund Freud, xvii, (1917–19): An Infantile Neurosis And Other Works*, trans. James Strachey (London: Hogarth, 1955), 179–204.

Freud, Sigmund, 'Analysis of a Phobia in a Five-Year-Old Boy', in James Strachey, ed., *The Standard Edition of the Complete Psychological Works of Sigmund Freud, x, (1909): Two Case Histories ('Little Hans' and the 'Rat Man')*, trans. James Strachey (London: Hogarth, 1975), 3–152.

Freud, Sigmund, *Three Essays on the Theory of Sexuality*, trans. James Strachey (London: Imago, 1949) [Ger. orig., *Drei Abhandlungen zur Sexualtheorie* (1905)].

Furman, Petr Romanovich, *Aleksandr Vasil'evich Suvorov* (Moscow: Stupin, 1914).

Gaidar, Arkady, *Chetvertyi blindazh* (Moscow: Izdatel'stvo detskoi literatury, 1936).

Gaidar, Arkady, *R.V.S.* (Moscow: n.p., 1926).

Gaidar, Arkady, *School*, trans. Bernard Isaacs (Moscow: Progress, 1967) [Rus. orig., *Shkola* (1930)].

Gaidar, Yegor, *Days of Defeat and Victory*, trans. Jane Ann Miller (Seattle: University of Washington Press, 1999) [Rus.

orig., *Dni porazhenii i pobed* (1996)].

Garshin, Vsewolod, 'Four Days', in Stephen Graham, ed., *Great Russian Short Stories* (London: Benn, 1929; New York: Liveright, 1959), 476–89 [Rus. orig., *Chetyre dnia* (1877)].

Geifrig, Werner, *Bravo, Girl! Ein Stück für Lehrlinge, junge Arbeiter, Schulabgänger und ihre Eltern*, Reihe Materialien—Theater (Munich: Weismann, 1975).

Geißler, Maximilian, and Andrea Przyklenk, *Ich mach mir nichts aus Mädchen: Wenn Jungs schwul sind: Ein Ratgeber* (Munich: Kösel, 1998).

Gesell, Arnold, *Infancy and Human Growth* (New York: Macmillan, 1928).

Gesell, Arnold, *The Mental Growth of the Pre-School Child: A Psychological Outline of Normal Development from Birth to the Sixth Year, including a System of Developmental Diagnosis* (New York: Macmillan, 1925).

Gesell, Arnold, and Frances L. Ilg, *Infant and Child in the Culture of Today: The Guidance of Development in Home and Nursery School* (New York: Harper, 1943).

Gockel, Ottilie, 'Warum?', in Thekla von Gumpert, ed., *Herzblättchens Zeitvertreib: Unterhaltungen für kleine Knaben und Mädchen zur Herzensbildung und Entwickelung der Begriffe,* xxxvi (Glogau: Flemming, 1891), 34–8.

Godon, Ingrid, and André Sollie, *Hello, Sailor* (London: Macmillan, 2002) [Dut. orig., *Wachten op Matroos* (2000)].

Golding, William, *Lord of the Flies* (London: Faber & Faber, 1954).

Goscinny, René, *Young Nicolas*, trans. Stella Rodway (London: Hutchinson, 1961) [Fre. orig., *Le petit Nicolas* (1960)].

Grahame, Kenneth, *The Wind in the Willows* (New York: Scribner, 1908).

Gromov, A., *Za 'obchee delo' (Pet'ka Zhigan): Povest' dlia detei iz vremen bor'by sibirskikh partizans s Kolchakom* (Moscow: Mirimanov, 1926).

Grossmann, Thomas, *Schwul—na und?* (Reinbek bei Hamburg: Rowohlt, 1981).

Gumpert, Thekla von, *Die Herzblättchen: Erzählungen aus dem Familienleben und der Natur für kleine Kinder* (Glogau:

Flemming, 1855–6×1857).

Haan, Linda de, *King & King* (Berkeley: Tricycle, 2002) [Dut. orig., *Koning en Koning* (2000)].

Haarer, Johanna, *Die deutsche Mutter und ihr erstes Kind* (1934; 500–32 Thousand edn, Munich: Lehmann, 1943).

Haarer, Johanna, *Unsere kleinen Kinder* (Munich: Lehmanns, 1936).

Hall, G. Stanley, *Adolescence: Its Psychology and Its Relations to Physiology, Anthropology, Sociology, Sex, Crime, Religion and Education*, 2 vols (New York: Appleton, 1904).

Hall, G. Stanley, *The Contents of Children's Minds on Entering School* (New York: Kellogg, 1893).

Hall, G. Stanley, 'A Study of Fears', *American Journal of Psychology*, 8/2 (1897), 147–249.

Hall, G. Stanley, *Youth: Its Education, Regimen and Hygiene* (New York: Appleton, 1906).

Hanswille, Reinert, *Liebe und Sexualität: Ein Buch für junge Menschen* (Munich: Kösel, 1986).

Härtling, Peter, *Ben Loves Anna*, trans. J. H. Auerbach (Woodstock, N.Y.: Overlook Press, 1990) [Ger. orig., *Ben liebt Anna* (1979)].

Härtling, Peter, *Crutches*, trans. Elizabeth D. Crawford (New York: Lothrop, Lee & Shepard, 1988) [Ger. orig., *Krücke* (1986)].

Härtling, Peter, *Theo Runs Away,* trans. Anthea Bell (London: Anderson, 1978) [Ger. orig., *Theo haut ab* (1977)].

Härtter, Richard, *Warum lieben sich Mann und Frau und woher kommen die Kinder? Eine Unterweisung für Jungen und Mädchen von 9 bis 11 Jahren* (Recklinghausen: Bitter, 1967).

Hassebrauk, Marianne, *Heimweh nach dem Rosenhof* (Munich: Schneider, 1962).

Hassencamp, Oliver, *Burg Schreckenstein* series, 27 vols (Munich: Schneider, 1959–88).

Haugen, Tormod, *The Night Birds*, trans. Sheila La Farge (London: Collins, 1985) [Nor. orig., *Nattfuglene* (1975)].

Heitefuß, Clara, *Mutter und Kind* (2nd edn, Barmen: Biermann, 1913).

Held, Kurt, *The Outsiders of Uskoken Castle*, trans. Lynn Aubrey (Garden City, N.Y.: Doubleday, 1967) [Ger. orig., *Die*

Rote Zora und ihre Bande (1941)].

Hément, Félix, *Petit traité des punitions et des récompenses: À l'usage des maîtres et des parents* (Paris: Carré, 1890).

Hempe, Hans, *Pitzelchen hat kein Heimweh* (Göttingen: Fischer, 1969).

Henning, Frieda, *Fata Morganas alte und neue Heimat: Eine Kindergeschichte* (Bielefeld: Verlagshandlung der Anstalt Bethel, 1922).

Hesse, Hermann, *The Prodigy*, trans. W. J. Strachan (London: Owen & Vision, 1947) [Ger. orig., *Unterm Rad* (1906)].

Hetzer, Hildegard, *Seelische Hygiene! Lebenstüchtige Kinder! Richtlinien für die Erziehung im Kleinkindalter* (1930; 5th rev. edn, Lindau (Bodensee): Kleine Kinder, 1940).

Hilliard, Marion, *Problems of Adolescence: A Woman Doctor's Advice on Growing Up* (London: Macmillan, 1960).

Hitlerjunge Quex: Ein Film vom Opfergeist der deutschen Jugend, Hans Steinhoff, dir. (UFA, 1933, banned) [film].

Hoban, Russell, *Bedtime for Frances* (New York: Harper, 1960).

Hodann, Max, *Bub und Mädel: Gespräche unter Kameraden über die Geschlechterfrage* (1924; 5th edn, Rudolstadt: Greifenverlag, 1926).

Hodann, Max, *Woher die Kinder kommen: Ein Lehrbuch für Kinder lesbar* (Rudolstadt: Greifenverlag, 1926) repr. as *Bringt uns wirklich der Klapperstorch? Ein Lehrbüchlein für Kinder lesbar* (Berlin: Universitas, 1928).

Hofer, Johannes, *Dissertatio medica de nostalgia, oder Heimwehe* (Basel: Bertsche, 1688).

Hoffer, Eric, 'Long Live Shame!', *New York Times* (18 October 1974), 41.

Hoffmann, E. T. A., *The Life And Opinions of the Tomcat Murr Together with a Fragmentary Biography of Kappelmeister Johannes Kreisler on Random Sheets of Waste Paper*, trans. Anthea Bell (London: Penguin, 1999) [Ger. orig., *Lebens-Ansichten des Katers Murr nebst fragmentarischer Biographie des Kapellmeisters, Johannes Kreisler in zufälligen Makulaturblättern*, 2 vols (1819/21)].

Hoffmann, Heinrich, *Der Struwwelpeter oder lustige Geschichten und drollige Bilder* (Frankfurt am Main: Literarische

Anstalt, [1858]).

Hoffmann, Heinrich, *Slovenly Peter (Struwwelpeter), or, Happy Tales and Funny Pictures Freely Translated by Mark Twain* (New York: Harper, 1935) [Ger. orig., *Struwwelpeter bzw. Lustige Geschichten und drollige Bilder mit 15 schön kolorierten Tafeln für Kinder von 3–6 Jahren* (1845)].

Holman, Felice, *Slake's Limbo* (New York: Scribner, 1974).

Hook, Steven Spielberg, dir. (Amblin Entertainment, 1991) [film].

Horney, Karen, 'On the Genesis of the Castration Complex in Women', *International Journal of Psycho-Analysis*, 5 (1924), 50–65.

Hornschuh, Heike, *Ich bin 13: Eine Schülerin erzählt: Aufgeschrieben von Simone Bergmann* (1974; 135–7 Thousand edn, Reinbek bei Hamburg: Rowohlt, 1993).

[Hughes, Thomas], *Notes for Boys (and Their Fathers) on Morals, Mind and Manners: By an Old Boy* (London: Stock, [1885]).

Hughes, Thomas, *Tom Brown's School Days: By an Old Boy* (Cambridge: Macmillan, 1857).

Hughes, Thomas, *True Manliness: From the Writings of Thomas Hughes* (Boston: Lothrop, 1880).

Huntingford, Edward, *Advice to School-Boys: Sermons on Their Duties, Trials, and Temptations* (London: Bickers, 1877).

Husain, Zakir, 'Abbu Khan ki bakri', in *Abbu Khan ki Bakri aur Chauda aur Kahaniyan* (1963; Delhi: Maktaba Jamia, 2009), 9–21.

Husain, Zakir, 'Akhri Qadam', in *Abbu Khan ki Bakri aur Chauda aur Kahaniyan* (Delhi: Maktaba Jamia, 2009), 64–70.

Husain, Zakir, *The Bravest Goat in the World, trans. Samina Mishra, and Sanjay Muttoo* (Delhi: Young Zubaan, Pratham, 2004) [Urd. orig., *Abbu Khan ki bakri* (2009)].

Husain, Zakir, 'The Final Step', in Saiyyida Hameed Saiyadain, ed., *Zakir Husain: Teacher Who Became President* (New

Delhi: Indian Council for Cultural Relations, 2000), 136–8.

Isaacs, Susan, *The Nursery Years: The Mind of the Child from Birth to Six Years* (London: Routledge, 1929; repr. edn, London: Routledge & Paul, 1949).

Jahangir, Maqbul, *Amir Hamza ke karnameh*, 10 vols (Lahore: Ferozons, n.d. [c.1960s]).

Jahnke, Anneliese, *Neue Heimat: Ein Erstleseheft* (Berlin: Volk & Wissen, 1949).

Jalal ud Din, Muhammad, 'Tilismi dawa, Part 1', *Payam-e Ta'lim*, 22/9 (1939), 392–6.

Jalal ud Din, Muhammad, 'Tilismi dawa, Part 2', *Payam-e Ta'lim*, 22/10 (1939), 446–52.

James, Henry, *The Awkward Age* (London: Heinemann, 1899).

Janosch, *The Trip to Panama*, trans. Anthea Bell (London: Anderson, 1978) [Ger. orig., *Oh, wie schön ist Panama* (1978)].

Karim ud Din, *Pand-e sudmand* (Lahore: Matba-e Khurshid, 1866).

Kästner, Erich, *The 35th of May, or, Conrad's Ride to the South Seas*, trans. Cyrus Brooks (London: Cape, 1933) [Ger. orig., *Der 35. Mai oder Konrad reitet in die Südsee* (1933)].

Kästner, Erich, *The Animals' Conference*, trans. Zita de Schauensee (New York: McKay, 1949) [Ger. orig., *Die Konferenz der Tiere* (1949)].

Kästner, Erich, *Annaluise and Anton*, trans. Eric Sutton (London: Cape, 1932) [Ger. orig., *Pünktchen und Anton* (1930)].

Kästner, Erich, *Emil and the Detectives*, trans. May Massee (New York: Scholastic, 1930) [Ger. orig., *Emil und die Detektive* (1929)].

Kästner, Erich, *The Flying Classroom*, trans. Cyrus Brooks (London: Cape, 1934; Harmondsworth: Penguin, 1967) [Ger. orig., *Das fliegende Klassenzimmer* (1933)].

Kästner, Erich, *Lisa and Lottie*, trans. Cyrus Brooks (London: Cape, 1950 as *Lottie and Lisa*; New York: Knopf, 1969) [Ger. orig., *Das doppelte Lottchen: Ein Roman für Kinder* (1949)].

Kay, Carolin, 'How Should We Raise Our Son Benjamin? Advice Literature for Mothers in Early Twentieth-Century Germany', in Dirk Schumann, ed., *Raising Citizens in the 'Century of the Child': The United States and German Central Europe in Comparative Perspective* (New York: Berghahn Books, 2010), 105–21.

Kentler, Helmut, *Sexualerziehung* (Reinbek bei Hamburg: Rowohlt, 1970).

Kerr, Judith, *When Hitler Stole Pink Rabbit* (London: Collins, 1971).

Key, Ellen, *The Century of the Child*, trans. Marie Franzos (New York: Putnam, 1909) [Swe. orig., *Barnets århundrade* (1900)].

Kienast, Anton, *Gespräche über Thiere, oder Edmund und Emma, das mitleidige Geschwister-Paar* (Munich: Self-published, 1855).

Kinder und Jugendtheater Rote Grütze, *Darüber spricht man nicht!! Ein Spiel zur Sexualerziehung,* Reihe Materialien—Theater (1973; Munich: Weismann, 1976).

Kingsley, Charles, *Health and Education* (London: Isbister, 1874).

Kipling, Rudyard, *The Jungle Book* (London: Macmillan, 1894).

Kipling, Rudyard, *Kim* (New York: Doubleday, 1901).

Kipling, Rudyard, *Stalky & Co.* (London: Macmillan, 1899).

Klein, Carl, *Wie soll ich mich benehmen? Ein Buch über den guten Ton in der Familie, Gesellschaft und Öffentlichkeit* (Leipzig: Paul, n.d. [c.1899]).

Klein, Melanie, *The Psycho-Analysis of Children*, trans. Alix Strachey (London: Hogarth, 1932) [Ger. orig., *Die Psychoanalyse des Kindes* (1932)].

Klencke, H., *Die Mutter als Erzieherin ihrer Töchter und Söhne zur physischen und sittlichen Gesundheit vom ersten Kindesalter bis zur Reife: Ein praktisches Buch für deutsche Frauen* (Leipzig: Kummer, 1870).

Kloss, Erich, *In der wilden Klamm* (Leipzig: Schneider, 1934).

Knauth, P., *Lose Blätter und Blüten: Erzählungen, Gedichte, Fabeln, Schilderungen, Lehrbeschreibungen und dergleichen aus dem Leben der Tiere im Interesse des Tierschutz-Vereins* (Wiesbaden: Staudinger, 1883).

Knigge, Adolph, and P. Will, *Practical Philosophy of Life, or, The Art of Conversing With Men After the German Baron of Knigge*, 2 vols (1794; Lansingburgh: Penniman & Bliss, 1805) [Ger. orig., *Über den Umgang mit Menschen* (1788)].

Koch, Klaus, and Jörg Koch, *Bloss nicht wie 'die Alten'! Neue Wege zum Erwachsenweden* (Frankfurt am Main: Ullstein, 1991).

Kooistra, J., *Sittliche Erziehung*, trans. Eduard Müller (Leipzig: Wunderlich, 1899) [Dut. orig., *Zedelijke Opvoeding* (1894)].

Korschunow, Irina, *Adam Draws Himself a Dragon*, trans. James Skofield (New York: Harper & Row, 1986) [Ger. orig., *Hanno malt sich einen Drachen* (1978)].

Kozik, Christa, *Moritz in der Litfaßsäule* (Berlin: Kinderbuchverlag, 1980).

Kozyrev, N. G., *Soldatskie skazki* (Petrograd: n.p., 1915).

Kruse, Max, *Urmel aus dem Eis* (Reutlingen: Ensslin & Laiblin, 1969).

Kübler, M. S., *Das Buch der Mütter: Eine Anleitung zu naturgemäßer leiblicher und geistiger Erziehung der Kinder und zur allgemeinen Krankenpflege* (Zürich: Ernst, 1867).

Kunstmann, Antje, *Mädchen: Sexualaufklärung emanzipatorisch* (Starnberg: Raith, 1972).

Kurnin, S. V., *Chto chitat' detiam? Sbornik retsenzii iz zhurnalov, preimushchestvenno peda-gogicheskikh: Posobie pri izuchenii detskoi literatury* (Moscow: Solntsev, 1900).

Kutsche, Emil, Wilhelm König, and Robert Urbanek, *Frauen-Bildungsbuch: Ein Wegweiser, Ratgeber und Gesellschafter für die reifere weibliche Jugend* (1921; 5th rev. edn, Wittenberg: Herrose, 1926).

Ladiges, Ann, *Mann, du bist gemein!* (Reinbek bei Hamburg: Rowohlt, 1974).

Lagerlöf, Selma, *The Wonderful Adventures of Nils*, trans. Velma Swanston Howard (London: Penguin, 1907) [Swe. orig.,

Nils Holgerssons underbara resa genom Sverige (1906/1907)].

Lakhnavi, Ghalib, and Abdullah Bilgrami, *The Adventures of Amir Hamza: Lord of the Auspicious Planetary Conjunction*, trans. Musharraf Ali Farooqi (New York: Modern Library, 2008).

Lane, Homer Tyrrell, *Talks to Parents and Teachers* (London: Allen & Unwin, 1928).

L'Engle, Madeleine, *A Wrinkle in Time* (New York: Farrar, Straus & Giroux, 1962).

Lenski, Lois, *Strawberry Girl* (Philadelphia: Lippincott, 1945).

Lepper, Th., *Liebes und Leides für heranwachsende Mädchen* (Bochum: Verlag des Jungfrauenvereins, 1913; 23–7 Thousand edn, Bochum: Verbandsverlag weiblicher Vereine, n.d. [c.1914]).

Lewis, C. S., *The Chronicles of Narnia*, 7 vols (London: Bles / Bodley Head, 1950–6).

Lewis, C. S., *The Lion, the Witch and the Wardrobe* (London: Bles, 1950).

Lewis, C. S., *Prince Caspian: The Return to Narnia* (London: Bles, 1951).

Lhotzky, Heinrich, *The Soul of Your Child*, trans. Anna Barwell (London: Allen & Unwin, 1924) [Ger. orig., *Die Seele Deines Kindes: Ein Buch für Eltern* (1908)].

Lindenbaum, Pija, *Mini Mia and her Darling Uncle,* trans. Elisabeth Kallick Dyssegaard (Stockholm: R & S Books, 2007) [Swe. orig., *Lill-Zlatan och morbror raring* (2006)].

Lindgren, Astrid, *The Brothers Lionheart*, trans. Joan Tate (London: Hodder & Stoughton, 1975) [Swe. orig., *Bröderna Lejonhjärta* (1973)].

Lindgren, Astrid, *Confidences of Britt-Mari Hagström*, trans. Hanno Fischer (Cambridge: ExMundiLibris, 2005) [Swe. orig., *Britt-Mari lättar sitt hjärta* (1944)].

Lindgren, Astrid, *Emil in the Soup Tureen*, trans. Lilian Seaton (Chicago: Follett, 1970) [Swe. orig., *Emil i Lönneberga* (1963)].

Lindgren, Astrid, *Mio, My Son*, trans. Marianne Turner (New York: Viking, 1956) [Swe. orig., *Mio, min Mio* (1954)].

Lindgren, Astrid, *Pippi in the South Seas*, trans. Gerry Bothmer (London: Oxford UP, 1957; New York: Viking, 1981) [Swe. orig., *Pippi Långstrump i Söderhavet* (1948)].

Lindgren, Astrid, *Pippi Longstocking*, trans. Edna Hurup (London: OUP, 1945) [Swe. orig., *Pippi Långstrump* (1945)].

Lindgren, Astrid, *Ronia, the Robber's Daughter*, trans. Patricia Crompton (Harmondsworth: Puffin, 1983) [Swe. orig., *Ronja Rövardotter* (1981)].

Lindner, Gustav Ad., *Encyklopädisches Handbuch der Erziehungskunde mit besonderer Berücksichtigung des Volksschulwesens* (Vienna: Pichler, 1884).

Lindstroem, Kirstin, *Zauber der ersten Liebe: Ein Ratgeber für die heranwachsende Jugend* (Munich: Juncker, 1970).

Lofting, Hugh, *The Story of Doctor Dolittle: Being the History of His Peculiar Life at Home and Astonishing Adventures in Foreign Parts* (1920; 11th edn, New York: Stokes, 1923).

Loisel, Régis, *Peter Pan: Book Two Neverland*, trans. Mary Irwin (Northhampton, MA: Tundra, 1993) [Fre. orig., *Opikanoba* (1992)].

London, Jack, *The Call of the Wild* (New York: Macmillan, 1903).

London, Jack, *White Fang* (London: Macmillan, 1906).

The Lost Boys, Rodney Bennett, dir. (BBC, 1978) [docudrama mini-series].

Ludwig, Volker, and Uwe Friesel, *Die Geschichte von Trummi kaputt* (Reinbek bei Hamburg: Rowohlt, 1973).

Macaulay, Thomas, 'Indian Education: Minute of the 2nd of February, 1835', in G. M. Young, ed., *Macaulay: Prose and Poetry* (Cambridge: Harvard UP, 1967), 719–30.

Mai, Manfred, *Leonie ist verknallt* (Ravensburg: Ravensburger, 1997).

Mantegazza, Paolo, *L'Atlante delle espressioni del dolore: Fotografie prese dal vero e da molte altre opere d'arte* (Florence: Brogi, 1876).

Marcke, Leen van, *Nimm mich mit, Kapitän*, trans. Ilse van Heyst (Stuttgart: Boje, 1970) [Dut. orig., *O, die Pino* (1961)].

Marcus, Maria, *Das Himmelbett: Geschichten über Liebe, Lust und Sexualität*, trans. Lothar Schneider (Reinbek bei Hamburg: Rowohlt, 1982) [Dan. orig., *Himmelsengen: Noveller om sex for unge* (1979)].

Marcus, Maria, *Ein starkes Frühjahr*, trans. Jürgen Lassig (Reinbek bei Hamburg: Rowohlt, 1981) [Dan. orig., *Alle tiders forår* (1977)].

Marryat, Captain [Frederick], *Masterman Ready, or, the Wreck of the Pacific: Written for Young People*, 3 vols (London: Longman, Orme, Brown, Green & Longmans, 1841–2).

Matthias, Adolf, *Wie erziehen wir unsern Sohn Benjamin? Ein Buch für deutsche Väter und Mütter* (1897; 10th enl. edn, Munich: Beck, 1916).

May, Karl, *Winnetou I*, trans. Marlies Bugman (Copping, Tas.: Bugman, 2008) [Ger. orig., *Winnetou: Der Rote Gentleman I* (1893)].

May, Karl, *Winnetou III*, trans. Marlies Bugman (Copping, Tas.: Bugman, 2008) [Ger. orig., *Winnetou: Der Rote Gentleman III* (1893)].

McPhail, David, *Pig Goes To Camp* (New York: Dutton, 1983).

Meade, L. T., *A World of Girls: The Story of a School* (London: Cassell, 1886; Chicago: Donohue, n.d. [c.1900]).

Mebs, Gudrun, *Birgit: Eine Geschichte vom Sterben* (Berlin: Basis, 1982).

Melena, Elpis, *Gemma oder Tugend und Laster* (Munich: Franz, 1877).

Meyer, Emanuele, *Vom Mädchen zur Frau* (Stuttgart: Strecker & Schröder, 1912).

ichaelis, Karin, *Bibi: A Little Danish Girl*, trans. Lida Siboni Hanson (New York: Doubleday, 1927) [Dan. orig., *Bibi: En lille piges liv* (1929)].

Michaelis, Karin, *Bibi* series, 7 vols (Copenhagen: Jespersen, 1929–39).

Michaelis, Karin, *Bibi und die Verschworenen* (Berlin: Stuffer, 1932) [Dan. orig., *Bibi og de Sammensvorne* (1932)].

Miller, Albert G., *Fury: Stallion of Broken Wheel Ranch* (1959; New York: Grosset & Dunlap, 1971).

Miller, Albert G., *Fury* series, 5 vols (New York: Grosset & Dunlap, 1959–69).

Milne, Alan Alexander, *Winnie-the-Pooh* (London: Methuen, 1926).

Ministry of Education: Government of India, *Report of the Committee on Emotional Integration* (New Delhi: n.p., 1962).

Molter, Haja, and Thomas Billerbeck, *Verstehst du mich, versteh' ich dich: Von der richtigen Verständigung zum gegenseitigen Verstehen* (Würzburg: Arena, 1978).

Monroe, Paul, ed., *A Cyclopedia of Education*, v (New York: Macmillan, 1913).

Montgomery, L. M., *Anne of Green Gables* (Boston: Page, 1908).

Moulin Rouge, Baz Luhrmann, dir. (20th Century Fox, 2001) [film].

Mubarak Ullah, Muhammad, *Tanbih at talibin* (Agra: Educational Press, 1873).

Mühlen, Herminia zur, *Ali, der Teppichweber: Fünf Märchen* (Berlin: Malik, 1923).

Mühlen, Herminia zur, *Was Peterchens Freunde erzählen: Märchen* (Berlin: Malik, 1921).

Mukerji, Dhan Gopal, *Gay-Neck: The Story of a Pigeon* (New York: Dutton, 1927; 5th edn, New Delhi: National Book Trust, 2011).

Müller, Gerd-Gustl, *Der Job* (Munich: Weismann, 1977).

Müller, Gregor, 'Heimweh', in Heinrich Rombach, ed., *Lexikon der Pädagogik, ii: Fest Feier—Klug* (Freiburg im Breisgau: Herder, 1953), 657–8.

Munni Lal, *Shamin-e akhlaq* (Delhi: Matba-e Sayyid Mir Hasan Rizwi, 1877).

Munske, Hilde, ed., *Das bunte Jungmädelbuch* (1940; 11–39 Thousand edn, Berlin: Junge Generation, n.d. [c.1940]).

Murdoch, John, *The Indian Student's Manual: Hints on Studies, Moral Conduct, Religious Duties, and Success in Life* (Madras: Christian Vernacular Education Society, 1875).

Musil, Robert, *Young Törless*, trans. Eithne Wilkins and Ernst Kaiser (London: Secker & Warburg, 1955) [Ger. orig., *Die Verwirrungen des Zöglings Törleß* (1906)].

Necker de Saussure, Albertine-Adrienne, *L'Éducation progressive, ou Étude du cours de la vie*, i (Paris: Sautelet/Paulin, 1828).

Necker de Saussure, Albertine-Adrienne, *Progressive Education, Commencing with the Infant*, trans. Emma Willard and Lincoln Phelps (Boston: Ticknor, 1835) [Fre. orig., *L'Éducation progressive, ou Étude du cours de la vie*, i (1828)].

Nehru, Jawaharlal, 'Grow into the Heart of India' [2.10.1953], in S. Gopal, ed., *Selected Works of Jawaharlal Nehru: Second Series*, xxiv (Bombay: Oxford UP, 1999), 3–12.

Nehru, Jawaharlal, 'Making India Strong' [9.10.1952], in S. Gopal, ed., *Selected Works of Jawaharlal Nehru: Second Series*, xix (New Delhi: Jawaharlal Nehru Memorial Fund, 1996), 51–68.

Nehru, Jawaharlal, 'The Meaning of Culture' [3.9.1949], in S. Gopal, ed., *Selected Works of Jawaharlal Nehru: Second Series*, xiii (New Delhi: Jawaharlal Nehru Memorial Fund, 1992), 273–4.

Nehru, Jawaharlal, 'Unity and Harmony' [24.9.1949], in S. Gopal, ed., *Selected Works of Jawaharlal Nehru: Second Series*, xiii (New Delhi: Jawaharlal Nehru Memorial Fund, 1992), 276–80.

Neill, A. S., *The Last Man Alive: A Story for Children from the Age of Seven to Seventy* (London: Jenkins, 1938; repr. London: Gollancz, 1970).

Neill, A. S., *The Problem Child* (London: Jenkins, 1926).

Neill, A. S., *Summerhill: A Radical Approach to Child Rearing* (New York: Hart Publishing, 1960).

Nesbit, E., *The Railway Children* (London: Wells Gardner, Darton, 1906).

Nesbit, E., *The Story of the Treasure Seekers: Being the Adventures of the Bastable Children in Search of a Fortune* (London: Fisher Unwin, 1899).

Newcomb, Harvey, 'For Maternal Associations', *Mother's Assistant and Young Lady's Friend*, 2/3 (1842), 50–1.

Newcomb, Harvey, *How to be a Lady: A Book for Girls, Containing Useful Hints on the Formation of Character* (5th edn, Boston: Gould, Kendall, and Lincoln, 1848).

Newcomb, Harvey, *How to be a Man: A Book for Boys, Containing Useful Hints on the Formation of Character* (Boston: Gould, Kendall, and Lincoln, 1847).

Newcomb, Harvey, 'Rewards and Punishments', *Mother's Assistant and Young Lady's Friend*, 3/2 (1843), 29–32.

Newman, Lesléa, *Heather Has Two Mommies* (Boston: Alyson Wonderland, 1989).

Nordstrom, Ursula, *The Secret Language* (New York: Harper, 1960).

Nöstlinger, Christine, *Conrad*, trans. Anthea Bell (London: Andersen, 1976) [Ger. orig., *Konrad oder Das Kind aus der Konservenbüchse* (1975)].

Nöstlinger, Christine, *The Cucumber King: A Story with a Beginning, a Middle and an End, in which Wolfgang Hogelmann Tells the Whole Truth*, trans. Anthea Bell (London: Abelard-Schuman, 1975) [Ger. orig., *Wir pfeifen auf den Gurkenkönig* (1972)].

Nöstlinger, Christine, *Gretchen hat Hänschen-Kummer: Eine Familiengeschichte* (Hamburg: Oetinger, 1983).

Nöstlinger, Christine, *Gretchen, mein Mädchen* (Hamburg: Oetinger, 1988).

Nöstlinger, Christine, *Gretchen Sackmeier: Eine Familiengeschichte* (Hamburg: Oetinger, 1981).

Nur Ahmad Nur, *Anwar ul akhlaq* (Lahore: Matba Islamiya, 1893).

O'Connor, Daniel, *The Story of Peter Pan: Retold from the Fairy Play by Sir J. M. Barrie* (London: Bell, 1914).

Oppel, Karl, *Thiergeschichten: Erzählungen und Schilderungen aus dem Leben der Tiere* (Wiesbaden: Niedner, 1873).

Oppodeldok, Peter, 'Theater: Darüber spricht man nicht', *Das Blatt*, 67 (1976), 18.

Pausewang, Gudrun, *Auf einem langen Weg: Was die Adamek-Kinder erlebten, als der Krieg zu Ende ging* (Ravensburg: Maier, 1978).

Pausewang, Gudrun, *Etwas lässt sich doch bewirken: Ein Roman aus der Friedensbewegung* (Ravensburg: Maier, 1984).

Pausewang, Gudrun, *The Last Children*, trans. Norman M. Watt (London: McRae Books, 1989) [Ger. orig., *Die letzten Kinder von Schewenborn* (1983)].

Perez, Bernard, *The First Three Years of Childhood*, trans. Alice M. Christie (London: Swan Sonnenschein, 1885) [Fre. orig., *Les Trois premières années de l'enfant* (1878)].

Perez, Bernard, *L'Enfant de trois a sept ans* (Paris: Alcan, 1886).

Pergaud, Louis, *The War of the Buttons*, trans. Stanley Hochman and Eleanor Hochman (New York: Walker, 1968) [Fre. orig., *La guerre des boutons: Roman de ma douzième année* (1912)].

Perty, Maximilian, *Ueber das Seelenleben der Thiere: Thatsachen und Betrachtungen* (Leipzig: Winter, 1865).

Peter Pan, Herbert Brenon, dir. (Paramount, 1924) [silent film].

Peter Pan, P. J. Hogan, dir. (Universal Pictures, 2003) [film].

Petri, Horst, and Matthias Lauterbach, *Gewalt in der Erziehung: Plädoyer zur Abschaffung der Prügelstrafe: Analysen und Argumente* (Frankfurt am Main: Athenä um-Fischer-Taschenbuch-Verlag, 1975).

Petzel, Minna, 'Wie Hänschen das Lesen lernt', in Thekla von Gumpert, ed., *Herzblättchens Zeitvertreib: Unterhaltungen für kleine Knaben und Mädchen zur Herzensbildung und Entwickelung der Begriffe*, xxix (Glogau: Flemming, 1884), 91–5.

Pludra, Benno, *Insel der Schwäne* (Berlin: Kinderbuchverlag, 1980).

Pogoskii, A., *Aleksandr Vasil'evich Suvorov, Generalissimus russkikh voisk: Ego zhizn' i pobedy* (Saint Petersburg: n.p., 1875).

Post, Emily, *Children are People, and Ideal Parents are Comrades* (New York: Funk & Wagnalls, 1940).

Potter, Beatrix, *The Tale of Peter Rabbit* (London: Warne, 1902).

Powledge, Fred, *You'll Survive! Late Blooming, Early Blooming, Loneliness, Klutziness, and Other Problems of Adolescence, and How to Live Through Them* (New York: Scribner, 1986).

Preußler, Otfried, *The Little Witch*, trans. Anthea Bell (London: Abelard-Schuman, 1961) [Ger. orig., *Die kleine Hexe* (1957)].

Preußler, Otfried, *The Satanic Mill*, trans. Anthea Bell (London: Abelard-Schuman, 1972) [Ger. orig., *Krabat* (1971)].

Preyer, W., *The Mind of the Child: Observations Concerning the Mental Development of the Human Being in the First Years of Life*, 2 vols, trans. H. W. Brown (New York: Appleton, 1888–9) [Ger. orig., *Die Seele des Kindes: Beobachtungen über die geistige Entwicklung des Menschen in den ersten Lebensjahren* (1882)].

Ramakrishnan, Prema, *The Three Friends* (New Delhi: Children's Book Trust, 1969).

Ransome, Arthur, *Swallowdale* (Edinburgh: Gray, 1931).

Ravera, Lidia, and Marco Lombardo-Radice, *Pigs Have Wings*, trans. Jane Sebastian (New York: Pomerica, 1977) [Ita. orig., *Porci con le ali: Diario sussuo-politico di due adolescenti* (1976)].

Reed, Talbot Baines, *The Fifth Form at St. Dominic's* (1887; London: Religious Tract Society, 1890).

Reichsjugendführung, ed., *Pimpf im Dienst: Ein Handbuch für das Deutsche Jungvolk in der HJ* (1934; Potsdam: Voggenreiter, n.d. [c.1934]).

Return to Never Land, Robin Budd, and Donovan Cook, dirs. (Disney, 2002) [animation film].

Reuter, D., ed., *Pädagogisches Real-Lexicon oder Repertorium für Erziehungs-und Unterrichtskunde und ihre Literatur: Ein tägliches Hülfsbuch für Eltern und Erzieher* (Nuremberg: Campe, 1811).

Rhoden, Emmy von, *Der Trotzkopf: Eine Pensionsgeschichte für erwachsene Mädchen* (1885; 2nd edn, Stuttgart: Weise, 1886).

Rhoden, Emmy von, *Taming a Tomboy*, trans. Felix L. Oswald (1898; Chicago: Donohue, n.d. [c.1898]) [Ger. orig., *Der Trotzkopf: Eine Pensionsgeschichte für erwachsene Mädchen* (1885)].

Richardson, Justin, and Peter Parnell, *And Tango Makes Three* (New York: Simon & Schuster, 2005).

Robinson, Barbara, *The Best Christmas Pageant Ever* (New York: Harper & Row, 1972).

Rochefort, Christiane, *Encore heureux qu'on va vers l'été* (Paris: Galimard, 1975).

Rodrian, Irene, *Blöd, wenn der Typ draufgeht* (Reinbek bei Hamburg: Rowohlt, 1976).

Rodrian, Irene, *Viel Glück, mein Kind* (Munich: Weismann, 1975).
Rommel, Alberta, *Der goldene Schleier* (Stuttgart: Gundert, 1955).
Röttgen, Herbert, 'Kinderrevolution', *Das Blatt*, 92 (1977), 14–16.
Rousseau, Jean-Jacques, *Emile, or, On Education* (*Includes Emile and Sophie, or, The Solitaries*), ed. Christopher Kelly and Allan Bloom, trans. Allan Bloom (Hanover, N.H.: University
Press of New England, 2010) [Fre. orig., *Émile, ou de l'éducation* (1762)].
Rousseau, Jean-Jacques, *Émile, ou de l'éducation* (Paris: Duchesne, 1762).
Rowling, J. K., *Harry Potter* series, 7 vols (London: Bloomsbury, 1997–2007).
Sachs, Marilyn, *Laura's Luck* (Garden City, N.Y.: Doubleday, 1965).
Saint-Exupéry, Antoine de, *The Little Prince*, trans. Katherine Woods (New York: Reynal & Hitchcock, 1943) [Fre. orig., *Le petite prince* (1943)].
Salten, Felix, *Bambi, a Life in the Woods*, trans. Whittaker Chambers (London: Cape, 1928) [Ger. orig., *Bambi: Eine Lebensgeschichte aus dem Walde* (1923)].
Sapper, Agnes, 'Bei der Patin', in *Das kleine Dummerle und andere Erzählungen: Zum Vorlesen im Familienkreise* (1904; Stuttgart: Gundert, 1915), 228–93.
Saunders, Marshall, *Beautiful Joe: An Autobiography* (Philadelphia: Banes, 1893).
Sautier, N., 'Ein Unglückstag', in Gumpert, Thekla von, ed., *Herzblättchens Zeitvertreib: Unterhaltungen für kleine Knaben und Mädchen zur Herzensbildung und Entwickelung der Begriffe*, xxix (Glogau: Flemming, 1884), 58–60.
Schenzinger, Karl Aloys, *Der Hitlerjunge Quex* (1932; 166–70 Thousand edn, Berlin: Zeitgeschichte, 1934).
Schick, Eleanor, *Katie Goes to Camp* (New York: Macmillan, 1968).
Schmid, Bastian, *Zur Psychologie unserer Haustiere* (Frankfurt am Main: Societäts-Verlag, 1939).
Schnell, Heinrich, *Ich und meine Jungens: Zufällige Gespräche über allerhand Erziehungsfragen von heute für die Eltern*

unserer Gymnasiasten (Leipzig: Dieterich, 1914).

Schönstedt, Walter, *Kämpfende Jugend: Roman der arbeitenden Jugend*, Rote Eine-Mark-Roman 8 (Berlin: Internationaler Arbeiterverlag, 1932).

Schreiber, Adele, ed., *Das Buch vom Kinde: Ein Sammelwerk für die wichtigsten Fragen der Kindheit*, 2 vols (Leipzig: Teubner, 1907).

Schreiber, Adele, 'Kindesmißhandlung', in Adele Schreiber, ed., *Das Buch vom Kinde: ein Sammelwerk für die wichtigsten Fragen der Kindheit, ii: Öffentliches Erziehungs-und Fürsorgewesen, Das Kind in der Gesellschaft und Recht, Berufe und Berufswahl* (Leipzig: Teubner, 1907), 70–78.

Schreiber, Adele, 'Die soziale Erziehung des Kindes', in Adele Schreiber, ed., *Das Buch vom Kinde: ein Sammelwerk für die wichtigsten Fragen der Kindheit, i: Einleitung, Körper und Seele des Kindes, Häusliche und allgemeine Erziehung* (Leipzig: Teubner, 1907), 223–31.

Schwahn, Ottilie, 'Die kleinen Freundinnen', in Thekla von Gumpert, ed., *Herzblättchens Zeitvertreib: Unterhaltungen für kleine Knaben und Mädchen zur Herzensbildung und Entwickelung der Begriffe*, xxix (Glogau: Flemming, 1884), 73–7.

Scott, Gabriel, *Kari: A Story of Kari Supper from Lindeland*, Norway, trans. Anvor Barstad (Chicago: Hale, 1931) [Nor. orig., *Kari Kveldsmat* (1913)].

Seelmann, Kurt, *Wie soll ich mein Kind aufklären?* (Stuttgart: Klett, 1956).

Seelmann, Kurt, *Woher kommen die kleinen Buben und Mädchen? Ein Buch zum Vor-und Selberlesen für 8 bis 14jährige Mädchen und Buben* (Munich: Reinhardt, 1959).

Seelmann, Kurt, *Zwischen 15 und 19: Information über sexuelle und andere Fragen des Erwachsenwerdens* (Munich: Reinhardt, 1971).

Sewell, Anna, *Black Beauty: His Grooms and Companions: The Auobiography of a Horse* (London: Jarrold and Sons,

1877).

Shah Jahan, *Tahzib un Niswan wa Tarbiyat ul Insan* (Lahore: Numani Kutubkhana, 1881; repr. 1970).

Shankar Das, *Guldastah-e akhlaq* (Lahore: Islamiya, 1893).

Shcheglov, Ivan [Ivan L. Leont'ev], 'Pervoe srazhenie' (1881; Saint Petersburg: Tip. M. M. Stasiulevicha, 1887).

Sherwood, Mary Martha, *The Story of Little Henry and His Bearer Boosey. A Tale of Dinapore* (copyright edn, London: Houlston & Wright, 1866).

Shivkumar, K., *Krishna and Sudama* (1967; 20th edn, Delhi: Children's Book Trust, 2010).

Shkola muzhestva, Vladimir Basov and Mstislav Korchagin, dirs. (Mosfilm, 1954) [film].

Shmidt, O. I., *Galia* (Moscow: Sytina, 1886).

Siegert, Gustav, 'Heimweh', in W. Rein, *Encyklopädisches Handbuch der Pädagogik, iv: Handelsschulen—Klassenoberster* (2nd edn, Langensalza: Beyer & Mann, 1906), 185–6.

Siems, Martin, *Coming Out: Hilfen zur homosexuellen Emanzipation* (Reinbek bei Hamburg: Rowohlt, 1980).

Slaughter, John Willis, *The Adolescent* (London: Allen & Unwin, 1911).

Sorensen, Virginia, *Miracles on Maple Hill* (New York: Harcourt, Brace, 1956).

Spence, Robert, and Philip Spence, *Struwwelhitler: A Nazi Story Book By Doktor Schrecklichkeit* (London: Haycock Press, [c.1941]).

Sperry, Armstrong, *Call it Courage* (New York: Macmillan, 1940).

Spock, Benjamin, *The Common Sense Book of Baby and Child Care* (New York: Duell, Sloan and Pearce, 1946).

Spyri, Johanna, *Gritli's Children*, trans. Louise Brooks (New York: Grosset & Dunlap, n.d. [c.1920s]) [Ger. orig., *Wo Gritlis Kinder hingekommen sind & Gritlis Kinder kommen weiter* (1883/4)].

Spyri, Johanna, *Heidi*, trans. Elisabeth P. Stork (Philadelphia: Lippincott, 1915) [Ger. orig., *Heidi's Lehr-und Wanderjahre & Heidi kann brauchen, was es gelernt hat* (1880/1881)].

Spyri, Johanna, *Renz and Margritli, What happened in Waldhausen, Meieli*, trans. Helen B. Dole (New York: Grosset & Dunlap, 1931) [Ger. orig., *Daheim und wieder draußen* (1880)].

Stall, Sylvanus, *What a Young Boy Ought to Know* (Philadelphia: Vir, 1897).

Stall, Sylvanus, *What a Young Man Ought to Know* (Philadelphia: Vir, 1897).

Steinhöfel, Andreas, *The Center of the World*, trans. Alisa Jaffa (New York: Delacorte, 2005) [Ger. orig., *Die Mitte der Welt* (1998)].

Stengel, Hansgeorg, and Karl Scharder, *So ein Struwwelpeter: Lustige Geschichten und drol-lige Bilder für Kinder von 3 bis 6 Jahren* (Berlin: Kinderbuchverlag, 1970).

Steuben, Fritz, *Der Sohn des Manitu: Eine Erzählung vom Kampfe Tecumsehs: Alten Quellen nacherzählt* (1938; 7th edn, Stuttgart: Franckh, [1939]).

Steuben, Fritz, *Tecumseh* series, 7 vols (Stuttgart: Franckh, 1930–9).

Stevenson, Robert Louis, *Treasure Island* (London: Cassell, 1883).

Storr, Catherine, *Growing Up: A Practical Guide to Adolescence for Parents and Children* (London: Arrow, 1975).

Streatfeild, Noel, *Ballet Shoes* (New York: Random House, 1937).

Streatfeild, Noel, *The Circus Is Coming* (1938; rev. repr. edn, London: Dent, 1957).

Strittmatter, Erwin, *Tinko* (Berlin: Aufbau, 1954).

Subercaseaux, Benjamín, *Jemmy Button*, trans. Mary Del Villar, and Fred Del Villar (New York: Macmillan, 1954) [Spa. orig., *Jemmy Button* (1950)].

Sultan Jahan, *Tarbiyat ul atfal* (Bhopal: Matba Dar ul Iqbal, 1914).

Sultana, Khurshid, 'Nanha Tatu', *Payam-e Talim*, 22/7 (1939), 298–301.

Tesarek, Anton, and Wilhelm Börner, *Der Kinder-Knigge* (Wien: Saturn, 1938; 21–30 Thousand edn, Hamburg: Oetinger, n.d. [c.1948]).

Tetzner, Lisa, *Erlebnisse und Abenteuer der Kinder aus Nr. 67. Die Odyssee einer Jugend [Kinderodyssee]* series, 9 vols (1932–49) (Aarau: Sauerländer, 1944–9).

Tetzner, Lisa, *Die Kinder aus Nr. 67: Band 3 und 4* (Aarau: Sauerländer, 1944 as Erwin kommt nach Schweden; Munich: DTV, 1992).

Tiutchev, Fedor, 'Tovarishch', *Rodnik* (1888).

Tolkien, J. R. R., *The Hobbit, or, There and Back Again* (London: Allen & Unwin, 1937; Boston: Houghton & Mifflin, 1997).

Tolkien, J. R. R., *The Lord of the Rings: Part I: The Fellowship of the Ring* (London: Allen & Unwin, 1954).

Tolkien, J. R. R., *The Lord of the Rings* series, 3 vols (London: Allen & Unwin, 1954–5).

Trimmer, Sarah, *Fabulous Histories: Designed for the Instruction of Children Respecting their Treatment of Animals* (Dublin: Longman, 1791).

Trott, Magda, *Goldköpfchen: Erzählung für junge Mädchen* (Leipzig: Leipziger Graphische Werke, 1928).

Trott, Magda, *Pucki als junge Hausfrau* (Leipzig: Anton, 1937 as *Puckis junge Ehe*; Stuttgart: Titania, 1951).

Trott, Magda, *Pucki* series, 12 vols (Leipzig: Anton, 1935–41).

Trott, Magda, *Pucki und ihre Freunde* (Leipzig: Anton, 1936).

Twain, Mark, *The Adventures of Huckleberry Finn* (London: Chatto & Windus, 1884).

Twain, Mark, *The Adventures of Tom Sawyer* (Hartford: American, 1876).

Twain, Mark, *A Dog's Tale* (New York: Harper, 1904).

Ury, Else, *Nesthäkchen im Kinderheim: Eine Erzählung für Mädchen von 8–12 Jahren* (Berlin: Meidinger, 1915).

Ury, Else, *Nesthäkchen* series, 10 vols (Berlin: Meidinger, 1913–25).

Vallès, Jules, *The Child*, trans. Douglas Parmée (Newark: University of Delaware Press, 2003) [Fre. orig., *L'Enfant* (Paris: Charpentier, (1879)].

Varley, Susan, *Badger's Parting Gifts* (London: Anderson, 1984).

Verne, Jules, *Adrift in the Pacific* (London: Low, Marston, n.d.[c.1889]) [Fre. orig., *Deux ans de vacances* (1888)].

Verne, Jules, *Around the World in Eighty Days*, trans. George M. Towle (Boston: Osgood, 1873) [Fre. orig., *Le Tour du monde en quatre-vingts jours* (1873)].

Waechter, Friedrich Karl, *Der Anti-Struwwelpeter* (Frankfurt am Main: Melzer, 1970).

Watson, John B., *Behaviorism* (New York: Norton, 1924).

Watson, John B., 'Experimental Studies on the Growth of the Emotions', *Pedagogical Seminary and Journal of Genetic Psychology*, 32/2 (1925), 328–48.

Watson, John B., 'A Schematic Outline of the Emotions', *Psychological Review*, 26/3 (1919), 165–96.

Watson, John B., and Rosalie Rayner (= Rosalie Watson), 'Conditioned Emotional Reactions', *Journal of Experimental Psychology*, 3/1 (1920), 1–14.

Watson, John B., and Rosalie Watson (= Rosalie Rayner), *Psychological Care of the Infant and Child* (London: Allen & Unwin, 1928).

Weber, Clara, 'Marie und die beiden Sperlinge', in Thekla von Gumpert, ed., *Herzblättchens Zeitvertreib: Unterhaltungen für kleine Knaben und Mädchen zur Herzensbildung und Entwickelung der Begriffe*, xxix (Glogau: Flemming, 1884), 9–13.

Wedding, Alex, *Eddie and the Gypsy: A Story for Boys and Girls*, trans. Charles Ashleigh (New York: International Publishing, 1935) [Ger. orig., *Ede und Unku: Ein Roman für Jungen und Mädchen* (1931)].

Weidenmann, Alfred, *Jungzug 2: 50 Jungen im Dienst* (Stuttgart: Loewes, 1936).

Wellm, Alfred, *Kaule* (Berlin: Kinderbuchverlag, 1962).

Westecker, Grete, *Grita wächst heran* (Cologne: Schaffstein, 1939).

Wetherell, Elizabeth, *The Wide, Wide World* (1850; author's edn, Leipzig: Tauchnitz, 1854).

White, E. B., *Charlotte's Web* (New York: Harper, 1952).

Widmann, S. P., 'Heimweh', in Ernst M. Roloff, ed., *Lexikon der Pädagogik, ii: Fortbildung bis Kolping* (Freiburg im Breisgau: Herdersche Verlagshandlung, 1913), 704–5.

Wildermuth, Ottilie, *Aus Nord und Süd: Erzählungen der deutschen Jugend geboten* (Stuttgart: Kröner, n.d. [c.1874]).

Wildermuth, Ottilie, *Cordulas erste Reise* ([Hannover]: Neuer Jugendschriften-Verlag, n.d. [c.1954]).

Wildermuth, Ottilie, 'Kordulas erste Reise', in *Jugendgabe: Erzählungen für die Jugend* (Stuttgart: Union, [1867]), 67–84.

Wildhagen, Else, *Aus Trotzkopfs Ehe* (Stuttgart: Weise, 1895).

Wildhagen, Else, *Trotzkopfs Brautzeit* (Stuttgart: Weise, 1892).

Wildhagen, Else, *Trotzkopfs Nachkommen: Ein neues Geschlecht* (Stuttgart: Weise, 1930).

Willhoite, Michael, *Daddy's Roommate* (Boston: Alyson Wonderland, 1990).

Willhoite, Michael, *Daddy's Wedding* (Los Angeles: Alyson Wonderland, 1996).

Willis, Frederick, *A Book of London Yesterdays* (London: Phoenix House, 1960).

Wölfel, Ursula, *Tim Fireshoe*, trans. E. M. Prince (London: OUP, 1963) [Ger. orig., *Feuerschuh und Windsandale* (1961)].

Zagoskin, M. N., *Iurii Miroslavskii ili Russkie v 1612 godu: Istoricheskii roman s risunkami* (Moscow: Stepanova, 1829).

Zell, Th., *Seelenleben unserer Haustiere, das unsere Jugend kennen sollte* (Berlin: Bongs, 1922).

Zotov, N. A., ed., *Ukazatel' knig dlia vospitatel'skogo chteniia kadetam* (Saint Petersburg: Pedagogicheskii Sbornik, 1913).

二手資料

Ablow, Rachel, ed., *The Feeling of Reading: Affective Experience & Victorian Literature* (Ann Arbor: University of Michigan Press, 2010).

Abruzzo, Margaret, *Polemical Pain: Slavery, Cruelty, and the Rise of Humanitarism* (Baltimore: Johns Hopkins UP, 2011).

Abu-Lughod, Lila, *Veiled Sentiments: Honor and Poetry in a Bedouin Society* (rev. edn, Berkeley: University of California Press, 2007).

Adam, Christian, *Lesen unter Hitler: Autoren, Bestseller, Leser im Dritten Reich* (Cologne: Kiepenheuer, 2010).

Ahuja, Ravi, 'Mobility and Containment: The Voyages of South Asian Seamen, c.1900–1960', *International Review of Social History*, 51/S14 (2006), 111–41.

Altner, Manfred, ed., *Das proletarische Kinderbuch: Dokumente zur Geschichte der sozialis-tischen deutschen Kinder- und Jugendliteratur* (Dresden: Verlag der Kunst, 1988).

Anon., 'Adolescence, n.', in *OED Online* (Oxford University Press, 2013), <http://www.oed.com/view/Entry/2648?redirectedFrom=adolescence&> accessed 2 May 2013.

Anweiler, Oskar, and Klaus Meyer, eds., *Die sowjetische Bildungspolitik 1917–1960: Dokumente und Texte* (2nd rev. edn, Wiesbaden: Harrassowitz, 1979).

Appadurai, Arjun, *Modernity at Large: Cultural Dimensions of Globalization* (Minneapolis: University of Minnesota Press, 1996).

Appignanesi, Lisa, and John Forrester, *Freud's Women* (London: Weidenfeld and Nicolson, 1992).

Applegate, Celia, *A Nation of Provincials: The German Idea of Heimat* (Berkeley: University of California Press, 1990).

Apte, Mahadev L., *Humor and Laughter: An Anthropological Approach* (Ithaca, N.Y.: Cornell UP, 1985).

Archiv der Jugendkulturen e.V., ed., *50 Jahre BRAVO* (2nd rev. and enl. edn, Bad Tölz: Tilsner, 2006).

Arendt, Hannah, *The Human Condition* (Chicago: University of Chicago Press, 1958).

Ariès, Philippe, *Centuries of Childhood: A Social History of Family Life*, trans. Robert Baldick (New York: Knopf, 1962) [Fre. orig., *L'Enfant et la vie familiale sous l'ancien régime* (1960)].

Aspatore, Jilleen V., 'The Military-Patriotic Theme in Soviet Textbooks and Children's Literature', PhD thesis, Georgetown University, Ann Arbor, 1986.

Auerbach, Erich, *Mimesis: The Representation of Reality in Western Literature*, trans. Willard R. Trask (Princeton: PUP, 1953) [Ger. orig., *Mimesis: Dargestellte Wirklichkeit in der abendländischen Literatur* (1946)].

Baker, Steve, *Picturing the Beast: Animals Identity, and Representation* (Urbana: University of Illinois Press, 2001).

Bakhtin, Mikhail, *Rabelais and His World*, trans. Hélène Iswolsky (Bloomington: Indiana UP, 1984) [Rus. orig., *Tvorchestvo fransua rable* (1941, 1965)].

Bakker, Nellekke, 'The Meaning of Fear: Emotional Standards for Children in the Netherlands, 1850–1950: Was There a Western Transformation?', *Journal of Social History*, 34/2 (2000), 369–91.

Bänziger, Peter-Paul et al., eds., *Fragen Sie Dr. Sex! Ratgeberkommunikation und die mediale Konstruktion des Sexuellen* (Berlin: Suhrkamp, 2010).

Barnett, Douglas, and Hilary Horn Ratner, 'The Organization and Integration of Cognition and Emotion in Development', *Journal of Experimental Child Psychology*, 67/3 (1997), 303–16.

Barth, Susanne, *Mädchenlektüren: Lesediskurse im 18. und 19. Jahrhundert* (Frankfurt am Main: Campus, 2002).

Bayly, C. A., *Empire and Information: Intelligence Gathering and Social Communication in India, 1780–1870*, Cambridge Studies in Indian History and Society 1 (Cambridge: CUP, 1996).

Beck, Hall P., Sharman Levinson, and Gary Irons, 'Finding Little Albert: A Journey to John B. Watson's Infant Laboratory', *American Psychologist*, 64/7 (2009), 605–14.

Bénéï, Véronique, *Schooling Passions: Nation, History, and Language in Contemporary Western India* (Stanford: SUP, 2008).

Benjamin, Walter, 'The Task of the Translator: An Introduction to the Translation of Baudelaire's Tableaux Parisiens', in Lawrence Venuti, ed., *The Translation Studies Reader* (London: Routledge, 2000), 15–25.

Benz, Ute, 'Brutstätten der Nation: "Die deutsche Mutter und ihr erstes Kind" oder der anhaltende Erfolg eines Erziehungsbuches', *Dachauer Hefte*, 4 (1988), 144–63.

Berg, Christa, ' "Rat geben": Ein Dilemma pädagogischer Praxis und Wirkungsgeschichte', *Zeitschrift für Pädagogik*, 37/5 (1991), 709–34.

Berry, Nita, 'Value-Based Writing', in Navin Menon, and Bhavana Nair, eds., *Children'sLiterature in India* (Delhi: Children's Book Trust, 1999), 167–84.

Biess, Frank, 'Feelings in the Aftermath: Toward a History of Postwar Emotions', in Frank. Biess, and Robert G. Moeller, eds., *Histories of the Aftermath: The Legacies of the Second World War in Europe* (New York: Berghahn Books, 2010), 30–48.

Biess, Frank, 'Die Sensibilisierung des Subjekts: Angst und "Neue Subjektivität" in den 1970er Jahren', *Werkstatt Geschichte*, 49 (2008), 51–71.

Biess, Frank et al., 'History of Emotions: Forum', *German History*, 28/1 (2010), 67–80.

Bilston, Sarah, *The Awkward Age in Women's Popular Fiction, 1850–1900: Girls and the Transition to Womanhood*, Oxford English Monographs (Oxford: OUP, 2004).

Bilston, Sarah, ' "It is Not What We Read, But How We Read": Maternal Counsel on Girl's Reading Practices in Mid-Victorian Literature', *Nineteenth-Century Contexts*, 30/1 (2008), 1–20.

Birkin, Andrew, *J. M. Barrie & The Lost Boys: The Real Story behind Peter Pan* (2nd edn, New Haven: Yale UP, 2005).

Biro, David, 'Is There Such a Thing as Psychological Pain? and Why It Matters', *Culture, Medicine and Psychiatry*, 34/4 (2010), 658–67.

Biro, David, *Listening to Pain: Finding Words, Compassion and Relief* (New York: Norton, 2011).

Biswas, A., and S. P. Agrawal, *Development of Education in India: A Historical Survey of Eduacational Documents before and after Independence* (New Delhi: Concept, 1986).

Bixler, Phyllis, *The Secret Garden: Nature's Magic* (New York: Twayne, 1996).

Blickle, Peter, *Heimat: A Critical Theory of the German Idea of Homeland* (Rochester, N.Y.: Camden House, 2002).

Bloch, Ernst, *The Principle of Hope*, 3 vols, trans. Neville Plaice, Stephen Plaice, and Paul Knight (Oxford: Blackwell, 1985) [Ger. orig., *Das Prinzip Hoffnung*, 3 vols (1954–9)].

Blom, Amélie, 'The 2006 Anti-"Danish Cartoons" Riot in Lahore: Outrage and the Emotional Landscape of Pakistani Politics', *South Asia Multidisciplinary Academic Journal*, 2 (2008), <http://samaj.revues.org/1652> accessed 23 May 2013.

Blume, Svenja, *Pippi Långstrumps Verwandlung zur 'dame-bien-élevée': Die Anpassung eines Kinderbuchs an ein fremdes kulturelles System: Eine Analyse der französischen Übersetzung von Astrid Lindgrens Pippi Långstrump (1945–8)*, Schriftenreihe Poetica 58 (Hamburg: Kovac, 2001).

Boddice, Rob, *A History of Attitudes and Behaviours Towards Animals in Eighteenth-and Nineteenth-Century Britain: Anthropocentrism and the Emergence of Animals* (Lewiston, N.Y.: Mellen, 2009).

Boddice, Rob, 'In Loco Parentis? Public-school authority, cricket and manly character, 1855–62', *Gender and Education*, 21/2 (2009), 159–72.

Boehmer, Elleke, introduction in Robert Baden-Powell, *Scouting for Boys: A Handbook for Instruction in Good Citizenship: The Original 1908 Edition* (Oxford: OUP, 2004), xi–xxxix.

Bolius, Gisela, *Lisa Tetzner: Leben und Werk* (Frankfurt am Main: Dipa, 1997).

Bookhagen, Christl et al., *Kommune 2: Versuch der Revolutionierung des bürgerlichen Individuums: Kollektives Leben mit politischer Arbeit verbinden* (Berlin: Oberbaum, 1969).

Boone, Troy, *Youth of Darkest England: Working-Class Children at the Heart of Victorian Empire* (New York: Routledge, 2005).

Borgards, Roland, 'Tiere in der Literatur: Eine methodische Standortbestimmung', in Herwig Grimm and Carola

Otterstedt, eds., *Das Tier an sich: Disziplinenübergreifende Perspektiven für neue Wege im wissenschaftsbasierten Tierschutz* (Göttingen: Vandenhoeck & Ruprecht, 2012), 87–118.

Borkfelt, Sune, 'Colonial Animals and Literary Analysis: The Example of Kipling's Animal Stories', *English Studies*, 90/5 (2009), 557–68.

Borutta, Manuel, and Nina Verheyen, ed., *Die Präsenz der Gefühle: Männlichkeit und Emotion in der Moderne* (Bielefeld: Transcript, 2010).

Bose, Pradip Kumar, 'Sons of the Nation: Child Rearing in the New Family', in Partha Chatterjee, ed., *Texts of Power: Emerging Disciplines in Colonial Bengal* (Minneapolis: University of Minneapolis Press, 1995), 118–44.

Bourdieu, Pierre, *The Logic of Practice*, trans. Richard Nice (Cambridge: Polity, 1990) [Fre. orig., *Le sens pratique* (1980)].

Bourke, Joanna, *Fear: A Cultural History* (London: Virago, 2005).

Bourke, Joanna, *An Intimate History of Killing: Face-to-Face Killing in Twentieth-Century Warfare* (London: Granta, 1999).

Bourke, Joanna, *What It Means to be Human: Reflections from 1791 to the Present* (London: Virago, 2011).

Boyd, Kelly, *Manliness and the Boys' Story Paper in Britain: A Cultural History, 1855–1940* (Basingstoke: Palgrave Macmillan, 2003).

Bradford, Clare, 'Children's Literature in a Global Age: Transnational and Local Identities', *Nordic Journal of ChildLit Aesthetics*, 2 (2011), 20–34 <http://www.childlitaesthetics.net/index.php/blft/article/view/5828> accessed 28 May 2013.

Braithwaite, John, *Crime, Shame and Reintegration* (Cambridge: CUP, 1989).

Breeuwsma, Gerrit, 'The Nephew of an Experimentalist: Ambivalences in Developmental Thinking', in Willem Koops and Michael Zuckerman, eds., *Beyond the Century of the Child: Cultural History and Developmental Psychology*

(Philadelphia: University of Pennsylvania Press, 2003), 183–203.

Brehony, Kevin J., 'A New Education for a New Era: The Contribution of the Conferences of the New Education Fellowship to the Disciplinary Field of Education 1921–1938', *Paedagogica Historica*, 40/5–6 (2004), 733–55.

Breithaupt, Fritz, *Kulturen der Empathie* (Frankfurt am Main: Suhrkamp, 2009).

Briggs, John L., *Never in Anger: Portrait of an Eskimo Family* (Cambridge: Harvard UP, 1970).

Brock, Adrian C., ed., *Internationalizing the History of Psychology* (New York: NYUP, 2006).

Brockhaus, Gudrun, 'Lockung und Drohung: Die Mutterrolle in zwei Ratgebern der NS-Zeit', in Miriam Gebhardt and Clemens Wischermann, eds., *Familiensozialisation seit 1933: Verhandlungen über Kontinuität*, Studien zur Geschichte des Alltags 25 (Stuttgart: Franz Steiner, 2007), 49–69.

Bronfenbrenner, Urie, 'Ecological Systems Theory', in Ross Vasta, ed., *Six Theories of Child Development: Revised Formulations and Current Issues*, Annals of Child Development 6 (Greenwich: JAI, 1989), 187–251.

Brosius, Christiane, 'Love in the Age of Valentine and Pink Underwear: Media and Politics of Intimacy in South Asia', in Christiane Brosius and Roland Wenzlhuemer, eds., *Transcultural Turbulences: Towards a Multi-Sited Reading of Image Flows* (Heidelberg: Springer, 2011), 27–66.

Brown, Laura, *Homeless Dogs and Melancholy Apes: Humans and Other Animals in the Modern Literary Imagination* (Ithaca, N.Y.: Cornell UP, 2010).

Brückenhaus, Daniel, ' "Every Stranger Must Be Suspected": Trust Relationships and the Surveillance of Anti-Colonialists in Early Twentieth-Century Western Europe', *Geschichte und Gesellschaft*, 36/4 (2010), 523–66.

Buchner, Jutta, *Kultur mit Tieren: Zur Formierung des bürgerlichen Tierverständnisses im 19. Jahrhundert* (Munster: Waxmann, 1996).

Budde, Gunilla-Friederike, *Auf dem Weg ins Bürgerleben: Kindheit und Erziehung in deutschen und englischen Bürgerfamilien 1840–1914* (Göttingen: Vandenhoeck & Ruprecht, 1994).

Bunke, Simon, *Heimweh: Studien zur Kultur-und Literaturgeschichte einer tödlichen Krankheit*, Rombach-Wissenschaften Reihe Litterae 156 (Freiburg im Breisgau: Rombach, 2009).

Burt, Jonathan, *Animals in Film* (London: Reaktion, 2002).

Butterworth, Charles E., 'Medieval Islamic Philosophy and the Virtue of Ethics', *Arabica*, 34/2 (1987), 221–50.

Butts, Dennis, 'The Birth of the Boys' Stories and the Transition from the Robinsonnades to the Adventure Story', *Revue de Littérature Comparée*, 304/4 (2002), 445–54.

Buzelin, Hélène, 'Translation Studies, Ethnography and the Production of Knowledge', in Paul St-Piere and Prafulla C. Kar, eds., *In Translation: Reflections, Refractions, Transformations*, Benjamins Translation Library 71 (Amsterdam: Benjamins, 2007), 39–56.

Carpenter, Humphrey, *Secret Gardens: A Study of the Golden Age of Children's Literature* (Boston: Houghton Mifflin, 1985).

Carpenter, Humphrey, and Mari Prichard, eds., *The Oxford Companion to Children's Literature* (Oxford: OUP, 1999).

Carroll, Noël, *Theorizing the Moving Image* (Cambridge: CUP, 1996).

Chatterjee, Partha, *The Nation and its Fragments: Colonial and Postcolonial Histories*, Princeton Studies in Culture/Power/History (Princeton: PUP, 1993).

Choudhury, Suparna, and Jan Slaby, eds., *Critical Neuroscience: A Handbook of the Social and Cultural Contexts of Neuroscience* (Chichester: Wiley-Blackwell, 2012).

Cipolla, Carlo M., *Literacy and Development in the West* (Harmondsworth: Penguin, 1969).

Clark, Beverly Lyon, *Regendering the School Story: Sassy Sissies and Tattling Tomboys* (New York: Garland, 1996).

Clifford, James, *Routes: Travel and Translation in the Late Twentieth Century* (Cambridge: Harvard UP, 1997).

Cohn, Bernard, 'Representing Authority in Victorian India', in Eric J. Hobsbawm and Terence Ranger, eds., *The Invention of Tradition* (Cambridge: CUP, 1983), 165–209.

Coplan, Amy, and Peter Goldie, eds., *Empathy: Philosophical and Psychological Perspectives* (Oxford: OUP, 2011).

Cosslett, Tess, *Talking Animals in British Children's Fiction, 1786–1914* (Aldershot: Ashgate, 2006).

Cunningham, Hugh, *Children and Childhood in Western Society since 1500*, Studies in Modern History (2nd edn, Harlow, England: Pearson Longman, 2005).

Cutt, M. Nancy, *Mrs. Sherwood and Her Books for Children: A Study* (London: OUP, 1974).

Dahrendorf, Malte, *Jugendliteratur und Politik: Gesellschaftliche Aspekte der Kinder-und Jugendliteratur*, Jugend und Medien 11 (Frankfurt am Main: Dipa, 1986).

Dally, Ann, *Inventing Motherhood: The Consequences of an Ideal* (London: Burnett, 1982).

Damousi, Joy, and Mariano Ben Plotkin, *The Transnational Unconscious: Essays in the History of Psychoanalysis and Transnationalism*, The Palgrave Macmillan transnational his-tory series (Houndmills: Palgrave Macmillan, 2009).

Darnton, Robert, 'First Steps Toward a History of Reading', in *The Kiss of Lamourette: Reflections in Cultural History* (New York: Norton, 1990), 154–87.

Daston, Lorraine, and Gregg Mitman, eds., *Thinking With Animals: New Perspectives on Anthropomorphism* (New York: Columbia UP, 2005).

Davies, James, and Dimitrina Spencer, eds., *Emotions in the Field: The Psychology and Anthropology of Fieldwork Experience* (Stanford: SUP, 2010).

Davin, Anna, 'What Is a Child?', in Anthony Fletcher and Stephen Hussey, eds., *Childhood in Question: Children, Parents and the State* (Manchester: MUP, 1999), 15–36.

Davis, Belinda, 'What's Left? Popular Political Participation in Postwar Europe', *American Historical Review*, 113/2 (2008), 363–90.

Dekker, Rudolf M., and Hugo Rölling, 'Fear', in Paula S. Fass, ed., *Encyclopedia of Children and Childhood in History and Society*, ii (New York: Macmillan Reference, 2004), 353–6.

DeMello, Margo, ed., *Speaking for Animals: Animal Autobographical Writing*, Routledge Advances in Sociology 80 (New York: Routledge, 2013).

Demmerling, Christoph, and Hilge Landweer, *Philosophie der Gefühle: Von Achtung bis Zorn* (Stuttgart: Metzler, 2007).

Deonna, Julien A., Raffaele Rogno, and Fabrice Teroni, *In Defense of Shame: The Faces of an Emotion* (Oxford: OUP, 2012).

Dixon, Thomas, 'Educating the Emotions from Gradgrind to Goleman', *Research Papers in Education*, 27/4 (2012), 481–95.

Doderer, Klaus, *Erich Kästner: Lebensphasen—politsches Engagement—literarisches Wirken* (Weinheim: Juventa, 2002).

Duyvendak, Jan Willem, *The Politics of Home: Belonging and Nostalgia in Western Europe and the United States* (Basingstoke: Palgrave MacMillan, 2011).

Egoff, Sheila A., and Ronald Hagler, *Books That Shaped Our Minds* (Vancouver: University of British Columbia Library, 1998).

Eitler, Pascal, 'The "Origin" of Emotions: Sensitive Humans, Sensitive Animals', in Ute Frevert et al., *Emotional Lexicons* (Oxford: OUP, 2014) [Ger. orig., 'Der "Ursprung" der Gefühle: Reizbare Menschen und reizbare Tiere', in Ute Frevert et al., *Gefühlswissen: Eine lexikalische Spurensuche in der Moderne* (2011)].

Eitler, Pascal, ' "Weil sie fühlen, was wir fühlen": Menschen, Tiere und die Genealogie der Emotionen im 19. Jahrhundert', *Historische Anthropologie*, 19/2 (2011), 211–28.

Eitler, Pascal, and Monique Scheer, 'Emotionengeschichte als Körpergeschichte: Eine heu-ristische Perspektive auf religiöse Konversionen im 19. und 20. Jahrhundert', *Geschichte und Gesellschaft*, 35/2 (2009), 282–313.

Ekman, Paul, 'Basic Emotions', in Tim Dalgleish and Mick J. Power, eds., *Handbook of Cognition and Emotion* (Chichester: Wiley, 1999), 45–60.

Elberfeld, Jens, 'Subjekt/Beziehung: Patriarchat—Partnerschaft—Projekt: Psychowissen und Normalisierungspraktiken im Diskurs der Paartherapie (BRD 1960–90)', in Maik Tändler and Uffa Jensen, eds., *Das Selbst zwischen Anpassung und Befreiung: Psychowissen und Politik im 20. Jahrhundert* (Göttingen: Wallstein, 2012), 85–114.

Elias, Norbert, *The Civilizing Process: Sociogenetic and Psychogenetic Investigations*, ed. Eric Dunning, Johan Goudsblom, and Stephen Mennell, trans. Edward Jephcott (Oxford: Blackwell, 2010) [Ger. orig., *Über den Prozeß der Zivilisation*, 2 vols (1939)].

Engels, Friedrich, *The Origin of the Family, Private Property and the State: In the Light of the Researches of Lewis H. Morgan*, trans. Alick West and Dona Torr (London: Lawrence & Wishart, 1942) [Ger. orig., *Der Ursprung der Familie, des Privateigentums und des Staates: Im Anschluss an Lewis H. Morgan's Forschungen* (1884)].

Epstein, E. L., 'Afterword', in William Golding, *Lord of the Flies* (New York: Putnam, 1954), 203–8.

Ernst, Petra, ' "The World is my Country . . .": Heimat und Heimatlosigkeit in Lisa Tetzners Roman "Die Kinder aus Nr. 67" ', in Hans Joachim Nauschütz and Steffen Pelzsch, eds., *Heimat, Heimatverlust und Heimatgewinn als Thema und Motiv im europäischen Kinder-und Jugendbuch: Drittes internationales Symposium in Frankfurt (Oder) und Zbaszyn vom 24.–26. April 1995*, Internationales Symposium des Deutsch-Polnischen Literaturbüros in Frankfurt (Oder) 3 (Frankfurt (Oder): Dt.-Poln. Literaturbüro Oderregion, Haus der Künste, 1995), 7–15.

Ewing, Katherine Pratt, *Arguing Sainthood: Modernity, Psychoanalysis, and Islam* (Durham: Duke UP, 1997).

Eyer, Diane E., *Mother-Infant Bonding: A Scientific Fiction* (New Haven: Yale UP, 1992).

Eyre, Frank, *British Children's Books in the Twentieth Century* (rev. edn, London: Longman, 1971).

Faehndrich, Jutta, *Eine endliche Geschichte: Die Heimatbücher der deutschen Vertriebenen* (Cologne: Böhlau, 2011).

Faulstich, Werner, *Bestandsaufnahme Bestseller-Forschung: Ansätze—Methoden—Erträge* (Wiesbaden: Harrassowitz, 1983).

Feagin, Susan L., *Reading with Feeling: The Aesthetics of Appreciation* (Ithaca, N.Y.: Cornell UP, 1996).

Ferguson, Tamara J., Hedy Stegge, and Ilse Damhuis, 'Children's Understanding of Guilt and Shame', *Child Development*, 62/4 (1991), 827–39.

Ferrall, Charles, and Anna Jackson, *Juvenile Literature and British Society, 1850–1950: The Age of Adolescence*, Children's Literature and Culture 68 (New York: Routledge, 2010).

Fisman, Raymond, and Tarun Khanna, 'Is Trust a Historical Residue? Information Flowsand Trust Levels', *Journal of Economic Behavior & Organization*, 38/1 (1999), 79–92.

Flanagan, Victoria, *Into the Closet: Cross-Dressing and the Gendered Body in Children's Literature and Film*, Children's Literature and Culture 47 (New York: Routledge, 2007).

Flegel, Monica, *Conceptualizing Cruelty to Children in Nineteenth-Century England: Literature, Representation, and the NSPCC*, Ashgate Studies in Childhood, 1700 to the Present (Farnham Surrey: Ashgate, 2009).

Freeman, Thomas, 'Heinrich Hoffmann's Struwwelpeter: An Inquiry into the Effects of Violence in Children's Literature', *Journal of Popular Culture*, 10/4 (1977), 808–20.

Frevert, Ute, *Does Trust Have a History?*, Max Weber Programme: Lecture Series 2009–1 (San Domenico di Fiesole: European University Institute, 2009).

Frevert, Ute, *Emotions in History: Lost and Found* (Budapest: Central European UP, 2011).

Frevert, Ute, ed., *Geschichte der Gefühle*, Geschichte und Gesellschaft 35/2 (Göttingen: Vandenhoeck & Ruprecht, 2009).

Frevert, Ute, 'Trust as Work', in Jürgen Kocka, ed., *Work in a Modern Society: The German Historical Experience in Comparative Perspective*, New German Historical Perspectives 3 (New York: Berghahn Books, 2010), 93–108.

Frevert, Ute et al., *Emotional Lexicons: Continuity and Change in the Vocabulary of Feeling 1700–2000* (Oxford: OUP, 2014) [Ger. orig., *Gefühlswissen: Eine lexikalische Spurensuche in der Moderne* (2011)].

Friedrichsmeyer, Sara, Sara Lennox, and Susanne Zantop, eds., *The Imperialist Imagination: German Colonialism and its Legacy* (Ann Arbor: University of Michigan Press, 1998).

Fuchs, Martin, 'Reaching Out, or, Nobody Exists in One Context Only: Society as Translation', *Translation Studies*, 2/1 (2009), 21–40.

Fuchs, Martin, 'Soziale Pragmatik des Übersetzens: Strategien der Interkulturalität in Indien', in Joachim Renn, Jürgen Straub, and Shingo Shimada, eds., *Übersetzung als Medium des Kulturverstehens und sozialer Integration* (Frankfurt am Main: Campus, 2002), 292–322.

Fuchs, Martin, 'Übersetzen und Übersetzt-Werden: Plädoyer für eine interaktionsana-lytische Reflexion', in Doris Bachmann-Medick, ed., *Übersetzung als Repräsentation fremder Kulturen*, Göttinger Beiträge zur internationalen Übersetzungsforschung 12 (Berlin: Schmidt, 1997), 308–28.

Fuchs, Michaela, *'Wie sollen wir unsere Kinder erziehen?': Bürgerliche Kindererziehung im Spiegel der populärpädagogischen Erziehungsratgeber des 19. Jahrhunderts* (Wien: Praesens, 1997).

Fukuyama, Francis, *Trust: The Social Virtues and the Creation of Prosperity* (New York: Free, 1995).

Gaddis, John L., *The Cold War: A New History* (London: Allen Lane, 2005).

Galbraith, Gretchen R., *Reading Lives: Reconstructing Childhood, Books, and Schools in Britain, 1870–1920* (New York: St. Martin's, 1997).

Gammerl, Benno, 'Emotional Styles: Concepts and Challenges', *Rethinking History*, 16/2 (2012), 161–75.

Garrels, Scott R., ed., *Mimesis and Science: Empirical Research on Imitation and the Mimetic Theory of Culture and Religion*, Studies in Violence, Mimesis, and Culture Series (East Lansing: Michigan State UP, 2011).

Gebauer, Gunter, and Christoph Wulf, *Mimesis: Culture, Art, Society*, trans. Don Reneau (Berkeley: University of California Press, 1995) [Ger. orig., *Mimesis: Kultur—Kunst—Gesellschaft* (1992)].

Gebhard, Gunther, Oliver Geisler, and Steffen Schröter, eds., *Heimat: Konturen und Konjunkturen eines umstrittenen Konzepts*, Kultur-und Medientheorie (Bielefeld: Transcript, 2007).

Gebhardt, Miriam, *Die Angst vor dem kindlichen Tyrannen: Eine Geschichte der Erziehung im 20. Jahrhundert* (Munich: Deutsche Verlagsanstalt, 2009).

Gebhardt, Miriam, 'Haarer Meets Spock: Frühkindliche Erziehung und gesellschaftli-cher Wandel seit 1933', in Miriam Gebhardt and Clemens Wischermann, eds., *Familiensozialisation seit 1933: Verhandlungen über Kontinuität*, Studien zur Geschichte des Alltags 25 (Stuttgart: Franz Steiner, 2007), 87–104.

Geertz, Clifford, 'Thick Description: Toward an Interpretive Theory of Culture', in *The Interpretation of Cultures: Selected Essays* (New York: Basic, 1973), 3–30.

Geissmann, Claudine, and Pierre Geissmann, *A History of Child Psychoanalysis* (London: Routledge, 1998) [Fre. orig., *Histoire de la psychanalyse de l'enfant: Mouvements, idées, perspectives* (1992)].

Giloi, Eva, 'Socialization and the City: Parental Authority and Teenage Rebellion in Wilhelmine Germany', *Radical Historical Review*, 114 (2012), 91–112.

Girard, René, *Deceit, Desire, and the Novel: Self and Other in Literary Structure*, trans. Yvonne Freccero (Baltimore: Johns Hopkins UP, 1965) [Fre. orig., *Mensonge romantique et vérité romanesque* (1961)].

Girard, René, *Mimesis and Theory: Essays on Literature and Criticism, 1953–2005*, Cultural Memory in the Present (Stanford: SUP, 2008).

Goldsmith, Annette Y., 'Found in Translation: How US Publishers Select Children's Books in Foreign Languages', in Pat Pinsent, ed., *No Child is an Island: The Case of Children's Literature in Translation*, NCRCL Papers 12 (Lichfield: Pied Piper, 2006), 88–101.

Goodstein, Elizabeth S., *Experience without Qualities: Boredom and Modernity* (Stanford: SUP, 2005).

Gould, Stephen Jay, *Ontogeny and Phylogeny* (Cambridge: Belknap Press of Harvard UP, 1977).

Graebner, William, 'The Unstable World of Benjamin Spock: Social Engineering in a Democratic Culture', *Journal of American History*, 67/3 (1980), 612–29.

Grant, Julia, *Raising Baby by the Book: The Education of American Mothers* (New Haven: Yale UP, 1998).

Green, Roger Lancelyn, 'The Golden Age of Children's Books', *Essays and Studies*, 15 (1962), 59–73.

Grenby, M. O., and Andrea Immel, eds., *The Cambridge Companion to Children's Literature* (Cambridge: CUP, 2009).

Grenz, Dagmar, ' "Das eine sein und das andere auch sein . . .": Über die Widersprüchlichkeit des Frauenbildes am Beispiel der Mädchenliteratur', in Dagmar Grenz and Gisela Wilkending, eds., *Geschichte der Mädchenlektüre: Mädchenliteratur und die gesellschaftli-che Situation der Frauen vom 18. Jahrhundert bis zur Gegenwart*, Lesesozialisation und Medien (Munich: Juventa, 1997), 197–216.

Grenz, Dagmar, ' "Der Trotzkopf ": Ein Bestseller damals und heute', in Dagmar Grenz and Gisela Wilkending, eds., *Geschichte der Mädchenlektüre: Mädchenliteratur und die gesells-chaftliche Situation der Frauen vom 18. Jahrhundert bis zur Gegenwart*, Lesesozialisation und Medien (Munich: Juventa, 1997), 115–22.

Grenz, Dagmar, 'Zeitgenössische Mädchenliteratur: Tradition oder Neubeginn?', in Dagmar Grenz and Gisela Wilkending, eds., *Geschichte der Mädchenlektüre: Mädchenliteratur und die gesellschaftliche Situation der Frauen vom 18. Jahrhundert bis zur Gegenwart*, Lesesozialisation und Medien (Munich: Juventa, 1997), 241–66.

Grier, Katherine C., 'Childhood Socialization and Companion Animals: United States, 1820–1870', *Society and Animals*, 7/2 (1999), 95–120.

Grieser, Dietmar, *Im Tiergarten der Weltliteratur: Auf den Spuren von Kater Murr, Biene Maja, Bambi, Möwe Jonathan und den anderen* (Munich: DTV, 1993).

Grima, Benedicte, *The Performance of Emotion among Paxtun Women: 'The Misfortunes Which Have Befallen Me'* (Austin: University of Texas Press, 1992).

Gross, James J., ed., *Handbook of Emotion Regulation* (New York: Guilford, 2007).

Große, Jürgen, *Philosophie der Langeweile* (Stuttgart: Metzler, 2008).

Gubar, Marah, ' "Peter Pan" as Children's Theater: The Issue of Audience', in Julia L. Mickenberg and Lynne Valone, eds., *The Oxford Handbook of Children's Literature* (Oxford: OUP, 2011), 475–95.

Hale, Jr., Nathan G., *Rise and Crisis of Psychoanalysis in the United States: Freud and the Americans, 1917–1985* (New York: OUP, 1995).

Halfin, Igal, 'From Darkness to Light: Student Communist Autobiography During NEP', *Jahrbücher für Geschichte Osteuropas*, 45/2 (1997), 210–36.

Hall, Catherine, *Civilising Subjects: Metropole and Colony in the English Imagination, 1830–1867* (Chicago: University of Chicago Press, 2002).

Hall, Catherine, 'The Economy of Intellectual Prestige: Thomas Carlyle, John Stuart Mill, and the Case of Governor Eyre', *Cultural Critique*, 12/Spring (1989), 167–96.

Hanfi, Muzaffar, 'Urdu', in Kunniseri Akhileshwaram Jamuna, ed., *Children's Literature in Indian Languages* (New Delhi: Publications Division, Ministry of Information and Broadcasting, Government of India, 1982), 244–62.

Hannerz, Ulf, *Transnational Connections: Culture, People, Places* (London: Routledge, 1996).

Haraway, Donna J., *When Species Meet*, Posthumanities 3 (Minneapolis: University of Minnesota Press, 2008).

Hardyment, Christina, *Dream Babies: Child Care from Locke to Spock* (London: Cape, 1983).

Hasan, Mushir, and Rakshanda Jalil, *Partners in Freedom: Jamia Millia Islamia* (2nd edn, New Delhi: Niyogi, 2008).

Heidegger, Martin, *The Fundamental Concepts of Metaphysics: World, Finitude, Solitude*, trans. William McNeill and Nicholas Walker (Bloomington: Indiana UP, 1995) [Ger. orig., *Die Grundbegriffe der Metaphysik: Welt—Endlichkeit—Einsamkeit* (1929/30)].

Heinze, Martin, Dirk Quadflieg, and Martin Bühring, eds., *Utopie Heimat: Psychiatrische und Kulturphilosophische Zugänge*, Beiträge der Gesellschaft für Philosophie und Wissenschaften der Psyche 6 (Berlin: Parodos, 2006).

Herman, Ellen, 'Psychologism and the Child', in Theodore M. Porter and Dorothy Ross, eds., *The Cambridge History of Science, vii: The Modern Social Sciences* (Cambridge: CUP, 2003), 649–62.

Herman, Ellen, *The Romance of American Psychology: Political Culture in the Age of Experts* (Berkeley: University of California Press, 1995).

Herzog, Dagmar, 'Antifaschistische Körper: Studentenbewegung, sexuelle Revolution und anitautoritäre Kindererziehung', in Klaus Naumann, ed., *Nachkrieg in Deutschland* (Hamburg: Hamburger Edition, 2001), 521–51.

Heywood, Colin, 'Centuries of Childhood: An Anniversary—and an Epitaph?', *Journal of the History of Childhood and Youth*, 3/3 (2010), 343–65.

Heywood, Colin, *Growing Up in France: From the Ancien Régime to the Third Republic* (Cambridge: CUP, 2007).

Heywood, Colin, *A History of Childhood: Children and Childhood in the West from the Medieval to Modern Times* (Cambridge: Polity, 2001).

Höffer-Mehlmer, Markus, *Elternratgeber: Zur Geschichte eines Genres* (Baltmannsweiler: Schneider, 2003).

Höffer-Mehlmer, Markus, 'Erziehungsratgeber', in Jutta Ecarius, ed., *Handbuch Familie* (Wiesbaden: VS Verlag für Sozialwissenschaften, 2007), 669–87.

Höffer-Mehlmer, Markus, 'Sozialisation und Erziehungsratschlag: Elternratgeber nach 1945', in Miriam Gebhardt and Clemens Wischermann, eds., *Familiensozialisation seit 1933: Verhandlungen über Kontinuität*, Studien zur Geschichte des Alltags 25 (Stuttgart: Franz Steiner, 2007), 71–85.

Hollindale, Peter, 'A Hundred Years of Peter Pan', *Children's Literature in Education*, 36/3 (2005), 197–215.

Holmes, Martha Stoddard, 'Peter Pan and the Possibilities of Child Literature', in Allison B. Karvey and Lester D. Friedman, eds., *Second Star to the Right: Peter Pan in the Popular Imagination* (New Brunswick: Rutgers UP, 2009), 132–50.

Hosking, Geoffrey, 'Trust and Distrust: A Suitable Theme for Historians?', *Transactions of the Royal Historical Society (Sixth Series)*, 16/December (2006), 95–115.

Hourani, George F., *Reason and Tradition in Islamic Ethics* (Cambridge: CUP, 1985). Hulbert, Ann, *Raising America:*

Experts, Parents, and a Century of Advice About Children (New York: Knopf, 2003).

Humphrey, Judith, *The English Girls' School Story: Subversion and Challenge in a Traditional, Conservative Literary Genre* (Bethesda: Academica, 2009).

Hunt, Lynn, *Inventing Human Rights: A History* (New York: Norton, 2007).

Hunt, Peter, ed., *Understanding Children's Literature: Key Essays from the International Companion Encyclopedia of Children's Literature* (London: Routledge, 1999).

Illouz, Eva, *Consuming the Romantic Utopia: Love and the Cultural Contradictions of Capitalism* (Berkeley: University of California Press, 1997).

Ilsemann, Wilhelm von, ed., *Jugend zwischen Anpassung und Ausstieg: Ein Symposium mit Jugendlichen und Vertretern aus Wissenschaft, Wirtschaft, Politik und Verwaltung, vom 27. bis 30.5.1980 auf Schloß Gracht bei Köln* (Hamburg: Jugendwerk der Deutschen Shell, 1980).

Jaspers, Karl, *Heimweh und Verbrechen*, Archiv für Kriminalanthropologie und Kriminalistik 35 (Leipzig: Vogel, 1909).

Jensen, Uffa, 'Freuds unheimliche Gefühle: Zur Rolle von Emotionen in der Freudschen Psychoanalyse', in Uffa Jensen and Daniel Morat, eds., *Rationalisierungen des Gefühls: Zum Verhältnis von Wissenschaft und Emotionen 1880–1930* (Munich: Fink, 2008), 135–52.

Jones, Gregory, and Jane Brown, 'Wilhelm Busch's Merry Thoughts: His Early Books in Britain and America', *Papers of the Bibliographical Society of America*, 101/2 (2007), 167–204.

Justice, Keith L., *Bestseller Index: All Books, by Author, on the Lists of Publishers Weekly and the New York Times through 1990* (Jefferson, NC: McFarland, 1998).

Kaminski, Winfred, *Jugendliteratur und Revolte: Jugendprotest und seine Spiegelung in der Literatur für junge Leser* (Frankfurt am Main: Dipa, 1982).

Kamp, Johannes-Martin, *Kinderrepubliken: Geschichte, Praxis und Theorie radikaler Selbstregierung in Kinder-und*

Jugendheimen (2nd edn, Wiesbaden: Self-published, 2006), <http://paed.com/kinder/kind/kinderrepubliken.pdf> accessed 4 Jan. 2013.

Kean, Hilda, *Animal Rights: Political and Social Change in Britain since 1800* (London: Reaktion, 1998).

Kelly, Catriona, *Children's World: Growing Up in Russia, 1890–1991* (New Haven: Yale UP, 2007).

Kessel, Martina, Langeweile*: Zum Umgang mit Zeit und Gefühlen in Deutschland vom späten 18. bis zum frühen 20. Jahrhundert* (Göttingen: Wallstein, 2001).

Kete, Kathleen, *The Beast in the Boudoir: Petkeeping in Nineteenth-Century Paris* (Berkeley: University of California Press, 1994).

Kete, Kathleen, 'Verniedlichte Natur: Kinder und Haustiere in historischen Quellen', in Dorothee Brantz and Christof Mauch, eds., *Tierische Geschichte: Die Beziehung von Mensch und Tier in der Kultur der Moderne* (Paderborn: Schöningh, 2010), 123–37.

Khan, Pasha Mohamad, 'A Handbook for Storytellers: The Tiraz al-akhbar and the Qissa Genre', in Satyanarayana Hegde, ed., *An Informal Festschrift in Honor of the Manifold Lifetime Achievements of Shamsur Rahman Faruqi* (2010), <http://www.columbia.edu/itc/mealac/pritchett/00urduhindilinks/srffest/> accessed 17 Apr. 2013.

Kiley, Dan, *The Peter Pan Syndrome: Men Who Have Never Grown Up* (New York: Dodd, Mead, 1983).

Kincaid, James R., *Child-Loving: The Erotic Child and Victorian Culture* (New York: Routledge, 1992).

Kirkpatrick, Robert J., *The Encyclopaedia of Boys' School Stories,* ed. Rosemary Auchmuty and Joy Wotton, The Encyclopaedia of School Stories 2 (Aldershot: Ashgate, 2000).

Kohli, Martin, 'Die Institutionalisierung des Lebenslaufs: Historische Befunde und theoretische Argumente', *Kölner Zeitschrift für Soziologie und Sozialpsychologie*, 37/1 (1985), 1–29.

Kokorski, Karin, 'The Invisible Threat: Symbolic Violence in Children's Literature and Young Adults' Fiction', in Thomas Kullmann, ed., *Violence in English Children's and Young Adult's Fiction* (Aachen: Shaker, 2010), 189–203.

Kössler, Till, 'Die Ordnung der Gefühle: Frühe Kinderpsychologie und das Problem kindli-cher Emotionen (1880–1930)', in Uffa Jensen and Daniel Morat, eds., *Rationalisierungen des Gefühls: Zum Verhältnis von Wissenschaft und Emotionen 1880–1930* (Munich: Fink, 2008), 189–210.

Kucherenko, Olga, *Little Soldiers: How Soviet Children Went to War, 1941–1945* (New York: Oxford UP, 2011).

Kumar, Krishna, *Political Agenda of Education: A Study of Colonialist and Nationalist Ideas* (2nd edn, New Delhi: Sage, 2005).

Kumschick, Irina Rosa et al., *'Sheep with Boots': An Emotion-Centered Literary Intervention Designed to Increase Emotional Competence in Children* (under review).

Kupfer, Christine, 'Rabindranath Tagore's Bildung zum Weltmenschen: Ein Beispiel interkultureller Pädagogik', in Elisabeth Zwick, ed., *Pädagogik als Dialog der Kulturen: Grundlagen und Diskursfelder der interkulturellen Pädagogik*, Reform und Innovation 11 (Berlin: Lit, 2009), 227–59.

Kurme, Sebastian, *Halbstarke: Jugendprotest in den 1950er Jahren in Deutschland und den USA*, Campus Forschung 901 (Frankfurt am Main: Campus, 2006).

Kurzweil, Edith, *The Freudians: A Comparative Perspective* (New Haven: Yale UP, 1989).

Kutzer, M. Daphne, *Empire's Children: Empire and Imperialism in Classic British Children's Books* (New York: Garland, 2000).

Lal, Ruby, 'Recasting the Women's Question: The Girl-Child/Women in the Colonial Encounter', *Interventions: International Journal of Postcolonial Studies*, 10/3 (2008), 321–39.

Lal, Ruby, *Coming of Age in Nineteenth-Century India: The Girl-Child and the Art of Playfulness* (Cambridge: CUP, 2013).

Lambert-Hurley, Siobhan, *Muslim Women, Reform and Princely Patronage: Nawab Sultan Jahan Begam of Bhopal*, *Royal Asiatic Society Books* (London: Routledge, 2007).

Lathey, Gillian, *The Role of Translators in Children's Literature: Invisible Storytellers* (New York: Routledge, 2010).

Lawson, M. D., 'The New Education Fellowship: The Formative Years', *Journal of Educational Administration and History*, 13/2 (1981), 24–8.

Le Breton, David, *Anthropologie de la douleur*, Sciences humaines 12 (rev. and enl. edn, Paris: Métailié, 2006).

Lelyveld, David, *Aligarh's First Generation: Muslim Solidarity in British India* (Princeton: PUP, 1978; Delhi: Oxford UP, 1996).

Lethen, Helmuth, Cool Conduct*: The Culture of Distancein Weimar Germany*, trans. Don Reneau (Berkeley: University of California Press, 2002) [Ger. orig., *Verhaltenslehren der Kälte: Lebensversuche in der Weimarer Republik* (1993)].

Leutheuser, Karsten, *Freie, geführte und verführte Jugend: Politisch motivierte Jugendliteratur in Deutschland 1919–1989*, Literatur-und Medienwissenschaft 45 (Paderborn: Igel, 1945).

Levinson, Boris, *Pet-Oriented Child Psychotherapy* (Springfield: Thomas, 1969).

Levsen, Sonja, *Elite, Männlichkeit und Krieg: Tübinger und Cambridger Studenten 1900–1929*, Kritische Studien zur Geschichtswissenschaft 170 (Göttingen: Vandenhoeck & Ruprecht, 2006).

Lewis, Helen Block, 'Shame and the Narcissistic Personality', in Donald L. Nathanson, ed., *The Many Faces of Shame* (New York: Guilford, 1987), 93–132.

Lewis, Michael, Jeannette M. Haviland-Jones, and Lisa Feldman Barrett, eds., *Handbook of Emotions* (3rd edn, New York: Guilford, 2008).

Leys, Ruth, 'The Turn to Affect: A Critique', *Critical Inquiry*, 37/3 (2011), 434–72.

Lindenberger, Thomas, 'Einleitung: Physische Gewalt—Eine Kontinuität der Moderne', in Thomas Lindenberger and Alf Lüdtke, eds., *Physische Gewalt: Studien zur Geschichte der Neuzeit* (Frankfurt am Main: Suhrkamp, 1995), 7–38.

Lindholm, Charles, *Generosity and Jealousy: The Swat Pukhtun of Northern Pakistan* (New York: Columbia UP, 1982).

Lowenfeld, Henry, 'Notes on Shamelessness', *Psychoanalytic Quarterly*, 45 (1976), 62–72.

Luhmann, Niklas, 'Familiarity, Confidence, Trust: Problems and Alternatives', in Diego Gambetta, ed., *Trust: Making and Breaking Cooperative Relations* (Oxford: Blackwell, 1990), 94–107.

Lutz, Catherine A., *Unnatural Emotions: Everyday Sentiments on a Micronesian Atoll & Their Challenge to Western Theory* (Chicago: University of Chicago Press, 1998).

Lyons, Martyn, *A History of Reading and Writing in the Western World* (Basingstoke: Palgrave Macmillan, 2010).

Lyons, Martyn, *Readers and Society in Nineteenth-Century France: Workers, Women, Peasants* (Basingstoke: Palgrave, 2001).

Maasen, Sabine et al., eds., *Das beratene Selbst: Zur Genealogie der Therapeutisierung in den 'langen' Siebzigern* (Bielefeld: Transcript, 2011).

Maasen, Sabine, 'Das beratene Selbst: Zur Genealogie der Therapeutisierung in den "lan-gen" Siebzigern: Eine Perspektivierung', in Sabine Maasen et al., eds., *Das beratene Selbst: Zur Genealogie der Therapeutisierung in den 'langen' Siebzigern* (Bielefeld: Transcript, 2011), 7–33.

McClintock, Anne, *Imperial Leather: Race, Gender and Sexuality in the Colonial Context* (New York: Routledge, 1995).

MacDonald, Geoff, and Lauri A. Jensen-Campbell, eds., *Social Pain: Neuropsychological and Health Implications of Loss and Exclusion* (Washington: American Psychological Association, 2011).

McHugh, Susan, *Animal Stories: Narrating Across Species Lines*, Posthumanities 15 (Minneapolis: University of Minnesota Press, 2011).

MacKenzie, John M., *Propaganda and Empire: The Manipulation of British Public Opinion, 1880–1960* (Manchester: MUP, 1984).

McLain, Karline, *India's Immortal Comic Books: Gods, Kings, and Other Heroes* (Bloomington: Indiana UP, 2009).

Maine, Henry Sumner, *Ancient Law: Its Connection with the Early History of Society, and its Relation to Modern Ideas* (London: Murray, 1861).

Malti, Tina, and Marlis Buchmann, 'Die Entwicklung moralischer Emotionen bei Kindergartenkindern', *Praxis der Kinderpsychologie und Kinderpsychiatrie*, 59/7 (2010), 545–60.

Mangum, Teresa, 'Dog Years, Human Fears', in Nigel Rothfels, ed., *Representing Animals* (Bloomington: Indiana UP, 2002), 35–47.

Mangum, Teresa, 'Narrative Dominion or The Animals Write Back? Animal Genres in Literature and the Arts', in Kathleen Kete, ed., *A Cultural History of Animals, v: A Cultural History of Animals in the Age of Empire* (Oxford: Berg, 2007), 153–73.

Markovits, Claude, Jacques Pouchepadass, and Sanjay Subrahmanyam, eds., *Society and Circulation: Mobile People and Itinerant Cultures in South Asia, 1750–1950* (Delhi: Permanent Black, 2003).

Marlow, Louise, 'Advice and Advice Literature', in Gudrun Krämer et al., eds., *Encyclopaedia of Islam* (3rd edn, Leiden: Brill Online, 2013), <http://referenceworks.brillonline.com/entries/encyclopaedia-of-islam-3/advice-and-advice-literature-COM_0026> accessed 17 Apr. 2013.

Marré, Beatrice, *Bücher für Mütter als pädagogische Literaturgattung und ihre Aussagen über Erziehung (1762–1851): Ein Beitrag zur Geschichte der Familienerziehung*, Beltz-Forschungsberichte (Weinheim: Beltz, 1986).

Marsden, Magnus, *Living Islam: Muslim Religious Experience in Pakistan's North-West Frontier* (Cambridge: CUP, 2005).

Martin, Luther H., Huck Gutman, and Patrick H. Hutton, eds., *Technologies of the Self: A Seminar with Michel Foucault* (Amherst: University of Massachusetts Press, 1988).

Martin, Maureen M., ' "Boys Who Will Be Men": Desire in Tom Brown's Schooldays', *Victorian Literature and Culture*, 30/2 (2002), 483–502.

Martin, Michelle H., ' "No One Will Ever Know your Secret!": Commercial Puberty Pamphlets for Girls from the 1940s to the 1990s', in Claudia Nelson and Michelle H. Martin, eds., *Sexual Pedagogies: Sex Education in Britain, Australia, and America, 1879–2000* (New York: Palgrave Macmillan, 2004), 135–54.

Matt, Susan J., *Homesickness: An American History* (Oxford: OUP, 2011).

Matt, Susan J., 'You Can't Go Home Again: Homesickness and Nostalgia in U.S. History', *Journal of American History*, 94/2 (2007), 469–97.

Messerli, Alfred, 'Zur Geschichte der Medien des Rates', in Peter-Paul Bänziger et al., eds., *Fragen Sie Dr. Sex! Ratgeberkommunikation und die mediale Konstruktion des Sexuellen* (Berlin: Suhrkamp, 2010), 30–57.

Metcalf, Thomas R., *Ideologies of the Raj* (Cambridge: CUP, 1994).

Metcalf, Thomas R., *An Imperial Vision: Indian Architecture and Britain's Raj* (Berkeley: University of California Press, 1989).

Michaels, Jennifer, 'Fantasies of Native Americans: Karl May's Continuing Impact on the German Imagination', *European Journal of American Culture*, 31/3 (2012), 205–18.

Midgley, David, ' "Los von Berlin!": Anti-Urbanism as Counter-Culture in Early Twentieth-Century Germany', in Steve Giles and Maike Oergel, eds., *Counter-Cultures in Germany and Central Europe: From Sturm und Drang to Bader-Meinhof* (Oxford: Lang, 2003), 121–36.

Mieszkowski, Jan, 'Fear of a Safe Place', in Jan Plamper and Benjamin Lazier, eds., *Fear: Across the Disciplines* (Pittsburgh: University of Pittsburgh Press, 2012), 99–117.

Mignolo, Walter D., and Freya Schiwy, 'Double Translation: Transculturation and the Colonial Difference', in Tullio Maranhão and Bernhard Streck, eds., *Translation and Ethnography: The Anthropological Challenge of Intercultural Understanding* (Tucson: University of Arizona Press, 2003), 3–29.

Minault, Gail, *Secluded Scholars: Women's Education and Muslim Social Reform in Colonial India* (Delhi: Oxford UP, 1998).

Misztal, Barbara A., *Trust in Modern Societies: The Search for the Bases of Social Order* (Cambridge: Polity, 1996).

Mitchell, Sally, *The New Girl: Girls' Culture in England, 1880–1915* (New York: Columbia UP, 1995).

Mitchell, Stephen A., and Margaret J. Black, *Freud and Beyond: A History of Modern Psychoanalytic Thought* (New York: Basic, 1995).

Möllering, Guido, 'The Nature of Trust: From Georg Simmel to a Theory of Expectation, Interpretation and Suspension', *Sociology*, 35/2 (2001), 403–20.

Morris, David E., *The Cultures of Pain* (Berkeley: University of California Press, 1993).

Morse, M. Joy, 'The Kiss: Female Sexuality and Power in J. M. Barrie's Peter Pan', in Donna R. White and C. Anita Tarr, eds., J. M. Barrie's *Peter Pan: In and Out of Time: A Children's Classic at 100*, Children's Literature Association Centennial Studies 4 (Oxford: Scarecrow, 2006), 281–302.

Moscoso, Javier, *Pain: A Cultural History* (New York: Palgrave Macmillan, 2012).

Moskowitz, Eva S., *In Therapy We Trust: America's Obsession with Self-Fulfillment* (Baltimore: Johns Hopkins UP, 2001).

Mosse, George L., *Masses and Man: Nationalist and Fascist Perceptions of Reality* (New York: Fertig, 1980).

Müller, Helmut, 'Barrie, Sir James Matthew', in Klaus Doderer, ed., *Lexikon der Kinder-und Jugendliteratur, i: A-H* (special edn, Weinheim: Beltz, 1984), 108.

Munday, Jeremy, 'Issues in Translation Studies', in Jeremy Munday, ed., *The Routledge Companion to Translation Studies* (rev. edn, London: Routledge, 2009), 1–19.

Munns, David P. D., ' "Gay, Innocent, and Heartless": Peter Pan and the Queering of Popular Culture', in Allison B. Karvey and Lester D. Friedman, eds., *Second Star to the Right: Peter Pan in the Popular Imagination* (New Brunswick: Rutgers UP, 2009), 219–42.

Nadel, Jacqueline, and George Butterworth, eds., *Imitation in Infancy*, Cambridge Studies in Cognitive and Perceptual Development (Cambridge: CUP, 2011).

Naim, C. M., 'Popular Jokes and Political History: The Case of Akhbar, Birbal and Mullah Do-Piyaza', *Economic and Political Weekly*, 30/24 (1995), 1456–64.

Naim, C. M., 'Prize-Winning Adab: A Study of Five Urdu Books Written in Response to the Allahabad Government Gazette Notification', in Barbara Daly Metcalf, ed., *Moral Conduct and Authority: The Place of Adab in South Asian Islam* (Berkeley: University of California Press, 1984), 290–314.

Nair, Janaki, *Women and Law in Colonial India: A Social History* (Delhi: Kali for Women, 1996).

Nash, David, and Anne-Marie Kilday, *Cultures of Shame: Exploring Crime and Morality in Britain 1600–1900* (Basingstoke: Palgrave MacMillan, 2010).

Nathanson, Donald L., 'A Timetable for Shame', in Donald L. Nathanson, ed., *The Many Faces of Shame* (New York: Guilford, 1987), 1–63.

Nehring, Holger, 'The British and West German Protests against Nuclear Weapons and the Cultures of the Cold War, 1957–64', *Contemporary British History*, 19/2 (2005), 223–41.

Nelke, Anne-Katrin, *Kind im Buch: Kindheitsdarstellungen in Kinderromanen der DDR* (Marburg: Tectum, 2010).

Nelson, Claudia, 'Jade and the Tomboy Tradition', in Julia L. Mickenberg and Lynne Valone, eds., *The Oxford Handbook of Children's Literature* (Oxford: OUP, 2011), 497–516.

Nelson, Claudia, 'Sex and the Single Boy: Ideals of Manliness and Sexuality in Victorian Literature for Boys', *Victorian Studies*, 32/4 (1989), 525–50.

Nelson, Claudia, and Michelle H. Martin, 'Introduction' in Claudia Nelson and Michelle H. Martin, eds., *Sexual Pedagogies: Sex Education in Britain, Australia, and America, 1879–2000* (New York: Palgrave Macmillan, 2004), 1–13.

Newsome, David, *Godliness and Good Learning: Four Studies on a Victorian Ideal* (London: Murray, 1961).

Noble, Marianne, *The Masochistic Pleasures of Sentimental Literature* (Princeton: PUP, 2000).

Noë, Alva, *Out of our Heads: Why you Are not your Brain, and Other Lessons from the Biology of Consciousness* (New York: Hill & Wang, 2009).

Notelle, Claudia, *Zwischen Pop und Politik: Zum Weltbild der Jugendzeitschriften 'Bravo', 'ran' und 'Junge Zeit'* (Munster: Lit, 1994).

Oelkers, Jürgen, 'Reformpädagogik vor der Reformpädagogik', *Paedagogica Historica,* 42/1–2 (2006), 15–48.

Oesterheld, Christina, 'Entertainment and Reform: Urdu Narrative Genres in the Nineteenth Century', in Stuart Blackburn and Vasudha Dalmia, eds., *India's Literacy History: Essays on the Nineteenth Century* (Delhi: Permanent Black, 2004), 167–212.

Oesterheld, Joachim, 'Zakir Husain: Begegnungen und Erfahrungen bei der Suche nach moderner Bildung für ein freies Indien', in Petra Heidrich and Heike Liebau, eds., *Akteure des Wandels: Lebensläufe und Gruppenbilder an Schnittstellen von Kulturen*, Zentrum Moderner Orient: Studien 14 (Berlin: Das Arabische Buch, 2001), 105–30.

Ohmer, Susan, 'Disney's Peter Pan: Gender, Fantasy, and Industrial Production', in Allison B. Karvey and Lester D. Friedman, eds., *Second Star to the Right: Peter Pan in the Popular Imagination* (New Brunswick: Rutgers UP, 2009), 151–87.

Olson, Richard G., *Science and Scientism in Nineteenth-Century Europe* (Urbana: University of Illinois Press, 2008).

Osella, Caroline, and Filippo Osella, *Men and Masculinities in South India*, Anthem South Asian Studies (London: Anthem, 2006).

Oswald, Lori Jo, 'Heroes and Victims: The Stereotyping of Animal Characters in Children's Realistic Animal Fiction', *Children's Literature in Education*, 26/2 (1995), 135–49.

Panandiker, Surekha, 'Soviet Literature for Children and Youth in Translation in the Language of Indian People', *Writer and Illustrator*, 4/2 (1985), 17–24.

Pearson, Susan J., *The Rights of the Defenseless: Protecting Animals and Children in Gilded Age America* (Chicago:

University of Chicago Press, 2011).

Perkins, David, *Romanticism and Animal Rights*, Cambridge Studies in Romanticism 58 (digitally print edn, Cambridge: CUP, 2007).

Pernau, Margrit, 'Civility and Barbarism: Feelings as Criteria of Difference', in Ute Frevert et al., *Emotional Lexicons* (Oxford: OUP, 2014) [Ger. orig., 'Zivilität und Barbarei: Gefühle als Differenzkriterien', in Ute Frevert et al., *Gefühlswissen: Eine lexika-lische Spurensuche in der Moderne* (2011)].

Pernau, Margrit, *Ashraf into Middle Classes: Muslims in Nineteenth Century Delhi* (Delhi: Oxford UP, 2013).

Pernau, Margrit et al., *Civilizing Emotions: Concepts in Asia and Europe 1870–1920* (forthcoming).

Peterson, Roger D., *Understanding Ethnic Violence: Fear, Hatred, and Resentment in Twentieth-Century Eastern Europe* (Cambridge: CUP, 2002).

Petzold, Dieter, 'Die Rezeption klassischer englischsprachiger Kinderbücher in Deutschland', in Hans-Heino Ewers, Gertrud Lehnert, and Emer O'Sullivan, eds., *Kinderliteratur im interkulturellen Prozess: Studien zur allgemeinen und vergleichenden Kinderliteraturwissenschaft* (Stuttgart: Metzler, 1994), 78–91.

Pfaff-Czarnecka, Joanna, *Multiple Belonging and the Challenges to Biographic Navigation*, Working papers / Max-Planck-Institute for the Study of Religious and Ethnic Diversity 13–05 (Göttingen: MPI zur Erforschung multireligiöser und multiethischer Gesellschaften, 2013), <http://www.mmg.mpg.de/fileadmin/user_upload/documents/wp/WP_13-05_Pfaff-Czarnecka_Multiple%20belonging.pdf> accessed 10 Apr. 2013.

Plamper, Jan, *Geschichte und Gefühl: Grundlagen der Emotionsgeschichte* (Munich: Siedler, 2012).

Plamper, Jan, 'The History of Emotions: An Interview with William Reddy, Barbara Rosenwein, and Peter Stearns', *History and Theory*, 49/2 (2010), 237–65.

Pleck, Elizabeth, *Domestic Tyranny: The Making of American Social Policy against Family Violence from Colonial Times to the Present* (New York: Oxford UP, 1987).

Pollock, Linda A., *Forgotten Children: Parent-Child Relations from 1500 to 1900* (Cambridge: CUP, 1983).

Preckel, Claudia, 'Islamische Bildungsnetzwerke und Gelehrtenkultur im Indien des 19. Jahrhunderts: Muhammad Siddiq Hasan Khan und die Entstehung der Ahl-e Hadith Bewegung in Bhopal', PhD thesis, Ruhr-Universität, Bochum, 2005, <http://www-brs.ub.ruhr-uni-bochum.de/netahtml/HSS/Diss/PreckelClaudia/diss.pdf> accessed 17 Apr. 2013.

Prieger, Almut, *Das Werk Enid Blytons: Eine Analyse ihrer Erfolgsserien in westdeutschen Verlagen*, Jugend und Medien 1 (Frankfurt am Main: Dipa, 1982).

Prinz, Jesse J., *The Emotional Construction of Morals* (Oxford: OUP, 2007).

Pritchett, Frances W., 'Afterword: The First Urdu Bestseller', in Maulvi Nazir Ahmad, *The Bride's Mirror: A Tale of Life in Delhi a Hundred Years Ago* (Delhi: Permanent Black, 2001), 204–21.

Pritchett, Frances W., *Marvelous Encounters: Folk Romance in Urdu and Hindi* (New Delhi: Manohar, 1985).

Prüfer, Fritz, and E. A. Schmid, 'Karl May in den Volksbüchereien', *Karl-May-Jahrbuch*, 13 (1930), 333–44.

Pugh, Tison, *Innocence, Heterosexuality, and the Queerness of Children's Literature* (New York: Routledge, 2011).

Putz, Christa, *Verordnete Lust: Sexualmedizin, Psychoanalyse und die 'Krise der Ehe', 1870–1930* (Bielefeld: Transcript, 2011).

Reckwitz, Andreas, *Das hybride Subjekt: Eine Theorie der Subjektkulturen von der bürgerli-chen Moderne zur Postmoderne* (Weilerswist: Velbrück Wissenschaft, 2006).

Reddy, William M., 'Against Constructivism: The Historical Ethnography of Emotions', *Current Anthropology*, 38/3 (1997), 327–51.

Reddy, William M., *The Navigation of Feeling: A Framework for the History of Emotions* (Cambridge: CUP, 2001).

Redmann, Jennifer, 'Nostalgia and Optimism in Else Ury's Nesthäkchen Books for Young Girls in the Weimar Republic', *German Quarterly*, 79/4 (2006), 465–83.

Redmond, Gerald, 'The First Tom Brown's School Days: Origins and Evolution of "Muscular Christianity" in Children's Literature, 1762–1857', *Quest*, 30/Summer, (1978), 4–18.

Reichardt, Sven, *Authentizität und Gemeinschaft: Linksalternatives Leben in den siebziger und frühen achtziger Jahren*, Suhrkamp Taschenbücher Wissenschaft 2075 (Berlin: Suhrkamp, 2013).

Reichardt, Sven, and Detlef Siegfried, eds., *Das Alternative Milieu: Antibürgerlicher Lebensstil und linke Politik in der Bundesrepublik Deutschland und Europa 1968–1983*, Hamburger Beiträge zur Sozial-und Zeitgeschichte 47 (Göttingen: Wallstein, 2010).

Reimer, Mavis, 'Introduction: Violence and Violent Children's Texts', *Children's Literature Association Quarterly*, 22/3 (1997), 102–4.

Richards, Jeffrey, *Happiest Days: The Public Schools in English Fiction* (Manchester: MUP, 1988).

Richman, Paula, ed., *Many Ramayanas: The Diversity of a Narrative Tradition in South Asia* (Berkeley: University of California Press, 1991).

Ricoeur, Paul, *A Ricoeur Reader: Reflection and Imagination*, ed. Mario J. Valdés, Theory/Culture series 2 (Toronto: University of Toronto Press, 1991).

Ricoeur, Paul, *Time and Narrative*, 3 vols, trans. Kathleen McLaughlin and David Pellauer (Chicago: University of Chicago Press, 1984–8) [Fre. orig., *Temps et récit*, 3 vols (1983–5)].

Ritvo, Harriet, *The Animal Estate: The English and Other Creatures in the Victorian Age* (Cambridge: Harvard UP, 1987).

Roberts, Robert, *The Classic Slum: Salford Life in the First Quarter of the Century* (Manchester: University of Manchester Press, 1971; repr. edn, London: Penguin, 1990)

Röhrs, Hermann, *Die Reformpädagogik: Ursprung und Verlauf unter internationalem Aspekt* (5th rev. and enl. edn, Weinheim: Deutscher Studien Verlag, 1998).

Röhrs, Hermann, and Volker Lenhart, eds., *Die Reformpädagogik auf den Kontinenten: Ein Handbuch*, Heidelberger Studien zur Erziehungswissenschaft 43 (Frankfurt am Main: Lang, 1994).

Romalov, Nancy Tillman, 'Unearthing the Historical Reader, or, Reading Girls' Reading', *Primary Sources & Original Works*, 4/1–2 (1997), 87–101.

Römhild, Dorothee, *Belly'chen ist Trumpf: Poetische und andere Hunde im 19. Jahrhundert* (Bielefeld: Aisthesis, 2005).

Roper, Michael, 'Between Manliness and Masculinity: The "War Generation" and the Psychology of Fear in Britain, 1914–1950', *Journal of British Studies*, 44/2 (2005), 343–62.

Roscher, Mieke, *Ein Königreich für Tiere* (Marburg: Tectum, 2009).

Rose, Jacqueline, *The Case of Peter Pan, or, The Impossibility of Children's Fiction*, New Cultural Studies (Philadelphia: University of Pennsylvania Press, 1993).

Rose, Jonathan, 'Arriving at a History of Reading', *Historically Speaking,* 5/36–9 (2004).

Rose, Jonathan, *The Intellectual Life of the British Working Classes* (2nd edn, New Haven: Yale UP, 2010).

Rose, Nikolas, *Governing the Soul: The Shaping of the Private Self* (London: Routledge, 1990).

Rose, Nikolas, *Inventing Our Selves: Psychology, Power, and Personhood* (Cambridge: CUP, 1998).

Ross, Dorothy, 'Hall, Granville Stanley', *American National Biography Online* [website], (2000), <http://www.anb.org/articles/14/14-00254.html;> accessed 7 May 2013.

Rothfels, Nigel, ed., *Representing Animals* (Bloomington: Indiana UP, 2002).

Rudd, David, 'Animal and Object Stories', in M. O. Grenby and Andrea Immel, eds., *The Cambridge Companion to Children's Literature* (Cambridge: CUP, 2009), 242–57.

Rudd, David, *Enid Blyton and The Mystery of Children's Literature* (Basingstoke: Palgrave, 2002).

Rutherford, Jonathan, 'The Third Space: Interview with Homi Bhabha', in Jonathan Rutherford, ed., *Identity: Community, Culture, Difference* (London: Lawrence & Wishart, 1990), 207–21.

Saarni, Carolyn, *Children's Understanding of Emotion* (Cambridge: CUP, 1989).

Sako, Mari, 'Does Trust Improve Business Performance?', in Roderick M. Kramer, ed., *Organizational Trust: A Reader*, Oxford Management Readers (Oxford: OUP, 2006), 267–92.

Salas, Angela M., 'Power and Repression/Repression and Power: Homosexuality in Subversive Picture Books and Conservative Youth Novels', in Claudia Nelson and Michelle H. Martin, eds., *Sexual Pedagogies: Sex Education in Britain, Australia, and America, 1879–2000* (New York: Palgrave Macmillan, 2004), 113–33.

Sammond, Nicholas, 'Dumbo, Disney, and Difference: Walt Disney Productions and Film as Children's Literature', in Julia L. Mickenberg and Lynne Valone, eds., *The Oxford Handbook of Children's Literature* (Oxford: OUP, 2011), 147–66.

Sarkar, Tanika, 'A Pre-History of Rights? The Age of Consent Debates in Colonial Bengal', in *Hindu Wife, Hindu Nation: Community, Religion, and Cultural Nationalism* (3rd edn, Delhi: Permanent Black, 2007), 226–49.

Sauerteig, Lutz, 'Die Herstellung des sexuellen und erotischen Körpers in der westdeutschen Jugendzeitschrift BRAVO in den 1960er und 1970er Jahren', *Medizinhistorisches Journal*, 42/2 (2007), 142–79.

Sauerteig, Lutz, ' "Wie soll ich es nur anstellen, ohne etwas falsch zu machen?" Der Rat der Bravo in Sachen Sex in den sechziger und siebziger Jahren', in Peter-Paul Bänziger et al., eds., *Fragen Sie Dr. Sex! Ratgeberkommunikation und die mediale Konstruktion des Sexuellen* (Berlin: Suhrkamp, 2010), 123–58.

Scarry, Elaine, *The Body in Pain: The Making and Unmaking of theWorld* (Oxford: OUP, 1985).

Scheer, Monique, 'Are Emotions a Kind of Practice (And is That What Makes Them Have a History)? A Bourdieuian Approach to Understanding Emotion', *History and Theory*, 51/2 (2012), 193–220.

Scheff, Thomas J., and Suzanne M. Retzinger, *Emotions and Violence: Shame and Rage in Destructive Conflicts, Lexington Book Series on Social Theory* (Lexington: Lexington, 1991).

Schenda, Rudolf, *Volk ohne Buch: Studien zur Sozialgeschichte der populären Lesestoffe 1770–1910*, Studien zur

Philosophie und Literatur des 19. Jahrhunderts 5 (Frankfurt am Main: Klostermann, 1970).

Schilcher, Anita, *Geschlechterrollen, Familie, Freundschaft und Liebe in der Kinderliteratur der 90er Jahre: Studien zum Verhältnis von Normativität und Normalität im Kinderbuch und zur Methodik der Werteerziehung* (Frankfurt am Main: Lang, 2001).

Schneider, Wolfgang, ed., *Kindertheater nach 1968: Neorealistische Entwicklungen in der Bundesrepublik und West-Berlin* (Cologne: Prometh, 1984).

Schumann, Dirk, 'School Violence and its Control in Germany and the United States since the 1950s', in Wilhelm Heitmeyer et al., eds., *Control of Violence: Historical and International Perspectives on Violence in Modern Societies* (New York: Springer, 2011), 233–59.

Seligman, Adam B., *The Problem of Trust* (2nd edn, Princeton: PUP, 2000).

Shankar, Alaka, *Shankar* (New Delhi: Children's Book Trust, 1984).

Shapin, Steven, *A Social History of Truth: Civility and Science in Seventeenth-Century England* (Chicago: University of Chicago Press, 1994).

Shapiro, Kenneth J., 'Understanding Dogs Through Kinesthetic Empathy, Social Construction, and History', *Anthrozoos*, 3/3 (1990), 184–95.

Shimada, Shingo, 'Zur Asymmetrie in der Übersetzung von Kulturen: Das Beispiel des Minakata-Schlegel-Übersetzungsdisputs 1897', in Doris Bachmann-Medick, ed., *Übersetzung als Repräsentation fremder Kulturen*, Göttinger Beiträge zur internationalen Übersetzungsforschung 12 (Berlin: Schmidt, 1997), 260–74.

Shklovsky, Viktor, *Theory of Prose*, trans. Benjamin Sher (Elmwood Park, Ill.: Dalkey Archive, 1990) [Rus. orig., *O teorii prozy* (1925)].

Shuttleworth, Sally, *The Mind of the Child: Child Development in Literature, Science, and Medicine, 1840–1900* (Oxford: OUP, 2010).

Siegel, Lee, *Laughing Matters: Comic Tradition in India* (Chicago: University of Chicago Press, 1987).

Silver, Allan, 'Friendship and Trust as Moral Ideals: An Historical Approach', *European Journal of Sociology*, 30/2 (1989), 274–97.

Simmel, Georg, 'The Sociology of Secrecy and of Secret Societies', *American Journal of Sociology*, 11/4 (1906), 441–98.

Simpson, Elizabeth J., 'Advice in the Teen Magazines', *Illinois Teacher of Home Economics*, 7/6 (1964), 1–57.

Sims, Sue, and Hilary Clare, *The Encyclopaedia of Girls' School Stories*, ed. Rosemary Auchmuty and Joy Wotton, The Encyclopaedia of School Stories 1 (Aldershot: Ashgate, 2000).

Skiera, Ehrenhard, *Reformpädagogik in Geschichte und Gegenwart: Eine kritische Einführung* (2nd edn, Munich: Oldenbourg, 2010).

Smith, Michelle J., *Empire in British Girls' Literature and Culture: Imperial Girls, 1880–1915* (New York: Palgrave, 2011).

Spariosu, Mihai, ed., *Mimesis in Contemporary Theory: An Interdisciplinary Approach, i: The Literary and Philosophical Debate, Cultura Ludens: Imitation and Play in Western Culture* (Philadelphia: Benjamins, 1984).

Spector, Scott, Helmut Puff, and Dagmar Herzog, eds., *After the History of Sexuality: German Genealogies With and Beyond Foucault,* Spektrum (New York, N. Y.) 5 (New York: Berghahn Books, 2012).

Stallcup, Jackie E., 'Power, Fear, and Children's Picture Books', *Children's Literature*, 30/1 (2002), 125–58.

Stearns, Peter N., *American Cool: Constructing a Twentieth-Century Emotional Style* (New York: New York UP, 1994).

Stearns, Peter N., *American Fear: The Causes and Consequences of High Anciety* (New York: Routledge, 2006).

Stearns, Peter N., *Anxious Parents: A History of Modern Childrearing in America* (New York: NYUP, 2003).

Stearns, Peter N., 'Defining Happy Childhoods: Assessing a Recent Change', *Journal of Childhood and Youth*, 3/2 (2010), 165–86.

Stearns, Peter N., 'Girls, Boys, and Emotions: Redefinitions and Historical Change', *Journal of American History*, 80/1 (1993), 36–74.

Stearns, Peter N., and Timothy Haggerty, 'The Role of Fear: Transitions in American Emotional Standards for Children, 1850–1950', *American Historical Review*, 96/1 (1991), 63–94.

Steinlein, Rüdiger, 'Neubeginn, Restauration, antiautoritäre Wende', in Reiner Wild, ed., *Geschichte der deutschen Kinder-und Jugendliteratur* (3rd rev. and enl. edn, Stuttgart: Metzler, 2008), 312–42.

Stephens, John, and Robyn McCallum, *Retelling Stories, Framing Culture: Traditional Story and Metanarratives in Children's Literature* (New York: Garland, 1998).

Superle, Michelle, 'Animal Heroes and Transforming Substance: Canine Characters in Contemporary Children's Literature', in Aaron Gross and Anne Vallely, eds., *Animals and the Human Imagination: A Companion to Animal Stories* (New York: Columbia UP, 2012), 174–202.

Suzuki, Shoko, and Christoph Wulf, eds., *Mimesis, Poiesis, and Performativity in Education* (Munster: Waxmann, 2007).

Tangney, June Price, 'The Self-Conscious Emotions: Shame, Guilt, Embarassment and Pride', in Tim Dalgleish and Mick J. Power, eds., *Handbook of Cognition and Emotion* (Chichester: Wiley, 1999), 541–68.

Tanner, Jakob, 'Körpererfahrung, Schmerz und die Konstruktion des Kulturellen', *Historische Anthropologie*, 2 (1994), 489–502.

Tarde, Gabriel, *The Laws of Imitation*, trans. Elsie Clews Parsons (New York: Holt, 1903) [Fre. orig., *Les lois de l'imitation: Étude sociologique* (2nd rev. edn, 1895)].

Tebbutt, Melanie, *Being Boys: Youth, Leisure and Identity in the Inter-War Years* (Manchester: MUP, 2012).

Thomson-Wohlgemuth, Gaby, 'Flying High: Translation of Children's Literature in East Germany', in Jan van Collie and Walter P. Verschueren, eds., *Children's Literature in Translation: Challenges and Strategies* (Manchester: St. Jerome, 2006), 47–59.

Tomkins, Silvan S., *Affect, Imagery, Consciousness, ii: The Negative Affects* (New York: Springer, 1963).

Tosh, John, *Manliness and Masculinities in Nineteenth-Century Britain,* Women and Men in History (Harlow: Pearson, 2005).

Trepanier, Mary L., and Jane A. Romatowski, 'Classroom Use of Selected Children's Books: Prosocial Development in Young Children', *Journal of Humanistic Education and Development*, 21/1 (1982), 36–42.

Trotha, Trutz von, 'Violence', in George Ritzer, ed., *The Blackwell Encyclopedia of Sociology* (Malden, Mass.: Wiley-Blackwell, 2007), 5193–9.

Urwin, Cathy, and Elaine Sharland, 'From Bodies to Minds in Childcare Literature: Advice to Parents in Inter-War Britain', in Roger Cooter, ed., *In the Name of the Child: Health and Welfare 1880–1940, Studies in the Social History of Medicine* (London: Routledge, 1992), 174–99.

Vallone, Lynne, *Becoming Victoria* (New Haven: Yale UP, 2001).

Vallone, Lynne, *Disciplines of Virtue: Girls' Culture in the Eighteenth and Nineteenth Centuries* (New Haven: Yale UP, 1995).

Vallone, Lynne, 'Grrrls and Dolls: Feminism and Female Youth Culture', in Beverly Lyon Clark and Margaret R. Higonnet, eds., *Girls, Boys, Books, Toys: Gender in Children's Literature and Culture* (Baltimore: Johns Hopkins UP, 1999), 196–209.

Vallone, Lynne, ' "The True Meaning of Dirt": Putting Good and Bad Girls in Their Place(s)', in Claudia Nelson and Lynne Vallone, eds., *The Girl's Own: Cultural History of the Anglo-American Girl, 1830–1915* (Athens, GA: University of Georgia Press, 2010), 259–83.

Vanden Bossche, Chris R., 'Moving Out: Adolescence', in Herbert F. Tucker, ed., *A Companion to Victorian Literature & Culture*, Blackwell Companions to Literature and Culture 2 (Malden, Mass.: Blackwell, 1990), 82–96.

Venuti, Lawrence, *The Scandals of Translation: Towards an Ethics of Difference* (London: Routledge, 1998).

Venuti, Lawrence, *The Translator's Invisibility: A History of Translation* (2nd edn, London: Routledge, 2008).

Verheyen, Nina, *Diskussionslust: Eine Kulturgeschichte des 'besseren Arguments' in Westdeutschland*, Kritische Studien zur Geschichtswissenschaft 193 (Göttingen: Vandenhoeck & Ruprecht, 2010).

Vicedo, Marga, 'The Social Nature of the Mother's Tie to her Child: John Bowlby's Theory of Attachment in Postwar America', *British Journal for the History of Science*, 44/3 (2011), 401–26.

Virilio, Paul, *Open Sky*, trans. Julie Rose (London: Verso, 1997) [Fre. orig., *La vitesse de libération: Essai* (1995)].

Vogt-Praclik, Kornelia, *Bestseller in der Weimarer Republik 1925–1930: Eine Untersuchung* (Herzberg: Bautz, 1987).

Volck, Adolf, 'Begleiterscheinungen zur Absatzstatistik', *Karl-May-Jahrbuch*, 11 (1928), 149–52.

Voss, Julia, *Darwins Jim Knopf*, S. Fischer Wissenschaft (Frankfurt am Main: Fischer, 2009).

Waal, Frans de, *The Age of Empathy: Nature's Lesson for a Kinder Society* (New York: Harmony, 2009).

Wallace, Doris B., Margery B. Franklin, and Robert T. Keegan, 'The Observing Eye: A Century of Baby Diaries', *Human Development*, 37/1 (1994), 1–29.

Wallace, Jo-Ann, 'Describing "The Water-Babies": "The Child" in Postcolonial Theory', in Chris Tiffin and Alan Lawson, eds., *De-Scribing Empire: Post-Colonialism and Textuality* (London: Routledge, 1994), 171–84.

Watanabe-O'Kelly, Helen, ' "Angstapparat aus Kalkül": Wie, wozu und zu welchem Ende erregt die Literatur Angst?', *Zeitschrift für Erziehungswissenschaft,* 15/1 Supplement (2012), 115–24.

Whitley, David, *The Idea of Nature in the Disney Animation, Ashgate Studies in Childhood, 1700 to the Present* (Aldershot: Ashgate, 2008).

Wikan, Unni, 'Managing the Heart to Brighten Face and Soul: Emotions in Balinese Morality and Health Care', *American Ethnologist*, 16/2 (1989), 294–312.

Wild, Markus, *Tierphilosophie zur Einführung* (Hamburg: Junius, 2008).

Williams, Bernard, *Shame and Necessity* (1993; Berkeley: University of California Press, 2008).

Wilson, Anita, 'Critical Introduction', in J. A. V. Chapple and Anita Wilson, eds., *Private Voices: The Diaries of Elizabeth Gaskell and Sophia Holland* (Keele: KUP, 1996), 11–47.

Wolman, Benjamin B., ed., *Handbook of Child Psychoanalysis: Research, Theory, and Practice* (New York: Van Nostrand Reinhold, 1972).

Wulf, Christoph, 'Mimetic Learning', *Designs for Learning*, 1/1 (2008), 56–67.

Wurmser, Léon, *The Mask of Shame* (Baltimore: Johns Hopkins UP, 1981).

Zaidi, Khushhal, *Urdu men bachon ka adab* (New Delhi: n.p., 1989).

Zantop, Susanne M., *Colonial Fantasies: Conquest, Family, and Nation in Precolonial Germany, 1770–1870* (Durham: Duke UP, 1997).

Zembylas, Michalinos, 'Emotional Capital and Education: Theoretical Insights from Bourdieu', *British Journal of Educational Studies*, 55/4 (2007), 443–63.

Zerbel, Miriam, *Tierschutz im Kaiserreich: Ein Beitrag zur Geschichte des Vereinswesens* (Frankfurt am Main: Lang, 1993).

中外文對照及索引

作品

此處名詞對照包含英文和原語文書名。如有繁體中文版者，於條目前以星號（*）標示，並於各條最末附上繁中版資訊。資訊主要為最初發行版本，如最初譯本是在一九四九年之前的中國發行，則另外附上台灣早期發行之版本。因不少書籍今日已有多種通行版，故不再收錄，讀者可自行上網搜尋，但如為版本稀少或罕見之書目，還是附上通行版本資訊。

Adam Draws Himself a Dragon 322
Adventures of Amir Hamza 140, 141
Denkst du schon an Liebe? 226-228, 230, 231
Der Sohn des Manitu 323
Facts of Love 226-228, 230, 231
Finding Neverland（電影） 226
Hook（電影） 225
* *Jim Knopf und die Wilde* 165、172 一九九〇年小暢書房《吉姆・波坦與十三個海盜》
Juli und das Monster 322
Liebes und Leides für heranwachsende Mädchen 224, 226, 227
Return to Never Land（電影） 225

一畫

*《一千零一夜》 *One Thousand and One Nights* 415 一九六〇年世界書局，另有譯名《天方夜譚》一九三〇年遠景出版
〈一個五歲小男孩的畏懼症分析〉 'Analyse der Phobie eines 5jährigen Jungen' / 'Analysis of a Phobia in a Five-Year-Old Boy' 71
〈一個嬰兒的生活速寫〉 'A Biographical Sketch of an Infant' 64
《一點兒也不想家》 *Pitzelchen hat kein Heimweh* 375

二畫

*《人造娃娃歷險記》 *Conrad / Konrad* 254 一九九五年志文
*《十五少年漂流記》 *Adrift in the Pacific / Deux ans de vacances* 248, 285, 286 一九六二年惠眾、二〇一八年野人

三畫

《三個朋友》 *The Three Friends* 137
《上帝，你在嗎？是我，瑪格麗特》 *Are You There God? It's Me, Margaret* 89, 108
《士兵童話》 *Soldatskie skazki* 330
《女生世界》 *A World of Girls* 368
《女生和女生該有的樣子》 *Girls and their Ways* 182

*《小公子》 *Little Lord Fauntleroy* 100, 177, 253 一九三一年上海開明書局、一九六一年國語書店
*《小水手探險記》 *Swallows and Amazons* series 156, 163 二〇〇四年商務
*《小王子》 *The Little Prince / Le petit prince* 278 一九六六年水牛文化
《小白鳥》 *The Little White Bird* 209
《小米婭和親愛的叔叔》 *Mini Mia and her Darling Uncle / Lill-Zlatan och morbror raring* 219
《小亨利與布西的故事》 *The Story of Little Henry and His Bearer Boosy* 94
*《小巫婆》 *Little Witch / Die kleine Hexe* 316, 323 一九九四年台灣東華、二〇一七年小魯文化
*《小兔彼得的故事》 *The Tale of Peter Rabbit* 176, 183 一九七七年純文學出版
《小金頭》系列作品 *Goldköpfchen* series 361
*《小淘氣尼古拉》 *Young Nicolas / Le petit Nicolas / Der kleine Nick und seine Bande* 282, 288 一九九七年晨星
*《小鹿斑比》 *Bambi* 184 一九七四年文化圖書
*《小黃瓜國王》 *The Cucumber King / Wir pfeifen auf den Gurkenkönig* 254 一九九五年時報文化
〈小塔圖〉 'Nanha Tatu' 129
*《小搗蛋艾米爾》系列作品 *Emil of Lönneberga* series / *Emil i Lönneberga* series 281 二〇一三年親子天下出版到第三冊
《小號手的冒險》 *Prikliuchenie malen'kogo trubacha* 338, 342-345, 347
*《小熊維尼》 *Winnie-the-Pooh* 176, 179 一九九〇年遠流
*《小蜜蜂瑪雅歷險記》 *The Adventures of Maya the Bee / Die Biene Maja und ihre Abenteuer* 176, 372 二〇〇三年青林國際
*《小獵犬號航海記》 *The Voyage of the Beagle* 164 二〇〇一年馬可孛羅
《小寶貝們》系列作品 *Die Herzblättchen* series 190
《工作》 *Der Job* 389, 390
*《小漢斯：一個五歲小男孩的畏懼症分析》 *Little Hans* 71 二〇〇六年心靈工坊

四畫

*《五小冒險：海島・地牢・黃金》 *Five on a Treasure Island* 252, 286, 287 一九八〇年水牛文化
*《五小冒險》系列作品 *The Famous Five* series 35, 177, 212 一九八〇年水牛文化
《五月三十五日》 *The 35th of May / Der 35. Mai* 278
《六個壞男孩》 *The Six Bad Boys* 254
《天鵝島》 *Insel der Schwäne* 378
《少年神探》 *Emil and the Detectives / Emil und die Detektive* 287
《少年期》 *Adolescence* (G. Stanley Hall) 33, 34, 47, 82, 97

*《木偶奇遇記》 *The Story of a Puppet / La Avventure di Pinocchio* 184, 185 一九二八年上海開明書局、一九六一年啟明書局
《心理衛生！適於生活的孩子！》 *Seelische Hygiene! Lebenstüchtige Kinder!* 73

五畫

《世界的中心》 *The Center of the World / Die Mitte der Welt* 220
《加濟蘭加蹤跡》 *The Kaziranga Trail* 137, 138
《卡里》 *Kari* 363
《可成之事：和平運動小說》 *Etwas lässt sich doch bewirken* 391
*《史上最棒的聖誕劇》 *The Best Christmas Pageant Ever* 289 二〇〇三年校園書房
《四日》 *Four Days / Chetyre dnia* 333, 335
《弗瑞》 *Fury* 176, 187, 188
《母親之書》 *Das Buch der Mütter* 192
《母親教育的藝術》 *Die Erziehungskunst der Mutter* 192
《母親關懷與心理健康》 *Maternal Care and Mental Health* 76
《汀柯》 *Tinko* 377
*《瓦特希普高原》 *Watership Down* 310, 321 一九七五年世界文物、二〇一〇年高寶
《生活實踐哲學》 *Practical Philosophy of Life / Über den Umgang mit Menschen* 192
*《白牙》 *White Fang* 193 一九四七年上海國際文化服務社、一九六八年志文
《皮襪子故事集》 *Leatherstocking Tales* 313, 322
《皮皮在南海》 *Pippi in the South Seas* 256
《民族國家及其碎片》 *The Nation and its Fragments* 154

六畫

*《伊索寓言》 *Aesop's fables* 184 一九〇三年上海商務、一九五九年台北啟明
《全世界最勇敢的山羊》 *The Bravest Goat in the World / Abbu Khan ki bakri* 131
《冰淇淋的滋味》 *Annaluise and Anton / Pünktchen und Anton* 253
《印度學生手冊》 *Indian Student's Manual* 94
*《吉姆・波坦火車頭大旅行》 *Jim Button and Luke the Engine Driver/ Jim Knopf und Lukas der Lokomotivführer* 164, 297 一九九〇年小暢書房
《同志》 *Tovarishch* 328
《在家不在家》 *Renz and Margritli / Daheim und wieder draußen* 356
《在馬洛禮塔的第一學期》 *First Term at Malory Towers* 369 另見《馬洛禮塔》系列作品

《在聖多米尼克的第五學年》 *The Fifth Form at St. Dominic's* 367
《地鐵求生121》 *Slake's Limbo* 312 二〇〇六年小魯文化
《好啊，女孩！》 *Bravo, Girl!* 394
《安第斯山脈的祕密》 *Secrets of the Andes* 373
《有翅膀的豬》 *Pigs Have Wings* 396
*《米歐王子》 *Mio, My Son / Mio, min Mio* 308 二〇〇九年親子天下
《考勒》 *Kaule* 377

七畫

《亨利實錄》 *The History of Little Henry and His Bearer* 92 一八六七年上海華美、二〇一二年橄欖
〈住在教母家〉 'Bei der Patin' 360
《你好過分！》 *Mann, du bist gemein!* 402
《你突然想要更多》 *Und plötzlich willste mehr* 392-394
*《克莉亞風雲》 *The Twins at St. Clare's* 251, 368 一九九二年世茂出版
*《克莉亞風雲》系列作品 *St. Clare's* series 383 一九九二年世茂出版
《克萊格．凱利》 *Cleg Kelly* 327
《別提那檔事!!一齣性教育戲劇》 *Darüber spricht man nicht!! Ein Spiel zur Sexualerziehung* 403
《希特勒青年克韋斯》 *Der Hitlerjunge Quex* 276, 304
《希特勒偷走了粉紅兔》 *When Hitler Stole Pink Rabbit* 375 簡中版二〇一五年接力出版社
《希望的原則》 *The Principle of Hope* 316
《我是奈樂》 *Ich bin die Nele* 378
《我會到那兒》 *I'll Get There* 220
*《杜立德醫生》 *The Story of Doctor Dolittle* 174, 176, 198 一九七九年水牛文化
《男孩子須知事項》 *What A Young Boy Ought To Know* 182
君王寶鑑 Mirror of princes literature 118

八畫

《兒童也是人》 *Children are People* 44
《兒童之書》 *Das Buch vom Kinde* 182
《兒童心智》 *The Mind of the Child* (W. T. Preyer) 64
《兒童行為準則手冊》 *Der Kinder-Knigge* 183
《兒童的世紀》 *The Century of the Child / Barnets Århundrade* 181, 198, 274
「兒童奧德賽」系列作品 *Kinderodyssee* series 375
《兒童應該讀什麼？》 *Chto chitat' detiam?* 327, 329
*《夜鳥》 *The Night Birds* 312 一九九六時報文化
《彼得．摩爾的西南非之旅》 *Peter Moor's Journey to Southwest Africa / Peter Moors Fahrt nach Südwest* 160, 162
《彼得與溫蒂》 *Peter and Wendy* 35

*《彼得潘》 *Peter Pan; or The Boy Who Wouldn't Grow Up* 36, 372 一九三一年上海商務、一九六六年台灣商務
《彼得潘》 *Peter Pan*（1924，無聲電影） 211
《彼得潘》 *Peter Pan*（1953，電影） 211
《彼得潘》 *Peter Pan*（2003，電影） 211
《彼得潘在肯辛頓公園》 *Peter Pan in Kensington Gardens* 118, 120 210
《忠狗巴比傳》 *Greyfriars Bobby* 194
*《披頭散髮的彼得》 *Slovenly Peter / Struwwelpeter* 35, 188-190, 240, 248, 272, 275 二〇一六年韋伯文化
《披頭散髮的彼得以及幽默故事與滑稽圖片》 *Der Struwwelpeter oder Lustige Geschichten und drollige Bilder* 241
《杰瑪》 *Gemma* 191
《法達摩加納的新家與舊家》 *Fata Morganas alte und neue Heimat* 360
《法蘭西斯要睡覺》 *Bedtime for Frances* 280, 281
《波琪》系列作品 *Pucki* series 276
《波琪初次步入生活》 *Puckis erster Schritt ins Leben* 364
《波琪與她的好友們》 *Pucki und ihre Freunde* 186
《狗的自述》 *A Dog's Tale* 193 簡中版二〇一六年上海文藝出版社
《芭蕾舞鞋》 *Ballet Shoes* 247
*《花頸鴿》 *Gay-Neck* 45, 132, 194, 196, 431 一九九三年智茂
《金色面紗》 *Der goldene Schleier* 253
*《金銀島》 *Treasure Island* 10, 235, 371 一九三六年上海啟明、一九九三年東方出版社
《長大成人》 *Growing Up* 109
《長襪皮皮》 *Pippi Longstocking* 35, 281, 316, 323, 372, 417, 430 二〇〇八年親子天下
*《阿湯的枴杖》 *Crutches / Krücke* 376 二〇〇四年宇宙光
《阿爾弗雷德・希區考克與三個小神探》系列作品 *Alfred Hitchcock and The Three Investigators* series 287
《青少年須知事項》 *What a Young Man Ought to Know* 96
《青年魯賓遜》 *Robinson the Younger* 63, 81, 147, 151, 159
《青春期》 *Youth* 47, 97, 181, 191, 284
《青年之友》 *Youth's Companion* 100
《依附與失落》 *Attachment and Loss* 78
《性學三論》 *Drei Abhandlungen zur Sexualtheorie / Three Essays on the Theory of Sexuality* 71
*《爸爸的室友》 *Daddy's Roommate* 220 二〇一七年大家出版

九畫

《勇敢學校》 *Shkola muzhestva* 337

*《哈比人》 *The Hobbit* 306, 321 一九九七年聯經
*《哈利波特》系列作品 *Harry Potter* series 42, 310 二〇〇〇～二〇〇七年皇冠
《哈囉．水手》 *Hello, Sailor / Wachten op Matroos* 220
《奎師那與蘇達瑪》 *Krishna and Sudama* 136
《孩子的靈魂》 *The Soul of Your Child / Die Seele Deines Kindes* 68, 274
《施萊根施坦城堡》 *Burg Schreckenstein* 213
*《柳林中的風聲》 *The Wind in the Willows* 176, 179, 180, 247, 301, 302, 373 一九七四、二〇一〇年國語日報
《活到最後的人》 *The Last Man Alive* 286
《為了共同的目標》 *Za 'obchee delo'* 331, 337
*《珊瑚島》 *The Coral Island* 143, 147-151, 159, 163, 164, 167, 235, 370 簡中版一九九二年人民教育出版社
*《紅髮少女》 *Caddie Woodlawn* 243, 263 一九九三年智茂文化
《紅髮卓拉》 *The Outsiders of Uskoken Castle / Die Rote Zora und ihre Bande* 253, 254, 286
「紅狐狸平裝童書」系列 *rororo Rotfuchs* series 388
《英俊的喬》 *Beautiful Joe* 191, 193, 194, 196, 197
《革命軍事委員會》 *R.V.S.* 337
《星期日泰晤士報》 *Sunday Times* 100, 323

十畫

*《夏山學校：養育兒童的根本方法》 *Summerhill: A Radical Approach to Child Rearing* 163, 173 一九八五、二〇〇三年遠流
《家有寵兒》系列作品 *Nesthäkchen* series 361
*《時間的皺摺》 *A Wrinkle in Time* 307, 321 二〇一四年博識圖書
格蕾欣三部曲 *Gretchen Sackmeier* trilogy 218
*《海豚的夏天》 *Golden Island / Delphinensommer* 371 二〇〇四年玉山社
《海瑟有兩個媽咪》 *Heather Has Two Mommies* 220
*《海蒂》 *Heidi* 97, 190, 355-358, 362, 379, 381 一九七九年光啟出版上下冊
第一集《海蒂的學徒與旅行之年》 *Heidis Lehr- und Wanderjahre* 97
第二集《海蒂學以致用》 *Heidi kann brauchen, was es gelernt hat* 97
《特倫米的零星故事》 *Die Geschichte von Trummi kaputt* 402
*《班愛安娜》 *Ben Loves Anna* 217 二〇〇五年宇宙光
《真正的男子氣概》 *True Manliness* 97
《真糟糕，他一敗塗地》 *Blöd, wenn der Typ draufgeht* 395, 399
《祕密的語言》 *The Secret Language* 364

*《祕密花園》 *The Secret Garden* 87, 99, 100, 111, 212, 275, 279, 302, 372 一九四〇年長沙商務、一九八五年譯者
《祝你好運，我的孩子》 *Viel Glück, mein Kind* 385, 388
《神魂顛倒的萊奧妮》 *Leonie ist verknallt* 217
*《納尼亞傳奇》 *Chronicles of Narnia* 另見《獅子・女巫・魔衣櫥》、《賈思潘王子：重返納尼亞》 176, 307, 308, 315 二〇〇五年大田文化
*《草莓女孩》 *Strawberry Girl* 279 一九八七年星光出版、二〇〇三年新苗出版
*《荒涼山莊》 *Bleak House* 154 二〇〇九年敲門磚
*《馬克斯和莫里茨》 *Max and Maurice / Max und Moritz* 188, 190, 272, 273, 275, 278 二〇一七年韋伯文化
《馬洛禮塔》系列作品 *Malory Towers* series，另見《在馬洛禮塔的第一學期》 368, 383
《馬斯特曼・雷迪》 *Masterman Ready* 247
《馬戲團來了》 *The Circus is Coming* 251
*《鬼磨坊》 *The Satanic Mil, / Krabat* 309 二〇〇七年大田出版

十一畫

《健康與教育》 *Health and Education* 96
《健康與教育之應用生理學原理》 *Principles of Physiology Applied to Health and Education* 59
《動物的生活》 *Life of Animals* 185
《動物會議》 *The Animals' Conference / Die Konferenz der Tiere* 254
《動物漫話》 *Gespräche über Thiere* 191
《問題兒童》 *The Problem Child* 67
《國王與國王》 *King & King / Koning en Koning* 220
*《基姆》 *Kim* 151 二〇〇八年天衛文化改寫版《小吉姆的追尋》，二〇一七年聯經完整翻譯版
《婦女的教化與人類教育》 *Tahzib un Niswan wa Tarbiyat ul Insan* 122
《婦女教育之書》 *Frauen-Bildungsbuch* 182
《寇朵拉第一次出遊》 *Cordulas erste Reise* 374
《帶我走，船長》 *Nimm mich mit, Kapitän / O, die Pino* 374
*《強盜的女兒》 *Ronia, the Robber's Daughter / Ronja Rövardotter* 287 一九九五年時報文化
《教育兒童》 *Tarbiyat ul atfal* 122, 123
《教學訊息》 *Payam-e talim* 129, 130
*《清秀佳人》 *Anne of Green Gables* 98, 245 一九八二年聯廣出版，書名翻成《紅髮安妮》
《第一場戰役》 *Pervoe srazhenie* 329
《第四座避難室》 *Chetvertyi blindazh* 336, 337
《通俗故事集》 *Popular Tales* 248
*《野性的呼喚》 *The Call of the Wild* 176, 193 一九三五年上海中華書局、一九七五年遠景

《陪孩子一起成長》 *Child Care and the Growth of Love* 76
《曼徹斯特衛報》 *Manchester Guardian* 156

十二畫

《凱蒂去露營》 *Katie Goes to Camp* 364
*《尋寶奇謀》 *The Story of the Treasure Seekers* 155, 157, 249 一九九七年東方
《提歐跑走了》 *Theo Runs Away / Theo haut ab* 377
《斯托基與其同伴》 *Stalky & Co.* 152, 284, 288
〈最後一步〉 'The Final Step' / 'Akhri Qadam' 130
《湯姆求學記》 *Tom Brown's School Days* 88-91, 104, 108, 110, 112, 150, 213, 244, 263, 282, 284, 288, 366
*《湯姆叔叔的小屋》 *Uncle Tom's Cabin* 248, 273 一九七七年光復書局、二〇一〇年幼福
*《湯姆歷險記》 *The Adventures of Tom Sawyer* 216 一九五三年正中書局
《給男孩子的注意事項》 *Notes for Boys* 96
《進步教育：或生命歷程研究》 *L'Éducation progressive ou étude du cours de la vie, vol. i; Eng. Progressive Education, Commencing with the Infant* 59
《鈕扣戰爭》 *The War of the Buttons / La guerre des boutons / Der Krieg der Knöpfe* 36, 249, 267, 268, 270, 275, 277, 282, 284, 290
*《黑神駒》 *Black Beauty* 176, 193, 194, 197 一九七〇、二〇〇七年風雲時代
《黑駿馬》系列作品 *The Black Stallion* series 176, 187
《黑暗之心》 *Heart of Darknes* 151
〈殘酷的弗德里克〉 'Die Geschichte vom bösen Friederich' 188-190
《童軍警探》 *Scouting for Boys* 101

十三畫

《傻大膽學害怕》 *The Story of a Boy Who Went Forth to Learn Fear* 330
《塞瓦斯托波爾紀事》 *Sevastopol' Sketches / Sevastopol'skie rasskazy* 333
《微風輕哨》 *Whistle Down the Wind* 103, 104, 106, 112
*《愛彌兒：論教育》 *Émile, ou de l'éducation* 46 一九二三年上海商務、一九六五年台灣商務
*《愛麗絲漫遊奇境》 *Alice's Adventures in Wonderland* 44, 175, 249 一九七六年文馨
《新娘明鏡》 *The Bride's Mirror / Mirat ul Arus* 94, 116, 118, 126, 138
《新家》 *Neue Heimat* 376
*《會飛的教室》 *The Flying Classroom / Das fliegende Klassenzimmer* 250, 251, 285, 286, 302, 314, 367 一九七九年國語日報
*《楓木丘的奇蹟》 *Miracles on Maple Hill* 259 二〇〇三年新苗出版

《溫內圖》系列 *Winnetou* series / *Winnetou: Der Rote Gentleman* 159, 160

《溫內圖》第一集 *Winnetou I* 160

*《獅子・女巫・魔衣櫥》 *The Lion, the Witch and the Wardrobe* 另見《納尼亞傳奇》 321 二〇〇五年大田文化

*《獅心兄弟》 *The Brothers Lionheart / Bröderna Lejonhjärta* 309 二〇〇八年遠流出版

《葛利特的孩子》 *Gritli's Children / Wo Gritlis Kinder hingekommen sind / Gritlis Kinder kommen weiter* 98

*《賈思潘王子：重返納尼亞》 Prince Caspian: The Return to Narnia 50 另見《納尼亞傳奇》 103 二〇〇五年大田文化

*《頑童歷險記》*The Adventures of Huckleberry Finn* 276, 279, 372 一九七九年大眾書局

《馴服野丫頭》 *Taming a Tomboy / Der Trotzkopf* 217, 244, 246, 392, 368, 418

《愈走愈偏的艾瑞克》 *Eric, or, Little by Little* 91, 244, 263, 282, 284

十四畫

《圖解動物生活》 *Illustrirtes Thierleben* 185

《歌利亞》 *Galia* 329

《漢妮與南妮組了俱樂部》 *Hanni und Nanni gründen einen Klub* 370 另見《克莉亞風雲》系列作品

《漢妮與南妮陷入無數次困境》 *Hanni und Nanni in tausend Nöten* 369 另見《克莉亞風雲》系列作品

《漫長的道路》 *Auf einem langen Weg* 376

《碧蒂・瑪莉的信心》 *Confidences of Britt-Mari Hagström / Britt-Mari lättar sitt hjärta* 218

《碧碧》系列作品 *Bibi* series 191

*《綠拇指男孩》 *Tistou of the Green Fingers / Tistou les pouces verts* 278 二〇〇四年東方出版社

*《綠野仙蹤》 *The Wonderful Wizard of Oz* 249, 300, 302, 303, 314 一九四二年在上海出中譯版、一九七一年新民教育社

*《蒼蠅王》 *Lord of the Flies* 42, 106, 112, 162-164, 233, 235, 254, 260, 287 一九七〇年驚聲文物

*《說不完的故事》 *The Neverending Story* 30, 310, 374, 429 一九八九年小暢書房

《賓娜與公園奶奶》 *Bine und die Parkoma* 378

十五畫

《寬闊的世界》 *The Wide, Wide World* 240

《廣告柱裡面的莫里茨》 *Moritz in der Litfaßsäule* 377

《德意志母親與她的第一個孩子》 *Die deutsche Mutter und ihr erstes Kind* 73

〈論人〉 'An Essay on Man' 155

《論寵物心理學》 *Zur Psychologie unserer Haustiere* 197

*《魯賓遜漂流記》 *Robinson Crusoe* 42, 57, 63, 147, 235, 370, 416 一九六六年台灣商務

十六畫

*《噢，巴拿馬》 *The Trip to Panama / Oh, wie schön ist Panama* 179, 201, 373 一九八九年上誼文化
《學生軍訓隊教育閱讀指南》 *Ukazatel' knig dlia vospitatel'skogo chteniia kadetam* 328
《學生圖書館》系列 *Library of the pupil* 338
《學校》 *School / Shkola* 376
*《戰爭與和平》 *War and Peace* 333 一九二五年上海光明書局、一九五七年國立編譯館
《戰鬥的日子》 *Dni boevye* 325, 326, 332, 348, 349
《燕子谷》 *Swallowdale* 156, 162, 163
*《默默》 *The Grey Gentlemen / Momo* 309, 310, 388-390, 394 一九八九年小暢書房

十七畫

《嬰幼兒的心理照顧》 *Psychological Care of Infant and Child* 69
《嬰幼兒保健常識》 *The Common Sense Book of Baby and Child Care* 48, 74, 75, 278
*《環遊世界八十天》 *Around the World in Eighty Days / Le Tour du Monde en Quatre-Vingts Jours* 314 一九五八年皇冠

十八畫

*《叢林之書》 *The Jungle Book* 151, 176, 179, 180, 201 二〇〇四年語言工場
*《雙胞胎麗莎與羅蒂》 *Lisa and Lottie / Das doppelte Lottchen* 254, 365 一九九四年志文
*《騎鵝歷險記》 *The Wonderful Adventures of Nils / Nils Holgerssons underbara resa genom Sverige* 176, 179, 184, 185, 274, 279 二〇〇六年遠流

十九畫

《寵兒在兒童療養院》 *Nesthäkchen im Kinderheim* 361, 362
《寵物的情感生活》 *Seelenleben unserer Haustiere* 198
《懲罰與獎勵簡論》 *Petit traité des punitions et des recompenses* 274
《羅浮邁向成功之路》 *Rovering to Success* 101, 102
《羅摩衍那》 *Ramayana*（電視劇） 136
*《鯨脂》 *Blubber* 252 一九八六年民生報

二十畫以後

《寶寶是人類》 *Babies Are Human Beings* 48, 74
*《魔戒》 *The Lord of the Rings* 306-308, 321 一九九七年聯經
〈魔法藥水〉 'Tilismi Dawa' 130
《讀書人》 *The Bookman* 43

《靈犬萊西》系列作品 *Lassie* series 176, 187

人名

人名原則上以姓氏、不以名字查詢，如為慣用稱法，則以全名查詢。

W．R．喬治 George, W. R. 67

三畫

凡爾納 Verne, Jules 249, 285, 314
大仲馬 Dumas, Alexandre 243

四畫

內斯比特 Nesbit, Edith 155, 156, 249
巴巴 Bhabha, Homi 424
巴利 Barrie, J. M. 209, 210,
巴奈特 Barnett, Douglas347
巴蘭坦 Ballantyne, Robert Michael 143, 144, 148, 154, 167, 235
戈西尼 Goscinny, René 282, 288
比奇爾-史托 Beecher-Stowe, Harriet 248, 273, 274

五畫

丘特切夫 Tiutchev, Fedor 328
包姆 Baum, L. Frank 300
卡里姆．丁 Karim ud Din 118, 120
卡洛爾 Carroll, Lewis 175, 249, 262, 321
卡爾麥 May, Karl 158, 159, 323
史波克 Spock, Benjamin 48, 74, 75, 84, 278, 279, 286, 287
史陀 Storr, Catherine 109
史威 Schiwy, Freya 425
史威爾 Sewell, Anna 193
史密斯 Smiles, Samuel 95, 97
史塔菲爾德 Streatfeild, Noel 247, 251
史蒂文森 Stevenson, Robert Louis 235
史達爾 Stall, Sylvanus 46, 96, 182
尼爾 Neill, A. S. 67, 68, 83, 279, 286, 297, 316, 387
尼赫魯 Nehru, Jawaharlal 134, 135, 138
左拉 Zola, Emile 243
布施 Busch, Wilhelm 272, 273
布洛克 Brock, Peter 378
布洛赫 Bloch, Ernst 316
布倫 Blume, Judy 108, 252
布勒夫婦 Bühler & Charlotte, Karl 73
布萊克威爾 Blackwell, Elizabeth 242
布萊敦 Blyton, Enid 44, 137, 177, 212, 240, 251, 252, 254, 286, 368, 369
布瑞克 Brink, Carol Ryrie 243, 263
布雷姆 Brehm, Alfred 185
布爾克特 Burkert, Norbert 403
布爾迪厄 Bourdieu, Pierre 39

弗倫森　Frenssen, Gustav　160, 162, 165, 167
威利斯　Willis, Frederick　284, 366
札塞汀明斯基　Zasodimskii, Pavel Vladimirovich　328
甘地　Gandhi, Mahatma　128, 132
皮萊　Pillai, Shankar　135

六畫

伊凡・L・列昂季耶夫　Leont'ev, Ivan L.　329
伊蒙　Hément, Félix　274
休斯　Hughes, Thomas　90, 92, 95-97, 150, 250, 251, 263, 282, 283
吉卜林　Kipling, Rudyard　8, 151-155, 167, 284
吉拉爾　Girard, René　40
多皮扎　Mullah do-Pyaza　124
安迪　Ende, Michael　30, 164-167, 172, 297, 309, 310, 374, 388, 389, 391
托爾金　Tolkien, John Ronald Reuel　306, 307
托爾斯泰　Tolstoy, Leo　67, 128, 333, 334
米尼奧羅　Mignolo, Walter　425
米恩　Milne, A. A.　44
米凱黎斯　Michaelis, Karin　191
米勒　Miller, Albert　187
艾布洛　Ablow, Rachel　36
艾克曼　Ekman, Paul　414
艾里亞斯　Elias, Norbert　257
艾哈邁德　Ahmad, Nazir　94, 115, 116, 118
艾薩克斯　Isaacs, Susan　63
艾爾　Eyre, Edward John　154
西格特　Siegert, Gustav　362

七畫

亨佩　Hempe, Hans　375
亨寧　Henning, Frieda　360
佛洛伊德　Freud, Anna　71, 84
佛洛伊德　Freud, Sigmund　71, 72, 74, 76, 81, 83, 273
克里弗德　Clifford, James　423
克尼格　Knigge, Adolph　192
克拉克　Clark, Anne Nolan　373
克萊因　Klein, Melanie　71, 72, 84
克爾　Kerr, Judith　375
克羅克特　Crockett, Samuel Rutherford　327
努爾・艾哈邁德・努爾　Nur Ahmad Nur　119-121
呂格爾　Ricoeur, Paul　40, 113, 428
坎珀　Campe, Joachim Heinrich　49, 63, 81, 147, 148, 154
沃爾夫　Wulf, Christoph　39
沙・賈汗　Shah Jahan　122, 123
狄克森　Dixon, Thomas　90
狄更斯　Dickens, Charles　62, 154, 243
狄爾斯　Dielitz, Theodor　248
狄福　Defoe, Daniel　63, 147, 235
貝克　Becker, Liane　192
貝登堡（妹）　Baden-Powell, Agnes　153, 155, 158

貝登堡（兄） Baden-Powell, Robert 101, 102, 153, 155, 158, 170
貝爾 Bell, Mary Hayley 103
貝恩 Bain, Alexander 90
貝恩菲爾德 Bernfeld, Siegfried 67

八畫

亞里斯多德 Aristotle 119, 284
亞瑟 Arthur, Robert 287
亞當斯 Adams, Richard 310, 321
亞諾士 Janosch 373
佩克 Peck, Harry Thurston 43
佩雷斯 Perez, Bernhard 64
佩爾戈 Pergaud, Louis 284, 249, 250, 267, 271, 277
奈克・索緒爾 Necker de Saussure, Albertine-Adrienne 59, 60
奈特 Knight, Eric 187
拉格洛夫 Lagerlöf, Selma 184, 274
拉特納 Ratner, Hilary Horn 347
林格倫 Lindgren, Astrid 44, 218, 254-256, 281, 287, 308, 309, 316, 417
法利 Farley, Walter 187
法勒 Farrar, Frederic W. 91, 92, 263, 282
波普 Pope, Alexander 155
波伊 Boie, Kirsten 313
波特 Potter, Beatrix 183
波絲特 Post, Emily 44
舍伍德 Sherwood, Mary Martha 92, 93
采爾 Zell, Theodor 197
金斯萊 Kingsley, Charles 92, 95, 96, 102
阿布・盧格霍德 Abu Lughod, Lila 420
阿米爾・哈姆扎 Hamza, Amir 124, 125, 127
阿克巴 Akbar 124, 127
阿約提亞・普拉薩德 Ayodhya Prasad 118
阿特金森 Atkinson, Eleanor 194

九畫

侯嫚 Holman, Felice 312
勃朗特 Brontë, Charlotte 62
勃茲恩柯 Bozhenko, Konstantin 338, 342, 344, 345
哈洛威 Haraway, Donna 176
哈爾 Haarer, Johanna 73
威廉二世 Wilhelm II 399
威廉姆 Wellm, Alfred 377
施皮里 Spyri, Johanna 97, 98, 190, 355-357
施托伊本 Steuben, Fritz 314
施特里馬特 Strittmatter, Erwin 377
施密特 Shmidt, O. I. 329
施密德 Schmid, Bastian 197
柏內特 Burnett, Frances Hodgson 100, 177, 253, 275, 302
柯洛帝 Collodi, Carlo 184
柯修諾 Korschunow, Irina 312

柯齊克　Kozik, Christa　377
洛克　Locke, John　46, 81
胡賽因　Husain, Zakir　128, 130, 135
迦爾洵　Garshin, Vsevolod　333, 335
韋瑟雷爾　Wetherell, Eilzabeth　240
查特吉　Chatterjee, Partha　154

十畫

倫斯基　Lenski, Lois　279
埃奇沃思　Edgeworth, Maria　236-238, 244, 248, 250
烏拉伊　Ury, Else　361
庫伯勒　Kübler, Marie Susanne　192
庫姆　Combe, Andrew　59
庫珀　Cooper, James Fenimore　150, 313, 322
拿破崙　Napoleon　161
格里馬　Grima, Benedicte　421
格塞爾　Gesell, Arnold　74, 84
格羅莫夫　Gromov, A.　331
桑德斯　Saunders, Marshall　191, 193
泰戈爾　Tagore, Rabindranath　66, 135
泰茲納　Tetzner, Lisa　375
海澤　Hetzer, Hildegard　73
特羅特　Trott, Magda　361, 363
索利森　Sorensen, Virginia　259
貢佩爾特　Gumpert, Thekla von　190
馬克・吐溫　Twain, Mark　188, 193, 247, 276
馬里亞特　Marryat, Frederic　247
馬卡連柯　Makarenko, Anton S.　67
高汀　Golding, William　106, 162-164, 233-235, 254, 260
高爾頓　Francis Galton　66

十一畫

康拉德　Conrad, Joseph　150
梅萊納　Melena, Elpis　191
梅鐸　Murdoch, John　94-96
梭羅　Thoreau, Henry David　132
麥克林托克　McClintock, Anne　151

十二畫

凱欣斯泰納　Kerschensteiner　128
凱納斯特　Kienast, Anton　191
凱斯特納　Kästner, Erich　250, 253, 254, 278, 285, 286, 302, 320, 365
喬治桑　Sand, George　243
斯科特　Scott, Gabriel　363
斯勞特　Slaughter, John Willis　284
斯特恩　Stern, William　63
普思樂　Preußler, Otfried　309, 316
普萊爾　Preyer, William T.　62, 64
普盧德拉　Pludra, Benno　378
舒辛格　Schenzinger, Karl Aloys　304
華生　Watson, John B.　69, 70, 73, 74, 83, 369

華生 Watson, Rosalie 即十三畫「雷納」
萊恩 Lane, Homer 67
費金 Feagin, Susan 36
費爾曼 Fehrmann, Helma 392
隆美爾 Rommel, Alberta 253
黑爾德 Held, Kurt 253, 286, 375

十三畫

奧斯倫德 Auslender, Sergei 323, 326, 332, 348, 349
奧德里奇夫婦 Aldrich, Charles Anderson and Marie M. 48, 74
愛默生 Emerson, Ralph Waldo 132
愛倫凱 Key, Ellen 67, 70, 181, 198, 274, 276
楊克 Jahnke, Anneliese 376
聖修伯里 Saint-Exupéry, Antoine de 278
葛拉罕 Grahame, Kenneth 247, 301, 373
路易斯 Lewis, C. S. 102, 307
路維林・戴維斯的兒子們 Llewelyn Davies boys 210
達塔 Datta, Arup Kumar 137
達爾文 Darwin, Charles 62, 64, 65, 164, 165
雷納 Rayner, Rosalie 69
傑克・倫敦 London, Jack 193
齊美爾 Simmel, Georg 88

十四畫

圖翁 Druon, Maurice 278
福斯特 Foerster, Friedrich Wilhelm 68
維希留 Virilio, Paul 327, 346, 347
維爾德穆特 Wildermuth, Ottilie 248
蒙哥馬利 Montgomery, Lucy Maud 98, 245, 246
蓋斯凱爾 Gaskell, Elizabeth 59-62, 64, 79, 80
蓋達爾 Gaidar, Arkady 336, 337, 352
豪根 Haugen, Tormod 312
赫米內・胡格赫爾穆特 Hug-Hellmuth, Hermine 71
赫爾德林 Härtling, Peter 376, 377

十五畫

魯茲 Lutz, Catherine 420
魯曼 Luhmann, Niklas 88
歐仁蘇 Sue, Eugène 243

十六畫

盧梭 Rousseau, Jean-Jacques 46, 57, 65, 242, 261
穆巴拉克・烏拉 Mubarak Ullah, Muhammad 118-120
穆罕默德・法札勒大師 Fazl, Maulawi Muhammad 115
諾伊 Noë, Alva 346
諾斯特林格 Nöstlinger, Christine 218, 254
霍丹 Hodann, Max 46
霍夫曼 Hoffmann, Heinrich 188, 240, 241, 248, 250
霍本 Hoban, Russell 280
霍根 Hogan, P. J. 210

霍爾　Hall, G. Stanley　33, 34, 47, 62, 63, 65, 97, 101, 152, 170, 181, 191, 284
霍利約克　Holyoake, George J.　90
鮑比　Bowlby, John　76-78, 85
鮑瑟汪　Pausewang, Gudrun　376, 391
默克奇　Mukerji, Dhan Gopal　45, 132, 194, 431
澤爾曼　Seelmann, Kurt　405

十七畫

繆勒　Müller, Gerd-Gustl　389, 391
薛伯　Schreiber, Adele　182
謝格洛夫　Shcheglov, Ivan　329
魏斯曼　Weismann, Peter　392

十八畫

薩珀　Sapper, Agnes　360
薩爾騰　Salten, Felix　184

十九畫

羅弗庭　Lofting, Hugh　174
羅伯茨　Roberts, Robert　38
羅茨基　Lhotzky, Heinrich　68, 274
羅琳　Rowling, J. K.　310
羅登　Rhoden, Emmy von　244, 246, 250, 362
羅賓森　Robinson, Barbara　289
羅德里安　Rodrian, Irene　385, 386, 388, 390, 395, 399

二十畫以後

蘇丹那　Sultana, Khurshid　129
蘭塞姆　Ransome, Arthur　156, 157, 162, 163
蘭歌　L'Engle, Madeleine　307

主題

LGBT教養　LGBT parenting　218-220

二畫

人與動物的關係　human-animal relationship　173-199

三畫

女童軍　Girl Guides 153, 154
女孩子的小說　girls' fiction　96, 110, 115, 238, 242, 255, 259
小艾伯特　*Little Albert*　69, 83
小漢斯　*Little Hans*　71
口述（頭）　orality　42, 116, 124, 125, 136, 346, 413
士兵　soldier　133, 152, 153, 161, 323-337, 343, 347, 348, 358
上層階級　upper class　見十二畫「階級」

四畫

反權威教育　anti-authoritarian education　120, 223, 387, 402

反感　disgust　222, 241
文化差異　cultural difference　44, 67, 106, 117, 138, 144, 150, 153, 159, 166, 167, 206-207, 239, 270, 318, 370, 413-429
不聽話　disobedience　183, 184, 237, 272-274
不順從的行為　insubordinate behavior　見「不聽話」
不服從　non-compliance　見「不聽話」
不信任　distrust　60, 61, 73, 87-89, 92, 95, 96, 97, 103, 107, 152, 331
不道德的　immorality　41, 88, 161, 240
不確定性　uncertainty　107-110
（奇）幻想故事　fantasy stories　102, 220, 278, 305, 307, 308, 315, 317, 331, 371, 388
友情（友誼）　friendship　39, 100, 125-126, 150, 182, 205-06, 220-223, 254, 300-301, 356, 359, 378, 389, 428
　建立關係　bonding　109, 131, 137, 177, 188, 213-4, 234, 275, 276, 311, 364-65, 372, 379, 395, 426
　跨物種的　inter-racial　147-149, 157, 67, 318
　社會化　and socialization　51, 90-93, 109, 159, 162-5, 176, 208, 212, 216-7, 247, 252, 259, 287-8, 312-313, 369, 401
中產階級　middle class　見十三畫「階級」
父母身分　parenthood　61, 70-76, 98
心理學　psychology　31, 32, 41, 47, 52, 53, 63-65, 69, 71-74, 76, 97, 181, 197, 207, 215, 216, 235, 257, 289, 311, 316, 318, 356-360, 414, 419
公學　public school　38, 90, 91, 101, 119, 240, 244, 282, 366, 368

五畫

失望　disappointment　88, 109, 389（亦見十畫「挫折」）
田野　fieldwork　419-423
打架（戰鬥）　fight　131, 161, 270, 284, 285, 288
代間關係　intergenerational relationships　165, 210, 212, 214, 215, 271, 272, 279, 281, 289
正義　justice　119, 126, 133, 283, 284, 286, 387
生命周期　lifecycle　33, 41, 116
民族主義　nationalism　見十三畫「愛國主義」
世俗主義　secularism　37, 60, 92, 104, 110, 128
兄弟姊妹　sibling　51, 102, 155, 195, 239, 245, 377

六畫

合法性交年齡　age of consent　115-116, 134, 212
合理性　rationality　34, 65, 71, 73, 88, 115, 128, 143, 283, 310, 318, 390-3, 402-5
艾赫拉格　*akhlaq*　119, 121, 122, 124, 125, 129, 133
自主（自治）　autonomy　33, 36, 77, 89, 98, 247, 365, 379
自由　freedom　67-68, 94, 98, 131, 146, 150-2, 155-8, 162-3, 167, 188, 254, 259, 276, 279, 290, 297, 362, 368, 392
自由主義化　liberalization　149, 150, 287, 329, 333, 426
自信心　self-confidence　123, 222, 252, 303, 313（亦見九畫「信心」）

自我控制、自治、自我駕馭、自律　self-control/-governing/-mastering/-regulation 68, 89, 121, 129, 287, 300, 317
自我發展　self-development　31, 32, 49, 52
自我約束　self-discipline　120, 257
自愛　self-love　246, 248, 257（亦見十三畫「愛」）
行為主義　behaviourism　69-73, 79
成長小說　*Bildungsroman* 336, 349
男童軍　Boy Scouts　38, 101, 153, 154
男孩子的小說　boys' fiction　208, 213, 243, 290, 300, 318, 357, 366
同學　classmate　239, 244-246, 250, 252, 259, 283, 366-368, 370, 399
同情（相互理解）　sympathy　64, 76, 97, 182, 233, 242, 245, 401（亦見「同情心」）
同情心　compassion　48, 120, 130, 307, 309, 318（亦見「同情」、十六畫「憐憫」）
　的培養　cultivation of　120, 129-133
　對動物的　for animals　51, 129, 173-199, 426
同理心　empathy　48, 60, 109, 144-146, 151, 155, 163, 165, 174, 175, 182, 183, 190, 192, 194, 196-199, 240, 242, 254, 315, 364, 413, 426, 429
　對動物的　with animals 173-199, 315, 426
　對「土著」的　with 'natives'　144-146, 151-169, 428-9
同性戀　homosexuality　207, 220-223, 401
同儕團體　peer group　34, 49, 51, 89, 212-214, 239, 252, 259, 260, 269, 271, 282, 286, 287, 289
　與性格（品格）發展　and character development　166-167, 267-269, 282-289
　愈來愈重要　growing importance of　34, 49, 51, 206, 209-215, 239, 250-252, 255, 259
　壓力　pressure　108, 237, 252-254, 366-367
共產主義　communism　276, 304, 305, 322, 336
好奇心　curiosity　173, 183, 306, 363, 366, 370, 372, 374
死亡　death　76, 98, 106, 125, 127, 143, 161-163, 188, 272, 306, 312, 314, 326, 329, 343, 355, 358, 360, 395
　父母的　of a parent　29, 91-92, 98, 155, 183, 186, 195, 210, 254, 312, 359, 360
　主角的　of the protagonist　92, 131, 272, 276
全球情緒史　global history of emotions　32, 40, 268, 423
伊斯蘭　Islam　121-124
伊斯蘭英國東方學院　Muhammadan Anglo-Oriental College　118
成熟　maturity　89, 98, 101, 143, 164, 243, 359, 364, 380

七畫

阿利加爾　Aligarh
　運動　movement　118, 121, 128
　傳統　tradition　122
育兒日記　baby diary　59, 60, 62, 64, 79

身體感　bodily sensations　40, 68, 217, 268, 301, 304, 306, 337-348, 402-405, 426-427
身體　body　38, 68, 94, 195, 259, 272, 278, 283, 312-314, 334, 358, 393, 397-399, 423
兒童　child
　精神分析　psychoanalysis　69-72, 79, 106, 317
　研究　studies　32, 121, 64-6, 69-72, 76, 77, 79
兒童研究協會　Child Study Association　44
兒童發展　development of the child　32-34, 47, 59-80, 96-99, 107, 110, 123, 146, 152, 155, 158, 180, 236, 245, 271, 286, 289, 357-358, 413, 425-427（亦見六畫「自我培養」、八畫「性格（品格）培養」）
男子氣概　manliness　90, 91, 251, 259, 284, 305-307, 313, 325
改革教育學　reform pedagogy 68-70, 128, 258, 297, 415
社會實踐　social practice　271, 280
社會主義　socialism　67, 92, 95, 304, 305, 329, 349, 377
社會化　socialization xiii　31, 32, 34-36, 38, 42, 45, 51-53, 94, 174, 175, 183, 257, 349, 357, 359, 362, 363, 368, 375, 420
初等教育法案　the Education Act of　90

八畫

依附理論　attachment theory　76-77
性格（品格）培養　character development　60, 67-68, 87-103, 110, 135, 146, 149, 153, 242, 298, 304, 318, 358, 361, 374
性別　gender　32, 125, 126, 197, 206, 240-244, 270, 272
　界限　boundaries　34, 208, 213, 357, 377
　角色　role　50, 51, 76, 77, 93-103, 153, 186, 213, 237, 260
性慾特質　sexuality　46, 210, 222, 242, 279（亦見六畫「同性戀」、十二畫「異性戀」）
　經驗、教育　and experience/education　109, 215, 221, 396, 401, 403-405
　心理學家　psychologists on　63, 71, 207
奉獻　devotion　87-95, 98, 103, 104, 110, 136, 205, 315, 328（亦見十七畫「謙遜」）
紀律　discipline　65, 128, 272, 279, 282, 367（亦見六畫「自我約束」）
屈辱　humiliation　234, 235, 244-254, 258-260, 274, 306, 312, 317, 367
孤獨　loneliness　100, 195, 197, 252, 275, 361, 364, 365, 372, 375, 378, 396
底層階級　lower class　見十二畫「階級」
非暴力　non-violence　133, 160, 286
肢體衝突　physical confrontation　159, 237, 258, 268, 270, 276, 281-289, 395
玩伴　playmate　239, 249
青春　youth

青年組織　organization　214, 276, 304, 377, 400
青年共和國　republics　67
青春發育期　puberty　63, 108, 207（亦見「青春期」）
青春期　adolescence　46, 97, 207, 236, 287, 363（亦見「青春發育期」）
與教養手冊　and advice manuals　102, 212-214, 216
與兒童文學　and children's literature　47, 98, 109, 176, 210, 217, 197, 243, 361, 371
定義　definition　33-34
心理學　in psychology　47, 62, 63, 96
青少年、兒童　teenage/teens　108-110, 160, 212, 221, 386, 387, 393, 394, 402, 422（亦見十二畫「黃毛丫頭階段」、十七畫「尷尬的年紀」）
青少年　teenager　147, 206, 212, 216, 218, 386-399, 402, 406
宗教　religion　34, 47, 50, 64, 87-97, 103-111, 118-124, 135, 138, 166, 182, 190, 237, 246, 270, 282, 328-329, 367, 428
治療文化　therapeutic culture　52, 71, 207, 215, 216, 223, 289, 311
受害者（犧牲者）　victim　50, 51, 143, 144, 185, 186, 188, 190, 191, 234, 260, 269, 284

九畫

冒險故事　adventure stories　138, 235, 243, 274, 305, 306, 343, 357, 371, 415, 428
勇敢、勇氣　bravery、courage　48, 91, 93, 97, 126, 159, 167, 175, 176, 237, 253, 258, 283, 285, 300-304, 306, 307, 309, 310, 313-315, 325-349, 357, 364, 366-367, 370, 373, 374, 395
表現　show　138, 147, 237, 250-251, 283, 300-302, 306, 325, 330-337, 343, 367, 370-371, 395
信心（自信）　confidence　87-89, 93, 95, 110-111, 259, 361, 364, 369, 377, 379（亦見六畫「自信心」）
信念　faith　88, 95, 125, 127, 328, 356, 365
信任　trust　48, 61, 68, 74, 87-111, 127, 130, 149, 152, 177, 245, 250, 253, 269, 274, 275, 278, 285, 287, 356-7, 365, 402, 245
虐待　cruelty　69, 127, 133, 252, 276, 279, 282（亦見十一畫「動物／虐待」）
迪士尼　Disney　184, 208, 210, 222
帝國　Empire　89, 100, 101, 111, 144, 146, 150, 151, 155-158, 162, 164, 166, 368, 371, 415
帝國主義　imperialism 94, 146, 151, 167
神智學　theosophy　128, 132
祖父母　grandparents　97, 98, 108, 177, 338, 339, 341, 356, 361, 378
威脅　threat　125, 137, 161, 190, 217, 221, 223, 244, 257, 269, 271-282, 289, 302, 304, 305, 313, 326, 347, 358, 385, 420
「紅果羹」　*Rote Grütze*　403, 409
城市性　urbanity　379, 387, 390, 393, 399, 423, 424

十畫

家庭 family 31, 89, 129, 190, 192, 212, 280, 359, 375-378
- 多情關係 and affectionate relationships 214, 216, 222
- 另類家庭 alternative forms of 206-208, 218-220, 371
- 教育 and education 34, 50, 51, 125, 205, 206, 213, 258
- 閱讀 reading in 37, 42, 144
- 分離 separation from 361, 363, 369, 372-374
- 地位 status 115-117, 126, 136, 155, 279
- 結構 structure 60, 173, 174, 181-186, 198, 208, 289, 318, 377, 378, 385
- 信任、不信任 and trust/mistrust 87, 88, 95, 99, 108, 110

家鄉 *Heimat* 見「家」

家 home 90, 98, 131, 163, 164, 356-363, 373-379, 418
- 思鄉病 homesickness 48, 302, 355-380, 387, 413, 417

恐懼 fear 48, 49, 64, 71, 106, 132, 133, 143, 150, 177, 197, 237, 250, 254, 259, 276, 279, 280, 284-286, 297-318, 326, 328, 330, 333-336, 340-343, 347, 348, 387, 395, 401, 402, 404, 406

恐慌、恐怖 panic/terror 157, 299-304, 306, 317, 335

挫折 frustration 88, 206, 287, 386-396, 398, 402, 406（亦見五畫「失望」）

笑 laughter 40, 104, 105, 124, 127, 128, 131, 152, 154, 165, 194, 198, 220, 233, 237, 238, 248, 258, 331, 343, 405

個性（性格、人格） personality 60, 207, 221, 247, 260, 275, 317, 370, 417

虔誠 piety 48, 90, 92, 94, 97, 115-138

害羞（羞澀、羞怯） shyness 117, 211, 216, 312, 366, 373

夏令營 summer camp 364

夏山（學校） Summerhill (school) 67, 279, 316

旅行癖 wanderlust 356, 357, 364, 370-373, 377, 379, 380

格林童話 Grimm, Brothers 330, 409

書面文化 print culture 116, 136

十一畫

動物 animal 173-199（亦見二畫「人與動物的關係」、六畫「同理心／對動物的」、十七畫「擬人化」）
- 教養手冊 advice manual 174, 176, 178, 181-183, 187, 192, 193, 197, 198, 199
- 兒童發展 and child development 33, 106, 163, 181
- 同伴 companion 131, 176-178, 184, 187, 275
- 虐待 cruelty to 129, 163, 183-198, 272, 275
- 賦予情緒化 emotionalization of 174, 178, 182, 187, 188, 192, 197, 300
- 作為人 as person 178, 193-199

作為寵物　as pet　173, 182, 183, 185, 197, 198
保護　protection 101, 186, 187, 188, 190-193, 197
權利　rights　199
動物故事　animal stories　100, 131-132, 137, 173-199, 253, 302, 304, 329, 338, 373
自傳　autobiography　194-197
家庭　family in　174, 181-186, 199
代理人類　proxy for humans　178-179, 186, 187, 193, 249
說話　speaking in　173, 174, 178-179, 187-188, 194
作為老師　as teacher　181-186, 193
情緒人類學　anthropology of emotions　419-429
情感上的空虛　emptiness, emotional　388, 391, 393, 398, 402
寄宿學校小說　boarding school stories　240, 251, 285, 305, 357, 360
性別化的　gendered　208, 213, 362-364
的讀者　readers of　240
社會化　and socialization　51, 90, 104, 152, 244, 282-286, 302-303, 366-370, 417
基督教　Christianity　46, 90, 92-97, 100-101, 108, 145, 146, 149, 158-161, 240, 242, 273, 274, 283, 313, 326, 329, 332, 418
強身派　muscular　90, 110, 150, 166
絕望　desperation　59, 107, 188, 269, 276, 281, 284, 304, 307, 315, 317, 329, 356, 365, 372
偵探故事　detective stories　30
教育工具　educational tool　89, 272, 274, 279, 282
教育學　pedagogy　47, 52, 59, 62, 63, 66, 68, 128, 132, 158, 244, 275, 297, 327, 362, 387, 415
教師　teacher　37, 42, 46, 63, 68, 119, 207, 237-239, 242, 327-9, 403, 418, 419, 428
貪婪　greed　120, 126, 127, 137
異性戀　heterosexuality　207, 219, 221-223
採訪　interview　420
婚姻　marriage　46, 96, 116, 134, 213, 216, 218, 220, 223
現代性、對現代性的批判　modernity, critique of　53, 61, 127, 358, 375-380, 387, 388, 393
國家社會主義　national socialism　304, 305, 375
國立伊斯蘭大學　Jamia Millia Islamia　129, 130, 135
羞恥（羞愧）　shame　48, 64, 131, 222, 233-265, 268, 276, 297-304, 306, 317, 329, 330, 366, 367, 387, 403, 404, 413
羞辱（羞愧感）　shaming　120, 123, 125-127, 233-260, 282, 284, 419
野丫頭　tomboy　208, 218, 243, 244, 247, 359, 363, 418
接納與排斥　inclusion / exclusion　107, 252, 367
排斥　exclusion　見「接納與排斥」

十二畫

黃毛丫頭　*Backfisch*　359（亦見十一畫「野丫頭」）

焦慮 anxiety 48, 50, 59-80, 195, 197, 304, 309, 317（亦見十畫「恐懼」、「恐慌、恐怖」）
貴族 aristocracy 248, 253
無聊 boredom 48, 289, 347, 361, 362, 365, 378, 385-411, 419
無畏的 fearless 133, 177, 255, 298, 305, 306, 313-318, 325, 330-334
童書信託出版社 Children's Book Trust 134-138
童年早期 early childhood 45, 46, 64, 65, 69
童軍 Scouting 見三畫「女童軍」、六畫「男童軍」
階級 class 32-36, 48, 51, 90, 100, 101, 109, 111, 208, 248, 270, 289, 427
　底層（下層） lower 62, 251, 314
　中產 middle 37, 38, 60, 62, 65, 66, 72, 94, 97, 127, 208, 304, 369, 416
　上層 upper 122
　勞工 working 38, 100, 145, 304, 387, 402
殖民主義 colonialism 149, 160, 162, 164, 166, 414
殖民地 colonies 45, 50, 51, 120, 150, 152, 153, 155, 156, 160, 162, 166, 274, 414, 415, 424
絕望（不顧一切、渴望） desperation 59, 107, 108, 188, 252, 276, 281, 284, 304, 307, 308, 315, 317, 318, 329, 356, 365, 372
結婚年齡 marital age 見六畫「合法性交年齡」
喜悅（喜愛） joy 97, 98, 136, 197, 207, 371, 405
痛 pain 30, 48, 143, 159, 174, 192, 195, 233, 234, 246, 267-290, 334, 355, 356, 369, 373, 389, 395, 400, 427
尊重 respect 96, 124, 125, 151, 199, 207, 235, 245, 252, 279
復仇（報復） revenge 126, 269, 272, 284
悲傷 sorrow 97, 98, 148, 197, 314, 361
普遍主義 universalism 414, 419, 423

十三畫

資本主義 capitalism 349, 386, 387, 389, 392-394, 399, 405, 406, 419
溝通（交流） communication 97, 120, 149, 207, 253, 414, 419, 420-6（亦見十一畫「動物故事／說話」）
　兒童間的 among children 288
　親子間的 between adults and children 236
　情侶關係的 in loving relationships 215-8, 221, 223, 396, 401
電腦遊戲 computer games 35, 53, 348, 428
電影（影片） 30, 35, 53, 100, 135, 184, 209, 210, 249, 276, 304, 337, 348, 355, 413, 424, 428, 429
電視 television 31, 35, 53, 100, 136, 176, 346, 356, 413
跨文化的情緒 emotions across cultures 414, 426
愛 love 48, 71, 88, 121, 132, 182, 192, 238, 252, 370, 402, 385（亦見六畫「自愛」）
　育兒的 in childrearing 60-61, 67, 73, 76, 276, 280, 398

母愛　motherly　59, 60, 73, 77, 80, 186, 208-210, 216, 369
愛國主義　patriotism　128-138, 153, 248
傳教　missionary　92-95, 418
道德教育　moral education　47, 50, 53, 95, 108, 122-124, 138, 165, 174, 177, 181-183, 191-3, 215, 216, 221, 233-60, 284, 299, 306, 317, 362, 428
道德　morality　41, 47, 66, 68, 88, 90, 92, 111, 117, 119, 122-127, 248, 254, 283, 328, 343, 358, 362
運動　sports　206, 219
新教育　new education　見七畫「改革教育學」
「新教育協會」　*New Educational Fellowship*　132
新左派　New Left　385-388, 389, 394
農民　peasants　326, 346
農村　rural　67, 134, 275, 346, 377, 378

十四畫

暢銷書排行榜　bestseller　43, 44, 138, 158, 187, 191, 233, 240, 297, 301, 368, 369
圖書獎　book award　30, 42, 44, 66, 116, 262, 321, 373, 375, 409
　德國青少年文學獎　*Deutscher Jugendbuchpreis*　308, 321, 322, 323, 371,
　紐伯瑞文學獎　John Newbery Medal　45, 132, 262, 321
　路易斯・卡洛爾書架獎　Lewis Carroll Shelf Award　262, 321
　香卡文學獎　Shankar's Award　137,
漫畫　comics　35, 135, 136
種族（人種）　ethnicity　32, 248, 304
種族　race　38, 49, 51, 89, 92, 93, 101, 147-149, 151, 153, 161, 165
種族主義　racism　150, 162, 164, 166, 167, 273
榮譽（名譽）　honour　16, 48, 101, 104, 242, 244, 246, 248, 254, 258, 269, 283, 284, 288, 328
實踐性知識　practical knowledge　32, 38-40, 49, 133, 178, 180, 183, 197, 337, 345, 347, 386, 390, 398, 405, 406, 425, 427
精神分析　psychoanalysis　63, 69-72, 76, 79, 318
厭惡　repulsion　見四畫「反感」
維多莉亞時代的　Victorian　59-62, 95, 119, 120, 364, 368, 371

十五畫

衝突　conflict　39, 42, 50, 51, 72, 79, 134, 157, 165, 175, 177, 218, 234, 239, 250, 251, 254, 268, 279, 288, 377
模仿學習　mimetic learning　53, 144, 175, 180, 194, 197, 198, 208, 271, 318, 366, 398, 418, 427
暴怒（憤怒）　rage　64, 69, 161, 233, 250, 259, 276, 285, 309, 330, 400-1

暴力 violence 50, 96, 244, 287, 311, 315, 317, 377, 395,（亦見八畫「非暴力」、十一畫「動物／虐待」）
魯賓遜式小說 Robinsonade 370

十六畫

憤怒 anger 36, 148, 233, 246, 255, 269, 287, 306, 308, 332, 362, 389, 420, 425, 427
憐憫（同情） pity 36, 149, 188, 192, 247, 268, 306, 331, 362（亦見六畫「同情心」）
親吻 kiss 70, 206, 209, 211, 214, 217, 222, 280, 396, 405
親子關係 parent-child relationship 73, 77, 79, 96, 109, 156, 166, 167, 212, 213, 168, 289, 364, 379, 402, 405
穆斯林 Muslim 94, 117, 121, 122, 124, 125, 128, 132, 133
戰爭 war 67, 152, 164, 254, 268, 278, 179, 180, 307, 337, 346, 347, 393
  殖民 colonial 153, 160
  第一次世界大戰 First World War 128, 132, 151, 162, 317, 330
  核戰 nuclear 107, 163, 311
  俄國內戰 Russian Civil War 325, 331, 338
  俄土戰爭 Russo-Turkish War 335
  第二次世界大戰 Second World War 72, 76, 146, 151, 162, 167, 307, 315, 348, 375

十七畫

擬人化 anthropomorphization 173, 179, 185, 198, 199
權威 authority 35, 42, 60-1, 89-92, 104, 106, 107, 109, 110, 122, 138, 148, 234, 246, 250-59, 356, 424
  反抗 rebellion against 89, 124, 239, 272, 278
尷尬的年紀 awkward age 359, 360（亦見八畫「青少年」）
膽小（懦弱） cowardice 97, 237, 249-50, 254, 300, 304, 313, 326, 329, 330, 358
謙遜（謙卑） humbleness 130, 238, 251, 307, 318（亦見八畫「奉獻」）
快樂（愉悅、樂趣、快感） pleasure 29, 58, 236, 270, 272, 282-290, 370, 397, 405
戲劇（場） theatre (play) 209, 210, 243, 394, 403-5
魏斯曼出版社 Weismann 387, 403

十八畫

歸屬 belonging
  感 feeling of 76, 276, 355, 356, 357, 360, 363, 365, 372-4, 377, 379, 380
  團體歸屬感 to a group 106, 137, 151

十九畫

羅沃特出版社 Rowohlt Verlag 387
離婚 divorce 118, 220
識字率 literacy 34-5, 41, 134, 347, 356

懷疑　mistrust　見四畫「不信任」
寵物　pet　見十一畫「動物／作為寵物」
懲罰　punishment　50, 127, 129, 192, 236, 242, 243-5, 258, 269, 274, 297, 343, 367
　體罰　corporal　61, 65, 237, 244, 255, 258, 273-282
顛覆性　subversion　42, 124-8, 135, 151, 221

二十一畫以後

霸凌　bullying　29, 252, 270, 284
聽話（服從，順從）　obedience　61, 109, 148, 186, 213, 250, 269, 272, 287, 370
戀童癖　paedophilia　207, 210, 212
觀察　observation　60, 62, 64, 66, 69, 71-72, 74, 79, 420
靈活度　flexibilization　52, 111, 207, 219-223, 260